北海道・鹿児島・沖縄の歴史と経済

編 三大学院共同出版編集委員会
桑原真人・衣川恵・前泊博盛

日本経済評論社

はじめに

　本書は，札幌大学大学院，鹿児島国際大学大学院，沖縄国際大学大学院の3大学院による共同研究叢書の2冊目である．今回は，北海道・鹿児島・沖縄の「歴史」と「経済」に光をあて，多くの方々にお読みいただけるように，できるだけ平易な表現を用いることにした（ただし，学術的な用語など，硬い表現が残っているところはお許しいただきたい）．

　この叢書は，2002年から「地域」に関連する課題を共通テーマにして，上記3大学院が毎年開催している「三大学院共同シンポジウム」の報告を基礎としつつ，報告以外の研究も含めて，1冊の書籍としてまとめたものである（同シンポジウムの小史は巻末の「三大学院共同シンポジウムの歩み」に譲る）．本書は「歴史」篇と「経済」篇の2部で構成されており，第1部「歴史」篇は次の5章からなっている．

　第1章（桑原真人著）は，北海道の歴史について，近世と近代を中心に論じている．石高制を基礎とする幕藩体制のもとで，稲作がほとんどできない松前藩はアイヌ民族との交易（商場交易）を藩経済の中心としており，商場交易の実現のため和人地と蝦夷地を区分する政策をとっていた．しかし，明治期に入ると維新政府は，当初は国費で，その後は内地民間資本などを活用して開拓を推進し（開基意識の形成），不在地主などによる未開拓地の私有化が進んだ．他方で，アイヌの同化政策も実施され，農耕民化政策がとられたほか，北海道民の権利保障は内地よりも軽視されたことなど，当該期の北海道開拓の特質を明らかにしている．

　第2章（濱口裕介著）は，明治大正の時代を生きた函館の郷土史家である片上楽天と楽天がかかわった五稜郭について研究している．楽天は，当時ほとんど注目されていなかった函館戦争に並々ならぬ「執着」を示した人物であった．楽天は土方歳三ら，函館戦争を戦った旧幕府脱走軍の志士たちの顕彰と慰霊，さらに戦争の舞台となった五稜郭の史実研究に力を注ぎ，その成果は現代の函館観光に多大なる影響を残しているが，いま彼を知る者は函館においても

数少ない，歴史に埋もれた片上楽天という人物像を掘り起こし，明治大正期における五稜郭について考察している．

第3章（太田秀春著）は，島津義弘の異文化認識の側面に光を当てた研究である．島津義弘に関しては，従来，関ヶ原合戦のいわゆる「敵中突破」として語られるような武勇が強調されてきた．しかし，実際に朝鮮出兵時の義弘の動向をみていると，武勇だけでは語れない多様な義弘の姿が見えてくる．特に，異文化に接した際の対応は興味深い．そのような義弘をはじめとする島津氏を生んだ背景も含めて，朝鮮出兵と島津氏を分析したものである．

第4章（来間泰男著）は筆者の「近代の沖縄経済」研究をまとめたものであるが，沖縄のそれは1900年まで「近世」の構造を引き継いでいるので，内容は「近世」＋「近代」となっている．初回本で沖縄の歴史を総論的にまとめており，本章は各論にあたる．沖縄の場合，「県」となっていても，その実状は過去も現在も，他府県とは大いに異なっている．そのことを「経済」に視点をあてて描いている．沖縄の側もそのことを自覚し，他府県の側もそのことに耳を傾け，お互いの「差異」を認めあって，その上で「連帯」していきたいというのが筆者の希望である．

第5章（横島公司著）は，太平洋戦争の敗戦直前に設置された広域地方行政機関である地方総監府について研究している．全国を8ブロックに再編し，都道府県の行政や各省の地方出先機関の国務事務を統理する目的で設置され，広範な権限が付与されている．近年は道州制の観点から「日本における先駆的事例」として挙げられるが，組織実態は明らかでなく，敗戦末期という究極的状況を前提として考える必要がある．設置過程を検討し，「地方総監府官制」をもとに，地方総監府の権限を法制面から解明したうえで，新聞・雑誌を精査し，発足後の活動実態や廃止を巡る日本政府とGHQの動向など多面的に論じている．

次に，第2部「経済」篇は以下の8章からなっている．

第6章（平井貴幸・山田玲良著）は，北海道のインバウンド観光とその誘致効率性について分析している．はじめに，近年の日本のインバウンド観光の現状について，関連するデータを整理して示し，都道府県レベルの「インバウンド誘致効率性」を計測している．そのうえで，東日本大震災前後での，北海

道のインバウンド誘致効率性が他地域と比較してどのように評価できるか，またその効率性がどのように変化したかについて，データ包絡分析法（DEA）やそれに基づく Malmquist 指数を援用して考察している．

第7章（衣川恵著）は，長期不況下における鹿児島・宮崎・熊本の南九州3県の経済状況を分析するとともに，注目される活性化策の紹介や提言（鹿児島湾横断道路および南九州環状道路の建設など）を行っている．南九州3県の経済は，深刻な類似問題を抱えるとともに，微妙な相違点もある．3県の産業構造や人口動態の特色などを析出し，今後の復興策について考察している．

第8章（大久保幸夫著）は，鹿児島県姶良市の小売業に焦点をあてた研究である．薩摩半島と大隅半島の結節点，鹿児島県のほぼ中央に位置する姶良市は，姶良町，加治木町，蒲生町の3町が合併してできた新しいまちである．近年，旧姶良町に巨大なショッピングセンターが誕生し，周辺の人口も増加している．ショッピングセンターと商店街での消費者アンケート調査，姶良市商工業者へのアンケート調査をもとに，地方小売業の現状と課題について分析し，解決策を検討している．

第9章（中西孝平著）は，鹿児島県の産業構造を分析した結果から，主要産業である食料・飲料品製造業の製造品付加価値率の低下幅が全国平均を上回っている現状に注目し，その主要製品のひとつである焼酎産業の特徴と課題について研究している．鹿児島の焼酎産業が付加価値を生み出しにくい原因として，出荷形態と経営基盤に課題があることなどを指摘している．

第10章（菊地裕幸著）は，鹿児島経済の現状を分析し，「循環型・地域資源重視型・付加価値創造型」という概念を提起しつつ，経済・産業構造の転換の必要性を提示している　鹿児島県は多くの魅力を有する一方で，低付加価値，大幅移輸入超過，低賃金水準という経済的劣位の状況にあり，これらを打開し，持続可能な発展を実現する道を検討している．

第11章（前泊博盛著）は，沖縄県の基地経済の実態と脱基地経済の現況を分析したものである．戦後，米軍基地経済に依存してきた沖縄県が，基地経済の不経済性と返還跡地利用による経済発展などが混在する状況となるなかで，脱基地依存経済へ動き出している現状を分析するとともに，米軍基地がもたらす地域経済への影響，米軍基地維持政策としての日本政府の沖縄振興策の矛盾，

財政依存経済がもたらす地域経済への影響など「基地経済論」の論点整理を行っている．

　第12章（小山茂著）は，札幌大学の「地域共創学群」の「地域創生専攻」に焦点をあてて，地域に必要な人材育成について考察している．札幌大学は2013（平成25）年4月から，地域共創学群という1学群13専攻の制度を導入した．地域創生専攻の概要と，同専攻の学生が北海道を中心に地域の活動に参加している諸事例に言及している．具体的な活動内容として，①一歩踏み出す学生のサポート，②各種コンテストへの参加，③交換国内留学生の活動，④胆振東部地震ボランティアについて紹介している．

　第13章（村上了太著）は，僻地の交通弱者と買い物弱者の発生とその動向について，日本とイギリスの事例を採り上げて研究したものである．日本の事例としては，沖縄県国頭村の事例を研究し，過疎化におけるコミュニティ機能のあり方およびその諸課題の解決方法について考察している．また，沖縄の古き良きシステムである共同売店が衰退しつつある原因について，協同の取り組みが増加しているイギリスの事例研究を通して，示唆を与えている．

　全体的にみて，歴史篇では北海道関係の章が多く，経済篇では鹿児島関係の章が目立ち，両篇で沖縄関係がやや手薄であるが，この点については，次回以降の出版において改善を図っていきたい．

　「三大学院共同研究」という名称を使用しているが，現在では，3大学の学部および短期大学部を含め，それぞれの大学が全学的規模で研究を推進している．本書は，北海道・鹿児島・沖縄という地域に居住して調査した研究であるところに最大の特色がある．また，多様な研究者が様々な視点から「地域」を見つめ，考察していることも本書の大きな特色となっている．なお，歴史分野と経済分野では，年代などの表記方法に相違がみられる現状に鑑み，全体としての表記の統一は行わなかった．

　2011年3月に東日本大震災，2016年4月に熊本地震，2018年9月には北海道胆振東部地震と連続的に大地震が発生した．また，各地で豪雨による河川の氾濫など大きな災害が起きている．地方では，これらの自然災害に加えて，地域経済の衰退，人口流出など，深刻な問題に直面している．

現在，地域経済をどのようにして再建・復興させるかということが日本経済の大問題のひとつになっている．しかし，東京一極集中は是正されないほか，種々の利害関係が働いており，一筋縄ではいかないのが実態である．地域の理解を深め，地域の発展を実現するうえで，本書が多少なりとも参考になれば幸甚である．

　末尾になったが，前書に続き本書の出版を引き受けてくださった日本経済評論社の柿﨑均社長と関係各位に厚く御礼を申し上げたい．また，編集を担当された梶原千恵さんには，種々の原稿を1冊の書籍に整える労をとっていただいただけでなく，細部にわたって適切な指摘を賜り，深く感謝申し上げたい．

　本書の刊行にあたっては，札幌大学附属総合研究所より出版助成，鹿児島国際大学，沖縄国際大学より出版の補助をそれぞれ受けた．ここに記して謝意を表したい．

　なお，本書の編集・刊行に際して，前半には札幌大学女子短期大学部の横島公司准教授，後半には平井貴幸助教の助力を得たほか，折に触れて同大学の山田玲良副学長に協力を仰いだ．また，出版・編集に係る事務は衣川恵が担当した．

2019年3月

桑原真人
衣川　　恵
前泊博盛

目次

はじめに……………………………………… 桑原真人・衣川恵・前泊博盛　iii

第Ⅰ部　歴史篇

第1章　北海道の歴史について―近世と近代を中心にして―
　　　　……………………………………………………… 桑原真人　3

　1．はじめに――北海道史の特徴と開基意識の形成　3
　2．北海道におけるアイヌ民族の成立　8
　3．和人政権・松前藩の成立過程　8
　4．松前藩の経済基盤と商場知行制　11
　5．北海道開拓の諸段階　14
　6．明治政府とアイヌ政策　19
　7．おわりに――内国植民地・北海道と沖縄　22

第2章　大正期の函館五稜郭における片上楽天の活動について
　　　　……………………………………………………… 濱口裕介　25

　1．はじめに　25
　2．片上楽天の経歴　26
　3．函館における楽天の諸活動　32
　4．楽天の活動を支えた思想　41
　5．おわりに　47

第3章　島津義弘の朝鮮出兵と異文化認識………… 太田秀春　55

　1．はじめに　55
　2．島津氏の出兵に対する認識　56

3. 渡海後の朝鮮認識と軍事行動　58
　　4. 朝鮮城郭と朝鮮軍に対する認識　60
　　5. 朝鮮水軍に対する認識　63
　　6. 朝鮮での在地支配　65
　　7. 島津氏の朝鮮城郭利用　71
　　8. 義弘らの朝鮮文化体験　73
　　9. おわりに　76

第4章　近代の沖縄経済……………………………………　来間泰男　79

　　1. はじめに　79
　　2. 琉球近世――旧慣期の沖縄経済　79
　　3. 土地整理事業（1900年）による沖縄経済の変化　83
　　4. 土地整理以後の沖縄経済　90
　　5. 1900年代前半の沖縄の景気動向　94
　　6. 1900年代前半の沖縄経済　97
　　7. おわりに　102

第5章　戦時期における広域地方行政
　　　　―地方協議会から地方総監府まで―……………　横島公司　105

　　1. はじめに　105
　　2. 州庁設置案の挫折　107
　　3. 地方行政協議会の設置　108
　　4. 地方総監府の設置　111
　　5. 地方総監府の機能と権限　115
　　6. おわりに　125

第Ⅱ部　経済篇

第6章　北海道のインバウンド観光と誘致効率性
　　　　―東日本大震災前後での比較―………… 平井貴幸・山田玲良　139

　1．はじめに　139
　2．インバウンド観光の現況　140
　3．分析方法　145
　4．インバウンド誘致効率性とその変化の計測結果　147
　5．おわりに　151

第7章　南九州経済の実態と目指すべき施策……………　衣川　　恵　163

　1．はじめに　163
　2．長期不況に直撃された南九州経済　163
　3．加速する人口減少と高齢化　168
　4．南九州3県の産業の特色　174
　5．南九州経済活性化のための施策　178
　6．おわりに　187

第8章　地方小売業（飲食業・サービス業含む）の現状と課題
　　　　―鹿児島県姶良市のケーススタディ―…………　大久保幸夫　191

　1．姶良市の概要　191
　2．姶良市商工業者アンケート調査結果　196
　3．消費者アンケートの結果　207
　4．姶良市小売業の課題　216

第9章　鹿児島県経済の課題―焼酎産業を中心に―……　中西　孝平　221

　1．はじめに　221
　2．鹿児島県の農業　222
　3．鹿児島県の工業　227

4. 鹿児島県の焼酎産業　232
    5. おわりに　236

第10章　「循環型・地域資源重視型・付加価値創造型」の鹿児島経済を
　　　　めざして―経済・産業構造の課題と展望―……　菊地裕幸　239

    1. はじめに　239
    2. 鹿児島県経済および産業構造の特質　242
    3. 鹿児島県経済・産業の構造問題　252
    4. 「循環型・地域資源重視型・付加価値創造型」の鹿児島経済へ向け
       て　260
    5. おわりに　265

第11章　基地経済論―政府の沖縄振興策は何を残したか―
　　　　……………………………………………………　前泊博盛　269

    1. はじめに　269
    2. 戦後沖縄経済の変遷　269
    3. 復帰後の沖縄経済　271
    4. 基地経済の「不経済学」　274
    5. 政府の沖縄関係予算は何をもたらした　281
    6. 沖縄経済の展望　286

第12章　地域に必要とされる学生の活動―地域創生専攻
　　　　の事例―……………………………………………　小山　茂　289

    1. はじめに　289
    2. 地域創生専攻の概要　290
    3. 一歩踏み出す学生へのサポート　290
    4. 各種コンテストへの参加　300
    5. 鹿児島国際大学の交換国内留学生の活動　301
    6. 北海道胆振東部地震ボランティア　302
    7. おわりに　303

第13章 コミュニティによる社会課題の解決方法に関する日英比較
　　　　―交通弱者と買い物弱者を中心に―…………… 村上了太　305

 1．はじめに　305
 2．課題　306
 3．コミュニティ活動の具体的事例　307
 4．交通弱者対策　310
 5．事例研究①――沖縄県国頭村奥集落　315
 6．事例研究②――Tibberton　318
 7．事例研究③――Rusper　319
 8．事例研究④――Radley　320
 9．事例研究⑤――Sussex　322
 10．相違点　322
 11．コミュニティと交通　325
 12．まとめ　326

三大学院共同シンポジウムの歩み……………………… 衣川　恵　331

第Ⅰ部　歴史篇

第1章

北海道の歴史について

―近世と近代を中心にして―

桑 原 真 人

1. はじめに——北海道史の特徴と開基意識の形成

　私が北海道に初めてやって来たのは昭和41年（1966）4月，本州の大学を卒業して北海道大学大学院文学研究科修士課程に進学して以来のことである．そして，この北海道に定住して半世紀が過ぎたわけであるが，大学院に進学した当初は，近代における本州からの北海道移民の研究に取り組んでいた．その過程で，次第に近代の北海道開拓史全般に興味を持つようになった．

　さて本日は，北海道の歴史全般についての記念講演をという要望が，北海道議会事務局を通じて寄せられているが，北海道の歴史といっても約2万年もの長い歴史があり，それを45分や50分の短時間で話すことは可能かといわれたら，不可能ではないが極めて難しいと言わざるをえない．そこで，今日は北海道の歴史の中でも，特に近世の松前藩の時代と近代の北海道開拓に重点をおいて話をしてみたいと思う．

　最初に，北海道の歴史は，いわゆる日本の歴史と比較した場合にどういう特徴があるかということを話題にしてみたい．

　原始・古代の北海道は「縄文時代が長い」．これに対して，日本の本州から四国，九州までの歴史はというと，旧石器時代に始まって，縄文，弥生，そして古代，中世，近世，近代と発展するのであるが，北海道の場合は，縄文時代までは本州とほぼ同じ発展状況を示しているけれども，その後の弥生時代に相当する時代が存在しなかったと言われている．そして，本州の弥生時代に相当する北海道側の文化を続縄文文化と呼んでいる．

なぜかというと，当時の北海道には，本州方面から金属器は流入したけれども，いわゆる稲作農耕文化は入ってこなかったからである．したがって，この時代の文化が，半分弥生文化的で半分縄文文化的だというところから，続縄文文化と呼んでいるのである．

これと似たような特徴的な文化を持つ地域が，実は日本列島の南端にもう一カ所存在する．それは沖縄地方である．このように，日本列島の中で，北海道と沖縄だけは，稲作農耕文化が既存の地域文化に対して直接の影響を及ぼさなかったと言われているのである．

その北海道の石狩・空知・上川地方が，今日では日本の中でも有数の米の生産地域として有名になっているのであるが，私が来道した僅か半世紀前には必ずしもそうではなかった．端的に言って，当時の北海道で生産された米はおいしいとは言えず，その後の半世紀に及ぶ稲作の品種改良が今日の北海道米に対する高い評価を生み出したのである．

このように，北海道の歴史には，原始時代の中で弥生文化と呼ばれる時代が欠けていると言える．金属器は入ってきたけれども稲作農耕文化は入ってこなかった，という特徴があるのである．

それから中世といわれる時期，鎌倉・室町時代であるが，この時代の北海道史の特徴は，アイヌ民族の社会が形成されることであり，それとほぼ同時に，北海道の南端地域には「和人」と呼ばれる人々が本州から入ってきて，定着するという時代である．

したがって，中世の北海道は，アイヌ民族と和人という二つの人間集団が同時に存在するという時代であり，北海道の歴史の上では，アイヌと和人の対抗関係の歴史がスタートするということになる．そして，そのような歴史は，現在に至るまで続くことになるわけで，この点に最大の特徴がある．

次に江戸時代，いわゆる近世の北海道は蝦夷地と呼ばれ，道南の松前地方に拠点を置く松前藩が存在していたが，この松前藩は「無高大名」と呼ばれていた．なぜかというと，当時の北海道には稲作農業がほとんど発展していなかった．無高大名とは「石高ゼロの大名」という意味である．

近世の日本社会は石高制社会と呼ばれ，米の生産量，すなわち石高が社会の基準であった．松前藩はアイヌ民族との交易が藩経済の中心だったことから，

それを米の生産量に換算するわけにはいかないので，江戸幕府からは「石高の無い大名」，すなわち無高大名とみなされていたのである．

しかし，蝦夷地は日本の中でも北方の重要地域であり，大名の最低基準は石高が1万石なので，江戸幕府の方針は，松前氏を「万石並」とか1万石の石高とみなすという取扱いにしていたようだ．だから，近世の松前藩は石高ゼロの大名ということで，その経済基盤はアイヌ交易に依拠していたのである．

明治以降の近代に入ると，いわゆる北海道移民による農業開拓が加速度的に進行する．明治中期から大正・昭和の初めまでの北海道には，本州から約200万人もの人々が移住するのである．移住した和人移民が中心となって開拓地の社会基盤を形成してゆく．そういうところから，開拓に従事した人々の間にいわゆる「開基意識」というものが産まれてくるのである．

ところで「開基」という言葉はもともと宗教用語であり，『広辞苑』によると3つぐらいの意味があるが，北海道では，近年まで「物事のもといを開くこと」という意味に使われることが多かった．例えば，市町村の「開基何年」という行事などはその典型的事例である（現在では，ほとんどこのようなイベントは行われていないが）．

この開基意識にはどのような特徴があるかというと，北海道の近代の歴史のみをきわめて高く評価するという傾向に陥りやすい．そこから，いわゆる「北海道の歴史は短くて浅い」という偏った評価が生まれてくる．これは，明治以降の和人を中心にした移民集団の移住・開拓に視点をおいたものであり，ここから，近代北海道の歴史が始まるのだ，といった北海道史の捉え方になるからである．

このような視点は，先住のアイヌ民族の歴史を否定し，それに対する関心が抜け落ちてくることから，最近流行りの言葉で言うと「和人ファースト的歴史観」とでもいうべきものの形成に繋がるのではないだろうか．こういうところから，近代の開拓の進展に中心をおいた北海道の歴史の見方を重視する研究を，「開拓史観」とか「拓殖史観」と称して批判的な呼び方をする研究者も現れてきた．

この開拓史観の基礎となるのが開基意識であるが，その具体的な現れが，大正7年（1918）の「開道五十年」，それから，今から約50年前の昭和43年

(1968) に実施された「北海道百年」という記念式典である．平成30年 (2018) に実施された「北海道百五十年」も，もちろん基本的にはその一環である．

　大正7年は，明治初期からの開拓によって，この時期までに，全体として北海道の内地化の進展がみられ，地方制度をはじめとする諸制度が本州に追いついてきて，ようやく北海道が開拓地から内地並みの社会になったということ，それを振り返ってみる余裕が生まれた時期になったという印象が強い時期である．それで，この年が明治2年 (1869) の開拓使設置，そして蝦夷地から北海道への改称から半世紀を経ていることから，「開道五十年」と呼んで盛大に記念祝典や博覧会等を実施したのである．

　今から50年前の北海道百年は，よく「開道百年」と呼ばれるけれども正確には「北海道百年」であり，「風雪百年　輝く未来」というキャッチフレーズのもとで，政府の推進する「明治維新百年」と抱き合わせで実施され，近代日本と北海道の飛躍的な発展を内外に宣伝した．

　とりわけ，北海道百年の場合は，世界の中の北海道という捉え方をして，道民の浄財を集めて札幌市郊外の野幌森林公園内に，高さ100メートルの北海道百年記念塔を建てたり，現在は北海道博物館に名前を変えたが，元々は北海道開拓記念館という名称の近代北海道の「開拓を顕彰する記念館」をつくったり，あるいは近代北海道の建築物を集めた野外博物館としての「北海道開拓の村」と呼ばれる施設をつくってみたりしたのである．

　ちなみに，北海道百年記念塔の建設に際しては，色々な建築家が設計に応募したらしく，当時，黒川紀章という大変有名な若手建築家がいたが，彼は第3席だったそうである．それにしても，この鉄板で完成した北海道百年記念塔が半世紀もたたない間に塔のあちこちが腐食してしまい，その維持管理に悩んだ北海道が，最近になって取り壊しの方針を決定したことは皮肉なことである．

　さて，昭和初期の釧路地方において，釧路の開基は誰が中心になるのかという論争が地元の郷土史家の間で起きている．この開基論争の中では，もともと釧路地方には先住のアイヌ民族がいるのではないかという話になったのであるが，議論が進む中で，そもそもアイヌは「無意識的な存在」である．それに対して大和民族，つまり和人による「意識的開拓」が今日の釧路発展の基礎にな

ったのだ，ということになり，明治3年（1870）の釧路地方への場所請負人・佐野孫右衛門による東北地方からの漁民の移住開拓こそが釧路の開基である，という評価につながった．

　それで，この明治3年（1870）を釧路の開基記念として，ずっとこの年を起点として記念式典を行っていたのであるが，平成に入って，当時の北海道ウタリ協会釧路支部のアイヌの人々の間から，これはおかしいという話になってきた．現在では，もはや明治3年を釧路の誕生日として理解するという，いわば戦前の開基論争における大和民族の意識的開拓に釧路発展の起点をおくというような見方は完全に否定されている．

　平成30年（2018）に迎えた，明治2年の蝦夷地から北海道への改称を記念した北海道百五十年，これを意識した「北海道みんなの日」の制定問題もあるが，これは要するに，このような記念日の制定によって，この年が北海道の歴史の起点であるという捉え方をしないことが必要だと思う．

　そして，それ以前の歴史は，決して北海道の歴史の「前史」だというのではなく，北海道には約2万年もの長い歴史があるのだということを，トータルで捉えるという立場から，改めてそのことを再認識して欲しい，という意味を込めてこのような史実を指摘させていただいた．

　先に触れた道民に特有の開基意識の問題に対して批判的な先人が，私の知る限りではたった1人いる．江別の関矢留作という人物で，明治20年前後の江別・野幌の開拓を行った新潟県長岡からの移民団体，北越殖民社を率いた関矢孫左衛門の息子として明治末期に野幌で生まれた．彼は野幌小学校を卒業後，旧制の長岡中学校，新潟高校を経て東京帝国大学農学部を昭和初期に卒業後，長沼出身の野呂栄太郎の指導の下で産業労働調査所に入り，農民運動の理論的指導者としての道を歩みつつあったが，間もなく治安維持法違反で逮捕された．

　関矢は，東京の豊多摩刑務所から釈放された後に故郷の野幌に帰り，北越殖民社の入植50年記念誌の編さんに従事する中で，「移住して50年でもその前史は無限」という言葉を残している．この意味するところは，北海道の歴史には，近代の開拓の歴史だけでなく，それ以前にも，限りなく無限に近い人間の歴史がある地域だ，ということを表現しているのだと思う．関矢は，残念なことにこの記念誌を実現することなく31歳の若さで急逝し，その後を受けた妻

のマリ子が名著『野幌部落史』を執筆・完成した．

　繰り返しになるが，近代の北海道の開拓は，北海道における農業開拓の始まりとして重要な意義を持つことを否定はしないが，それをことさらに強調することは，それ以前の歴史をほとんど無視することにつながる．そのことを改めて考えなくてはならない，ということを指摘しておきたいと思う．

　そういう中で，図 1-1 について，この北海道が日本文化の 3 極構造の一角を形成しているという意味は，次のようなことである．すなわち，北海道を中心とした北の文化と，本州・四国・九州を中心とした中の文化，沖縄を中心にした南の文化，この 3 者が，日本列島における文化の 3 極構造だという指摘がある考古学者からなされているが，その中でも，北の文化の中核は，先住のアイヌ民族の文化を軸にして形成されたものであると考えるべきであろう．

2. 北海道におけるアイヌ民族の成立

　最初に，北海道におけるアイヌ民族社会の成立過程を簡単に振り返ってみよう．先ほども少し触れたが，だいたい鎌倉，室町時代の時期，13 世紀から 14 世紀ぐらいであろうか，いわゆる擦文文化と呼ばれるものを基盤にして，アイヌ民族社会が生まれてくるのである．

　その成立過程では，先行の続縄文文化とオホーツク文化とが融合して，アイヌ社会が生まれてくるわけであるけれども，ほぼ同時期に，北海道の南端地域には和人社会が定着・成長してくる．

　そして，北海道の歴史の主人公として，アイヌと和人という 2 つの人間集団が登場することになる．これが，中世北海道の最大の特徴であると言えよう．

3. 和人政権・松前藩の成立過程

　アイヌ民族社会が誕生したのとほぼ同時期，鎌倉・室町期の北海道に，本州から和人と呼ばれる人間集団がやってきて，箱館，松前から江差の間に定着し，館と呼ばれる拠点を構えるのである．また，館の支配者を館主と呼んでいる．この館が主なもので 12 か所確認されているところから，これを道南 12 館主

	北 海 道	南 島	本州・四国・九州
前 1000	縄 文 文 化	貝塚時代前期の文化（縄文文化）	縄 文 文 化
前 500			
1			弥 生 文 化
500	続縄文文化	貝塚時代後期の文化	古 墳 文 化
1000	擦文文化　オホーツク文化		奈良・平安時代
1500	アイヌ文化　内耳土器の時代　チャシの時代	グスク時代	鎌倉・室町時代
			江 戸 時 代

出所：藤本強『もう二つの日本文化』（東大出版会，1988年）13頁による．

図 1-1　北海道・南島（沖縄）・本州他の文化対照図

の時代と呼んでいるのであるが，その和人の築いた館が，実は先住のアイヌ民族との間の交易場所になっていたと言われている．

　このように，アイヌと和人の交易は，最初はアイヌ側が和人の館に出向いて

行われており，後に蠣崎氏政権が誕生してからも，この交易形態は城下交易として受けつがれていた．

アイヌと和人，この両者の交易はおそらくは沈黙交易の形態からスタートして，やがて物々交換として発展したが，間もなく蝦夷島における初めてのアイヌ民族と和人の民族的戦いが始まる．それは長禄元年（1457）の「コシャマインの戦い」という大変有名な事件であり，これを契機にして，道南地域に沢山あった和人の館の再編が進められ，やがて和人の統一政権，蠣崎氏政権が生まれることになる．その蠣崎氏は，現在の上ノ国から松前に拠点を移して大館を築き，ここを中心にして勢力を強めていた．

この蠣崎氏は，当時東北の方に拠点を置いていた，津軽安藤氏の被官，部下という位置付けにあったわけであるが，それがやがて道内唯一の支配者としてこの安藤氏から独立することになる．そのきっかけは，中央政権である秀吉政権や家康政権との関係の推移の中に存在する．

当時，本州では，周知のように天正年間に豊臣秀吉が全国を統一する．そして，蝦夷地の蠣崎氏は，当時は蠣崎慶広が当主であった．彼は，天正18年（1590）に京都に出向いて秀吉に拝謁し，従五位下民部大輔という地位を授けられるわけであるけれども，さらに文禄2年（1593）には九州地方まで出かけて，当時朝鮮出兵中の秀吉から朱印状を受けるのである．

ところが，秀吉政権がわずか2代で崩壊してしまうと，今度は徳川政権が誕生する．そうすると蠣崎氏はこの間に姓を松前氏に変え，新しいリーダーである徳川氏に接近して，慶長9年（1604）に松前慶広は徳川家康から黒印状を受けるのである．この朱印状や黒印状というのは，当時は公文書としての意味があり，具体的には知行安堵状を意味している．

秀吉からの朱印状や家康からの黒印状には何が書いてあるかというと，蠣崎氏は従来通りアイヌ交易に従事して一向にかまわないとか，松前氏こそがアイヌ交易の独占主体であることを公認する，ということを保証しているのみである．

徳川家康の黒印状は現在，北海道博物館に実物が展示されているが，この朱印状と黒印状の共通点としては，「蝦夷島を蠣崎慶広や松前慶広に領地として差し上げる」とは書かれていない．単に「蝦夷島に居住するアイヌ民族との交

易権を認める」ということしか書かれていないのである．このことは，秀吉や家康といった時の中央政権が，蝦夷島の支配者に対してはアイヌ交易権のみを保証したことを意味する．

では，この蝦夷島の領有権は誰にあるのかというと，これは色々類推してみると，結局は中央政権にあるのだという結論になる．江戸時代でいうと徳川幕府にあるわけである．このことから，江戸時代の後期に，2度ばかり蝦夷地の幕領化が進められるが，それを政策的に推進した江戸幕府の理論的根拠は家康黒印状に求められることになり，松前藩はこの幕府の方針に対して全く理論的に抵抗できなかったのである．

4．松前藩の経済基盤と商場知行制

この松前藩の経済基盤が 商場(あきないば)知行制度と呼ばれるものである．松前藩は領内で米が収穫できないために，アイヌ交易を中心にした経済政策を採用するわけである．まず北海道全体を，和人地と蝦夷地という2つの地理的空間に分割する．すなわち，渡島半島の先端地域が和人地，それ以外は蝦夷地ということになる．和人地は松前藩を中心とした和人勢力の居住地，権力地である．そして，それ以外の蝦夷地はアイヌ地であると同時に商場が設定され，松前藩からみれば，すなわち交易地であり，ここにアイヌと和人が住み分けるという地理的環境が制度的に確定するのである．

そして，松前藩の藩主や上級家臣たちは，ふだんは居住する松前から，各自に与えられた蝦夷地の商場に米・タバコなどの交易品を手船に積載して赴き，アイヌと交易をする．これが商場知行制度である．形式的には本州諸藩の地方知行に似ているけれども，それと決定的に異なる点は，松前藩の武士たちには商場の土地支配権は存在しないことである．

この商場知行制度の中核であるアイヌ交易権は松前藩主と上級家臣が所有しており，松前藩の関係者が直接自らの商場に出向いてアイヌ交易を行うということで，普通は年に1回行われていた．この商場交易は，これまでの城下交易体制とは異なってその正反対であり，和人側がアイヌの居住地に出向いて交易を行うというものだった．このことは，アイヌ側が，いわば商場のある蝦夷

地の中に封じ込められたことを意味する．

　商場での交易の手順は，最初にオムシャという儀式を行う．オムシャとは，「これから仲良く交易をやりたい」という意味の儀式である．最初にこれを行って具体的な交易に移り，最後にシャーランパという儀式で終わった．この儀式は，「去らば」という日本語がアイヌ語に転化したものと言われているが，いわば別れの儀式を意味している．

　このようにして，商場交易は，近世全般を通じて，松前藩とアイヌ民族との間で継続して行われていたのである．

　この商場交易制度というのは，松前藩の武士による対アイヌ直接交易であったが，江戸時代中期の元禄・享保期に，この交易体制の内容が大きく変わってくる．どういうふうに変わるかというと，松前藩が，自分達で交易を行うのは手間がかかって面倒であると考え，当時松前に出店していた近江商人等にアイヌ交易権を委託するのである．これは，商場所の請負制，すなわち（商）場所の請負制への転換であり，このことを，日本近世の出発点である「兵農分離」政策に対応する松前藩の「兵商分離」政策であると評価する研究者もいる．

　江戸時代の日本社会は，近世初頭の「兵農分離」，すなわち検地，刀狩りなどを通じて身分的に武士と農民を分ける，という政策を前提にしてスタートするが，松前藩の場合は，武士が商人を兼ねる，というような体制だったのを，武士と商人に身分的に分けるという政策を通じて，松前藩が近世封建社会に相応しい対応を行ったといわれる．

　このことは，北海道の歴史にとってどういう意味があるかというと，戦前に書かれた論文では，商場交易はいわば明治初期における「士族の商法」そのものであり，松前藩の武士はアイヌ交易に従事しても失敗して赤字ばかりだったので，やむやく交易のプロである近江商人にまかせたのだと説明する研究者もいた．このような説明が必ずしもあたっていないわけではないが，松前藩としては，時代と共にアイヌ交易の内容が複雑・多様化する中で，交易を専門とする近江商人たちに任せた方がいろいろな意味で好都合である，ということになったのであろう．

　それに対して，アイヌ交易を引き受けた近江商人たちは，松前藩に対して運上金という委託料名目の税金を支払う関係上，どうしても利益を出さなければ

いけないものであるから，その矛先が最終的にはアイヌ民族に向けられることになるのである．

それから，松前に沖の口役所という，現在でいうと税関のような役所を置き，本州から松前に出入りする商船の寄港を義務付けた．そして，積み荷や旅行者に対する管理と課税を行い，これらの措置によって，商場知行体制が確立していったと言われている．この沖の口役所は後には箱館と江差にも設けられ，これらを「松前三湊」と称した．

この松前藩による商場交易体制の強要に対するアイヌ側の武力的抵抗が，「シャクシャインの戦い」と呼ばれるものであり，この戦いは1669年に行われたことから「寛文九年の戦い」とも呼ばれている．これは，戦いの過程で色々なことがあったけれども，最終的にはアイヌ側が敗北してしまった．その結果，松前藩は商場知行制度というものを，自分たちに有利な交易方法のままで，アイヌ側に強要するということに成功したのである．

最後に，戦後の北海道近世史研究のパイオニアである榎森進氏や海保嶺夫氏の指摘を参考にして，松前藩の特徴を3点ばかり挙げる．

まず第1点は，アイヌ交易に基盤を置く松前藩の経済体制は，稲作農業に依存しない日本で唯一の藩であるということである．外見的にこれと似ている藩として，例えば琉球王国とか対馬藩があるが，対馬藩の場合は九州に飛び地を持っており，全く稲作農業に無縁な藩は松前藩のみであった．

第2点として，松前藩はアイヌ民族という異民族の支配と収奪に依存していた藩であった．同様の藩は松前藩以外には存在しない．

第3点は，近世の日本では，直接生産者としての農民は土地緊縛の対象であり，他地域に移住することは禁止されていたが，和人地の漁民の多くは，実は東北地方の漁民がこっそり移住して定着した住民であったと考えられている．このようにして，松前藩の領民は次第に増加したのであるが，同様の藩は他には存在しない．

以上のように，近世の松前藩は「無高大名」と呼ばれ，その経済基盤は商場知行制度であった．その具体的内容は，これまでの城下交易体制とは180度異なる武士の直接交易という形態によってアイヌ交易が開始されたが，松前藩が財政危機に陥り，近世半ばの段階で本州の近江商人などにアイヌ交易を委託

することになり，いわゆる場所請負制に転換した．

そして，この時期から交易に伴うアイヌ搾取が一段と激しくなっていって，アイヌ民族の恨みを買うことになったと言われる．それが，寛文9年の「シャクシャインの戦い」や寛政年間の「クナシリ・メナシのアイヌ蜂起事件」の背景にある基本的な要因である．

5．北海道開拓の諸段階

最初に，なぜ明治時代の初めに至るまで北海道の開拓は進展しなかったのかということを考えてみると，その理由として3点ばかり挙げることができる．まず第1点は，近世の松前藩が蝦夷島を和人地と蝦夷地に分けるという地域区分政策を最初から敷いており，この政策は幕末まで継承されたために，明治の初めに至るまで，蝦夷地の大部分は開拓が進まなかったという問題がある．蝦夷地の開拓に着手したのは，幕末の第2次幕領期になってからであった．しかし，その直後に幕府は倒壊し，蝦夷地の開拓は維新政府に委ねられることになる．

第2点目は，近世の日本社会は封建制社会であるということである．この封建制社会においては，直接生産者としての農民は土地に緊縛されており，移動・移民の自由が原則としてなかった．これは，日本でもヨーロッパでも封建制度の根幹をなすものであり，それゆえに明治維新になるまで，日本の農民は土地に固定されていたのである．

そういう状況の中では，蝦夷地の開拓を進めようとしても，労働力として本州から移住者を連れてくるということは理論的に困難だった．したがって，近世蝦夷地の移民政策に関する文献をみてみると，移民の主体には，例えば旗本の次三男や，えた・非人，あるいは牢屋の囚人，こういう人々を蝦夷地に移してはどうか，という蝦夷地開拓論がよく見受けられるけれども，一般農民を本州から移すことは，封建制という社会体制の存在に関わり，理論上できなかったという問題がある．

第3点目に，近世日本農業の技術水準が低かったということが指摘されており，明治以降になるまで，稲作農業は基本的に北海道には定着しなかったと

いうことが挙げられる．

　そして，明治維新を経て成立した維新政府は，まず明治2年（1869）に開拓使を置き，北海道・樺太の開拓を積極的に進めるのである．翌明治3年には黒田清隆が開拓次官になり，同年さっそく北方地域を巡視し，そこで明治5年を起点とする開拓使10年計画が立案される．

　明治4年（1871）になり，翌5年から10年間で1千万円の国費を北海道開拓に投下するということを，太政官は開拓使に対して認めた．これは，当時の殖産興業政策の一環として行われたためであるといわれているが，のちに，開拓使の廃止後に大蔵省が精査してみると，実際にはその倍の2千万円もの資金が北海道の開拓に投じられていたことが判明した．どうしてこんなことになったのかというと，当時の10年計画とは，毎年何を実施するかということを細かく決めていなかった，大変大雑把な計画だったためである．

　明治初年の2千万円は，だいたい現在の貨幣価値に換算すると約90兆円から100兆円ぐらいであると考えられるから，現在の政府の1年間の財政規模に匹敵する金額が，10年間で北海道開拓に投じられたことになるわけである．このことを見ても，明治初年の段階では，いかに明治政府が北海道開拓を重視していたかということができよう．

　北海道に投じられたこの莫大な資金の使い道を詳しく計算した研究によれば，2千万円のうちの44.6％が行政費だったという結論になっている．これは要するに，予算全体の約半分が役人の給料などの事務経費で占められており，開発に伴う事業費はわずか36.6％に過ぎなかったということである．我々は，2千万円がそっくりそのまま事業費に向けられていたというイメージがあるけれども，実際にはその半分近くが役人の人件費だったということである．

　そういうことで，明治5（1872）年からの10年間に莫大な国費が北海道開拓に流れ込んだために，開拓使時代の末期にはいわゆる開拓使官有物払い下げ事件という政治問題が生じた．

　この背景には，明治10年代に入り，政府の方針として，国内の産業資本育成のために官営事業を民間に払い下げるという方向を打ち出したことがある．それに対して，黒田長官は，開拓使の官営事業はいまだ必要であると中央政府の方針に抵抗したが，それは無理だとわかった段階で，自分の部下に役所を辞

めさせ，北海社という民間会社をつくらせるのである．そこに開拓使官有物を38万7000円という金額で，30年の無利息ローンを組んで払い下げようとした．しかも，その残りは関西貿易商会という黒田長官の薩摩藩時代の友人，当時，大阪商法会議所会頭の地位にあった五代友厚が経営している会社に払い下げさせて，将来的には，この北海社と関西貿易商会を合併させるという構想があったといわれる．これは，いわば私設開拓使の再現を意味しており，そのような大胆なことをやろうとしたのである．

　この開拓使官有物の払い下げは一度正式に認められるが，当時は自由民権運動という政治運動が興隆しており，この払い下げ計画が明るみに出ると，民権派からの反対運動が起きて，結局開拓使官有物の払い下げは中止になった．そして，これがいわゆる明治14年の政変に発展する．それで，政府はやむなく民権派に10年後の議会開設を約束し，これが帝国議会を開くきっかけとなるわけである．

　その後，開拓使は廃止され，明治15年（1882）から3年間は北海道に3県の設置ということで，函館県と札幌県と根室県が設けられた．それで，開拓事業はもう必要ないのではないかという話になったが，それはどう見ても無理な話であり，翌明治16年，農商務省北海道事業管理局という役所が新たに設けられ，旧開拓使事業の維持管理を担当することになる．

　この時代を3県1局時代と呼んでいるが，これは，ちょうど現在の北海道において，開発政策をめぐって北海道と北海道開発局が対立するような状況の明治版みたいなものであり，当時は3県と1局の両者が対立して色々と問題があり，事態が錯綜していたのである．

　そこで，明治18年（1885），太政官大書記官の金子堅太郎という人物が参議・伊藤博文の命を受けて北海道を巡視し，この3県1局体制の問題点を具体的に指摘した．それを受けて，翌明治19年に3県1局は廃止されて新たに北海道庁が設置され，開拓政策が大幅に変わった．それまでの移民政策に典型的な直接保護政策というやり方をやめ，インフラの整備を中心にした間接保護政策に変えられたのである．

　ところで，初代の北海道庁長官に就任したのは高知藩出身の岩村通俊だったが，明治20年（1887）に岩村長官が行った施政方針に関する演説の趣旨を以

下に紹介しておきたい．

　現在の北海道は，今なお「創開ノ地」であるから，「内地同一ノ制度」によらず，なるべく「簡易便捷ナル方法」で統治し，「拓地興産ノ実業」を挙げることが必要である．そのために，札幌・函館・根室の三県と農商務省北海道事業管理局を廃止して新しく北海道庁を置き，複雑な統治機構を廃止して「単純簡易ノ構造」とする必要がある．
　また，「内地同一ノ制度」を真似することをやめて，「殖民地適当ノ政治」を行うべきである．さらに，上辺だけの政策や事務経費を削減して，「拓地興産」に必要な事業を新たに起こさなければならない．

　岩村はこのようなことを言い，具体的には，北海道庁の出先機関である函館支庁と根室支庁を廃止すれば，1年間で20万円の費用を減らすことができるとか，郡長・区長に警察署長を兼任させる，すなわち，その末端では戸長役場と警察署を統合すれば役人の数が半分に削減できるとか，いわゆる行革の推進を強調している．
　さらに岩村は，小学教育のレベルを低くするとも言っている．これは，都会である札幌や小樽や江差，函館の学校を除いて，開拓地の小学校に尋常小学校を設置するのを止めて簡易科小学校に格下げすることで戸長役場の財政的膨張を防ぎ，教員の人件費の削減を図るという方針である．
　このようなことは，実は中央から視察に来た金子堅太郎が復命し，岩村長官はそれを受けた政策を実施したのである．最近よく北海道の義務教育における児童・生徒の学力が本州よりも低いということが，全国的学力統一試験のたびに指摘されるが，その最大の原因を作ったのは，もしかしたら金子堅太郎や岩村通俊の責任かもしれない．
　北海道の場合は，開拓使官有物払下げ事件が起きたことから，官営工場を民間に払い下げるという方針は実施されないままに，3県時代を通じて官営事業がずっと残っていたが，明治19年（1886）の北海道庁設置の段階で，岩村は，開拓使時代以来の官営事業を全て民間に貸下げ・払い下げることにした．例えば，現在のサッポロビールの前身である札幌麦酒会社，北海道炭礦鉄道会社な

どの特権的保護会社を設立させ，そこに官営事業のビール事業や炭鉱・鉄道事業を格安の価格で払い下げたのである．

とりわけ，この北海道炭礦鉄道会社（以下，北炭）は，道庁の部長であった堀基という人物が辞めて上京し，宮内省や財界の支援を受けて作った会社であった．そのような会社が，開拓使時代以来の開発の歴史を持つ幌内炭鉱を中心にした官営の鉄道と炭鉱を約35万円という価格で払い下げを受けたのである．開拓使が幌内炭鉱に投じた開発起業費は総額にして229万円位になると言われているので，いわば229万円の資産がわずか35万円で北炭に払い下げられたことになるわけであるから，これは第2の開拓使官有物払下げ事件であると当時福沢諭吉も指摘し，政治的にも大問題になった．帝国議会の開設後も，足尾銅山の争議で有名な田中正造が，北炭の問題をしばしば衆議院で取り上げている．

さらに，岩村の方針には，金子の提案した，道路開削のために集治監の囚人を外役労働力として積極的に利用すべきだという指摘がある．

このような岩村の北海道開拓に関する方針，政策の転換は，「自今以往ハ，貧民ヲ植エズシテ富民ヲ植エン」という演説の一節の中に凝縮されている．岩村は，また別のフレーズでは，「人民ノ移住ヲ求メズシテ，資本ノ移住ヲ是レ求メント欲ス」とも述べているが，要するに「直接ニ，一私人ニ恵与スルヲ為サズ，間接ニ公衆ニ利益ヲ与フルノ保護ヲ為サントス」ということである．すなわち，これまで国費で開拓してきた北海道であったが，今後は，国費は道路・鉄道などのインフラ整備のためにのみ投入し，民間資本の力を利用して開拓を進める道を選択したわけである．

そのために岩村は何をやろうとしたかというと，北海道の広大な官有未開地を，北海道での土地投資を希望する内地資本の要請に応えるため，様々な規則や法律を策定して非常に安価な値段で払い下げるという方針に踏み切ったのである．

明治5年（1872）制定の「北海道土地売貸規則」，「地所規則」，明治19年制定の「北海道土地払下規則」などの規則がある．例えば，「北海道土地払下規則」は，1人10万坪を上限にして一定期間無償で貸与し，成功確認後に千坪1円の有償で払い下げるという規則である．これはあくまでも開墾予定地

としての原野で農地ではないが，それにしても1人10万坪という制限があるが，実は例外規定が存在した．すなわち，目的確実で盛大な事業を行う場合には，これを超えた土地の払い下げを行うという規定があり，この条項を利用した人物に，当時副首相を務めていた三条実美がいた．

彼は，華族仲間に呼びかけて北海道開拓のための投資組合である華族組合を組織し，明治22年（1889），北海道雨竜郡一帯にまたがる国有未開地5万町歩の払い下げを道庁長官に申請した．払い下げ面積が極めて広大なことから，道庁長官の永山武四郎は抵抗したが，時の副首相の申請であったものだから，やむなく最後には認めたという．それが，有名な華族組合農場であるが，このようなことを，権力を背景にしてごり押しで行うとやはり罰があたるもので，三条はその後病気で亡くなったためにまもなく華族組合農場は解体し，後にその一部が，雨竜村の蜂須賀農場や深川村の菊亭農場に分割された．

それから明治30年（1897）には「北海道国有未開地処分法」という法律が制定されている．これは本当にものすごい内容の法律で，開墾希望者には一定期間土地を無償で貸し付け，成功確認後に土地を無償付与できた．その面積も開墾地は150万坪，牧畜は250万坪，植林は200万坪である．これは個人の申請の場合であり，会社や組合組織で申請の場合は，この2倍まで払い下げることが可能ということであるから，例えば，会社や組合で経営する場合には，農場が300万坪まで，牧場が500万坪まで，山林経営の場合は400万坪まで申請できるわけである．しかも，これを決められた期間内に開墾すれば，全部自分の所有地になるという法律だった．

こういう規則や法律の制定によって，大正時代の初期ぐらいまでに北海道の莫大な官有未開地，国有未開地は，そのほとんどが内地の華族・地主・政商などの不在地主が所有する私有地へと転換した．このようなことが，近代における北海道開拓のあり方，とりわけ道庁時代前期の開拓の本質だったわけである．

6．明治政府とアイヌ政策

最後に，明治政府とアイヌ政策について簡単に説明してみたい．まず開拓使のアイヌ政策の前提として，幕末・維新期のアイヌ政策をみてみると，幕末の

段階で江戸幕府は，クナシリ・エトロフ島を中心にアイヌ帰俗政策を実施した．例えば，それまで松前藩がアイヌを「蝦夷人」と呼んで和人と区別していたのを「土人」と改称したが，これは，江戸時代末期，帝政ロシアの南下政策に伴って，千島列島を席巻したロシアが，千島アイヌをロシア人化する政策に対抗して，アイヌは日本人であるとの認識から，このような呼び方をするようになったのである．

　明治7年（1874）の「千島・樺太交換条約」によって日露間の国境問題が確定すると，アイヌ問題は日本とロシアの外交問題から純粋の国内問題に転換することになり，明治政府は，開拓使を通じて様々な方法でアイヌ民族の和人化，日本人化政策を行う．例えば，アイヌの戸籍を作ることや「開墾を希望する土人への布達」では，アイヌに農具を支給して農業をやらせるとか，あるいは入れ墨を禁止するなど色々なことをやっている．

　明治11年（1878）には，開拓使の布達として，今後，和人とアイヌを区別する場合には，これまで旧蝦夷人・古民・土人などと様々に呼んでいるのを，旧土人に統一するという方針を出している．

　これは何を意味するかというと，かつては蝦夷人とか古民とか土人とか呼ばれたアイヌ民族のことを，開拓使の役人が書類上でまちまちに書くと混乱するから，明治11年以降は「旧土人」に統一するということである．要するに旧土人というのが，明治以降の行政の世界におけるアイヌ民族の正式な呼称として定着するわけである．

　ちなみに，「旧土人」とは，「旧・土人」，すなわち江戸時代に「土人」と呼ばれた人々，という意味である．

　明治以降のアイヌ民族に対する明治政府の同化政策は，開拓使時代の様々な規則の制定に始まり，そして，その最たるものが，明治32年（1899）に制定された「北海道旧土人保護法」という法律に結実している．

　この法律は，必ずしも明治政府が一方的に制定したものではなく，その制定過程においては，アイヌの側からも色々と要望を出していることが確認されている．すなわち，アイヌ保護に関する新しい法律を作って欲しいという要望を帝国議会に陳情したという事実があり，それを受けて立法化されたということを，ここで指摘しておかなければならない．

「北海道旧土人保護法」は，勧農・農民化政策と医療と教育の3つの側面からアイヌ民族を保護するという一種のパッケージ立法であるという捉え方をする研究者もいるが，全体の基調としては，アイヌ民族を狩猟・採集民族から農民化するというものであり，このような存在のアイヌを「保護」すると称した法律だったわけである．

　この保護法の問題点は色々あるが，最大の問題は，貧しいアイヌに対する農具代や薬価代の支給など，様々なアイヌ保護に関する費用の出所が，最初は旧土人共有財産というアイヌ自身の財産の運用益から支出し，それでも足りない場合に，初めて政府が出すという内容の法律であり，いわば非常にケチくさい法律であった．明治政府が最初からアイヌ保護のために必要な資金の全額を支出するというものではなかった．

　そういう中で，政府が最初から全額を負担するとした政策は，アイヌ集落に，当時は「土人学校」と呼ばれたアイヌ学校を作る費用である．この建築に関する費用だけは，最初から政府が全額を出し，全道で21校が開校した．アイヌ学校の目的は，アイヌ文化の維持・発展にあるのではなく，日本語教育の普及にあった．これ以降，全道的に小学教育における和人児童とアイヌ児童の分離教育が実現するのである．

　この北海道旧土人保護法という法律には手本があり，開拓時代のアメリカにおける「ドーズ法」，すなわち「アメリカインディアン保護法」と呼ばれる法律をモデルにしたものであるという指摘がなされている．

　制定から1世紀を経た平成9年（1997）になって保護法はようやく廃止され，新たに「アイヌ文化振興法」（略称）が制定された．それから約20年が経過したが，現在，政府はアイヌ文化振興法の再検討と新たな「アイヌ新法」の制定を模索中である（平成31年2月，閣議決定）．アイヌ文化振興法には，旧土人保護法のような経済的支援に関する規定がないのが最大の欠点だとよく言われるが，これが新たなアイヌ新法の中にどういうふうに反映されるのかが今後の1つの課題だと思う．

第1章　北海道の歴史について

7. おわりに——内国植民地・北海道と沖縄

　最後に，現在の北海道議会の前身にあたる北海道会について，少しだけ触れておく．明治22年（1889）に大日本帝国憲法，いわゆる明治憲法が発布され，帝国議会が開設されるが，最近，この明治憲法体制下において，北海道と沖縄は近代日本の内国植民地であったと呼ばれることがある．

　「明治憲法は当分の間北海道と沖縄には施行しない」とあるけれども，その意味するところは，具体的には市町村制や「衆議院議員選挙法」は北海道と沖縄には当分の間施行しないという意味である．したがって地租改正や徴兵令などもしばらくの間，この両地域には施行されなかった（表1-1）．

　このように，明治20年代の北海道と沖縄は，明治憲法体制外の地域として政治的には無権利状態に置かれていたことから，北海道や沖縄でも地方議会を置くべきであるとか，衆議院議員の選出権を確保すべきだという住民運動が起きてきた．

　北海道の場合でいうと，函館と札幌と小樽が中心になり，北海道議会設立運動が巻き起こるわけである．こういう状況の中で，明治34年（1901）に「北海道会法」が施行され，初めて北海道会が設立される．

　当時の道会議員には，大きく2つのグループがあり，「海派」と「陸派」と呼ばれた．「海派」というのは「水産派」とも呼ばれ，主に水産税に依拠した沿海地域を基盤として選出され，沿海地帯の利益を重視するという立場の議員である．陸派というのは，内陸の農業開拓に依存して北海道の発展を推進しようという立場の議員だった．

　そのうちにこの海派と陸派は，そういった地域的結合集団からやがて政党の支部として，政治的結合関係に変わっていく．大正時代の半ばになると，ようやく北海道の地方制度も内地並みに整えられ，大正7年（1918）に開道五十年を祝う記念式典が盛大に行われることになった．

　その後も，北海道には，さらに昭和43年（1968）の北海道百年を経て，今日に至るまでのさまざまな歴史があるが，このあたりで終了したい．

表 1-1　本州・北海道・沖縄の制度的格差

制　　度	本　州	北　海　道		沖　　縄	
廃藩置県	明治 4 年	明治 2 年 明治 4 年 明治 15 年 明治 19 年	開拓使設置 館県設置 札幌県・函館県・根室県設置 北海道庁設置	明治 5 年 明治 12 年	琉球藩設置 沖縄県設置
府県制施行	明治 24 年	明治 34 年 大正 11 年	北海道会設立 北海道会に参事会設置	明治 42 年 大正 9 年	特別県制施行 県会に参事会設置
市町村制施行	明治 22 年	明治 32 年 明治 33 年 明治 35 年 大正 11 年 昭和 18 年	区制（函館・札幌・小樽） 1 級町村制 2 級町村制 市制 指定町村制 （1・2 級町村制廃止）	明治 29 年 明治 41 年 大正 9 年 大正 10 年	区制（那覇・首里） 沖縄県及島嶼町村制 町村制 市制
衆議院議員選挙法施行	明治 23 年	明治 35 年 明治 37 年	函館・札幌・小樽 全道	明治 45 年 大正 8 年	全県（宮古・八重山両郡をのぞく） 宮古・八重山両郡
貴族院多額納税者議員選出	明治 23 年	大正 7 年		大正 7 年	
徴兵制施行	明治 6 年	明治 22 年 明治 29 年 明治 31 年	函館・江差・福山 渡島・胆振・後志・石狩 4 国 全道	明治 31 年 明治 35 年	全県（宮古・八重山両郡をのぞく） 宮古・八重山両郡
地租改正施行	明治 6 年	明治 10 年	北海道地券発行条例	明治 32 年	沖縄県土地整理法

出所：桑原真人『戦前期北海道の社会経済史的研究』（私家版，1995 年）476-477 頁による．

（本稿は，2017 年 2 月 23 日，「北海道の歴史――これまでの北海道の歴史・文化と北海道の将来について」と題し，北海道議会において開催された札幌大学・北海道議会包括連携協定締結記念講演会の記録を基に，加筆修正を加えたものである）

第2章
大正期の函館五稜郭における片上楽天の活動について

濱口 裕介

1. はじめに

　昭和の新時代を目前に控えた大正15年（1926）6月10日のこと．『函館毎日新聞』は，函館に住む一人の老人が，2日前に世を去った事実を伝えている．その老人，片上楽天の死は記事として報じるに足る「事件」と判断されたのだろう．

　　片上翁逝く　心臓麻痺で
　　五稜郭内懐旧館経営者片上良（雅号楽天）は八日午後四時帰宅と同時に心臓麻痺にて死亡した翁は享年七十歳にて松山藩の生れにて大正五年夏五稜郭内に入り戦歿者の霊を慰める傍ら五稜郭史実について研究に没頭せる由良子は早稲田大学の教授片上伸氏である[1]

　楽天は6月8日，心臓麻痺で急逝し，70年の生涯を終えたという．本記事では，楽天の肩書を五稜郭内にあった「懐旧館」という施設の「経営者」と紹介し，さらに楽天が大正5年（1916）から五稜郭内に入り「戦歿者の霊を慰める」活動をするかたわら「五稜郭史実について研究に没頭」した人物だったと伝えている[2]．この短い訃報に3度も「五稜郭」の語が見える点からも，楽天が五稜郭に対して並々ならぬこだわりを持ち，特異な活動を展開した人物だったということが理解されるであろう．
　後述のとおり，こうした楽天の五稜郭への執着というのは，旧幕府脱走軍の

顕彰を目的とするものであった．近代日本における幕末以来の歴史人物の顕彰という行為については，近年多くの研究がなされており，その結果として地域で新たな歴史認識が醸成される事例も紹介されている[3]．楽天の活動についても，日本各地で見られたそうした活動と共通する面をもっている．

しかし，函館という新興都市の地域性を考慮すると，そこには別の側面も見出しうる．そもそも函館は多くの大都市と異なり城下町にルーツを持っていない．住民の多くは移住者であり，旧藩士層や固定的な城下町住民がいないため，近世以来の文化的な蓄積も乏しかった．こうした場にあっては，たとえ顕彰が一種の政治的な意味を含むものだったとしても，楽天のような民間有志の文化活動が都市形成上に重要な役割を果たしたことが想像されるのである．この点は，函館で図書館創設に尽力した岡田健蔵のような例を想起すれば，おのずと理解できるであろう．一方で，日本の図書館史上に名をのこした岡田と違い，楽天の名が函館の歴史に伝わらなかったということは，その活動に何らかの限界を抱えていたという推論も成り立ちえよう．

そこで，本章は五稜郭において多彩な活動を展開した片上楽天という人物を取り上げ，その経歴を確認した上で，地域における活動の意義に光を当てていきたい[4]．

2．片上楽天の経歴

本節では，片上楽天が函館に移住するまでの生涯を，特に箱館戦争とのかかわりに着目してたどってゆく[5]．前半生について語る記録はなかなか見出すことができないものの，楽天自身がいくつかの回想記をのこしており，また息子の片上伸(のぶる)についてはロシア文学・プロレタリア文学の紹介者として著名な人物であることから，文学研究者による研究の蓄積がある[6]．これらの文献に拠りつつ考察を進めてゆこう．

（1）片上楽天のおいたち

片上楽天が生まれたのは，伊予国（現在の愛媛県）松山藩領とされる．大正15年（1926）に死去した際，享年70と報じられていることから逆算すると

安政４年（1857）の生まれであろうか[7]．幼名を片上良之助といい，明治以後は片上良(つかさ)を名乗った．晩年には無為庵楽天と号している（本章では「楽天」の称で統一する）．

　楽天の生まれた片上家は，南朝を支えた公家北畠家の子孫を自称しており，豊臣秀吉の四国征討後，片上姓を名乗ったという．江戸時代には，片上家は越智郡の各村の庄屋を務める家柄だった[8]．楽天が生まれたのは，樋口村の庄屋を務めていた本家から分かれ，野間郡波止浜(はしはま)村（現在の今治市波止浜）の月番所役人をしていた家だった．樋口には，現在も「片上」の地名がのこっており（現在の今治市波方町樋口片上），また同地の片上本家墓所には楽天が建てた両親の墓が立っている．楽天自身も「愛媛県平民」と族籍を記しているので[9]，役人といっても士分ではなかったであろう．

　楽天が生まれた時期，松山藩主の座にあったのは，讃岐国高松藩から養嗣子となった松平勝成である．勝成は前水戸藩主徳川斉昭の甥で，のちに最後の将軍になる一橋慶喜の従兄であった．そして，松山藩領から瀬戸内海をはさんだ対岸は，のちに討幕の中心となる長州藩の領地である．こうした環境にあった松山藩は，否応なく幕末の動乱に巻き込まれていく．そして，まだ幼い楽天さえもそうした動きと無関係ではいられなかった．

　後年の回想（『五稜郭史』の「添記（楽天が戦争に参加せし経路）」 大正14年３月付）によれば，「元治慶応」のころ，松山藩が西洋兵学を採用するに当たり，楽天は母方の叔父の推挙によって少年の身でありながらラッパ手に採用されたという[10]．同藩は，文久３年（1863），おもに下級武士からなる新足軽を取り立て，フランス式の調練を施した[11]．この新足軽の大隊が松山藩唯一の洋式銃隊とされているので，楽天もここにラッパ手として参加したということだろうか．

　その後，「慶応三年冬」（正しくは慶応２年），「我藩は幕命に由つて家老職永沼氏を都督として長州領八代島征伐の事と成り予は喇叭手として軍に従」ったというが[12]，これは慶応２年（1866）の第二次長州征討における周防大島（屋代島）の戦闘に従軍したということであろう．事実とするならば，楽天はなんと数え年10歳という幼さで戦場に赴いたということになる．この戦いで松山藩兵は四国諸藩の先鋒をつとめ，緒戦で勝利を収めて周防大島を占領した．

ところが，島内の民家に放火や略奪を行って島民の反感を買った挙句，最終的に長州藩諸隊の反撃にあって大敗を喫し，謝罪に追い込まれている[13]．しかもこれが仇となり，慶応4年（1868）に戊辰戦争が勃発すると松山藩は朝敵とされ，進駐してきた土佐藩兵に城を明け渡すという屈辱を味わっている．

（2）　箱館戦争との関わり

　楽天が箱館戦争といかにかかわったかという点は，彼ののちの活動の思想的背景になるところであるため，やや詳しく見ておきたい．楽天は後年，次のように回想している．

> 越へて慶応四年予が遠縁の人にして伊予国小松領千束村の大里正黒川與市右衛門と云へる儒者あり．天下の形成観察の為め上京するに際し予之に随ひ行き氏の旧知．東都南鍋町の小松屋と云ふに投宿し黒川小父は各藩の志士と相往来し余暇には和漢の書を授け呉れつつありし時榎本将軍等北走の計あり黒川小父もその中の一人なりし由にて遂に予も小父に随行する事と成れり．
> 政府無諒解の侭の行動とて品川出帆の時の如き其混雑名状すべくも非ず小父の命ずる侭に乗船せしも小父は来らす多分他船に乗込みしならんと思ひ居りしに遂に一行中に在らざりし事は着道後始めて知りしが日を経て幹部の人々に聞けば同志の残務整理のため俄かに居残る事となりし由，予は幼名良之助と呼び当時齢正に十二歳[14]

　慶応4年すなわち明治元年の動向である．楽天は，小松藩領千束村の庄屋で「儒者」（漢学者の意か）でもあった黒川與市右衛門という縁者に随行し，「上京」（「東都」とあるので，この「上京」は江戸にのぼったという意であろう）することとなった．恐らく4月に江戸が新政府軍の手にわたって間もなくのことであり，いまだ情勢が混沌とするなかで黒川は「天下の形勢観察」のために赴いたのであった．一方，同行する楽天はというと，別の記録には「適当ノ学校ニ入ル」ことが目的だったと記している[15]．黒川が「余暇には和漢の書を授け呉れつつあり」とあるのは楽天の江戸行きが学問を修めるためだった

ことを物語るものであろう．

　ところが，楽天の修学は思わぬ事態によって妨げられてしまう．すでに江戸城は新政府に明け渡されていたものの，榎本武揚率いる旧幕府艦隊は江戸湾でその威容を誇示しつづけていた．そして，8月に入ると榎本艦隊が新政府との対決を期して品川を出帆することとなり，「各藩の志士」たちと往来していた黒川も，艦隊に投じることとなったという．そして，いまだ幼い楽天も黒川とともに同行することになってしまうのだった．

　榎本艦隊の各艦には新政府に敵愾心を抱く血気盛んな旧幕臣たちが乗り込んでいた[16]．楽天も「小父の命ずる侭」に混乱する品川から艦隊に身を投じた．ところが，黒川の姿がない．艦隊が「着道」すなわち北海道（当時は蝦夷島）に着いてから確認してみると，黒川は残務処理のため居残ることになり，結局艦隊には参加していなかったというのだ．

　その後の榎本らの動向はよく知られている．榎本の艦隊は松前・蝦夷地を占領，五稜郭を中心に臨時政府を樹立した．しかし，翌年5月に明治新政府が箱館を総攻撃すると，榎本らは降伏し，五稜郭を開城する．箱館戦争は終結し，一年半にわたった戊辰戦争にも幕が下ろされた．

　以上はおもに「添記（楽天が戦争に参加せし経路）」と題された楽天の回想に依拠している．しかし，よく読むと楽天は榎本艦隊と行をともにしたとあるが，「戦争に参加」したとも書いていない．他の記事に目をやっても，「長州八代島」で戦った自分と「戦線こそ東西幾百里を隔てたりとは云へ．函館戦争の幕軍諸士とは共に戦友」[17]，旧幕府艦隊に乗じて「北走ヲ供ニ為タ」など[18]，いずれも箱館戦争と直接かかわりを持たなかったのような書きぶりである．つまり，楽天は榎本艦隊に加わり蝦夷島に上陸するまでは同道しながらも，何らかの事情で戦闘には加わらなかったものと推察される．

　だが，一時的とはいえ，榎本艦隊に乗り込んだことは，楽天にとって人生を左右する体験だったのであろう．彼は旧幕府方に身を置いていたという強烈なアイデンティティをその後も有しつづけ，老後になっても「元佐幕軍少年隊」「幕軍遺兵」「幕軍残党」「維新役残卒」などの肩書を好んで使った[19]．また，後述のように晩年の楽天が箱館戦争の戦死者を「戦友」「亡友」と呼び，その

慰霊に異常なまでの献身ぶりを見せるのも，彼らと同道したという強烈な体験も影響しているであろう．いや，行動をともにしながら戦には加わらなかったという「後ろめたさ」こそ，楽天を彼らの顕彰へと駆り立てる原動力となったのかもしれない．

　　国の為め共に死なんと誓ひてし
　　　　友を弔ふ身こそ憂しけれ[20]

著書『五稜郭史』に載せた歌からは，楽天のそうした思いを垣間見ることができる．

（3）明治以後の動向

　明治を迎えたとき，楽天はまだ数え年で12だった．このころ兄の片上保憲は，波止浜村の「村吏」をしながらその余暇に村の子女を集めて読書・手習いを教えていたらしい．明治5年（1872）に学制が頒布された際には，教鞭をとっていた教場は七番小学校に編成され，保憲自身もその教員になったという[21]．そうした事情のゆえであろう，楽天も明治11年（1878）には愛媛県師範学校小学校速成師範科を卒業し，小学校訓導補という職を得たという[22]．

　のちに文学者として名を知られる楽天の長男の片上伸は，明治17年（1884）に生まれている．恐らくこのころ楽天は結婚しているのであろう．妻のセツ（のちに節）は今治藩の御用人の娘だったという．また，このころ波止浜村の「村長」を務めたという話も伝わっている[23]．

　明治23年（1890）には一家を挙げて松山市に移ったという．これは，楽天が松山区裁判所の執達吏に採用されたためであろう．というのも，楽天はこの年12月，『執達吏必携』という書を編纂しているのだが，その緒言に「司法省内執達事務練習所ニ於テ　松山区裁判所　執達吏　片上良　誌ス」との署名が見られるのである．執達吏とは区裁判所に所属して強制執行や裁判文書の送達などを行った役人である．条約改正交渉を契機として，この年に成立した裁判所構成法で導入されたばかりの制度であった．司法省の職員録を確認すると，「片上良」の名は松山区裁判所の執達吏として明治24年から28年まで確認で

きる[24]．

　『執達吏必携』の緒言によれば，同書は執達吏の職務の便宜をはかるため，東京控訴院判事今村信行から「執達吏ノ特ニ研究ヲ要スヘキモノトシテ指示セラレタル法律規則ヲ摘録抜萃シ」た書という．なお，同年同月に出版された『執達吏職務細則』という書にも，発行者として「片上良」の名が見える．これら両書は，恐らく執達吏の採用試験をパスし松山区裁判所の執達吏第一号となった楽天が，司法省関係者からの何らかの指示を受けて公にしたものであろう．

　ちなみにこの時期はちょうど夏目漱石が松山に滞在していた時期であり（しかも，漱石の寓居は楽天の勤務する裁判所のすぐ裏手であった），『坊つちやん』に描かれたような風景の中に楽天は暮らしていたのである．一家が松山にあった明治31年（1898）生まれの第六子・四男の仁（まさし）は，みずからの幼少期について「瀬戸内海の暖い海辺のお城のある町に，相当な資産と家柄とを備へた家の四男と生れ」たと記している．平民でありながら士族の家から嫁を迎えていることなどから考えても，楽天一家はそれなりに豊かな暮らし向きだったと思われる．

　しかし，仁はつづけて次のように記している．「家道の傾くと共に，或は太平洋の怒涛の打ち寄せる土佐の海辺に，或はカムチャッカ嵐の吹きすさぶ北海千島に育」ったと[25]．

　松山での順風満帆な暮らしは長くは続かなかったようだ．事情は不明であるものの，仁のいうとおり，このころ楽天一家の「家道」は大きく傾いたらしい．明治28年（1895）から29年の間に楽天が何らかの事情で執達吏を辞していることや，明治29年4月に父母と兄の墓（いずれも没年は記されていない）を同時に建てていることから，身内の不幸がつづいたことが関係しているのかも知れない．いずれにせよ，南は「土佐の海辺」，北は「カムチャッカ嵐の吹きすさぶ北海千島」に至るまで，楽天一家の各地を転々とする生活が始まった．管見の限りで，その足跡を簡単にまとめてみよう．

　　明治33年（1900）8月以後　松山を離れて香川へ，ついで徳島・高知へと一家で四国各県を転々とする（妻の節は明治38年（1905）5月，ここ

高知で死去[26]）．その後，楽天は後妻として池田マサを迎えている）．
　明治 38 年（1905）8 月　四国を離れ，一家で「北海道根室牧場」に転居[27]）．
　明治 41 年（1908）6 月　楽天，「根室新聞社」に入社（「根室新聞社」とは，根室の二大新聞社だった北友社（「根室毎日新聞」）・根室時事新聞社（「根室新報」）のいずれかであろう）[28]）．
　明治 42 年（1909）4 月　楽天，主筆記者の立場にありながら新聞社を退社[29]）．
　同年 8 月　国後島の留夜別村戸長役場に奉職し，戸長に就任[30]）．
　明治 44 年（1911）11 月　留夜別村戸長を辞任．

　十年以上にわたる流転の歳月を，楽天自身は「指を各種の方面に染めしも総て失敗不成功トント面白ふなかりし」と自嘲気味に回想している[31]）．竹内が「家道」が傾いたといっていることからしても，何らかの事情で経済的に苦境に立たされたのであろう．
　最後に，楽天の家族についても確認しておこう．節との間には男女合わせて 9 人の子（伸・孝子・順子・陽・貞子・勝・仁・義・礼）があり，また後妻のマサとの間にも男子（智）が生まれた．さらに，養女（スミ）もいたので，総勢 11 人の子だくさんだった．
　多くの子らのなかでも，長男の伸は，早稲田大学に進み，ロシアに留学．帰国後，評論家・プロレタリア文学の紹介者として活躍，母校早稲田の主任教授にまでなった．四男の仁は，東京帝大に進み 10 代から若手評論家として活躍して将来を期待されたが，後述のとおり若くして凄惨な最期を向けることになる．

3．函館における楽天の諸活動

　留夜別村戸長を辞任した楽天は，大正元年（1912）から函館五稜郭で箱館戦争戦没者の遺体の身元調査を始めたとのちに語っている[32]）．これが事実であれば，恐らくこのときに楽天一家は国後島から函館へ居を移したのだろう．日

本が大正という新時代に入るとともに，楽天もまた転居と転職のくりかえしだった人生に一区切りをつけ，新天地に落ち着いたのである．

以後，楽天は函館を終の棲家とした．大正6年（1917）に五稜郭懐旧館を設立する際の趣意書において，「我函館ヲ愛スル↑敢テ人後ニ落チザル」「我郷土タル函館」とまで，その愛郷心を吐露している[33]．以後，大正15年に世を去るまでの15年間，すなわちちょうど大正期が楽天の函館時代に重なるわけである．

すでに55歳．定職にも就かず，いわば隠居の身となったわけだが，楽天が歴史研究家として，また社会事業家として五稜郭を舞台に歩み始めるのは，むしろここからであった．

以下，函館において楽天が行った諸活動のうち，おもな事績を通覧してゆく．

(1) 五稜郭内に眠る戦没者の身元調査と慰霊

箱館戦争時に榎本武揚らが拠点とした五稜郭は，明治以後は兵部省（のちに陸軍省）が所管するところとなり，軍の施設として利用された．入口には「御用の外入るを禁ず」という高札が立てられ，一般の立ち入りは禁じられた[34]．すなわち五稜郭は，活用されることもないままただの軍用地として半世紀近い時を過ごしていたのである．

そうしたなか，五稜郭内にはいまだ旧幕府脱走軍の戦没者が眠っているという話を楽天は聞き知ったようだ．後年，楽天は次のように回想している．

　　函館戦争ノ古戦場トシテ其名天下ニ普キ五稜郭内別紙第一図ノ個処ニハ明治元年十月廿六日ヨリ翌二年五月十八日マデ篭城セシ元幕臣榎本和泉守釜次郎武揚一行中官軍ノ砲弾ニ斃レシ士又ハ郭外ノ重傷ニシテ収容後落命セシ同志約五十名之屍ヲ埋骨シ其処ニ海鼠形ニ堆ク土砂ヲ盛リ小丘陵ノ状ヲ為シアレド後世人ハ其何ノ為ノ盛土ナル乎ヲ知ラズ明治八九年ノ頃ト乎外濠石垣ノ一分破損セシ時其修繕ニ使用セント彼ノ盛土ヲ採掘ニ掛リタル処幾多ノ白骨露出シ驚キテ地方ノ古老等ニ就キ調査ノ結果幕軍戦死者ノ埋骨個所ナル事ヲ知リ土砂ノ採取ヲ中止シ記念ノ為メ盛土ノ上ニ稚松ヲ植ヘタリト伝ヘラル．今其松樹目通リ直径尺余ニ及ベリ

如上ノ事実アレド当時ノ関係者ハ戦後直ニ四分五散シテ当地ニ残留セシ者ナク殊ニ去ル大正三年迄ハ一般人ノ郭内ニ入ルヲ許サレザリシト其屍ノ主ハ誰々ナルヤ不明ナリシ為メ何人モ顧ミス徒ラニ蓬醜艸ノ繁茂ニ委セアリシカバ不肖良敢テ不敏ヲ憚ラズ一意専念之レガ調査ニ没頭シ稍ク別紙列記諸勇士ノ遺骨モ亦此処ニ在ル事ヲ知リ得タレバ大正七年時ノ函館要塞司令官ノ諒解ヲ得且函館区長ノ認許ヲ蒙リ別紙第二図ノ如ク木標ヲ建設シ僅カニ墓処ノ形ヲ造リ爾来独力墓所ヲ清メ毎年質素ナル弔祭ヲ営ミ来レリ[35]

　楽天の認識および記述によれば，五稜郭内には旧幕府軍将兵のうち「官軍ノ砲弾ニ斃レシ士」（新政府軍の甲鉄艦が放った砲弾による死者）および「郭外ノ重傷ニシテ収容後落命セシ同志」ら約50名の遺体を埋めた墳墓（いわゆる「土饅頭」）があったようである．明治8・9年（1875・76）ごろ，そこで遺骨が見つかったため，記念のため松を植樹したと伝わっている．ところが，遺体の姓名については誰も知るところがなかった．立ち入りも禁じられていたため，墳墓は誰にも顧みられず，「徒ラニ蓬醜艸ノ繁茂ニ委セアリ」という状態であった．

　かつての「戦友」たちへの思いをもだしがたかったものであろうか，楽天はさっそく遺体の身元調査に着手した．諸記録や関係者の証言を集めて照合し，戦没者の姓名が判明次第，新聞や著書『五稜郭史』の補訂の際に発表していった[36]．最終的に，死の直前の大正15年（1926）4月の段階では，歩兵頭春日左衛門・歩兵頭並伊庭八郎をはじめ14名の名を確認したと楽天は述べている[37]．

　また五稜郭は大正3年（1914）に公園として一般開放され，多数の人々が押し寄せるようになった．そのありさまを見て，楽天は埋骨場所を明示することが必要と考えたのであろう．箱館戦争から50年目の大正7年（1918），函館要塞司令官や函館区長の許可を得て，楽天は仮設の木標（木製の墓標）を建立し墓所のかたちを整備した（図2-1）（「土饅頭」と春日左衛門の埋葬地の2か所）．誰に頼まれることもなく，楽天はみずから"五稜郭の墓守"となったのである．

　また，五稜郭の開放は，郭内に眠る戦没者たちの慰霊が可能になったことも

意味した．木標の建立を機に，楽天はみずから発起人総代となって函館戦争戦死者弔霊義会という団体を立ち上げ，同志たちとともに慰霊祭も催している．大正7年10月6日にはじめて行われた慰霊祭において，墓所の前で神式の拝礼を行い，あわせて郭内で撃剣・相撲・銃剣術・弓術といった余興も催された．以後も五稜郭における慰霊祭は毎年のように催された．文中にあるとおり楽天自身は「質素ナル弔祭」と称しているが，他方で新聞では「大祭」とも報道されており，なかなかのにぎわいを見せていたことがうかがえる[38]．

なお，慰霊祭を主催した函館戦争戦死者弔霊義会という会の名については，旧会津藩士らによって

出所：市立函館博物館所蔵．

図 2-1　片上楽天と慰霊碑

ほぼ同じ時期に設立されている会津弔霊義会とのかかわりが想起される．両者の間に何らかの関係があったとしてもおかしくはないが，ここでは可能性を指摘するにとどめたい．

（2）　五稜郭公園の開放と『五稜郭小史』

大正9年（1920）時点での函館区は，14万人以上の人口を擁し，仙台や札幌を上回る，東京以北最大の都市であった．このころには函館の市街地も五稜郭の位置する東部方面まで拡大しつつあり，区民の間からも五稜郭を開放すべきという声が出ていた．当時の新聞は，「一般民衆の楽遊地となし以て彼の有名なる戦跡を紀念せしむべ」しという理由を挙げている[39]．箱館戦争の「戦

跡」（実際には，箱館戦争の際に郭内で戦闘が行われたことはなかったが，一般には「戦跡」「古戦場」として知られていた）といういわれを尊重しつつ，公園として活用しようというのである．

そして大正2年（1913）6月，函館区民からの要請にこたえて，陸軍省は五稜郭を区に貸与し，公園として利用することを認めた．実に半世紀近い年月つづいた"新政府軍による五稜郭占領"に幕が下ろされたのである．こうして函館の人々に縁遠い存在であった五稜郭は，函館区民に親しまれ，また観光地として注目を集める存在となっていったのである．

五稜郭の開放は，もちろん楽天にとっても大きな意味を持った．以後の楽天の活動は五稜郭を舞台に展開されていくことになるからである．

前述した墓所の整備や慰霊祭の開催に先立つ楽天の活動として，著書『五稜郭小史』の刊行がある．というのも，五稜郭の公園化の大きな理由だったはずの「戦跡を紀念せしむ」という点について，函館区は特段の手を打たなかったらしく，郭内にはその由緒について語る記念碑や案内板といった類のものがなかったのである[40]．そのためか，意外にも当時は「折角遠来ノ訪客ハ其無趣味殺風景ニ唖然驚嘆失望セザルナク」[41]，「来て見れは何の興なき五稜郭只ある者は濠と土手のみ」という落胆の声が多く聞かれた[42]．由緒を語るものが何もないため，五稜郭の意義が伝わりづらかったのであった．

こうした状況を見て，楽天は「五稜郭ヲ有意義ニ社会ニ紹介シ以テ内外人士ヲ招致セント欲シ」て，五稜郭の由緒を誰でも分かるように伝えようと活動に乗り出した．いまだ箱館戦争に関して詳細を論じた一般向けの書籍は少ない時代だったため，楽天は「古老先輩ニ聴キ或ハ要塞司令部，函館大隊其他個人ノ蔵書ニ調ベ若クハ維新当時ノ事項ニ関スル新冊書ヲ購ヒ更ニ図書館ニ就ク事幾十百回」という地道な調査をつづけたという．あまりに五稜郭と箱館戦争の研究のみにのめりこんでいたため，函館図書館の岡田健蔵や事務員らからは「五稜郭ノ爺サン」と呼ばれていたという[43]．

そうした地道な調査が結実したのが，著書『五稜郭小史』であった．同書の発行所としては北島勇之進（1865〜1946）の名が見える．北島は出雲国造家の出身で，五稜郭が公園として開放されるとともに監守として移り住んだ人物である[44]．『五稜郭小史』の刊行は，恐らく二人で企てたことだったのであろ

う.

ただし,『小史』は少数が印刷されたのみであったらしい.そのため,楽天はのちにその増補版ともいうべき『五稜郭史』を新たに著し,世に送っている.

(3) 五稜郭懐旧館の設立

『五稜郭小史』によって読書階級に対しては五稜郭の由緒を紹介したものの,楽天は「婦女老幼及ひ文盲者」の理解を得るためには不十分だと考えた.そこで,さらに分かりやすく五稜郭の由緒を伝えようとして考案したのが,五稜郭懐旧館であった.

楽天は,志を同じくする教師の大西亀三郎(五仙と号す.1853～1918)や五稜郭公園の監守北島勇之進とともに,「三鼎」となって五稜郭の由緒を分かりやすく伝える手段を研究した[45].楽天も大西も教員経験の持ち主であるため,特に子供たちに五稜郭の由緒を伝えることにはこだわりがあったのであろう.結局,彼らが行き着いたのは,「戦争当時の実況を顕は」すこと,すなわちジオラマ展示だった[46].つまりは,榎本らの等身大の生人形を並べて箱館戦争史のなかから選んだ名場面をジオラマに再現し,登場人物のセリフ(あるいは独

出所:市立函館博物館所蔵.

図 2-2　懐旧館第 5 場面

表 2-1　五稜郭懐旧館のジオラマ

	場面	場所・日時	登場人物
①	第1場　品川湾に於ける開陽艦 　　　国を護り産を興し……併せて旧主の恩に酔（ママ）ひんとす	慶応四年八月十八日	軍艦奉行和泉守榎本釜次郎 朝廷使者安房守勝海舟
②	第2場　黒田官軍参謀の居室 　　　天下の偉人を亡はんを歎き……寄贈の兵書を見て感更に深し	明治二年五月十二日	官軍参謀黒田了介
③	第3場　榎本大総裁将に自刃せんとす 　　　身を殺して仁を為す……忠僕石川の苦諫	明治二年五月十四日	幕軍総裁榎本釜次郎 総裁従士石川治兵エ
④	第4場　千代ヶ岱陣屋兄弟永別の盃 　　　日本武士の本領……孝子父の難に殉す	明治二年五月十五日	陣屋の守将中島三郎助永胤 長子恒太郎 次男房次郎 腰元あやめ
⑤	第5場　五稜郭内訣別の宴 　　　稜城を枕に全滅を期す……敗残勇士の鉄腸	城内大広間 明治二年五月	幕軍総裁榎本釜次郎 同副総裁松平太郎 同陸軍奉行大鳥圭介 同海軍奉行荒井郁之助 美少年田村銀介
	第5場の2　最高幹部の評定 　　　軍議一変甘んじて戮に就き……八百の部下を救ふ四将の心事	明治二年五月十六日	
⑥	第6場　古屋隊長湯の川湯治 　　　病床に在りて後事を案じ……憐れ異域の露と消ゆ	明治二年五月十四日	幕軍の別動隊たる彰義隊長 古屋佐久左エ門
⑦	第7場　小頭藤吉の義憤 　　　野州佐久山実相院の活劇……徳川思ひの新募兵	慶応四年二月七日	藤吉
⑧	第8場　主従二十年目の邂逅 　　　此主人にして此従者あり……義と情の結晶	向島に於て 明治五年四月三日	石川治兵エ 榎本釜次郎

出所：岩下哲典・「城下町と日本人の心」研究会編『城下町と日本人の心性』（岩田書院，2016年）380～381頁所収。

白）を講談調に記したキャプションを添えるなどして，分かりやすく伝えようというわけである（表2-1）．

　こうして，五稜郭懐旧館の設立構想をまとめた楽天は，大西亀三郎と連名で，大正6年（1917）4月15日付で兵糧庫（箱館奉行所として五稜郭が築造され

展示(「函館戦争実況」)の内容

概要
・「朝廷に弓弯くは不敬不忠」と説く勝に対し、榎本は北行の目的を(1)幕臣たちの自活と興業、(2)富国と国防、(3)国土安寧のため徳川血統の人を任命するよう求め、(4)徳川家の祭祀を保つことにあると説く。勝は説得を断念する。
・榎本から贈られた珍書を見て、黒田が返礼に酒を贈る「武士の情」を見せる。
・榎本が、黒田のもとに同志の助命を求める書面を認め、従士の石川に届けさせようとする。石川は榎本が自刃しようとしているのを見抜き、生きのびて戦死者の遺族や生き残った「徳川武士」を保護するよう説得する。
・長男中島恒太郎・次男房次郎(英次郎)の兄弟は、明日を最期と決意した父中島三郎助に従って玉砕することを誓い、永別の盃を交わす。腰元あやめは三男(中島與曽八)を守り、名将に成長するよう祈りを捧げる。
・榎本らは、黒田から贈られた酒を飲み、城を枕に討ち死にする覚悟を固める。榎本は、若年の田村銀之助に落ちのびるよう勧めるが、田村は「今が死に時死に花でござる」と拒否する。榎本は「恁くてこそ日本武士」と称え、田村に剣の舞を所望する。
・上と同一場面だが、セリフが前後に分かれている。 ・弁天砲台の降伏、千代ヶ岱陣屋の陥落を受け、榎本はこの上の戦争はいたずらに死者を増やすのみとする。他の三名も同意し、降伏に決する。
・五稜郭内で訣別の宴席の最中、甲鉄艦から放たれた砲弾が直撃し、古屋は負傷。湯の川温泉で傷を癒して同志と合流しようとする。
・開館後に追加された展示。楽天は藤吉の事績を調べるため上京したらしく(『函館新聞』1918年8月4日付、第4面)、それ以後に設置されたものか。 ・幕府歩兵改役として徳川家への恩義を感じていた藤吉が、「三百年来の御座所たる江戸城より徳川様を追はんの噂さ」を耳にし、徳川家再興のため出羽に向かう途中、下野国佐久山で戦う。
・開館後に追加された展示。 ・かつての従士で命の恩人である石川と再会した榎本は、石川の困窮ぶりを見て「何故早く来ざりしぞ」と問うが、石川は「功なき身で恩着せがましく救いを求められましょうか」と返す。榎本は「天晴武士の亀鑑」と称え、老後を安んじることを約束する。

た当初より、郭内にただひとつのこる建物)の借用願を函館区に提出、幾度かのやり取りののち、7月17日付で認可を得た。そして、8月7日に懐旧館の開館式を催し、9日に一般開放した(なお、大西は開館翌年の大正7年(1918)3月に死去したため、その後懐旧館は楽天の個人事業となった)。

注意しておきたいのは，ジオラマ展示というのはもともと見世物の一形態として明治期に普及したものであり，懐旧館のように教育を目的とした常設展示館は当時極めてまれだったという点である．日本の人文系の博物館においてジオラマ展示の手法が使われるのは戦後のこととされており[47]，楽天の試みは極めて先駆的だったのである．

　また，展示の内容が，楽天の研究の成果であったという点も懐旧館の大きな特徴である．一例を挙げると，第6場面は衝鋒隊隊長の古屋佐久左衛門の湯治，第7場面は同じく衝鋒隊の幹部となった火消人足藤吉（梶原雄之助）の活躍ぶりを再現している．あまり著名人物とも思われないこの2人を取り上げたのはなぜか．実はこの両人には五稜郭内において新政府軍の「巨弾」（甲鉄艦による砲撃）を浴び，重傷を負ったという共通点が認められる．恐らく懐旧館設立前から取り組んでいた，戦没者の身元調査の過程で彼らの存在を見出し，その事績を紹介しようとしたのであろう[48]．懐旧館は，『五稜郭小史』・『五稜郭史』などの著書と同様，楽天にとって研究成果を再現して発表する場でもあったのである．

　絵心のあった楽天は，「函館戦争実況」と題したジオラマ展示のほかにも，歴史の場面を再現した絵画や参考資料をみずから描いて展示した．また，地道な活動によって箱館戦争当時の実物資料の収集が進んだためか，大正12年（1923）には記念品室を設けて「戦没勇士の写真，遺墨，遺物並に箱館戦役関係記録を陳列し史実研究家の参考に供」し，あわせて郭内に3店あった休憩所をそれぞれ参考品展示室，新聞雑誌縦覧所，史談室に改めたという[49]．

　なお，大正13年（1924）に懐旧館を経営・研究両面で支える五稜郭史談会を立ち上げていることも注目されるが，活動の詳細は不明である．

　以上函館における楽天のおもな活動を取り上げてみた．楽天の訃報には「五稜郭史実の研究に没頭」とあったが，より正確にいえば彼の関心は箱館戦争の研究とその成果の発信に集中していたと言えよう．著書の刊行にとどまらず，歴史展示館を経営し，ジオラマにより自身の研究成果を発信する在野の歴史研究家というのは，当時としてはきわめて珍しい存在ではないだろうか．

　しかし，老境の楽天がこのような精力的な活動を展開できたのは，一体なぜだったのであろうか．次節では，これらの諸活動の下地となった楽天の思想に

ついて考えてゆきたい．

4．楽天の活動を支えた思想

　楽天の思想について考えるため，2つの素材を用いてゆきたい．
　1つは，楽天が自身の活動について述べる際，たびたび使う独特なことばである．すなわち，隠れたる史実，雪冤，慰霊，精神修養，観光振興などである．これらは，楽天の思想を読み解くためのキーワードともなりえよう．
　もう1つは，懐旧館のジオラマ展示「函館戦争実況」である．前述のとおり，この展示は箱館戦争の全体像を示すものともなっていない．また，わずか8場面で構成されているため，楽天が箱館戦争史のなかから厳選した場面であり，この展示こそ楽天のメッセージを凝縮したものといえよう．
　そこで，以下楽天が使うキーワードに注目しつつ，あわせて懐旧館の展示の意図するところを読み解くことで，楽天の思想を考えてゆきたい．

(1)　五稜郭の由緒と観光振興
　みずからの研究成果を，五稜郭とその周辺地域の観光振興に結び付けようとしたことは，楽天の活動の特筆すべき点である．
　五稜郭という城郭はあるものの，都市としての函館のルーツは港町であり，当時は北洋漁業の基地，連絡船の発着場として知られた．城郭を中心に形成された城下町という性格も有していなかった．つまりは，城主を顕彰したり，城郭を紹介するといった活動の主体となるはずの旧藩士集団や代々の城下町住人が存在しないのである．そうした時代に，楽天は五稜郭周辺を観光地として発信しようという志を有していたのである．
　「五稜郭懐旧館設置趣意書」（『創業』）において，楽天は人として愛郷心を持たぬ者などいようかと前置きした上で，次のように記している．

　　既ニ我郷土タル函館ヲ愛スル以上之レガ繁栄ノ策ヲ講ズル蓋シ当然誠意ノ
　　発顕タラザル可ラズ抑モ郷土ノ繁栄進運ハ日ヲ画スルノ法二三ニシテ止ム
　　ベキニ非サレドモ他方ノ人士ヲ招致ヲ図ル亦其一策タルヲ失ハザルベシ

つまりは，五稜郭を観光資源として活用し，旅行者を呼び込むことによって函館の繁栄を図ろうというのだ．事実，楽天は五稜郭を中心とした函館郊外の観光地化のため，さまざまな活動を展開している．たとえば，「五稜郭懐旧館設置趣意書」(『創業』)においては，湯の川温泉を紹介することまで懐旧館の副次的な目的に挙げている．懐旧館の第6場面「古屋衝鋒隊長湯の川湯治」は，そうした意図でつくられた場面であろう．『五稜郭小史』では，楽天が「五稜郭銘菓」なるものをつくって販売していたことも記されている[50]．楽天は，一般開放されたばかりの五稜郭を観光資源として活用し，函館の繁栄をはかろうとさまざまな活動を展開していた．懐旧館は，そうした活動の一環でもあった．

　しかし，一方で五稜郭は楽天の「戦友」たちの遺骸が眠る神聖な地でもあった．そのため，楽天は五稜郭が期待はずれだとがっかりする訪問者たちに対しては，「ドンチヤン，ブーブーの囃子賑かなるを歓ぶ俗物」は東京の浅草や大阪の千日前に去れと，強烈なことばで突き放している．楽天にとって「五稜郭はそんな俗境(ぞくち)〔ママ〕には非ず」，箱館戦争の「古戦場」に思いを致し，「俗腸(卑俗な気持ち——引用者注)を洗う」に足る神聖な場なのであり[51]，物見遊山で足を運ぶだけの観光地とは考えていなかったのである．

　函館繁栄のため五稜郭への訪客が増えるのは歓迎だが，その「古戦場」としての由緒は理解されるべきである．そうした見地に立つ楽天は，前述のとおりまず『五稜郭小史』を刊行して五稜郭の由緒を伝えようとし，さらにあらゆる人々に五稜郭の由緒を伝えようと懐旧館でのジオラマ展示という手法に行き着いた．そこで語られる五稜郭の由緒とは，楽天がみずから調査によって発掘した箱館戦争中のエピソードであり，「隠れたる史実」であった．

(2) 「隠れたる史実」と「精神修養」

　では，楽天が五稜郭の由緒として語る「隠れたる史実」とは何だろうか．

　たとえば，『五稜郭史』の扉には「本史ニ依ツテ隠レタル史実ヲ探リ幕軍ノ挙ガ忠君愛国ノ熱情ナリシ事ヲ諒知アレ」と記している．旧幕府脱走軍は「忠

君愛国」の精神にもとづいて行動した，これが「隠れたる史実」だというのである．この点について，同書はさらに次のように述べている．

> 〔新政府による政治が不安定だった明治初年――引用者注〕恁る場合に於て苟も榎本勢渡来の趣旨目的が偏へに忠君愛国の意に外ならざりし事，又は官人の軽挙に因りて交戦の不可避に至らしめられたる動機等を宣明せば忽ち人心動揺の虞なしとせざる状態なりしを以て時の為政者は之を憂慮し扱こそ公刊発表を許さゞりし也[52]

旧幕府脱走軍は「忠君愛国」の志にもとづいて行動したにもかかわらず，新政府軍の「軽挙」によって戦わざるを得ないところに追い込まれた．だが，これは成立間もない不安定な明治新政府にとっては"不都合な真実"だったため，「公刊発表を許さ」なかった．当否はさておき，楽天は事態をそのように解釈していたのである．

楽天は同時に「時の為政者としては不得止政策」とも述べており，明治維新そのものを否定する気はないようだ．黒田清隆を懐旧館の展示に登場させているとおり，新政府側の人物であっても，旧幕府脱走軍の理解者たちについては楽天も好意的である．

だが，それでも「隠れたる史実」を眠らせておくつもりはなかった．『五稜郭史』の増補版においては，わざわざ「榎本一行の趣旨目的に就て（結論）」という項を追加し，わざわざ榎本の行動を弁護している．また，懐旧館の設立目的についても，第一に「旧主徳川家の祀を全ふして三百年来の恩顧に酬ひん為め当時目前の栄達を不顧一身を犠牲に供し乍ら北門の鎖鑰を堅ふして邦家の為に尽さんと努め」た榎本の「美徳を表彰」することを挙げており[53]，事実展示の内容も榎本の言動が中心となっていた．

ところで，楽天としては「隠れたる史実」は当時の若者たちの「精神修養」のためにも重要であると考えていたようだ．たとえば，「五稜郭内倉庫借用継続願」（『創業』）には「慈親ト妻子ニ訣シ家ト身ヲ棄テ、国家ノ安寧ト致富ヲ図リ併セテ旧主ト知友ニ対スル誼ト情ノ為ニ尽シタル幕末志士ノ心事ヲ説キ教

育ニ資セン」とあり，懐旧館設立の目的として「幕末志士」の気風を伝えて教育の素材とすることも挙げている．さらに楽天は，懐旧館の展示解説リーフレットや展示の写真を印刷した絵はがきにまで「精神修養資料」の語を掲げている．楽天としては，懐旧館を教育の場と位置づけていたのである．

では，楽天は「幕末志士」のどのような精神に学ぼうというのか．例の榎本らの「隠れたる史実」＝新政府側の「軽挙」によって戦争が勃発したという見方に異論がさしはさまれると，楽天は次のような認識を示して旧幕府脱走軍の立場を代弁し，反論している．

　　仮令怯と嗤はれ惰と譏るる共自己の安逸を図る為には名も義も顧はざる澆李の世の人はイザ知らず，苟も武門に育てる身の，事に臨んで遅疑を取るは末代迄の恥辱，敵に背後を看するは武士の面目，刀の手前断じて為すましき筈，之れ武人の精神にして大和魂の貴き所以，実に此処に存する事を覚らさるの愚論なりとす[54]

名も義も捨てて保身に走ろうとする当時の人情に対し，武門の「面目」を重んじる精神を楽天は「之れ武人の精神にして大和魂の貴き所以」と楽天は賞賛しているのである．また，『五稜郭史』では，旧幕府方劣勢が明らかになった際，田村銀之助が榎本武揚から落ち延びるよう勧められた際にそれを断ったというエピソードを紹介している．戦後田村が捕虜になった際，同志たちとともに「応分の罰を受けん」がために年齢を偽ったと本人から聞き出した旨を記し，最後に次のように付記している．

　　顧へば人情紙よりも薄く所有詭弁を弄しても自己一身の安全を図らんと為る挙世の人に比して其義其情の高潔なる寔に雲壌の差あり．此一事以て精神修養の好資料たるを失はじ[55]

つまり楽天が嫌うのは恥を知らぬ保身であり，逆に大義のために身を捨てる覚悟をした田村銀之助を讃えているのである．懐旧館設立の目的として榎本武揚の美徳を述べる際にも，楽天は「一身を犠牲に」した点を挙げていた．大義

のため自己犠牲の精神を発揮する者を楽天は理想とし，こうした「武人の精神」を発揮されたエピソードを「精神修養」の手立てにしたのだった．

　時代はすでに大正デモクラシーの世であったが，幕末生まれの楽天としては当時の世相を喜べなかったようだ．旧幕府脱走軍の「隠れたる史実」を伝えることで，来館者に武士の時代の精神を「懐旧」してもらうことも，懐旧館設立の目的だったのである．

(3)　「雪冤」と「慰霊」

　楽天にとって「隠れたる史実」は「精神修養資料」としての意味を持つだけではなかった．そこには，旧幕府脱走軍の名誉回復という問題がかかわっていたのである．

　次に挙げるのは，楽天が死の直前に函館市に提出したものと見られる「建碑発願要旨摘録」である．ここに晩年の楽天の考えが集中的に示されていると思われる．懐旧館の設立，『五稜郭史』の刊行といった活動の思想的背景を，楽天は次のように説明している．

> （一）　榎本一行ノ渡道ハ御国ニ尽サンノ一点張ナリシニ些ノ誤解ヨリ遂ニ朝敵タルノ不可避ニ被使至タレド戦後一行ノ真意判明セシ為メ生存者ハ皆赦サレテ雪冤的優遇サレタルニ身ヲ以テ国ニ殉シタル戦没者ハ今尚ホ赦サレズ，朝敵テフ汚名ヲ其侭中有ニ迷ヒツヽアリ
> （二）　均シク国ニ殉シナガラ死処ニ由テ大ナル幸ト不幸ノ差アリ，当時函館市街戦ニ斃レタル士ハ其後榎本子爵家ヲ始メ縁故者ノ醵金ニ依テ其埋骨地タル函館山ノ中腹ニ荘厳ナル碧血碑ヲ建設シ年々相当ノ私祭ヲ享ケツヽアルニ五稜郭内ニ埋メラレシ人々ニ限リ一基ノ碑モナク一本ノ香華ヲモ手向ケ得ラレズ全ク不祀ノ鬼ト成リテ今日ニ及ベリ私ノ念茲ニ至テ涙ナカラント欲スト雖得ベカラザル次第[56]

　まず，（一）にあるとおり，榎本武揚率いる旧幕府脱走軍は，「御国」のために行動したにもかかわらず，新政府軍の「誤解」によって朝敵として扱われ，戦わざるを得ないところに追い込まれてしまったという楽天独自の箱館戦争認

識をここでもくり返している．

　次に，楽天は「生者」と「戦没者」との間にある扱いの違いを指摘する．（一）にあるとおり，箱館戦争後，生き残った者たちは「皆赦サレテ雪冤的優遇」を受けている．たしかに戊辰戦争の旧幕府軍将兵のうち，生存者はのちに大赦を得，榎本武揚・大鳥圭介をはじめ明治の新時代を支えて功績をのこした者も少なからずいた[57]．しかし，「戦没者」については赦免の機会を得られず，「朝敵テフ汚名」を着せられたままである．

　さらに，（二）に見られるとおり，その「戦没者」のなかにさえ「死処ニ由テ大ナル幸ト不幸ノ差アリ」という問題が存在したと楽天は指摘する．箱館戦争中，市街で倒れた者たちについては，有名な函館山の碧血碑にまつられ，碑前において「年々相当ノ私祭」が行われている．ところが，大正期に至るまで陸軍所管であった五稜郭は，一般の立ち入りが禁じられていたため，郭内で死亡した「勇士」たちは「一基ノ碑モナク一本ノ香華ヲモ手向ケ得ラレズ全ク不祀ノ鬼」のままだったのである．

　旧幕府脱走軍の「戦友」というアイデンティティを有していた楽天にとって，これは看過できない問題であった．「然れば幸か不幸か死に損ねたる吾隠れたる史実を探りて闇路に迷へる戦友同志の冤を雪ぎ泉下の霊を慰めん事．吾等当然の情誼」と考えたのである[58]．

　以上から箱館戦争における旧幕府脱走軍参加者についての楽天の認識を整理すると，次のようになろう．

①生存者については，一度は「朝敵」として扱われたものの，のちに許されていちおうの「雪冤的待遇」を受けている．
②箱館市街地における戦死者については，いまだ「朝敵」のままであり雪冤は果たされていない．ただし，関係者（①の人々など）によって慰霊は行われている．
③五稜郭内における戦死者については，いまだ「朝敵」のままであり雪冤は果たされていない．また本格的な慰霊も行われていない（そもそも姓名も不明なものが多い）．

そこで楽天は,「隠れたる史実」を明らかにすることで「朝敵」とされたこと自体の不当を訴え,生きて汚名を雪ぐことのできない②・③の者たちの名誉回復をめざしたのである．すなわち,榎本らの行動の正当性を弁護し,朝敵とされたこと自体の誤りを指摘し,あわせて③の忘れられた死者たちについては,姓名を明らかにし,慰霊しようと尽力したのである．「不祀の鬼」たる彼らには,雪冤だけでは足りず,姓名を明らかにした上で,霊を慰めることが必要と考えたのである．

　こう見ると,懐旧館をはじめ楽天の活動は,多分に政治性を帯びたものであったということができる．とはいえ,すでに大正期ともなればこうした批判を受けても「明治政府」はゆるがない時期であったがために可能であったともいえるであろう[59]．

　楽天は,「隠れたる史実」を明らかにすることで,榎本らの「忠君愛国」を示し,旧幕府脱走軍の雪冤を果たそうとした．また「幕末志士の心事」を伝えることで,「精神修養資料」とした．五稜郭懐旧館で毎日を過ごしながら,楽天はみずからが明らかにしたこれらの史実を,五稜郭の由緒として発信し,函館への観光客の誘致につなげることを企図した．いっぽうで楽天は,五稜郭に眠る戦没者の慰霊に心を砕き,慰霊の場を整備していった．

　「戦友」たちの眠る五稜郭で毎日を過ごした楽天．その活動は,まさに五稜郭という場を旧幕府脱走軍のために「聖別」し,その聖地と化すがごとき行為だったといえるであろう[60]．

5．おわりに

　古希を前にした楽天が,死の直前まで取り組んでいたのは,やはり五稜郭内に眠る戦没者の雪冤と慰霊のための活動であった．前述のとおり,楽天はすでに五稜郭内にある二つの墳墓に仮の「木標」(木の墓標)を建立していた．これに代わる石造の記念碑を建立し,みずからの死後もこの墓所を後世にのこそうと奔走したのである[61]．大正15年(1926)4月24日付で函館市長佐藤孝三郎宛に「石碑建設願」を提出したようで,本人による写しと思われる文書が伝わっている[62]．実現すれば,五稜郭の「聖地」化は一層進んだことであろう．

だが，石碑建立の許可が現実になることはなかった．その前に楽天の体の方が限界を迎えたのだった．「石碑建設願」を書き上げてからわずか1か月後の6月8日，楽天は自宅に帰るとそのまま静かに息を引き取った．数日後，長男の片上伸が函館を訪れ，関係者と協議の末，懐旧館を閉鎖し，建碑のための資金は市に寄付することとなった．楽天の遺骸は，のちに横浜の片上家の墓所に葬られたと伝えられている．

　最後に，楽天の活動の意義について考えておきたい．

　明治後期以後，全国各地で幕末維新期の「志士」をはじめとする歴史人物の顕彰が行われていた．楽天の場合も，旧幕府脱走軍の名誉回復を大きな目的として様々な活動を展開したのは事実であり，そうした意味ではこれらの動きと軌を一にしたものといえる．

　だが，楽天の活動には他地域の事例と異なる点も少なくない．城下町都市で

表2-2　函館市内におけるお

年代	五稜郭内	東部地区（五稜郭町内）	函館山
1870〜1910	（1914年まで陸軍省所管）		
1920〜30	五稜郭懐旧館		
1940〜50		函館五稜郭史蹟館	
1960			
1970〜2000	市立函館博物館五稜郭分館（1955〜2007）	五稜郭タワー史蹟館（1964〜96）／函館市北洋資料館（1982〜）	市立函館博物館（1966〜）
2010〜	箱館奉行所（2010〜）	新五稜郭タワー歴史回廊	

出所：著者作成．

あれば，多くの顕彰行為が旧藩士層の集団的な活動から広がり，民間へと伝播するというかたちをとっていたと思われる．これに対し，楽天の活動の場合は多くの協力者を得ながらもその形態は在野民間人の個人事業という側面が濃厚であった．特に，戦没者の慰霊のような活動は，楽天が彼らを「戦友」と見ていたという個人的な感情に支えられた活動であった．これは，住民の大半が移住者であった函館と，旧藩士層を擁する他の城下町都市との違いといえようか．

こうした楽天の活動は単に実を結ばなかっただけでなく，結果としてあまりに個人事業としての側面が強かったこともあり，直接の継承者を得ることができなかった．

ただし，こうした顕彰行為と教育や観光振興を深く結びつけた楽天の活動は，のちに本格的に観光都市として生まれ変わる函館においては重要な先駆性を持っていた．ここにこそ今日，楽天の活動に着目する意義があるであろう．

もな常設歴史展示施設

たとえば，五稜郭懐旧館は，函館における人文系展示施設の元祖というべき存在であった．楽天が収集し懐旧館で展示していた箱館戦争関係の実物資料は，北海道最初の公立の人文博物館である市立函館博物館五稜郭分館が開館した際，そのはじめての展示品へと生まれ変わった[63]．また，懐旧館以後も五稜郭周辺ではジオラマによって箱館戦争を表現した展示施設が次々と設立され，こんにちの五稜郭タワー歴史回廊（2006年～）に至るまで連綿とつづいて観光客を呼び寄せている．五稜郭内には，平成22年（2010）に箱館奉行所の建物が復元され，観光名所として定着しつつあるが，これについても楽天がすでに大正7年の段階で提言していたことを指摘しておきたい（表2-2）．

　このように，旧幕府脱走軍の顕彰を政治的なレベルに止めず，広く函館という都市の繁栄策ととらえて活動した片上楽天の活動は，函館の地域文化の形成，観光都市函館の形成に大きく寄与したものということができる．楽天の精力的な活動は，函館が観光都市として生まれ変わった今日においてこそ評価されるべきものなのである．

　注
1)　『函館毎日新聞』大正15年6月10日付，第2面．
2)　『函館毎日新聞』大正15年6月10日付，第2面．
3)　たとえば，羽賀祥二『史跡論』(名古屋大学出版会，1998年)，矢野敬一『慰霊・追悼・顕彰の近代』(吉川弘文館，2006年)，白川哲夫『「戦没者慰霊」と近代日本』(勉誠出版，2015年) など．
4)　なお，筆者はすでに楽天と懐旧館については研究成果を発表したことがある．拙稿「片上楽天と五稜郭懐旧館―懐旧館旧蔵資料に見る行動と思想―」岩下哲典・城下町と日本人の心研究会編『城下町と日本人の心性―その表象・思想・近代化―』(岩田書院，2016年)．
5)　楽天の略歴は次の文献でごく簡単に紹介されたことがある．本稿もこれらを参照した．柴田幸生「五稜郭懐旧館と片上楽天」(『SARANIP　市立函館博物館館報』第3号，1971年)，「〈歴史―どうなん人物散歩〉　片上楽天　五稜郭観光の先駆者　戦死者に光　懐旧館開く」(『北海道新聞』夕刊地方版，2010年5月7日付，第16面)．
6)　大西貢「片上伸年譜」(『現代日本文学大系』54，筑摩書房，1973年)．
7)　楽天の生年が安政4年とすれば，明治元年（1868）の時点で「十二歳」，大正14年（1925）の時点で「六十九翁」とみずから記している点とも矛盾しない．片上楽天『五稜郭史』第4版（懐旧館，1926年) 135頁．
8)　片上晨太郎編『片上伸全集』第2巻（砂子屋書房，1939年) 397頁．
9)　たとえば，片上良編『執達吏必携』(1890年) の奥付．

10) 前掲『五稜郭史』132～135 頁.
11) 『愛媛県史』近世・下（1987 年）17 頁.
12) 前掲『五稜郭史』133 頁.
13) 田口由香「幕長戦争の政治的影響―大島口を視点として―」(『大島商船高等専門学校紀要』第 38 号, 2005 年).
14) 片上楽天『五稜郭史』第 4 版（懐旧館, 1926 年）132～135 頁.
15) 『楽天心事の一部　亡友建碑の事』のうち「蛇足附記　函館戦争ト私」. 本資料については, 箱館奉行所前館長の田原良信氏から写真を提供していただいた. 本稿はこの写真に依拠している. なお, 田原氏から本資料は市立函館博物館の片上楽天関連資料中にあるとご教示いただいたものの, 同館に確認したところ見出せないとのことだった. 筆跡や文章のくせは, 楽天のものと一致しており, 史料として利用できると判断した.
16) 佐々木克「榎本武揚―幕臣の戊辰戦争―」（同編『それぞれの明治維新―変革期の生き方―』吉川弘文館, 2000 年）202 頁.
17) 前掲『五稜郭史』「五稜郭史発行の趣旨」の「そへがき」
18) 前掲『楽天心事の一部　亡友建碑の事』のうち「蛇足附記　函館戦争ト私」.
19) 片上楽天旧蔵資料（市立函館博物館所蔵）中の『達磨霊像百態之内』と題された折本や,「行脚ノ趣旨目的」と題した懐旧館発行の絵はがき（函館市中央図書館蔵）などでこの肩書を使っている.
20) 前掲『五稜郭史』10 頁.
21) 『維新前寺子屋・手習師匠・郷学校・私学校の調査』2　今治市・越智郡・松山市・温泉郡（愛媛県立図書館蔵）.『伊予細見』第 81 回　片上伸「不定の故郷」再訪（http://www.trancewave.tv/～iyosaiken/saiken/2003_03.php）.
22) 前掲「五稜郭懐旧館と片上楽天」においては「小学校速成師範科」を卒業したとある. 愛媛県師範学校には漸成科（2 年間）・急成科（半年間）があり, これは急成科のことと思われる. 愛媛県教育センター編・発行『愛媛県教育史』第 1 巻（1971 年）439～440 頁.
23) 前掲「片上伸年譜」425 頁. 楽天の長男伸はわずか 4 歳の時, 学齢に達していないにもかかわらず父の楽天が「村長」だったため特別に波止浜小学校に入れたという挿話が伝わっている. 事実とするならば, 明治 20 年前後には波止浜村の村長を楽天が務めていたことになる.
24) 『職員録』明治二四年（乙）(内閣官報局, 一八九一年) 54 頁. 以下同様に, 明治 25 年から 28 年分までの甲巻に, 松山裁判所執達吏として「片上良」の名が見える.
25) 竹内仁遺稿刊行会編『竹内仁遺稿』（イデア書院, 1928 年）258 頁.
26) 前掲『竹内仁遺稿』537 頁.
27) 前掲『竹内仁遺稿』537 頁.
28) 前掲「五稜郭懐旧館と片上楽天」3 頁に,「根室新聞社に入社」したとある.
29) 詳細は不明であるものの, まさにこの明治 42 年 4 月は北友社・根室時事新聞社という二大新聞社の合併という事件があった月であるため, それが何らかの形で影響した結果と考えられる. 渡辺茂編著『根室市史』下巻（根室市, 1968 年）817 頁.

30) 根室・千島歴史人名事典編集委員会編・発行『根室・千島歴史人名事典』（2002年）．
31) 片上楽天『五稜郭小史』（北島勇之進，1916年）5頁．
32) 前掲『五稜郭史』120頁．
33) 前掲『創業書類』のうち「五稜郭懐旧館設置趣意書」．
34) 俳人河東碧梧桐が高札の存在を記している．短詩人連盟編・発行『河東碧梧桐全集』第15巻（文藝書房発売，2008年）のうち，「一日一信」1907年4月30日条．
35) 前掲『楽天心事の一部』．
36) 茂木治『資料　函館五稜郭』（私家版，2012年）185頁．
37) 「五稜郭内埋骨戦没者調書」（前掲『楽天心事の一部』）．
38) 新聞報道を確認した限りでは、以下の年月日に慰霊祭が開催されたことが新聞報道から確認できる．大正8年9月21・24日，大正9年8月27日，大正11年9月7日．なお，大正12年については、関東大震災を理由に規模を縮小することが報じられている．
39) 『函館新聞』1910年10月16日付，2面．
40) 大正10年（1921）ごろの資料と思われる『函館公園・五稜郭公園』（函館市中央図書館蔵）によると，郭内には事務所一棟、便所三、井戸一、運動場一、ブランコ一、腰掛一〇、自由休憩所三があるのみで、「智育教化」のための施設は懐旧館だけだった．
41) 「五稜郭紀念館建設ノ義ニ付具申」（函館市中央図書館蔵）．
42) 『創業資料』（懐旧館旧蔵資料，市立函館博物館蔵）のうち「五稜郭懐旧館設置趣意書」．
43) 前掲「五稜郭紀念館建設ノ義ニ付具申」．
44) 「〈歴史ーどうなん人物散歩〉　北島勇之進　五稜郭の管理人一般開放後の公園見守る」『北海道新聞』夕刊地方版　2011年12月9日付，17面．
45) 大西亀三郎については、孫（娘の娘）の木村ひさ氏にご教示を賜った．
46) 『創業資料』のうち「五稜郭懐旧館設置趣意書」．
47) 金山喜昭「博物館展示法の一考案ージオラマ展示を題材としてー」（『博物館学雑誌』第7巻第2号，1982年）34頁．
48) 大正7年ごろ楽天は藤吉の事績を調べるため、わざわざ上京したことも新聞で報じられている．『函館新聞』1918年8月4日付，第4面．
49) 『函館新聞』1923年5月9日付，第3面．
50) 『五稜郭小史』の巻末では、「榎本将軍の霊夢に因りて製したる北海名産五稜郭みやげ」なるものを紹介している（36頁）．これは、五稜もなか・武揚おこし・蝦夷にしきなる三種の銘菓であり、「元祖　片上楽天堂　謹製」を称している．実際に楽天が販売していたものと見え、懐旧館開館式の日に「卓上に並べられた饗応の中に『武揚おこし』も見えた」と報じられている（『函館新聞』1917年8月8日付夕刊，第三面）．
51) 前掲『五稜郭小史』の「自序」．
52) 『五稜郭史』11頁．

53)『創業書類』のうち「入場料徴収理由具申」.
54)『五稜郭史』132 頁.
55)『五稜郭史』94 頁.
56) 前掲『楽天心事の一部』のうち「建碑発願要旨摘録」.
57) 樋口雄彦『敗者の日本史』17 箱館戦争と榎本武揚（吉川弘文館，2012 年）.
58)『五稜郭史』10 頁.
59) 田中彰「佐幕派の維新観」（同『明治維新観の研究』1987 年，北海道大学図書刊行会）.
60) アメリカの人文地理学者ケネス・E. フット（Kenneth E. Foote）は，暴力や悲劇に関わる景観の変容の四類型（「聖別」「選別」「復旧」「抹消」）を提示している．「聖別」は，その場所が聖なる場として周囲から区別され，特定の事件や人物，集団などに捧げられること．永続的な管理を前提とした施設が造られる．フット著／和田光弘他訳『記念碑の語るアメリカ―暴力と追悼の風景―』（名古屋大学出版会，2002 年）.
61) 第4回慰霊祭のさまを伝える後述の新聞記事においては，楽天が総代を務める弔霊義会が威霊殿建立のための寄付金を集めていると報じられているが，これも同様の企てであろう．
62) 前掲『楽天心事の一部』.
63) 武内収太『箱館戦争』（五稜郭タワー株式会社，1968 年）286～287 頁．ただし，懐旧館を「史蹟館」と誤記している．

第3章

島津義弘の朝鮮出兵と異文化認識

太 田 秀 春

1. はじめに

　豊臣秀吉による2度にわたる朝鮮への出兵は，日本のみならず韓国や中国を含めた東アジア3国にとって，きわめて重要な歴史事項である．朝鮮半島を主戦場に，東アジア3国が攻防を繰り広げたこの戦争については，日本や韓国を中心に多くの研究が蓄積されてきた（北島：1999，中野：2008）．

　近年では，日本で文禄・慶長の役，韓国で壬辰・丁酉の倭乱，中国で万暦朝鮮役と呼ばれているこの東アジアの一大戦争を，自国史的な視点を超えて共通の歴史として検討しようという機運が生まれており，戦争の名称についてもフラットな視点から戦争が始まった1592年の干支から「壬辰戦争」という呼称で呼ぼうとする動きもある（鄭ほか，2008）．

　この戦争は，東アジア3国が関わったことで多くの人的・物的な移動が発生した．出兵にともなう兵の移動はもちろんのこと，それらを支える物資の輸送や，戦地で得た現地の産物や人を移送するなど，足掛け7年間にわたった短期間の中で，さまざまなヒト・モノの往来が発生した．日本にとっては延べ約30万人ほどの人数が朝鮮という異国の地を踏むという体験をしている．

　文禄・慶長の役は，戦争という軍事行動ではあるものの，本章では，これを視点を変えて異文化との接触という点でとらえてみたい．本章で扱う島津氏は，中世から近世末まで南九州を領した大名である．南九州は古代から大陸との交流の拠点で，中世以降は「唐人町」も存在しており，中世末期にはヨーロッパ諸国も九州に到達した．したがって，島津氏の場合は，他の地域の大名に比べ

て異文化との接触頻度が高かったといえる.

このような島津氏が,戦争という状況下において,朝鮮という異国に渡って,どのような認識を持ったのか,異文化に対してどのような認識を持ったのか,また,日本と異なる朝鮮社会の中でどのように対応していったのか,これらの点を考察していきたい.

2. 島津氏の出兵に対する認識

(1) 朝鮮への出兵

天正19年(1591)8月,全国を統一した豊臣秀吉は,諸大名に来春の「唐入り」を宣言した.文禄元年(1592),豊臣秀吉の「唐入り」が実行に移され,諸大名が続々と朝鮮へと向かった.

島津氏では,当主の義久に代わって弟の義弘が島津軍を率いて朝鮮に渡海した(図3-1).秀吉は,第1軍から第9軍の陣立てを示したが,島津義弘は第4軍に編成され兵は1万人とされた.第4軍には他に同じ九州の大名である毛利吉成軍2000人,高橋元種軍2000人,秋月種長・伊藤祐兵・島津忠豊らの軍,合計1万4000人であった.このことから,義弘らは第4軍の主力として期待されていたことがわかる.

(2) 義弘の認識

この出兵に際しては,加藤清正のように豊臣秀吉によって取り立てられたいわゆる織豊大名の中には,大陸で多くの所領を拝領することを期待して積極的に関わった大名もいたが,島津氏の場合はむしろ消極的であった.秀吉が書状の中で,「一てるもと,とさのじゝう,さつまのじゝう,ぶんごのじゝう,此めんめんは,こちらにては,

出所:尚古集成館所蔵、『戦国武将島津義弘』姶良町歴史民俗資料館より転載.

図3-1 島津義弘像

ほんごくかはり候事，めいわくがり申よし候まゝ，いつまでも，そのまゝおかせらるべきよし候」と述べているように，「薩摩の侍従」すなわち義弘が，朝鮮や明に領地を得て移封となることを「めいわく」と考えており，現在の所領を「いつまでも」本国として維持することを望んでいた（天正20年5月18日，御ひがしさま御きやくしんさま宛秀吉書状）．この書状の中では，毛利輝元，大友義統，長宗我部元親なども同様の思いであることが記されており，戦国以来の系譜を持ついわゆる旧族大名たちの意識が垣間見られる．

　義弘が抱いていたような思いは，島津氏の中でも同様であった．義弘のみならず家臣たちも出兵に対する反感が強く，そのような理由から肥前名護屋への移動中の島津氏家臣の梅北国兼が文禄元年6月に反乱を起こし，加藤清正の支城である佐敷城を占領した．この反乱は間もなく鎮圧されたが，当時の島津領内の雰囲気をよく示している．

(3) 義弘の立場

　このような領内の雰囲気は豊臣政権にも知られていた．義弘は，「我等内楯候てのあとハ，国もとの様子何たるうん別にて参陳候哉と，皆々申為候て，唐入之事ニハかもはす，ゆるりと在之由，治部少被聞食付之通，昨日被仰候，如此之儀具風聞く候ヘ者，何事もゆたんのミに候上めいわく迄ニ候」と述べ，義弘らが出陣したのちに，国元では唐入りを無視するかのように過ごしていると心配していた．そして，「唐入ゆたん候ハゝ，時節到来迄に候」と出兵に協力しなければ，「時節」に到ると，その危機感を強めていた（文禄元年3月26日，伊集院右衛門大夫入道宛島津義弘書状）．義弘は豊臣政権が推進する朝鮮出兵に積極的に関わっていくことで島津家を守ろうとしているのに対し，国元では豊臣政権と一定の距離をおこうとしていた．島津氏の内部でも，出兵に対するスタンスは，個々の立場でかなり異なるものであったことがわかる．

　その結果，義弘らは薩摩を出立したものの本国からの積極的な支援はなく，名護屋に到着しても渡海の船さえも用意できていない有様であった．諸将が続々と船団を仕立てて朝鮮へ渡る中で，義弘らは加治木から兵糧を運んできた輸送船が到着し，わずかな人数でようやく名護屋を出航し，5月3日に釜山に上陸した．このような状況を義弘は「日本一之遅陣」と自嘲気味に述べ，「竜

伯様(義久)御為,御家之御為」に「身命ヲ捨」てる覚悟で参陣しているにもかかわらず,「自他之失面目」「無念千万」と憤慨している.そのような自分の「浅間敷」きありさまに「涙もととまらん」状態で,朝鮮に渡っても「身を忍ふ様」にせざるを得ず,国元の非協力的な態度を「恨入」とまで述べている(文禄元年5月5日,川上忠智宛義弘書状).

(4) 異文化の中へ

このように始まった朝鮮出兵であったが,実際に渡海したことで,島津氏主従は,それまで経験したことのない異国での戦いに臨むことになった.それは,見方を変えれば一種の「異文化体験」でもあった.

義弘を追って5月26日に釜山に上陸した新納忠増は,釜山に上陸した際に,その気持ちを,「日本ハこまもろこしといふ国ニ船ニ乗てそ我ハ来めり」と歌に詠んでいる.忠増は,「和歌の道」で朝鮮のことを「こま(高麗)・くたなら(百済)」などと言うことは知識としては知っていたものの,まさかその国に来ることになるとは「思ひの外」であったと述べ,戸惑う心情を述べている.また,「ふるきミやこ(古都,現在の韓国慶尚北道尚州)」に到着した際には,「音に聞ことさへまれの国にきて涙の雨の古都哉」と詠んでいる(『新納忠増日記』文禄元年5月6日条).

「思ひの外」の地へやってきた義弘らが,戦いの中でどのような異文化体験をしたのか.異国の中でどのように対応していったのか.当時の史料をもとに考察していきたい.

3. 渡海後の朝鮮認識と軍事行動

(1) 異国への上陸

島津氏が拠点としていた薩摩や大隅は,古代から大陸との交流が盛んであり,日本の玄関口ともいえる位置にあった.中世には南九州の各地に主に中国人の居住地である「唐人町」が多数存在しており,活発な交易がおこなわれていた(図3-2).『籌海図編』(鄭若曽著,1562年)に,倭寇の出航地が「対馬」「五島」と並んで「薩摩州」と記されていることが良く知られているが,これもそ

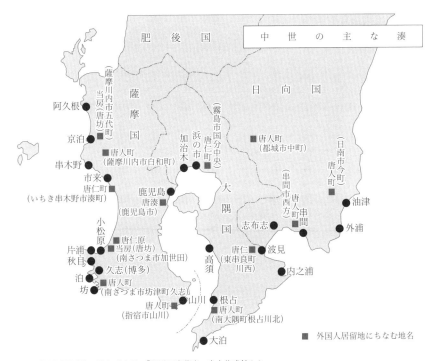

図 3-2　中世南九州の唐人町

出所：松尾千歳「海の道と南九州」『海洋国家薩摩』尚古集成館より．

の一例である．当時の南九州には大陸の情報があふれており，島津氏にはその知識の蓄積があった（森：1995，松尾：2010）．

　朝鮮についても同様であり，義弘は釜山について「ふさんかいと申候在所ハ，八万間と聞およひ候つる，見え候ふんハ家数百程あるへきと見え候」と述べている．町の規模について一定の予備知識を持っていたことがわかる．実際に到着してみると，見渡せる範囲でも家屋が数百戸存在していることを確認している（天正20年5月4日，宰相宛島津義弘書状）．朝鮮の面積についても，「国広道筋余多（あまた）ニて候」と広大な様子に驚いている（天正20年5月5日，川上忠智宛島津義弘書状）．

第3章　島津義弘の朝鮮出兵と異文化認識

(2) 出兵を楽観視

　開戦当初，義弘は朝鮮の軍事力について，「弓箭なれ候ハてはたらきなとの事ハ，手にもたち候ハぬよし候，かうらいの事ハ，なによりもたやすく，今月中にあいすむへきときこえ候（天正 20 年 5 月 4 日，宰相宛島津義弘書状）」と，戦に慣れていないようなので，今回の朝鮮（かうらい＝高麗）での戦いは，容易に（なによりもたやすく），今月中には終わるであろうと考えていた．

　それでは，実際に渡海して朝鮮に上陸した義弘らは，異国での戦争をどのように理解し認識したのであろうか．いくつかの項目に分けてみていきたい．

4．朝鮮城郭と朝鮮軍に対する認識

(1) 漢城の城郭

　文禄元年 5 月に釜山に上陸した島津軍は，自軍の担当であった朝鮮半島中部の日本海側にある江原道を目指して北上し，春川や金化を守備していた．その後，文禄元年末頃に都の漢城に入り，漢城城内の北部地域を守備した．漢城は，朝鮮によくみられるような城壁で都市を囲繞した城郭都市であり，当時の日本にはみられないような都市構造であった．義弘らは，その異国の城郭都市を詳細に観察している（太田：2007）．

　まず，漢城に入城した新納忠増は，「まわり広き事は，三日ニめくるよし人々申候，見渡候も左あるへきことにミへ申候」と，広さが 3 日かけて回るほどだと表現し，見渡してみてそれに納得している．周囲の城壁については，「其まハりは皆切石にて石かきニシタリ，高さハ三丈計と見ヘタリ（『新納忠増日記』文禄元年 6 月 24 日条）」と，高さ 3 丈ほどの城壁の石材がすべて「切石」に加工されていることを特筆している．

　当時の日本では，織田信長や豊臣秀吉，その配下の武将たちによって形成された「織豊系城郭」では石垣が使用されていたが，これらは自然石をそのまま積んだ「野面積み」か，石を打ち割って若干の加工を施した石材を積み上げる，いわゆる「打ち込みハギ」と呼ばれる石垣であった．しかし，当時，島津氏の領内では，石垣を備えた城郭はほとんどなかった．天正 18 年（1590）に島津義弘が飯野城（宮崎県えびの市）から移り帖佐館（鹿児島県姶良市）に移るま

出所：筆者撮影．

図 3-3　朝鮮の都漢城の城壁（左）と出兵当時の島津義弘の居城松尾城の石垣（右）

での約5年間居城した松尾（鹿児島県姶良郡湧水町）において，わずかに本丸虎口付近に石垣が導入されているのが確認できるが，それ以外に本格的な石垣の城はこの時期の島津領内には存在していなかった．そして，松尾城の石垣さえも野面積みであった．一般に，漢城の城壁のような「切石」を積み上げる，いわゆる「切り込みハギ」と呼ばれる石垣は，日本では1600年代初頭からみられるようになる．したがって，すでにこの時期に石材を丁寧に加工して隙間なく積み上げていた漢城の石垣に対し，「皆切石」と感嘆の声を上げていたのである（図 3-3）．

(2)　王宮や町の観察

漢城で王宮の景福宮をみた島津勢は，「大リ（内裏）ノ（木＋用）庭ニハじねノ太山ノかこミ，其内ニ谷峯多ク，猪・カノシ々ケタ者ノ類ハ見ツかくれツ有ルナリ，大リ作ノ大キ成事ハ，日本ニハたとゆる事ハなし，キレイ成事ハ日本ノ大りましと諸人ハ沙汰申候（『朝鮮日々記』）」と，王宮に谷闇値があるほど広く動物までいることを特筆し，その規模や装飾について日本の内裏より優れているとまで述べている．赤や青を基調とした極彩色の王宮建築は，島津勢にとって非常に印象深いものであったろう．城内の様子については，「そのうちほかの家居大名小名，又ハ町ニいたるまて作りつゝけたる事，おほきなる事のうつくしきことは，こゝろこと葉及かたけれハ，筆にもかなひかたくて，こまへのことハかゝす候」と，城内の建物が大きく美しく，言葉で言い表すこと

も書き表すこともできないと述べている（『新納忠増日記』文禄元年6月24日条）．この美しさはおそらく瓦葺の建物に対するものと推測される．当時の漢城では官庁などは瓦葺が一般的であり，特権層である両班の屋敷も瓦葺が多かった．そのような光景を前にして出た言葉とみられる．

（3） 朝鮮軍に対する武装

　城郭に注目する一方，朝鮮軍との戦闘の中で，武器については早い段階から鉄砲を重視していた．国元に対しても，「高麗人ニ対してハ，てつほうニ可相究と見へ申候事」と，朝鮮軍に対しては，「鉄砲」が最も有効であると伝えている．一方で，「鑓ハ一切不要立候，何としても鉄炮被仰付肝要ニ候，追々可罷立人衆も心得可入儀ニ候之条，よくへ被仰付，てつほう奔走候之様ニ可有御才覚事」と，槍は不要であるとし，後続の軍勢にも何としても鉄砲を持たせることが肝要であると念を押している（文禄元年9月29日，比志嶋紀伊守国貞宛島津義弘書状）．

　当時の朝鮮軍の主要兵器は日本軍が「半弓」と呼んでいた短弓であった．これは速射性の高いものであったが，日本軍の鉄砲の方が射程があったことから，開戦当初から日本軍が朝鮮軍を圧倒した．その鉄炮について，義弘は火薬の原料となる硫黄や煙硝，玉薬などについて，次のような詳細な指示を国元に送っている．すなわち，「いわうの事，卅桶も四十桶も被仰付，可被差越候，えんせうハけにと事闕候者，此方にてにさせ候ても見可申哉，高麗人ニ対してハ，てつほうニ可相究と見へ申候事」というもので，「硫黄」を何桶も用意して朝鮮に送るようにし，「煙硝」は「事欠く（事闕）」有様であることから朝鮮の現地で「煮させ」て製造することも企図していた．さらに，「石火矢の事御たつね候て，有次第可被差渡候事」と，「大砲（石火矢）」を求めて送るように指示していた（文禄元年9月29日，比志嶋紀伊守国貞宛島津義弘書状）．初めての異国との戦いで国内戦以上に鉄砲の有用性を強く認識したものの，現地では入手できない武器であることから，国元からの調達や運用に関してかなり具体的に指示や依頼を出している．武将としての義弘の一面をみることができる．

(4) 異国での戦術

　異国で朝鮮軍に対する鉄炮の有用性を認識した島津軍では，戦闘時に馬上から射撃するという状況もみられた．当時は鉄炮足軽が地上で構えて射撃するのが一般的であったが，島津勢では，国内での戦いであまりみられなかった戦い方をおこなっていた．義弘の次男の久保は朝鮮軍と遭遇した際に，「文禄二年癸巳之春の喜ひなと互ニ云けるニ……，今日比も敵来候而，草臥を追散し，一人打取ツヽ，さわきける処ニ，又市様鳥駋ニ御出候而，可然仕合ニて，多勢之中ニ馬を懸入，馬上より鉄炮ニ而馬乗弐騎遊し落す，其侭首を取，是を始として追懸へ打ける間，其所無気遣（『樺山紹釼自記』）」と，いう戦いぶりをみせた．敵があらわれると久保（又一様）は，馬上から鉄砲で敵を2騎撃ち，そのまま首を上げている．

　馬上からの射撃の場合，照準の合わせや弾薬の装填がしにくいなど，多くの問題点があった．それにもかかわらず馬上からの射撃がみられたということは，朝鮮軍に対していかに鉄砲が有効であったかを物語るとともに，島津軍がその運用法を現地の実情に合わせて応用していたことがうかがえる．

5．朝鮮水軍に対する認識

(1) 朝鮮の軍船

　朝鮮出兵では日本水軍と朝鮮水軍はたびたび海戦をおこなっているが，島津氏もいくつかの海戦に参加している．島津氏が参加した主な海戦は，講和交渉期の文禄3年（1594）9月29日〜10月1日にかけての永登浦海戦，慶長2年（1597）7月15日の漆川梁海戦，同3年11月18日の露梁海戦である（太田：2015）．

　文禄2年の春に講和交渉が開始されて日本軍は南下を開始し，朝鮮半島南海岸に拠点となる城郭を築いた．その1つである巨済島の永登浦倭城（韓国慶尚南道巨済市）に島津義弘らが在番した（図3-4）．そこに，李舜臣の率いる朝鮮水軍が押し寄せ永登浦海戦がおこなわれた．

　義弘らは，初めて異国の水軍と海戦を経験することになったが，その様子を「番船懸引取まハしなとの急なる事，日本船ニモおとるましく候，荷積船なと

出所:筆者撮影.

図 3-4 島津軍が守備した永登浦倭城の石垣と海戦が行われた城の眼前に広がる海

櫓数なき船懸合候てハ,中々のかるましき様躰ニ候,内々其覚悟専一候(文禄3年10月9日,伊集院幸侃等宛島津義弘書状)」と述べている.朝鮮水軍の軍船(番船)は,取り回しが速く,日本の軍船に決して劣らないとし,日本の「荷積船」が襲われたりすれば,逃れることは難しいだろうと認識していた.

当時の朝鮮水軍は「板屋船」と呼ばれる軍船が主力であるが,これは日本の主力である「関船」よりも大型で櫓の数も多く,日本軍にとっては脅威であった.義弘は,朝鮮水軍の軍船が優れている点を理解し,その被害を最小限に食い止めるために,日本から義弘のいる巨済島に渡る場合は,「何時もとよ崎より釜山浦へ差渡候て,それより当陳へ江可参候ニ,上乗之人衆へ被申聞肝要候,勿論番船浮出可在之間之儀たるへく候」と,朝鮮の軍船と海上で遭遇することを避けるために,いったん対馬の豊崎から釜山に渡り海岸沿いに巨済島の義弘のもとへ来るように指示している(同上).そして,朝鮮水軍の気配がなくなると,「猶々今程者番船も引退候間,順風さへ候ハヽ,それより当嶋へ直ニ可有渡海候,何も此船頭巧者之儀候条,態申付候,猶此使者可申候(文禄3年10月26日,島津忠恒宛島津義弘書状)」と,ようやく直接対馬から巨済島へ渡っても良いと許可を与えている.義弘は,自軍の被害を最小限にとどめるために,朝鮮の水軍の実力を見極め警戒していた(図3-5).

出所:都城島津邸所蔵.同所刊行図録より転載.

図 3-5　朝鮮に出航する島津氏の船団

(2) 朝鮮水軍への対応

　義弘は,警戒とともに朝鮮水軍に対する対応策も考えていた.水軍に対しては,「番船之用心者大てツほう・石火矢ニ相究候条可有其才覚候,国元へ在之分者,いそき其表へ可被差渡候由国へ申越候,てツほう・玉薬なとも国元より用意候て可被差渡之由,念比ニ申下候(慶長元年 9 月 11 日,島津忠恒宛島津義弘書状)」と,朝鮮水軍に対しては,「大鉄砲(大てツほう)」「石火矢」が有効であるとし,国元にある分を早急に輸送するように,また鉄砲や玉薬もあわせて送るようにと指示を出している.

　このように,朝鮮の水軍に対してはその実力を冷静に見極め,無理な衝突を避けるとともに,大鉄砲や石火矢を増やして襲来に備えるなど,具体的な対応策をとっている(太田:2015).

6. 朝鮮での在地支配

(1) 還住政策

　文禄の役は,秀吉の「唐入り」構想の下で起こった戦争であり,開戦時の目

出所：新田神社所蔵（薩摩川内市川内歴史資料館寄託）．

図 3-6　新田神社に与えられた「禁制」

的は明の征服であった．豊臣政権が，「九州の儀は五畿内同前」「朝鮮の儀は九州同前」と述べていたことからわかるように，朝鮮に対しても国内統一戦の延長線上の認識であった．そのため，朝鮮での占領政策は，国内でおこなわれていた還住が実施された．これは，侵攻軍が地域に侵入して占領後，居住地を離れて避難していた住民たちを呼び寄せ，生業に復帰させるというものである．こうして初めて占領地の支配が可能となる．戦国期の日本で，還住政策は広く一般におこなわれていた．

　具体的な還住のプロセスは次のようになる．①侵攻軍が地域に攻め込む，②地域の住民が居住地から山などに避難する，③戦闘中あるいは戦闘終結後に，住民の代表が侵攻軍に対して，金銭や兵糧などと引き換えに自分たちの生命の安全を保障するための「禁制」の交付を求める，④侵攻軍が住民に「禁制」を交付する，⑤「禁制」の交付を受けた住民が居住地に戻り，「禁制」を掲げて生業に復帰する，⑥侵攻軍が統治をおこなう，というものである．これが日本の中世社会の一種の作法であった．「禁制」の文言はほぼ決まっており，住民に乱暴狼藉をおこなうことを禁止し，それに違反する者がいれば処罰するという内容であった（小林：1994，藤木：1997）．

（2）　日本と朝鮮での禁制

　島津氏との関連では，秀吉軍の九州平定戦の際にも「禁制」が交付されており，鹿児島県内では新田神社（薩摩川内市）に残された「禁制」が知られている（図3-6）．これは，新田神社の「宮内（境内）」において，「兵船軍勢」の

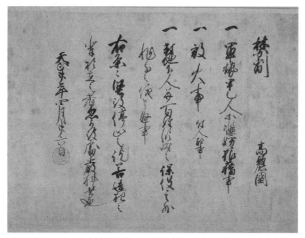

出所:東京大学史料編纂所蔵.

図 3-7 高麗国宛の豊臣秀吉朱印状「禁制」

「乱暴狼藉放火」を堅く禁じ,違反したものは成敗を加えるというもので,天正 15 年(1587)の「卯月(4 月)二十七日」に,「小西日向守(行長)」「加藤左馬助(嘉明)」「脇坂中務少輔(安治)」「九鬼大隅守(嘉隆)」の 4 武将の連署で出されたものである.

この「禁制」を地域の代表などが侵攻軍と交渉して入手した.金銭や米穀などを見返りに支払う場合もあったが,このような還住のプロセス自体が,惣村のような自治が発達していた日本の中世社会の中だからこそ成立するものであった.

先述のように,秀吉は朝鮮に対して国内統一戦と同じような認識で臨んでおり,各武将に対して,占領政策に用いるための「禁制」をあらかじめ交付していた(図 3-7).その内容は,「高麗国」を宛所とし,①軍勢が住民に乱暴狼藉することを禁止(軍勢甲乙人等,濫暴狼藉事),②放火することを禁止する(放火事),③住民に対して無理難題をいうことの禁止する(対地下人並百姓等,非分之儀,申懸事)というもので,これに違反するものは厳罰に処す(右条々堅令停止之訖,若違犯之輩於在之者,忽可被処厳科者也)というものあった.これは,いったん天正 20 年正月付で出されたが,その後,実際の渡海直前の

第 3 章 島津義弘の朝鮮出兵と異文化認識 67

同年4月26日付で諸将に改めて出されたものは,「人取事」「臨時之課役」を禁止する項目が追加された．朝鮮での統治をより順調に行うための住民への配慮がうかがえる．この「禁制」も島津家文書に残されており，島津勢もこれを用いた還住政策をおこなっていた．

(3) 秀吉の統治対策

あわせて，秀吉は渡海軍に「掟」を出している．これは，「禁制」と対になる内容で，①侵攻軍が「味方之地」で乱暴狼藉をすることを禁止する（軍勢味方之地にをいて，濫妨狼藉之輩，可為一銭切事），②陣中で火事を起こした場合は捕縛し，逃した場合は主人が責任を取ること（於陣取火を出す族有之ハ，からめとり出すへし，自然ちくてんせしめハ，其主人可為罪科事），③糠，藁，薪，雑事は亭主に断ってから取ること（糠，わら，たきゝ，さうし以下，亭主に相理可取之事）などを命じるもので，これらに違反した場合は厳科に処す（右条々，若令違犯者，可被処厳科之旨，被仰出候也）というものである．

朝鮮に渡海した日本軍は，この「禁制」を用いて住民を統治し，朝鮮を「唐入り」の拠点とする必要があった．諸大名は国内と同様に還住を図ろうとしたが，当然ながら，朝鮮に攻め込んでみると，避難した住民らが日本軍に対して「禁制」を求める動きはなかった．日本と異なる社会構造の中で，戦いの作法も異なるなかで，国内と同様の手法が通じなかったのである．

(4) 諸将による還住政策の展開

そこで，侵攻した諸大名が「榜文」を掲げて日本側の意思を示した．これは，当初は大名ごとにそれぞれ独自のものを考えて示していたようで，開戦直後の文禄元年（1592）年4月22日，漢城への進軍途上にある仁同（韓国慶尚北道亀尾市）に入った小西行長・宗義智らの軍勢は，「令，散民速還于本宅，而男耕稼苗，女採桑畜蚕，士農工商各修家業，若吾軍士有犯法以妨汝之業者必罰矣，年月太守在判（『西征日記』）」と書いた「榜文」を掲げた．日本軍を避けて避難した住民に対して，居住地に戻り生業に復帰するように促し，もし日本軍が狼藉を働いた場合は処罰すると日本側の意思を住民に示した．そして，還住してきた住民に対しては，朝鮮側史料で「免死帖」「章標」「牌」などと記録

されている「札(日本側史料)」を与え,これを所持するものは日本側についている住民として安全を保障した.

このように,諸大名は国内の還住の作法が朝鮮では通じなかったことから,それぞれに現地の事情に照らし合わせながら,新たな手法を取り入れつつ還住政策をおこなっていた.これによって多くの朝鮮人が還住してくる地域もあったが,必ずしも順調にいくものではなく,豊後の大友氏などはなかなか還住がうまくいかず,年貢の徴収もできないというありさまであった(中野:1990).

義弘らも,このような秀吉の方針に沿って,各地で還住を推し進めたが,義弘らはかなり積極的な還住を推し進めており,その詳しい資料が残っていることから,慶長の役の記録をもとにその様子をみていきたい.

慶長2年(1597),朝鮮に再出兵した義弘らは,朝鮮に上陸後,7月に漆川梁の海戦で朝鮮水軍を大破し,8月に南原城(韓国全羅南道南原市)を攻略,9月上旬に忠清北道の扶余に到達した.その後,島津軍は南下し,9月25日には南海岸の西端にある海南(全羅南道海南郡)に入った.

海南を占領した島津軍は,ただちに「榜文」を掲示した(図3-8).この榜文は,「全羅道海南定榜文之事」として島津家文書に残っており,その内容は,

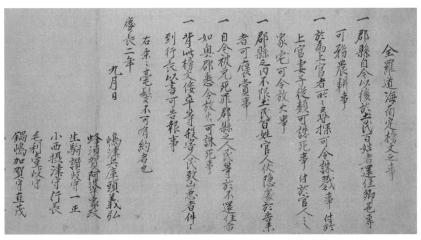

出所:東京大学史料編纂所所蔵.

図3-8 全羅道海南で島津氏が掲げた「榜文」

①住民は還住して生業に励むこと（郡県，自今以後，於土民百姓者，還住郷邑，専可務農耕事），②「上官」とその「妻子類従」を探し出し誅殺すること，「官人」の家を放火すること（於為上官者，所々尋探，可令誅戮事．付，於上官妻子従類，可誅死事．付，於官人之家宅，可令放火事），③「官人」の潜伏先を報告したものは褒賞する（郡県之内不限土民百姓，官人伏隠処，於告来者，可褒賞事），④還住しないものは放火し誅殺する（自今被免死罪郡県之人民等，於不還住者，如奥郡悉令放火，可誅死事），⑤この「榜文」に背いて住民に害を加える日本軍がいれば，書面で伝えること（背此榜文，倭卒等殺害人民，致凶悪者，件々到行長，以書可告報事）というもので，「嶋津兵庫頭義弘」以下計13名の連名で出したものである．これは，定型化された「榜文」で，同様の内容のものが複数残されている（北島：2002）．

　義弘らは，この「榜文」を掲示したうえで，さらなる対応をおこなっている．それは，「札」の配布である．従来は還住後の住民に「札」を配る場合が多かったが，義弘らは「拝南（海南）ト申所ヘ両三日被遊御着候，然ハ拝南ノ者共妻子ヲ引列近辺ノ山城ニ上リ仕候間，長サ五六寸ノ手札ニ島津人ト書付，山々エ御遣候得バ，何モ御手ニ相付，其所ノ米上納仕候（『淵辺真元高麗軍覚』）」というように，おそらく島津勢に付いたか，いち早く還住した住民に「札」を持たせて，住民が避難している山城などに派遣しているのである．その「札」は「檜の木にて長さ七八寸斗，広さ七八分に札を七八百御作せ被成，表ニハ島津猿みと書付，裏に日付被成通候，七八人にて山々へ御上せ被成，右之札を被下候，夫より御手ニ付，さるみ七八百人妻子召列罷下り，はいなん（海南）の内之田作，被納仕候，城内へ七八間ぬり蔵九ツ御作せ被成，右之米俵になし九ツ之くらに入置被成候（『奥関助入道覚書』）」というものであった．

　島津軍が配った「札」は，材質は檜で長さは20cm強，幅は2cm強ほどで，表に「島津人」，裏に日付が書き記されていた．これを7～8人が，住民の避難する山城などに持参して，配っていたのである．この積極的な対応策によって，多くの住民が妻子を連れて山を下りて還住し，島津氏が求めた米を収めたのである．なお史料中の「さるみ」は朝鮮語で「人」を意味する「サラム（사람）」が訛ったもので，当時の日本軍の間では朝鮮人，特に住民を指す言葉として用いている．

このように，島津氏は異なる文化圏の中で，住民たちに積極的に関わりを持ち，還住を成功させていたのである．他の大名と同様に「榜文」と「札」を活用していたが，特に「島津人」と書かれた「札」を逃れている住民のもとにまで人を送って配布していたことは，島津氏の還住に対する工夫の一つとみることができる．朝鮮側の記録でも，「義弘等，自淳昌・潭陽四散屯守，禁止殺掠，給牌誘聚，降附者，不知其数，至於開市交易（『燃藜室記述』巻17）」と，島津軍は殺戮を禁じて「札（牌）」を与えて住民を誘ったので，島津に付いた住民は数えきれないほどになり交易もしていると記されている．殺戮の禁止は「榜文」でも強調しており，秀吉の掟にも「味方之地」での乱暴狼藉は固く禁じられていた．島津軍は「札」を用いて積極的に還住をおこない，「味方之地」になったところでは住民の安全を保障したことで，多くの住民が還住した．そしてそれは，朝鮮側も認めるほどの「成果」をあげていたことがわかる．

7．島津氏の朝鮮城郭利用

（1）朝鮮出兵と倭城

　島津氏が朝鮮出兵に際して，南海岸に城を築いて在番しており，特に泗川では城郭を活かした戦いをして明・朝鮮軍を撃退している．特に文禄の役の講和交渉期以降，朝鮮半島で日本軍が日本式城郭を築いた，いわゆる倭城と呼ばれる城郭群である（織豊期城郭研究会：2014）．島津氏も講和交渉期には釜山近辺にある巨済島の永登浦倭城や加徳島の加徳倭城で，慶長の役では泗川倭城で在番している．
　興味深いのは，他の大名が在番していた倭城の多くが，日本式に築いた城郭であるのに対し，島津氏は，既存の朝鮮の城郭を取り入れたり活用したりしているという点である．それまでは朝鮮の城郭を改修したり一部利用したりするかたちで防御拠点としていたが，日本軍の戦術では朝鮮の城郭で戦いにくいため，戦局の悪化にともなって日本軍に合った防御拠点を設ける必要性に迫られて築かれたのが倭城である．したがって，多くの倭城は新規に日本式城郭で築かれたものであった．

(2) 島津氏の倭城

　文禄2年（1593）春以降の講和交渉期に島津氏が在番していたのは，巨済島の永登浦倭城（韓国慶尚南道巨済市）である．ここは，生駒氏らが築城を担当して島津氏に引き渡したものであるが，島津氏が在番していた際には，山頂の日本式の城郭部のほかに，山麓部の既存の朝鮮邑城を利用し，その邑城内に日本式の石垣を築いて拠点としていた．

　このような傾向は，慶長の役で島津氏が在番した泗川倭城（慶尚南道泗川市）でも同様である．この倭城は長宗我部氏らが普請をおこなっているが島津氏も関与しており，廃城となっていた高麗時代の城郭を取り込むかたちで築かれた城郭であった．泗川倭城は周囲を取り囲むように広大な外郭の土塁が巡らされており，その中に石垣を備えた日本式城郭が築かれている．この外郭が高麗の城の遺構を再利用したものであった（図3-9）．泗川倭城以外にも，島津氏は泗川倭城に隣接する泗川（慶尚南道泗川市），晋州（慶尚南道晋州市）などの邑城の他，朝鮮の狼煙台も支城（望津倭城．慶尚南道晋州市）として使用した（図3-10）．

　島津氏のような朝鮮城郭の積極的な利用は，他の武将にはあまりみられない．これは，短期間で築城するための合理性を求めた結果という見方ができる．一方で，古代から海外と広く交流していた南九州という地理的要因の中で，異文化と常に接していた島津氏の認識が，朝鮮城郭を受け入れる素地となっていたとみることもできよう（髙田：2000，太田・髙田：2005）．

出所：左が復元された主郭の城門と日本式城郭部分，右が朝鮮の城址を利用した外郭の土塁部分．筆者撮影．

図3-9　島津氏が在番した泗川倭城

出所:筆者撮影.
図 3-10　島津軍が支城として利用した晋州邑城

　島津氏は，この泗川倭城で在番中の慶長3年（1598）10月に，明・朝鮮連合軍の攻撃を受けた．5万人ともいわれる連合軍に対して，島津軍は1万人弱とかなりの兵力差があったが，島津氏は朝鮮の城郭を取り入れた泗川倭城に敵を引き付け最終的に撃退するという大勝利を収めている．島津領内には存在していなかった天守を備えて石垣を多用した当時最新式の「織豊系城郭」や朝鮮の城郭を他の武将の力を借りることなく島津氏単独で使いこなして勝利している．その応用力は留意してよいであろう．

8．義弘らの朝鮮文化体験

(1) 朝鮮語と意思疎通
　義弘をはじめとする島津勢は，この戦いで初めて朝鮮という異国に上陸し，異文化を目の当たりにすることになった．その体験と認識を，みていきたい．まず，言葉についてである．日本と朝鮮では当時から言語が異なっていたため，開戦に際して豊臣政権からそれぞれの武将ごとに通事（通詞）と呼ばれる朝鮮語の通訳がつけられていた．しかし，それでも実際の異国に渡った衝撃は大きかったようで，伊達政宗などはその異文化接触体験を「よくもよくも日本に物ごと違申候，山川月日ばかり同じ物に候，人の心もとより，言葉はいちえんに

真似られ申さず候……この国にては水の違い候ゆえ人々死にうせ申候（文禄2年7月24日，保春院宛政宗書状）」と，言葉が全く違うことや，日本と同じものは「山川月日」だけであると，衝撃の強さを率直に表現している．また，水が合わずに体調を崩す将兵が多かったとも述べている．現在でも，日本が軟水地域であるのに対して韓国は硬水地域が多いが，政宗らも水が違うと感じていたようである．

　政宗が治めていた奥羽は地理的な要件により中国や朝鮮と直接的な人的交流がそれほど盛んでなかったのに対して，島津氏が治めていた南九州には各地に「唐人町」が存在しており，中国をはじめとするアジアと頻繁に人の往来がみられた．したがって，島津氏のような支配者層や一定の知識人層は，朝鮮は日本と言葉が違うことを実体験や知識として当然知っていたはずである．しかし，それでも現地では言葉の問題で困ったようである．朝鮮では，「道筋さるミ召寄候て，通しにて御尋候（『唐島出陣日記』）」と，現地の住民に通事を通して訪ねている．ところが，実際には，「唐人（朝鮮人）を案内者ニ被下候へ共，こなたより申事も彼唐人の心ニゆかす，又かのものゝ申事も我々か分別ニとゝかすして，たゝ手なれぬ犬と道つれシタル心ちなんして，皆人迷惑之体ニ候て，道のまゝゑんニまかせて参候（『新納忠増日記』）」と，道案内を頼んだ現地住民との意思疎通が困難で，その様子を手馴れぬ犬と一緒にいるようだとし，皆が途方に暮れていて（迷惑），道をただ縁にまかせて進軍していると心情を述べている．

　進軍の途中でも，「同十日ハにんだうといへる城を通りぬれハ，やかて大川有けるが，水かさ増りて渡もナシ，然処ニ其川に五六反の舟拾艘はかり有けるに，船ちんにてわたるへきよしを申候へ共，渡すましきよしいひけるを聞て，口惜事ニおもひ（『新納忠増日記』）」と，仁同（史料中の「にんだう」，韓国慶尚北道亀尾市）に達した際に，川を渡し船で渡ろうと交渉したが上手くいかず，「口惜」しい思いをしている．

(2) 動物への関心

　伊達政宗が「山川月日」以外はことごとく日本と朝鮮で異なっていると表現しているように，島津勢も朝鮮に渡って異文化を感じることが多かった．それ

は，動植物に対してもそうである．垂水島津家の祖とされる島津彰久は，本家の島津忠恒に従って渡海したが，その道中では，「ぶち馬・やぎ・ひつじ・ろ馬なと，其外いろいろめつらしきものとも，もとめ候ておき候（文禄2年6月14日，うちはは宛又四〈彰久〉書状）」と，珍しい動物たちを求めて手元に置いていたのである．この時期の島津勢は，釜山付近で倭城の普請に従事しており，その陣中に朝鮮の動物たちが一緒に飼われていたということになる．薩摩藩では天文年間にポルトガルやスペインを通してアラビア馬を輸入し吉野牧で飼育したともいわれており，島津氏自身が元来，外国の動物に対する関心が高かったことがわかる（小島：2002）．

　ただし，朝鮮で「ぶち馬」や「ろ馬」などを求めて手元に置いていたものの，実際に朝鮮の馬について義弘は息子の忠恒に対し，「朝鮮馬ハ中々のれす候間，何としても日本馬を可被相渡候（文禄2年6月22日，又八郎〈忠恒〉宛島津義弘書状）」と，朝鮮の馬は乗りにくいので，必ず日本の馬を持参するようにと助言している．義弘が朝鮮馬は乗りにくいと感じた理由は記されていない．しかし，当時の朝鮮馬は蒙古系の平均体高130cmを越えるもので，当時の日本の馬よりも大型のものであった（野澤：1992）．このような馬の大きさが乗りにくさの要因であった可能性が考えられる．行軍や戦闘に必要な馬が現地で調達できなかったために，「在陣衆乗馬，一円無之候事（文禄3年ヵ，龍伯〈義久〉宛島津義弘書状）」と朝鮮在陣の軍は乗馬が不足するという事態となっていた．義弘が忠恒に「何としても日本馬」を用意するように強調していることも，理解できる．

(3) 蓮と芍薬

　動物への関心と同時に，植物に関しても島津勢は関心を持っている．島津義弘が朝鮮から蓮の種を持ち帰り，当時所領のあった松尾城の麓の徳元寺に移植したことは良く知られている．『三国名勝図会』に「朝鮮種の蓮　当寺（徳元寺）の池に植ゆ，千葉蓮といふ，松齢公（島津義弘），征韓の役に彼国より携へ帰り，当寺の池に植ゑ玉ふ，今に至り存す，又本府にも分ち移さる，世俗に徳元寺蓮と称す」とある．平成29年（2017）の徳元寺庭園跡の発掘調査によって実際に蓮の実が出土している．近世に造営された藩主島津氏の別邸仙巌園

には，千葉蓮の由来を記した石碑も残されている（図3-11）．

　義弘は，蓮の花以外にも「芍薬」に関心を抱いている．息子の忠恒にあてた書状で，「兼又芍薬ニあまた重咲候花，日本ニめつらしく候，其元へ多々在之儀候間，鉢植ニさせられて国本へ可被遣之候，但今程者花も有間敷候間，可難見分候哉，さやうニ候者，ひと重咲候花にても，芍薬を鉢植ニさせられ可預候（文禄4年6月3日，又八郎〈忠恒〉宛島津義弘書状）」と記している．朝鮮で芍薬を見かけた義弘は，花が「重ね咲」で日本ではあまりみられないものなので，鉢植えにして日本に送ろうとしていたのである．芍薬が薩摩にもたらされたかどうか確認はできないが，松を移植したという話も残っており（太田：2013），千葉蓮の例からも可能性としては十分に考えられる．

9．おわりに

　朝鮮出兵は秀吉によってはじめられた大陸への侵攻である．そして，それは東アジア三国を巻き込む一大戦争となった．その一方で，この戦争は大きな人的な移動を生じさせる結果をもたらした．島津義弘も，この戦争を契機として初めて朝鮮の地を踏んだ．まさに異文化に足を踏み入れたのである．その中で，

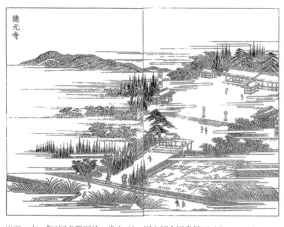

出所：左：『三国名勝図絵』巻之41，国立国会図書館デジタルコレクションより．右：筆者撮影．

図 3-11　朝鮮の蓮が移植された徳元寺と仙巌園の「千葉蓮」の碑

様々な「異文化体験」をしていくこととなった．

　その中でも朝鮮での統治政策については特筆すべきものがある．日本と異なる朝鮮社会のなかで，現地の住民を治めるための還住政策を実施することになった．諸大名の中にはうまくいかずに苦労する者もいる中で，島津氏は比較的順調に還住を進めた．この統治能力の高さは，島津氏の未経験の事態に遭遇した際の適応能力の高さを示すものとみてよい．また，還住した住民に配布した身分証でもあり命の保障証でもある「札」に，「島津之人」と記していた点が明らかになったことは興味深い．言葉も自由に通じない異国で統治する際の島津氏の思いが，「島津之人」という文字に表れているものと考えられる．

　さらに，朝鮮の城郭を積極的に利用している点も注目される．日本軍の多くは開戦当初は攻撃に徹していたため朝鮮の城郭を利用したが，その後，戦局の悪化で守勢に転じると，朝鮮の城郭で守ることの困難さを実感し，日本軍の戦術に合った日本式城郭「倭城」を築いて守備していた．しかし，島津氏は朝鮮の城跡を積極的に取り込んで再利用した泗川倭城に在番し，その周囲には，朝鮮の既存の城郭を支城として配置し防御網を構築した．そして，それらの朝鮮城郭を使いこなして，島津軍の数倍の兵で押し寄せてきた明・朝鮮軍を撃退したのである．

　この他にも，朝鮮の文物に対する観察も島津氏の異文化認識として興味深い．朝鮮の都や王宮について，その見事さに素直に感動している．朝鮮水軍についてはその優れている点を冷静に分析し，その対案を出して対応している．還住と同様に，水軍対策でも成果を上げている．芍薬などについては，持ち帰っており，その異文化に対する関心の高さとその中での適応性がうかがえる．

　このような傾向は，島津氏が活動していた南九州の地域性と無関係ではなかろう．鹿児島は，古代以来対外交流の「日本の玄関口」としての役割を果たし，鉄砲やキリスト教などの伝来した地でもある．領内各地に存在していた「唐人町」や明から倭寇の出航地の一つとみなされたこと，そして，近世初頭には朱印船貿易で海外に進出していったことなどからも，そのことが裏付けられよう．そのような環境で形成された島津氏の異文化認識が，朝鮮出兵でも発揮されたとみることができる．

参考文献

太田秀春『朝鮮の役と日朝城郭史の研究－異文化の遭遇・受容・変容－』（清文堂出版，2005 年）

太田秀春・髙田徹「文禄・慶長の役における日本軍の朝鮮城郭利用について－島津氏の事例を中心に－」（『城館史料学』3 号，2005 年）

太田秀春「文禄の役における島津義弘の動向と倭城普請」（『地域総合研究』34 巻 2 号，2007 年）

太田秀春「薩摩藩の外城制と恒吉城の諸問題」（『恒吉城跡調査報告書 I』，曽於市教育委員会，2013 年）

太田秀春「島津氏関係資料にみる朝鮮出兵と海戦」（『충무공이순신과해양（忠武公李舜臣と海洋）』2 号，2015 年）

太田秀春「朝鮮出兵における島津氏の異国認識」（『中世島津氏研究の最前線』，洋泉社，2018 年）

鹿児島県維新史料編さん所『鹿児島県史料　旧記雑録　後編』2～3（鹿児島県，1981～82 年）

北島万次『豊臣政権の対外認識と朝鮮侵略』（校倉書房，1999 年）

北島万次『壬辰倭乱と秀吉・島津・李舜臣』（校倉書房，2002 年）

小島摩文「薩摩の馬文化」（『新薩摩学 1』，2002 年）

小林清治『秀吉権力の形成－書札令・禁制・城郭政策－』（東京大学出版会，1994 年）

織豊期城郭研究会『倭城を歩く』（サンライズ出版，2014 年）

鄭杜熙ほか編『壬辰戦争－16 世紀，日・朝・中の国際戦争－』（明石書店，2008 年）

中野等「朝鮮侵略戦争における海上輸送の展開について－文禄の役前半期を対象として－」（『近世近代史論集』，吉川弘文館，1990 年）

中野等『文禄・慶長の役』（吉川弘文館，2008 年）

野澤謙「東亜と日本在来馬の起源と系統」（『Japanese Journal of Equine Science』3（1），1-18，1992 年）

藤木久志『戦国の村を行く』（朝日新聞社，1997 年）

松尾千歳「海の道と南九州」（『海洋国家薩摩』尚古集成館，2010 年）

森勝彦「南九州における唐人町に関する覚書」（『鹿児島経大論集』36 巻 3 号，1995 年）

第4章

近代の沖縄経済

来 間 泰 男

1. はじめに

　表題は「近代の沖縄経済」としたが，沖縄のそれは 1900 年まで，「近世」の構造を引き継いでいるので，内容は「近世」＋「近代」となっている．なお，紙数の関係で，「近代」終末期の「準戦時期・戦時期」は省いた．
　本章は，私の 50 年余にわたる沖縄経済史研究の，「近代」の部分の要点を示し，それをわかりやすくしたものである．背景にある，これまで公表してきた私の文献（一部に共著を含む）は末尾に示すとおりである．年代順に記す．これらからの引用は明示しない．

2. 琉球近世——旧慣期の沖縄経済

　戦前の沖縄経済は，沖縄県土地整理事業（1899～1903 年）の前と後で，大きく性格が異なっている．それ以前，「琉球処分」以後この事業までは，「旧慣（存続）期」といわれ，琉球近世のあり方をほぼそのまま引き継いだものであった．

(1) 地方制度と役人

　まず，地方制度をみる．それは，間切と村で構成されていた．間切は，その後の市町村の区域とほぼ一致する．その中にいくつかの村があった．村は，その後の字である．

(例) 宜野湾間切

宜野湾村	嘉数村	宇地泊村	謝名具志川村
大謝名村	大川村	喜友名村	安仁屋村
伊佐村	普天間村	野嵩村	
新城村	神山村	我如古村	

中央（首里）には役人がいる．かれらは首里にいて，王府の仕事を分担している．この役人たちは文官であって，武官や武士ではない．

言葉としては「士（サムレー）」といったが，日本史の「侍」（王侯貴族に仕えている人びと）と同じではない．琉球には，以前から武官は少しいたが，武士はいなかった．なお，沖縄にも「ブシ」という言葉はあるが，それは「力の強い人」のことである．

一方，かれらは地方との関係ももっている．上層は間切担当の「総（惣）地頭」となり，下層は村担当の「脇地頭」となる．人によっては，これを「領主」と呼ぶ者もいるが，そうではない．たとえば，宜野湾間切の総地頭は，宜野湾間切の「領主」ではない．宜野湾間切の「経営」は，地頭代（ジトゥデー）などの地方役人が行っているもので，総地頭はそれに関与しない．だから「領主」ではない．

総地頭は間切内の，脇地頭は村内の，一定の土地を「与えられている」．これを「総地頭地」「脇地頭地」という．しかし，それは「所有権」が「与えられている」のではなく，その一定の土地からの「あがり」（収穫物）の一部を収得する権利が「与えられている」だけなのである．また，役職が変われば，別の地頭地に移る．したがって，これは「領地」ではない．

つまり，中央の役人たちは，王府の仕事を分担しているので，それに対応する給与を受け取るほか，担当する地方の地頭地から，一定の収入を得ていたのである．

(2) 租税制度

次に，租税制度をみる．検地をして，石高（米高）を計り，石高に対応して租税を徴収するのが「石高制」である．田だけでなく，畑・山林・原野，そして屋敷地をも「米高」で評価した．石高は，百姓にとっては租税（年貢）納入の基準となり，家々の石高はその「家格」を示すものでもあった．石高はまた，その領主の格を示すとともに，石高に見合った兵役・公役の義務を負った．

1609年に，薩摩藩・島津氏が，徳川幕府の許可を得て琉球に侵攻した．琉球王国は権力的には薩摩藩の支配下におかれることになったが，王国の体裁は残され，中国（明・清）との朝貢＝冊封関係は続けられた．琉球では薩摩藩が検地をし，石高を定めたものの，それによって規定されたのは，薩摩への納入額（物量）であって，間切・村への課税は別であった．また，兵役・公役の義務もない．したがって，近世琉球を「石高制」の社会とすることはできない．

　特に重要なことは，租税は間切・村という「団体」に課されるのであって，個々人ではないということである．このことは，沖縄本島地域も，先島地域も同じであった．

　間切・村には，現物を課してきた．たとえば，米を100石，麦・下大豆（合わせて「雑石」という）を50石などと課してきた．米は水田に，麦・下大豆は畑に課されることになっていた．

　しかし，指定された米や麦・下大豆を納めることも，あるにはあるが，実際の多くは他の穀物や農作物によって代納されており，そのことが認められていた．たとえば米の代わりに粟や黍で納められるなどである．その換算率も決められていたが，米と粟と黍が同格であり，大豆も同格とされることもある．ルーズな（いいかげんな）換算率といわねばならない．

　また，サトウキビ（甘蔗）やウコン（鬱金）は，特定の間切・村が指定されて，本来の租税品目の代納が求められた．

　納税主体が団体であるから，その団体の責任者（地頭代以下の地方役人）が，租税品の生産を指揮することになる．サトウキビの生産と，砂糖（黒糖）への加工も役人が指揮する．村人は，役人の呼び出しに応じて作業に従事する．できた砂糖は個々人のものではなく，間切・村のものであり，そのようなものとして，役人の責任で上納される．つまり，村人の負担していた租税は，モノではなくモノをつくる労働だったのである．

（3）　人頭税はなかった（先島）

　宮古・八重山（まとめて「先島」という）の租税は，それらとは異なって，「人頭税」という「過酷」なものだったといわれてきた．そんなことはない．先島も納税主体は間切・村であって個々人ではない．だから，地方役人が責任

をもって，生産を管理し，間切・村のものとして上納するのである．沖縄本島地域と異なるのは，本島地域は名目的には「石高」によって課税されてくるが，先島地域は「人頭（人口）」によって課税されてくることである．しかし，それは王府と間切・村との関係の上でのことであって，間切・村と村人との関係では，沖縄本島地域と実際には変わりはない．

　人頭税としては，織物（織布・反布）が課された．織物の生産は，織るだけでなく，多様な仕事が複合して成り立つ．1人ひとりにたとえば1反ずつというような割り当ては物理的にできない．これまでは，1人ひとりに画一的に割り当てられていて，できない人もさせられるので，「過酷」だったと話されてきた．しかし，担当役人は，示された上納額（反布の量）を確保するために，村人の男女別・年齢別・能力の適否などを勘案して，仕事を割り当てるのであって，画一的に割り当てるのではない．

（4）　土地制度（地割制度）

　土地は個別の所有ではなく，すべて王府のものとされていた．それでも実際上は村人たちが，自分の土地のように耕作していた．

　村人たちは，その土地を定期的に（あるいは不定期に）割り替えあった．これを「地割制度」という．王府からの干渉はなかったので，村人たちの自主的な行いであったとみられる．その割り替えの基準も，割り替え期間も，それぞれの村で決めていたので，村ごとにまちまちである．

　おおまかには，次のようにみてよい．割り替えの基準は，家族数によったであろう．それは消費人口となるからである．家族数の数え方も村それぞれであった．そうであれば，家族数や年齢構成は年々変わっていくので，あるところまで来たら，割り替えが必要になるのである．

　なお，「地割制度」というからといって，カチカチの制度と思ってはならない．割り替えの期日が来なくても，お互いに譲り合って，相互に交換することもあったらしいのである．

　このような制度ができたのは，土地の生産物（農産物）が「商品」になることがなく，土地はただ生活のために利用されるだけだからである．その土地の多くに甘藷が植えられたであろう．商品生産ではないので，多くの土地を持っ

ている方が有利ということはないから，多くの割当てを受けようとすることもありえない．

（5） 「小農の自立」はない

太閤検地を一つのエポックとして，日本近世の初期は「小農の自立」に向かったとされている．それは，実態としての，大農経営の衰退を反映しつつ，政策的にも後押しされていった．百姓の個別家族が独立の単位として，力を増していったのである．その方が生産力を高く発揮できる時代になったのである．

しかし，琉球近世は異なる．個別家族の自立はなく，土地の私有への方向は生まれず，農業技術的にもさしたる進展が見られない．

（6） 貨幣は流通していない

日本の近世社会では，貨幣の流通が広く，深く浸透していた．年貢として米が徴収されたが，それは他の物資に変えなければ，生活が成り立たないので，大坂を中心に販売市場が成立し，江戸はそれを貨幣に交換して（売って），その貨幣で必要な物資を手に入れた．貨幣なしには社会が動かないのである．貨幣なしには社会は成り立たないのである．

しかし，琉球近世は異なる．物資の広域流通もなく，商人もいなかった．商人は，薩摩とつなぐ御用商人のみであり，それは薩摩の人だった．したがって，貨幣がなかったということではないが，貨幣の必要な社会ではなかったし，貨幣はほとんど流通してはいなかったのである．ただ，王都である首里と，対外交易の港町である那覇の場合，臨時に店を開く例があった．それは固定した商店ではなく，地べたに筵を拡げて，一定の時間だけ「開業」するもので，貨幣取引だけでなく，物々交換も含まれていたと考えられる．また，それに関わる人口はごく限られたものであった．

3．土地整理事業（1900年）による沖縄経済の変化

（1） 近世的社会から近代的社会への転換

明治になって「沖縄県」とされても，「旧慣」が残され，近世的なありかた

が残っていた．それが土地整理事業によって，改められた．1899（明治32）年3月，日本の帝国議会で審議・決定された「沖縄県土地整理法」が公布され，4月に施行された．これにより，土地整理事業が着手され，1903（明治36）年10月に終了する．

　土地整理事業は，沖縄における明治改革の総仕上げといっていいし，これ以後が，沖縄の社会・経済は「近代」になるのである．それはいきなり実施されたというのではなく，旧慣存続というなかでも一貫して追求され，準備され，部分的には実施もされてきたことの，延長線上に位置づけられるものである．たとえば，貨幣の流通を促したり，商品としての砂糖の原料作物であるサトウキビの生産が増加するようにしたり，学校教育を進めたり，地方制度を少し変えたりというようなことが，積み重ねられていた．

(2) 事業の目的

　土地整理事業の目的（法第1条）は「沖縄県ニ於ケル旧慣土地及租税ノ制度ヲ改正シ，土地ノ所有権ヲ確認シテ，権利ノ安固ヲ与ヘ［しっかりさせ］，地価ヲ査定シテ，地租条例及国税徴収法ヲ布キ，之ヲ帝国同一ノ制度ノ下ニ統属スル［統制のもとに属させる］」こととしている．

　すなわち，第1に，土地所有権を与えること．第2に，それぞれの土地の地価を評価して，それに基づく地租を，現金で徴収できるようにすること，である．

　土地所有権は，それまでの名目的な所有者であった「王府」にではなく，実質的な所有者であった耕作者に認められた．

(3) 事業の背景と要因

　その背景と要因としては，第1に政治情勢が変化したこと，第2に滞納が増加していたことが指摘できる．

　第1．そもそも，なぜ旧慣が存続されていたのかといえば，一つには，「琉球処分」に反発する勢力があったという県内政治情勢のためである．しかし，その状況に大きな変化が生まれた．琉球処分後は，清国に頼って，復藩［琉球王国ないし琉球藩への復帰］を企てる人びとが出た．彼らの中には，脱清人と

いって，清国に脱出し，その助力を求める者もいたが，厳重な取締りにあった．このような事例は1882（明治15）〜84年に最も多い．1883年には既遂31人，未遂13人であった．

　まず，そのような旧支配層（の一部）が方向を転換した．清国への期待を捨てきれなかった旧支配層が，日清戦争における日本の勝利によって，日本的体制へ従う方向に傾いてきたこと，および，王家であった尚家を，沖縄のリーダーとして残すことを陳情した「公同会」運動の挫折（1897年＝明治30年）を主な画期とする．

　また，ほぼ同じ時期に民衆の動きもみられた．宮古島農民のいわゆる「人頭税廃止運動」（1892〜94年＝明治25〜27年）や，謝花昇（じゃはなのぼる）を中心とするいわゆる「自由民権運動」（1894〜1901年＝明治27〜34年）は，ともに，旧来の評価を見直す必要はあるものの，旧慣存続方針を改めて，本土と同様の制度に移行する条件が醸成されてきたことを意味している．

　このうち「人頭税廃止運動」は，いわれるような「人頭税」はもともとなかったのであり，ただ東京への請願書に，「人頭税を廃止して地租にすること」「租税を金納とすること」を求める文言が含まれていた．この場合の「人頭税」は「間切・村に人頭を基準に課すこと」を意味していよう．これは，「改革」をめざす政府の意向とも響き合い，「歓迎」されたのであって，これを「英雄的に」持ち上げることはできない．もう一つについては，のちに述べる．

　第2．旧慣租税制度の矛盾，とりわけその下でぼう大な「怠納」（滞納）を発生させながらも，これに強制力を発動することが困難になっていることである．滞納は土地整理事業終了直前には60万円余にのぼっていたし，明治政府にとって放置できないものになってきた．しかも「怠納処分」は事実上困難であった．納税者が個々人ではなく，間切・村という団体であるからである．

　そもそも，明治政府は，沖縄の旧慣諸制度を変革しようとしていたのであり，当初からの課題であった．具体的には，租税を間切・村単位に課すのではなく，個人（家族）単位に課す制度に移行することになるが，このことはぜひとも実現すべきことであった．

　このようにして，沖縄県においてもついに地租改正に相当する事業が実施された．沖縄は政治的には日本帝国政府体制のなかに（その起点は「琉球処分」），

経済的にはこの事業で，貨幣経済・市場経済のなかに，編入されていったのである．

(4) 「地租改正」の沖縄的特徴

土地整理事業を，全国的な「地租改正事業」の一環としてみたとき，そこには若干の沖縄的特徴がみられる．土地の私有権が耕作していた百姓に（旧武士階級にではなく）認められたこと，租税（地租）はその土地の所有者が，現金で納めることにしたこと，これらは沖縄の場合も同様である．

事業前に60万円余にのぼっていた国税滞納額の延納を認め，後には免除した．1904（明治37）年3月，「沖縄県滞納旧租延納法」を定めて，「事業」前に60万円余にのぼっていた国税滞納額の延納を認めた．「沖縄県ニ於ケル明治35年以前ノ地租ニシテ，非常特別税法施行ノ際滞納ニ係ルモノハ，同法施行中其ノ徴収ヲ為サス，前項ノ地租ハ非常特別税法廃止ノ年ノ翌年ヨリ10年間ニ平分［へいぶん．均等に分けること］シテ之ヲ徴収ス．

また，1910（明治43）年3月，「沖縄県ニ於ケル旧租免除ニ関スル法律」を定めて，それをも免除した．「沖縄県ニ於ケル旧慣ニ依ル地租ニシテ，未タ徴収セサルモノハ之ヲ免除ス．明治37年法律第13号ハ之ヲ廃止ス」．

また，全国的に地租は地価の100分の3.0から3.3に引き上げられていた（1898年より）ときに，沖縄は2.5という低い税率で賦課した．つまり，地価は生産力の実態より高めに設定したが，それに掛ける地租率は低く設定したということになる．

(5) 地方制度の改革

土地整理事業の成立を見越して事前に，また事業終了後に，地方制度が改革されていった．詳論はしないが，①島尻・中頭・国頭・宮古・八重山の5郡と，那覇・首里の2区を置いた．②島尻・中頭・国頭の3郡に「郡長」1人，「郡書記」若干名を，宮古・八重山の2郡には「島司」1人，「島庁書記」若干名を，那覇・首里の2区には「区長」「区書記」若干名を置くとした．③間切に「間切長」1名，「収入役」1名，「書記」若干名を置くことにした．間切内の村に「村頭」1名，島（粟国・渡名喜・伊平屋・伊江の各島）に「島長」1

名，「収入役」「書記」を置いた．宮古郡・八重山郡はそれぞれ「間切」とみなし，うち与那国島は1つの「村」とみなす．間切番所・島番所は「間切役場」「島役場」になり，地頭代以下の地方役人（頭・与人・首里大屋子・大目差・大筆者など）は廃止された．④間切・島は法人となり，「間切会」・「島会」が設けられた．⑤間切長・島長・村頭は「町村長」・「区長」に変更され，町村には「収入役」と「書記」も置かれた．町村会議員は選挙制となり，満25歳以上の男性・直接国税負担者に選挙権が与えられた．⑥首里・那覇の区長は，官僚である郡長の兼任から，区会の推薦する3名の候補者の中から内務大臣が任命することになった．また区会の権限が拡大された．⑦「県会」が設置された．特例として，県会議員選挙区は郡・区・島嶼の区域による．その選挙は町村会議員・区会議員がおこなう，などが規定された．

(6) 租税制度の改革

 1901 (明治34) 年，議会提出には至らなかったが，「沖縄県に於ける国税徴集に関する法律案」を作成した．1902 (明治35) 年，「沖縄県及東京府管内伊豆七島に於ける国税徴収に関する法律」公布．同年，「地租条例及国税徴収法」を公布・施行．まず，事業の早く終わった宮古・八重山に，その他の地域には，1年遅れで施行した．

(7) 地価の査定と地租の決定

 土地整理事業は，地価を査定した．それは次の順序でなされたという．①収穫の調査，②地位等級の詮定（選定），③地押調査，④地価の査定．
 これを基準にその2.5%を地租として貨幣で徴収する体制を築くものである．その特徴としては，次のことがあげられよう．
 イ，全体として県民の租税負担は軽減されず，国庫収入が維持された．
 ロ，しかし，地域間・階層間において増減があった．
 ハ，他府県と比較すると，田については生産力の低さにほぼ見合った水準になっているものの，全耕地面積の86%を占める畑の方は割高になっている．
 地価査定にもとづく地租決定の特徴の「ロ」としてあげた，地域間・階層間において増減があったということについては，次のことが注目される．『沖縄

県土地整理紀要』の「農民負担額新旧比較表」(全体として平均5％の減になることを示したもの) によって地区別の増減をみれば, 那覇区2万9000円 (291％) の増, 首里区2万円 (304％) の増であるのに対し, 他の5郡はすべて減になっている. それは, 農民層における一定の負担減を意味するものと思われる.

(8) 選挙権, いわゆる「自由民権運動」

1912 (明治45) 年, 勅令第58号「沖縄県ニ衆議院議員選挙法施行ノ件」が公布・施行された. 県民ははじめて国政参加権を得た. 特例として, 宮古・八重山郡は除外, 那覇・首里・島尻・中頭・国頭の2区3郡を1選挙区とし, 議員定員は2名であった. 特例がとれて宮古・八重山にも施行したのは, 1919 (大正8) 年である.

この選挙権をめぐっては, 謝花昇らの要求運動があったが, 当時の選挙権は, 一定額以上の国税を納入している者に限られていたので, この土地整理事業の終了を待つほかなかったのである. この運動を「自由民権運動」とすることについては, 選挙権の要求というところにその一面があるにはあるが, 時期は大きくずれており, 「日本の自由民権運動」の実態と意義と比較して, 同等に評価するにはためらいがある.

(9) 土地整理事業の意義

この事業の第1の内容である土地所有権の付与という点では, 次の諸点が特徴になっている. ①「旧慣」としての地割制度のもとで耕作していた者に所有権が与えられた (既出). ②ただし, その地割制度は地域によって多様であったし, 時代による変遷を経ていたが, その変容しつつあった側面をそのまま認めた. ③膨大な面積を占める杣山については, いったん官有地に編入し, 4年後に町村などに払い下げた.

意義の第1は, 土地に対する私的所有権, 近代的土地所有権が付与されたということである. これにともなって, それまで租税が間切や村に対して課されていたのを改め, 土地所有者個々人とされた. これまで地方役人に管理されていた個々の百姓家族は, 経営としては自立していなかったが, 納税主体にな

ったことにより自立を迫られることになり，それが貨幣経済・市場経済という環境のもとで迫られていくのである．

意義の第2は，個々の家族と経営が，社会・経済の個々の単位として確立していく方向が生み出され，そのことを通して，沖縄県の社会・経済が日本資本主義の一環として編入されたということである．こうして，資本主義としての日本経済（それを通して世界経済）の運動が，沖縄県の社会・経済をほんろうしていく．

仲原善忠「沖縄現代産業・経済史」は，「土地整理以降，自由経済となり，完全に日本の国民経済の一環になった時代と申してよいと考えます」と述べている[1]．

意義の第3は，経済のみならず，行政の全般にわたって「帝国同一制度ノ下ニ統属スル」基礎が築かれたということである．その一部は土地整理事業の終了以前に実施されていたが，関連の中で見るべきである．

（10） 大量の零細農家がいた

土地整理事業によって，土地の私有権が与えられたが，そこには圧倒的に厚い層として零細所有者がひしめいていて，彼らは商品経済の中で自立してゆく基盤を持ち合わせていなかった．

春日文雄は「大正4年耕地所有規模別農家戸数」によって，「まず指摘しておかなければならない点は，8万4000戸余の農家のうち，一片の土地すらもたない農家が7164戸もあること，さらに〈ナシ〉に近い農家を含む2反5畝以下の層が2万3623戸の数となっている．両層をあわせると，36.5％という高い割合となっている．……こうした零細所有層が極めて多かった事実を見ておかなければならない」と指摘している[2]．

彼らは，農業だけで生きていくことがむつかしい．彼らに選択できる道は2つしかない．1つは，村の資産家の世話になって生きてゆくことである．農業で生活できない人々の選択するもう1つの道は，出稼ぎであり，移民である．いずれも土地整理期に始まるが，それが大量化するのは大正半ばの恐慌以後である．

4. 土地整理以後の沖縄経済

(1) 基本的な動向

　土地整理事業を経て，個別の家族（経営）が自らの力で生きることを求められるようになったが，そのことによって，自分の生産物などを積極的に販売する主体がいきなり育ったわけではない．人びとは，生産から販売まで一貫して，自分で経営することを経験したことがなかった．

　砂糖・織物は，土地整理まで現物納の制度が続いたので，自ら販売を担って，その価格の動向を心配する必要はなかった（ただ，「琉球処分」以後は，一部に市販部分があったようでもある）が，その後は個別の農家が，自分の責任で販売せねばならず，そのルートはいきなりできるものではないので，砂糖の場合は「糖商」と一括される仲買人たちに支配されることになる．織物も同様の商人が支配した．

　陶器・漆器は，近世においては，工芸者が役人として製作に従事していたものであるが，「琉球処分」とともに，王府への納入品ではなくなったので，販路に苦悩した．陶器のうちの雑器は，それなりに庶民に流れていったであろう．納入先を失ったこの分野にも本土（寄留）商人が関与してきた．それは，奇抜なデザインを要求して，本土での商品価値を高め，その販売を引き受けるというものであった．

　さらに泡盛は，王府から原料の米を提供され，蒸留器を貸与されて泡盛を製造し，主として王府に納入していた業者たちは，原料の調達と販路の確保という新しい問題に直面した．試行錯誤の末，東南アジアのインディカ米（砕米(さいまい)）を原料とすることに落ち着いていった．大正に入ってからのことである．

　このように，「自らの力で生きる」ことが上から迫られたのが，事業後の沖縄経済と，その担い手たちの姿であった．

(2) 「ウェーキ=シカマ関係」

　零細な農家をはじめとして，「自らの力で生きる」ことが困難な人びとが選んだ1つの道は，地域の有力者に世話になって生きていくことであった．

図 4-1　琉球近世における租税納入

図 4-2　沖縄近代におけるウェーキ＝シカマ関係と租税金納

　琉球の近世では，百姓は租税として物品を納めるのではなく，指示された労働をこなすことが租税の納入に相当していた．それを媒介したのが地方役人であった（図4-1）が，彼らは明治になって，役人ではなくなった者が多いものの，地域の有力者であり続け，財産家でもあり，人びとの生活の面倒を見たりした．それが新しい時代の「ウェーキ」（資産家・財産家）であり，その下で相変わらず指示を受けて働くのが「シカマ」である．シカマは，借地や借金の代わりに，あるいは税金を納入してもらう代わりに，ウェーキのために労働したのである．それは，自らの力で現金を入手することが困難という状況から，それを肩代わりしてもらうという関係でもある（図4-2）．
　「イリチリ」（入り切り，住み込み）というのもある．これは身売りされて，住み込みで働く若年者である．「ウェーキ」は，一部は「イリチリ」を抱え，それとともに多くは「シカマ」の労働に依存していたが，われわれはそれを「シカマ」に代表させて，「ウェーキ＝シカマ関係」と名付けた．

(3)　移民と出稼ぎ

　「自らの力で生きる」ことが困難な人びとの選んだもう1つの道は，移民と出稼ぎであった．
　福岡県内務部『沖縄県小作ニ関スル調査』（昭和5年）は，次のように述べている．「本県は，四面環海の島嶼なるを以て，県民は自然海外雄飛心に富み

居るのみならず，土地狭く，人口稠密にして，産業有利ならざる関係上，或は諸外国に移殖民として，或は遠洋漁業者として，或は内地への出稼者として，青年男女の県外に出つるもの尠なからざるのみならず……」．「県外出稼職工数は，大正12年度の調査によれば，人員5418人，其の会社の手を経て送金したる額20万8473円余にして，1人当38円47銭に当る．其の後，逐年増加しつゝあるを以て，現在にては1万人に及ふへき乎．之を海外出稼者の送金と合せて，本県貨幣流出入の均衡を保つ上に大なる貢献を為し居るものと謂ふへし」．

親泊康永『沖縄よ起ち上れ』（1933年）は，次のように述べている．「郷里にあっては，既に耕すべき土地もない．働くべき仕事もない．しかも食べずにはいられない．此の冷たい鉄の規律が，県民を海外に移住させる．移民運動に最も条件の悪いとされている近年に於いて，しかも県外移民は相当に行はれ，其送金が淋しき沖縄の父老を賑はしている．この県外移民が如何に労苦し艱難しているかは，筆舌のよくするところでない」．

人口の動向を示す（表4-1）．「総人口」は国勢調査で得られる．それを5年前の数値と比較すれば，「増加数」が出てくる．「自然増」は，国勢調査には出てこないので，毎年の出生数から死亡数を差し引いて計算し，それを5年分ずつまとめて集計した．「増加数」は，本来「自然増」をプラスすればいいはずであるが，実際には「社会減」（県外への人口の流出）があって，マイナスになることもある．この時期には「増加数」がマイナスの年があり，それは「社会減」があったからということになる．この「社会減」は，当時では移民

表4-1 人口の流出

	総人口	増加数	自然増	社会減
1920年（大正9）	571,572	—	—	—
1925年（大正14）	557,622	△ 13,950	26,260	40,210
1930年（昭和5）	577,509	19,887	27,632	7,745
1935年（昭和10）	592,494	14,985	28,590	13,605
1940年（昭和15）	574,579	△ 17,915	29,028	46,943

注：社会減は（自然増）−（増加数）である．
出所：総人口は国勢調査，自然増は『帝国統計年鑑』各年次，および『沖縄統計年鑑』（第12回，1967年）による．ただし昭和15年の自然増は同14年で代用した．

と出稼ぎの形を取った．

（4） 農村と農業家族の変容

移民と出稼ぎの進行にともなって，農村と農業家族は大きく変容する．

農村に守るに値する経営がない場合が多く，世帯主までも出てゆくこともある．普通は，大きくなった順に長男から出てゆく．それが次男・三男にも及び，女子も出てゆく．長男はいずれ戻っては来るが，それは父親が年老いてからという場合がほとんどで，経営を継ぐというよりは位牌を継ぐためである．位牌はぜひとも長男が継がねばならないが，農業経営の場合はあまり長男にこだわらない．長男が望ましいが，最終的にはこだわらない．つまり，沖縄では「家を継ぐ」というのは，日本的な「イエ」を継ぐのではなく，位牌を継ぐことなのである．位牌の次に重視されるのは，宅地と住宅である．

位牌の相続については，いくつかのタブー（禁忌）がある．

・嫡子押し込み（チャッチウシクミ）＝嫡子（長男）がいるなら他に継がせてはならない．
・兄弟重なり（チョウデーカサバイ）＝1つの位牌に兄弟が名を連ねてはならない．
・女元祖（イナグガンス）＝女が位牌の主になってはならない．
・他血混じり（タチーマジクイ）＝他の血統を混ぜてはならない（女ではつながらない）．

位牌・宅地・住宅の順で，その相続はぜひとも長男であってほしいが，農業経営はそれほど重視されないのである．ここに「イエ」の不成立を見ることができる．日本の「イエ」は経済的な意味合いが強いものである．経営の継承性が重視される．沖縄ではそれとは異なっている．位牌と宅地と住宅の所有権は分離しがたいが，農業経営は位牌とは関係なく独自に取り扱われる可能性を残している．

土地の相続についてみれば，「男子限定（女子排除）／長男優先／次三男にも配分（男子分割）」が特徴的である．土地の所有権の大半は長男が継ぐが，独占するのではなく，次三男にも必ず配分する．しかし，女子には配分しない．

長男以外の者が農業を経営する場合（内容からして，経営を継ぐとは表現しがたい）は，彼は長男兄などから借地をすることになる．この借地は小作料は取らず，農地の管理をまかされるという場合が多い．村の中には，出稼ぎなどの事情で家族数が減り，土地に余裕のある農家もおり，親戚で土地を必要とし

ている人に，同様の対応をする．移民に出る人も，親戚筋の誰かに土地の管理を委ねていく．その関係は，父方のだけでなく，母方の親戚にも及ぶ．これを「預け＝預かり関係」（「地主＝小作関係」ではなく）と呼んでいる．農村で生きていくためには，このような農地の融通を受けることが必須条件といってもいいくらいに，一般の農家は零細な所有者なのである．

人びとは，位牌とセットになっているという観念からかと思われるが，先代から引き継いだ土地を守ることに執着するし，一方で出稼ぎで稼いだ資金を充てるなどして，土地の所有面積の拡大に努力するなど，土地の所有へのこだわりは強い．その半面，土地の貸し借りについてはかなりルーズで，契約書もない場合が多く，期限の定めもしようとしないし，小作料も取らないで済ませたりする．このことは，借り手（預かり手）の側の権利意識をも形成させない．貸し手（預け手）が必要とする時は，直ちに返還する慣例になっている．

これらのことは，農業の採算性が低く，地代が十分に生まれないことからくるとともに，地割制度の時代においてすでに，相互の土地の譲り合いがあったということとも関係があるものと考えられる．

このような状況は，「寄生地主制」ともいわれた本土農村における土地の貸借慣行とは大きく異なっている．わがウェーキ経営も，大正半ば以降しだいに解体してゆき，その土地の一部は貸付に回されるとはいえ，生産力の低さに制約されて，高率小作料を収取する寄生地主にはなりえなかった．

出稼ぎや移民に出ていくことによって，農村人口が流動し，また外からのさまざまな情報が駆けめぐった．貨幣が真に農村の奥深くまで流通していったのは，この時代であろう．

5. 1900年代前半の沖縄の景気動向

(1) 1920年世界恐慌

第一次世界大戦［1914（大正3）～18（同7）年］が終了して後，全世界をおそった戦後恐慌（1920年世界恐慌）は，日本にはややおくれて波及したが，その打撃は大きく，沖縄県も例外ではありえなかった．

恐慌は，異常な繁栄期の直後に現われる．この時も，沖縄経済の基幹商品で

ある砂糖の相場にそれが現われていた．砂糖の価格はいったん急騰して，その後に急落した．

　黒糖価格の暴騰と暴落について，太田朝敷は次のように述べている[3]．「この2ヵ年間に都鄙[都会と田舎]共にわけもなく景気に陶酔し，馬の糞でも犬の糞でも，買って置けば儲かるといわれた位で，土地であれ，家畜であれ，盛んに思惑が行われ，一時は各所に小成金がうようよ出来たのである．併し景気の根源を尋ねたら誠に単純で，只黒糖の相場が棒立ちに騰貴したというに過ぎない．大正7年の平均相場は，黒糖の1等品が百斤で9円20銭であったが，8年のそれは22円78銭という騰貴を示している．この黒糖市況が8年9年と2ヵ年もつづいたのであるから，一般の景気を絶頂まで煽りあげ，都鄙共に全く有頂天になって仕舞った」．

　しかし，「大正9[1920]年の秋から砂糖相場が急激に低落した為め，その影響は各方面に波及し，経済界は何れも狼狽を極めた」(同)．

　その後も，日本経済は，震災恐慌（関東大震災に伴う恐慌），金融恐慌，そして昭和恐慌（1929年世界恐慌の一環）と，恐慌・不況が続き，その影響は沖縄にも及んだ．

(2)　「そてつ地獄」

　このころの沖縄の状況は「そてつ地獄」と呼ばれた．本土から来た新聞記者・新妻莞は，次のように述べた[4]．主食としての米麦・雑穀はもちろん，甘藷までも手に入らないので，やむなく「野生の蘇鉄，あれを取って，まづその実を食ひ，幹の白いところをきざんでほし，粉にしてねって食ふ，ウマイもマズイもあったものでない．往々にして中毒即死とくるか，死んだら天国覚悟で，はては葉やくき[茎]まで食ってしまふ．これをこれ，蘇鉄地獄と名づける」．つまり，庶民生活の苦しさを，時に中毒患者を出すこともあるという「そてつ」を食べている点を象徴的にとらえて，「そてつ地獄」といったのである．

　ただし，新妻が描いた当時の沖縄の「貧困」状況は，この時期に特徴的に表れたものではなく，以前からの変わらない状況でしかなかったのである．そして，そてつはその処理を誤れば死に至ることもあるにはあるが，その処理方法はずっと以前から民衆には知られていたのであり，実際に死んだ人はいなかっ

第4章　近代の沖縄経済

たのである．食糧難でそてつを食べることは，沖縄においては特に珍しいことではなく，そのような時のために，備荒作物として近世期，否，それ以前から植えられていた．今も「そてつ味噌」などに利用されている．

ともあれ，この時期には，①好景気の時代に移入額が増大していて，景気が後退してもその修正がままならず，一方，移出額はしだいに減少していくという流れの中で，大正12（1923）年以降は移入額が移出額を上回る，「入超」の構造になってしまった．②財政の破綻，国税滞納率が40％を超える．③役場吏員や教員への給料の遅欠配が目立ってくる．④それまで簇生していた地域小銀行が破綻した．⑤移民や出稼ぎのかたちで，労働力が県外に流出した．

(3) 「そてつ地獄期」の意義

「そてつ地獄期」は，近代沖縄の歴史のうえでは，時代の転換をもたらした，重要な一画期をなすものであることを理解する必要があろう．

経済的側面では，①資本主義的企業としての分蜜糖（白糖の原料．大型工場で製造される）工業が，含蜜糖（黒糖・赤糖・白下糖など．小型の製造場でも可能）を含めた全砂糖生産高の30％を占めるようになり，工業の近代化が特定の限られた部門であるとはいえ，一定程度進行し，定着した．②労働力市場が内外に開け，この面での資本主義化も急速に進行した．③「ウェーキ＝シカマ関係」が崩壊していく．それは1つには，労働力市場の形成による労賃範疇の一般的成立（労賃の水準が決まっていくこと）によって，もう1つには，ウェーキが砂糖相場にふりまわされて破産することによってである．この「沖縄的豪農経営」はただ崩壊しただけで，なにものも生み出さなかった．思慮深い資産家の投資先は土地や農業ではなく，農外企業や高利貸しを指向したのである．④群小銀行の破綻から「沖縄興業銀行」が成立するが，これは金融の分野での近代化の一里程をなすといえよう．

経済以外の面でも，⑤国会議員選出，府県制および市町村制が本土並みに移行する．1909（明治42）年，勅令第20号「府県制」（特例）が公布・施行され，県会が設置された．特例は，県会議員選挙区は郡・区・島嶼の区域による，その選挙は町村会議員・区会議員がおこなう，などである．先にもみたが，1912（明治45）年の「沖縄県ニ衆議院議員選挙法施行ノ件」によって，沖縄

県民ははじめて国政参加権を得た．⑥大正デモクラシーの影響もうけて，伊波普猷(いはふゆう)らの新しい知識層が誕生してくる．⑦労働者，農民や小市民層の運動が芽生えてくる．

このようにみたとき，沖縄社会の「近代化」は，琉球処分で端緒が切られ，土地整理事業で加速化され，このそてつ地獄期にまがりなりにも結実しはじめたということがわかる．この意味で，そてつ地獄期は，沖縄近代史のうえで一画期をなす，と評価するのである．

しかし，時期的には大正から昭和への移行期である．ここにも日本と沖縄の歴史的落差が示されている．

（4） 準戦時体制から戦時体制へ

次に来たのが戦争（アジア太平洋戦争）への流れである．このことについては，略する．

6. 1900年代前半の沖縄経済

（1） 産業の構成は農業寄りである

戦前，1935（昭和10）年のデータを中心に見ていく．第二次世界大戦が終わる年の10年前の姿である．

まず，どのような産業から成り立っていたかを見る．「職業別現住戸数」（表略）は，人びとがどのような「職業」に就いていたか，を示している．ただし，「人」ではなく「戸数」（世帯）で見たものである．全体は12万戸，そのうち農業には8万7千戸，73％が就いている．水産業を含めた第一次産業では9万1千戸，76％となる．工業は8千人，6.5％しかない．

「職業の本業・副業別現住戸数」（表略）は，この「職業」が「本業」と「副業」に区別されたデータである．人は，ただ1つの職業に就いているのではなく，主な職業とは別に，他の職業にも就いている場合がある．農業をしながら魚も獲っている，というように．これも「戸数」で見ている．1935年の沖縄では，8万7千戸，73％が農業に就いていたが，これが「本業」として農業に従事する戸数である．このうち「本業（農業）以外の業務」に就いている

第4章　近代の沖縄経済　　　　　97

者が，2万2千戸，25％ある．実は，この統計では，「含蜜糖（黒糖）製造業」が工業にではなく農業に含められているため，それ以上に他業に就いていたのである．「含蜜糖製造業」は，現代風に考えれば「工業」である．農家は互いに協力し合って，同一の製糖施設をかわり番こに利用しながら，黒糖を製造していた．これは農家の普通のあり方なので，工業には入れずに農業としたのであろう．反対に，本業が水産業でありながら「農業にも就いている戸数」は，37％も占めている．これを含めて，「農業以外を本業とする世帯」のうち「農業にも就いている戸数」は，全体で6千3百戸，5％ある．いわゆるサラリーマン（月給取り）は，農業・水産業以外の分野にいるだろうが，その合計は2万9千人，7.5％しかない．経済の構造，社会の人口構成が今とは大きく異なっていることが分かるであろう．

また，石橋幸雄「沖縄農業の貧困」[5]は，「含蜜糖製造戸数」とともに，次の数字（昭和8年）をかかげ，ここから「小規模経営が多く，沖縄の工産物の多くが家内工業を出でず，農民と如何に密接な融着関係にあるか」を強調している．

綿織物機業場数	4010 戸
綿織物及絹綿交織物機業場数	870 戸
麻織物及麻交織物機業場数	3278 戸
帽子製造戸数	6469 戸
畳表茣蓙類製造戸数	1845 戸

これは，工業製品の製造場の数であるが，「戸」ととらえられていることでも分かるように，ほとんどが「工場」ではなく，家庭が製造場であったことを示しており，石橋はそれを「多くが家内工業を出でず」と評しているのである．

仲原善忠「沖縄現代産業・経済史」[6]もまた，「すべて気の毒なほど零細な家内工業が生死の間をさまよっています」と評している．

「産業別就業者数」（表略）は，戸数ではなく，「人」の数で示された，産業構成である．これでも，総数29万人のうち，農林業は20万4千人で，71％を占めている．水産業も含めると73％である．工業と鉱業がまとめられているが，こちらは3万6千人，12％と，先ほどの数値より高めにあらわれている．家としては農家にありながら，個人としては鉱工業に就いているという人

が比較的に多く数えられたといえる．

「産業別生産額」（表略）は，金額の面から見た産業構成である．これでは，例えば「含蜜糖生産」は，農畜産額ではなく工産額に含まれるので，工業の比重が高くなる．その構成比は41％となり，農畜産額の47％に匹敵することになる．とはいえ，この工業の主要な部分は「含蜜糖生産」であり，農家が行なっているものであり，他でも織物など，農家が行なっているものなのである．

(2) 工業を代表するのは黒糖生産である

工業（製造業）については，零細な家内工業が多いことを見てきたが，工場統計に当たってみよう．「職工数及び工場数」（表略）がそれである．工場といわれるものは80しかない．そのうち「従業員数」が「10人未満」のものが48であり，過半を占めている．これら工場の従業員（職工＋その他）は，総数で1500人しかない．

先の仲原善忠も「近代工業は電燈会社と右の製糖会社だけで，沖縄経済の後進性をここに赤裸々にばくろしています．産業・経済の面から見れば半世紀以上おくれていることを示しています」といい，石橋幸雄も「沖縄の工業は極めて幼稚であり，その多くは未だ農村に保有せられ，農業と抱合関係に於て成立している．農業あっての工業である，農業によって背負われたる工業に外ならない」と述べている．

生産額から見た工業の姿は次のようになる．「工産額構成」（表略）では，工産品の種類別に産額を掲げている．含蜜糖が41％，分蜜糖が17％で，合わせて砂糖が58％を占めている．次いで，泡盛中心の酒類が14％，織物が7％と続く．「帽子」（6％）は紙撚を原料としたもので，大正半ばまでは「阿旦葉帽子」が主流だった．

工業を代表する砂糖生産について，その特徴を説明しておこう．砂糖は大きく，含蜜糖と分蜜糖に分けられる．

含蜜糖は，黒糖の仲間で，さとうきびの汁を絞って，加温して水分を飛ばし，酸度を調整して固めただけのものである．純粋な「糖」だけでなく，いわば不純物（ミネラルなど）も一緒に固める．含蜜糖には，黒糖のほかに赤糖もあるが，沖縄では製造されていない．また，「白糖の下地糖」を意味する「白下糖」

もある．黒糖として固める前の，どろどろした状態で出荷されるものである（和三盆などの原料になったのではないか）．

黒糖製造場には在来式と改良式とがあり，1934～36（昭和9～11）年の3年平均で，それぞれの数は在来式が4210，改良式が125であり，在来式が圧倒的に多い．この在来式製糖場は，畜力（部分的には水力もある）によって鉄車をまわして搾汁し，これを煮つめて結晶させるという「如何ニモ原始的製糖場ニナッテ居ル」（当時の井野次郎沖縄県知事の言）．この施設が，平均10戸内外の農家によって共同で使用されているが，経営単位（計算単位）は個別農家である．

改良式製糖場は，ディーゼルエンジンなどの動力を取り入れたもので，原料サトウキビの圧搾能力は在来式の10倍以上である．沖縄県は，大正期からその普及に取り組んできたが，なかなか定着せず，ようやく昭和に入って普及し，かつ急増していった．1922～24（大正11～13）年期平均で1つしかなかったが，1937～39（昭和12～14）年期には180になった．この経験を踏まえて，戦後の黒糖生産は戦前の改良式を復活させ，再建されるのである（戦後は小型工場といった）．

(3) 20世紀に分蜜糖工業も登場した

分蜜糖は，白糖の仲間で，サトウキビの汁を絞って，加温して水分を飛ばし，酸度を調整する．ここまでは含蜜糖と同じであるが，その次に遠心分離器で糖（分蜜糖）と蜜（糖蜜）を分離する．副産物の糖蜜は，アルコールやタバコのフィルターや「味の素」などの原材料となる．分蜜糖は最終商品ではなく，その後に精製の過程があり，もっと純度の高い砂糖となる．それから用途に応じて再加工して，上白糖・ザラメ糖・コーヒー糖・粉糖・キューブ糖など，各種の砂糖となる．

沖縄においては，17世紀の初頭から含蜜糖を作っていたが，分蜜糖の生産は明治末，20世紀の初頭から始まった．こちらは近代的大型工場であり，一部直営農場もあったが，大部分は農家から原料のサトウキビを購入して製造する．分蜜糖の生産は少しずつ増大していったものの，他方で農家は自ら製糖を続けるので，原料の調達に苦労するし，経営としては赤字続きであった．黒糖

の価格が予想されたより下がることがなく，農家の自家製糖は駆逐されなかったのである．

(4) 芋を作って食べ，砂糖を売って，米その他を買う

仲原善忠が，戦前の沖縄経済を特徴づけた，名高い章句がある．「芋を作って食べ，[サトウキビを作って砂糖に加工し，その]砂糖を売って，米その他[の消費物資]を買う」というものである（[　]内は引用者）．先に紹介した文献[7]にある．このことは，表4-2で裏づけられる．1935（昭和10）年の移出と移入に関するデータである．

これによれば，移出額2000万円は移入額2800万円を下回り，800万円の赤字である．移出の場合，工産物が最も多く85％を占めているが，その内訳をみれば，黒糖・分蜜糖・白下糖という砂糖類が合計で1500万円であり，工産物の89％を占めている．移出総額と比較すれば，75％となる．他には泡盛

表4-2 移出入構成（1935年＝昭和10年）

	項目	移出額(千円)	構成比(%)		項目	移入額(千円)	構成比(%)	出（△入）超額
産業別	農産物	1,604	8.0	産業別	農産物	10,057	36.0	△ 8,453
	水産物	871	4.4		水産物	507	1.8	364
	鉱産物	10	0.1		鉱産物	724	2.6	△ 714
	工産物	16,986	85.0		工産物	15,968	57.1	1,018
	雑品	504	2.5		雑品	701	2.5	△ 197
合計		19,976	100.0	合計		27,957	100.0	△ 7,982
品目別	①黒糖	9,790	49.0	品目別	①米	7,190	25.7	
	②分蜜糖	4,645	23.3		②織物類	2,238	8.0	
	③泡盛	1,845	9.2		③金物	1,289	4.6	
	④帽子	975	4.9		④肥料類	1,189	4.3	
	⑤絹綿布	888	4.4		⑤素麺類	1,005	3.6	
	⑥白下糖	709	3.5		⑥大豆	765	2.7	
	⑦かつお節	682	3.4		⑦煙草	752	2.7	
	⑧牛	680	3.4		⑧材木	738	2.6	
	⑨蔬菜	345	1.7		⑨茶	680	2.4	
	⑩空き袋	255	1.3		⑩種子類	617	2.2	

注：農産物には畜産物と林産物を含めた．品目によっては同書の小分類ではなく，いくつかの項目をまとめて表示してある．例えば米，織物類，肥料類など．
出所：来間「戦前昭和期における沖縄県の経済構造について」（『沖縄県統計書』昭和10年版による）．

表4-3 水稲の反当収量

		全　　国	沖　　縄	対全国比
明治後期	明治36－44	1.559石（234kg）	0.622石（ 93kg）	40%
大正前期	大正1－10	1.858石（279kg）	0.976石（146kg）	53%
そてつ地獄期	大正11－昭和6	1.904石（286kg）	0.895石（134kg）	47%
昭和戦前期	昭和7－17	2.013石（302kg）	1.439石（216kg）	71%

注：「反当収量」＝1反当たり収量≒「単当収量」＝単位面積当たり収量＝10a当たり収量．
出所：来間「戦前昭和期における沖縄県の経済構造について」掲載の表を簡略にし，若干改良した．
ほぼ10年間の平均を採ったものである．

が180万円で，9%を占めている．

　他方，移入も工産物が1600万円で，57%を占めていて最も多いが，その内訳をみれば，織物類・金物・素麺類・煙草などの消費物資なのである．移入額では工産物の次に農産物が多い（1000万円，36%）が，そのトップは米で，720万円，26%である．このほか，農産物としては，大豆・材木・茶などがある．

(5)　土地生産力の水準が低い

　戦前沖縄県農業の技術は低劣で，生産力水準は全体として圧倒的に低い．このような生産力水準の低さは，戦前期沖縄農業の特質の1つとなっている．ここでは，水稲を見る（表4-3）．4つの時期区分は，単収の水準がほぼ同水準の10年前後をくくったものである．1931（昭和6）年に至るまで，全国平均の半分である．以後は，新品種の導入で若干改良される．もっとも，沖縄は稲作の適地とは言いがたいが，それでも，現在の水準が300kgを超えていることをみれば，当時の生産力水準の低さは疑うべくもない．

7．おわりに

　以下，時代は準戦時期・戦時期へと流れていき，最終的に沖縄は国内唯一の地上戦の戦場となっていく（小笠原でも地上戦が展開したが，住民は島々から退去していたので，状況は異なる）．戦時期の経済は「統制経済」であり，主な食糧としての甘藷の生産を増やし，他方でサトウキビの生産は抑制され，し

かも砂糖ではなくアルコール原料に転換するということになった．

　地上戦の結果，沖縄人の4人に1人の生命が奪われた．この数字以外にも，マラリアなどの病気による死亡や，傷を負った人たちも数多くあった．漁船などの生産設備も多く損傷され，製糖工場は9割以上が破壊された．農地は爆撃で穴ができたり，不発弾が残ったりと，当初は3分の1程度しか使用できなかった．

　沖縄戦の最中，人びとは戦禍を避けて逃げまどううちに，次々にアメリカ軍に捕えられ，収容されていった．その場所をキャンプといった．キャンプから元の居住地に戻ることが許されても，そこはすでにアメリカ軍基地として囲われていることも少なくなかった．

　こうして，沖縄の戦後は始まった．当初は占領者アメリカ軍の一方的な統治でしかなかったが，1952年4月28日発効のサンフランシスコ条約（対日平和条約）によって，日本政府もそのことに承認を与えた．以来，27年間にわたって「異民族支配」を経験させられたのが沖縄である．日本への復帰は1972年5月15日である．

　沖縄経済は，もともと生産力水準の低い，したがって弱い経済であったが，このような激変の中で，ますます翻弄され，体質を改善する機会を失ってしまった．残念ながら，明るい展望を描けるような状況にはない．観光客の増加が唯一の明るい要素であるが，それを生かす生産面の拡大がなければ，実を取り得まい．それでも努力を積み重ねていこう．

　おわりに，このことを述べて結びとする．

　注
1) 仲原善忠（1952）「沖縄現代産業・経済史」（『おきなわ』第18号，1952年．琉球政府『琉球史料』第9集文化編1，1965年，および『仲原善忠選集・上巻歴史編』沖縄タイムス社，1969年に収録）．
2) 春日文雄（1991）「沖縄農業の階層構造」（『南島文化』第12・13合併号，1991年）．
3) 太田朝敷（1905）『沖縄県政50年』（おきなわ社，1957年再刊）．
4) 湧上聾人編著（1929）『沖縄救済論集』（琉球史料復刻頒布会，1969年復刻）．
5) 石橋幸雄（1936）「沖縄農業の貧困」（『帝国農会報』第26巻第2号）．
6) 注1と同．

7) 同上.

このテーマに関わる筆者の既出文献
1) 来間（1970）「戦前昭和期における沖縄県の経済構造について」（『沖縄歴史研究』8号）．
2) 安仁屋政昭・来間（1972）「戦後恐慌から慢性的不況へ」「〈そてつ地獄〉と昭和恐慌」（沖縄県教育委員会編『〔旧版〕沖縄県史』第3巻・経済）．
3) 来間（1976）「土地整理事業」「沖縄県振興計画」（『〔旧版〕沖縄県史』第1巻・通史）．
4) 石井啓雄・来間（1976）「沖縄の農業・土地問題」（『日本の農業』シリーズ）．
5) 来間（1977）「そてつ地獄下の沖縄」（雄山閣編『歴史公論』3巻11号）．
6) 来間（1979）『沖縄の農業―歴史のなかで考える』（日本経済評論社）．
7) 来間・波平勇夫・安仁屋政昭・仲地哲夫（1979）「近代沖縄農村におけるウェーキ＝シカマ関係」（沖縄国際大学南島文化研究所編『南島文化』創刊号）．
8) 来間（1989）「戦前期沖縄農業研究批判への回答―書評：向井清史『沖縄近代経済史』」（『南島文化』第11号．のち来間『沖縄経済論批判』に収録）．
9) 来間（1993）「沖縄経済の特質―18世紀琉球の社会経済構造」（磯辺俊彦編著『危機における家族農業経営』日本経済評論社．のち来間『沖縄経済の幻想と現実』に収録）．
10) 来間（1999年）『沖縄県農林水産行政史』第1・2巻（農林統計協会）．
11) 来間（2003）「近世先島の人頭税と琉球の租税制度」（南島文化研究所編『近世琉球の租税制度と人頭税』日本経済評論社）．
12) 来間（2006）「地割制度のスタートを考える―黒島為一〈"地割制度"起源試論〉を承けて」（『南島文化』第28号）．
13) 来間（2006）「琉球近世の地割制度再考」（沖縄国際大学経済学部編『経済論集』第3巻第1号）．
14) 来間（2007）「琉球近世の租税制度」（日本農業史学会編『農業史研究』第41号）．
15) 来間（2008）「近代沖縄の土地問題―ウェーキ＝シカマ関係について」（『農業史研究』第42号）．
16) 来間（2013）「琉球近世における夫役銭の意義」（『南島文化』第35号）．
17) 来間（2014）「琉球近世における貨幣の流通」（『南島文化』第36号）．
18) 来間（2015）「琉球近世の経済構造」（法政大学沖縄文化研究所編『沖縄文化研究』第42号）．
19) 来間（2015）『人頭税はなかった』（榕樹書林）．

第 5 章

戦時期における広域地方行政
―地方協議会から地方総監府まで―

横 島 公 司

1. はじめに

　地方総監府とは，全国を 8 ブロック[1])の行政区域として再編し，それぞれ各区域に属する都道府県の行政各般を統括し，法令や特別の委任に基づく職権に属する国務事務の統理を目的として，1945（昭和 20）年 6 月 10 日に設置された地方行政機関である．地方総監府の長である地方総監の権限はきわめて広汎なもので，ブロック全域または一部に対する罰則付きの地方総監府令を発する権限，当該区域の陸海軍への出兵要請権，さらに各地方出先機関等の命令・処分に対する取り消しや停止を命じる権限などが与えられていた．だが日本の敗戦まで残り 2 カ月余りという時期に，なぜこうした広域地方行政機関が突如設置されたのだろうか．

　1941（昭和 16）年 12 月 8 日，日本海軍の機動部隊によるハワイ攻撃（真珠湾攻撃），陸軍のマレー半島上陸などからはじまったアジア太平洋戦争は，開戦から 3 年を過ぎたころには，その戦況はもはや国民にも覆い隠すことが不可能なほどに悪化していた．占領地の大半は連合軍に奪回され，1944 年 7 月には中部太平洋における日本の委任統治領の中心であるサイパン島が陥落，米軍の大型爆撃機 B-29 による日本本土への空襲が可能となった．この責任を問われ，東条英機内閣は総辞職に至るが，同年 11 月以降，B-29 による本土空襲は現実のものとなる．1945 年 3 月 10 日には B-29 約 300 機が東京上空に襲来し，約 2 時間余りにわたって無差別な焼夷弾攻撃をおこなわれた．この無差別爆撃によって 10 万人を超える非戦闘員が犠牲になった．また同年 3 月

26 日には慶良間列島，4 月 1 日には沖縄本島にアメリカ軍が上陸した．周知のように，この戦い（いわゆる沖縄戦）は，多くの現地住民（そのほとんどが老人や女性、乳幼児といった非戦闘員であった）を否応なく戦闘に巻き込む形で推移したため，筆舌に尽くしがたい凄惨な戦いとなった．最終的に，日本軍の陸海軍守備隊約 10 万余が「玉砕」して戦闘は終わるが，それと同数以上の沖縄県民が死亡し，そこから長きに渡る占領統治の時代がはじまることとなる．

他方，沖縄戦の結果は日本本土で声高に叫ばれていた「本土決戦」の結果——ごく近しい「日本本土の姿」——を予想させるに十分すぎるものであった．そして，こうした戦況の悪化こそが，内務省の「抵抗」を押し切るかたちでの地方総監府の設置に至らしめた大きな「原動力」であった．また既存の研究において地方総監府の設置過程としては，地方協議会の設置が組織的な前段階として挙げられるが[2]，同時に小磯国昭内閣が目指した，戦争指導体制の強化確立のための内閣機能強化，本土決戦体制の構築に向けた国土防衛体制の早期確立のための地方における政軍一体化の実現，こうした双方の思惑が戦況の悪化に伴い一致した点も見逃せない．その意味で地方総監府が設置された事実は，政府と陸軍の双方が（それぞれの思惑は別として）広域地方行政の実現を推進した結果として実現したものといえるのである[3]．

ところで，これまでの地方総監府をめぐる研究は，いわゆる政治史的あるいは政軍関係といった論点よりも，いわゆる「道州制」論の文脈から検討されてきた点を指摘しておく必要があろう[4]．こうした研究は，地方総監府は「都道府県を廃止し，あるいは存置したまま，全国を 7 ないし 12 程度のブロックに分けた区域をもつ，都道府県よりも広域の自治体（ないしは国の総合的出先機関）」による地方行政制度」[5]という，現在の道州制の定義にも合致する点が多い事実を指摘することで，地方総監府は道州制にきわめて近い制度であり，その設置によって日本で「最初で最後」の道州制が実現したという評価を下してきた[6]．しかし筆者は，地方総監府の歴史的評価という点において，そうした評価についてはやや否定的に捉えている．それは筆者が，地方総監府はいわゆる「国と地方の関係」に変更をもたらす組織ではなかったと認識しているためなのだが[7]，そもそも地方総監府をめぐる研究状況は，拙稿から 10 年余を経た今もなお，新たな研究成果や発展がみられているとは言い難い．つまり実態

さえ明らかになっていない点が数多く残されている地方総監府に対して、総合的な評価を下す段階にはまだ至っていない、と考えざるをえないのである[8]．

以上を踏まえ，筆者は地方総監府に関連する既存の研究成果に学びながら，本稿を地方総監府の総合的研究をすすめていくための前段階として位置づけ，まず戦前期における広域行政の系譜を概説的に論じた上で，地方総監府の法制度や運用面を改めて整理・分析する．さらに当該期の地方総監府関連の新聞報道を照らし合わせながら，地方総監府の地方の活動実態や廃止過程における日本政府と GHQ との関係など，未だ不明とされる諸問題を明確化させたい．

2．州庁設置案の挫折

戦前における広域地方行政（行政区域の再編）の試みは，1927（昭和2）年，田中義一政友会内閣において行政制度審議会から提案された州庁設置案がその嚆矢とされる．これまで府県が担っていた国の機関事務については新設する国の地方行政機関である州庁に委ね，それ以外の一般事務は新たに府県を地方自治体として委ねる，というものである[9]．この構想においては，政友会が原敬内閣時代からの懸案としていた官撰知事から民選知事への移行，すなわち知事公選制度の実現が大きな目的とされていた[10]．だが州庁設置および知事公選制の導入は，既存の地方行政制度を根本から変革しようとする試みであったがゆえに反発を招き，実現を見ずに終わったというのが定説である．

この州庁設置構想の挫折以後，日本の地方行政制度をめぐる議論が再び活性化するのは戦時体制期であった．日中戦争の勃発後，日本国内においては国家主導による統制経済が急速に整備・制度化されていくなかで，都市と農村の不均衡の是正，対外関係の悪化による国内資源の再開発といった経済行政上の課題を円滑に実施するうえで，府県という区域は妨げとなっているという，いわゆる「府県ブロックの弊」を叫ぶ声が軍部や政党など各方面からあがったのである．一例として，政友会が提案した「改革原案」における，地方制度に関する改革案の一部を以下に掲げておく[11]．

（三）地方制度の改革

地方制度の改革は地方分権の徹底を期する方針のもとに行う
一，州制度の新設，数府県を一ブロックとする綜合的政策確立のため全国を九州（北海道，東北，関東，東海，北陸，近畿，中国，四国，九州）に分ち，州庁をおき国政事務を司る
二，府県知事の公選，府県を完全自治体たらしめ知事を公選せしむ，知事は府県公民の直接選挙により任期は三年とす，現行府県知事の権限に属する警察事務は州長官の権限に属せしめ各府県に支署をおく
三，特別市制の設置，東京市に都制を布き，大阪，京都，名古屋，横浜，神戸は府県と分離し特別市制を布く
四，地方自治機構の経済化，現存の産業諸団体の事業は原則として市町村の事業たらしむ，府県市町村の地域は財政経済の単位を基準として分合を行う

　他方，戦時体制期は，それまで抑制されていた各省の出先機関（特別地方行政官庁）が次々と地方で新設・拡充された時期でもあった[12]．こうした出先機関の急増は，府県という行政区域は経済行政の実施主体として適切ではないといった世論や，府県の能力では増大する統制経済への対応ができないといった不満に応えるかたちで設けられたものではあったが，結果として戦時経済における行政を実施する機関が多元化するという，新たな問題を惹起することとなった．とくに統制経済における各種施策の実施機関が地方で分立・割拠したことは，結果として「統制経済の一貫性を大きく阻害する要因」となったのである[13]．そのため，上述した州庁のようなブロック単位の広大な地方行政機関を設置し，府県と出先機関の統合を図ることで各地域の分立割拠を解消するべきという声が再び高まっていった．だが「皮肉」にも太平洋戦争の戦局悪化が，地方行政機構の変革を直接的に促す重要な契機となったのである．

3．地方行政協議会の設置

　太平洋戦争（および中国との戦争）が長期戦の様相を呈するにつれ，より広域な地方行政機関が必要という声は，日本国内でいよいよ強まっていった．と

くに太平洋戦域における急速な損耗は,軍部をはじめとする指導者層の「想像」を遥かに上回るものであった.つまり戦争継続のため,生産力の向上と計画的かつ大規模体制を一刻も早く確立させることが不可欠となっていたのである.軍部もまた戦局の悪化に伴い,広域地方行政機関の設置を強く要求するようになっていった.本土防衛体制の早期確立が,次第に軍部にとっても現実的な問題となりつつあったためである.

　昭和18（1943）年7月,設置が決定された地方行政協議会（以下,協議会）は,こうした状況の悪化に後押しされるかたちで実現したものであった.全国を9ブロックに分割したうえで,当該区域の府県知事（および地方長官）と各省地方出先機関（特別地方行政官庁）との総合連絡・調整を図りながら,出先機関の所管行政を協議会に一体化させることで,地方における戦時体制の効率化を目的として設置された組織である[14].

　協議会会長には,区域内における行政の総合連絡調整という目的を達成するため,協議会委員である他の知事に対する指示権と,区域内の地方出先機関と調整しながら,会長が統一的に所管大臣に対し必要な指示をするよう要請することが認められていた.しかし協議会はあくまで当該地域における「連絡調整のための会議体」に過ぎず,協議会会長は出先機関への指示を「所管大臣に要請する」権限しか認められていなかった.平時であれば,こうした各省横断的な総合連絡・調整機能を有した組織は,地方の実情をある程度反映させながら,効率化を図ることも可能であったかもしれない.だが問題は,臨機の判断が求められる戦時期（しかも戦局悪化という状況下）において,命令権さえ有さない会議体にどの程度の実効性が期待できるか,という点であった.事実,協議会設置とほぼ同時期に,地方により強力な権限を付与して,地方の本土防衛体制をできるだけ早期に構築するべきという声が,軍部や戦争指導者層を中心に高まっていくのである[15].

　こうした戦局の急速かつ深刻な悪化という現実に押されるようにして,昭和20（1945）年1月18日,最高戦争指導会議は「緊急施策措置要綱」を決定する.同要綱は「防衛と一般行政との吻合並施策運営の迅速果敢と浸透実践とをはかり,国内総力を挙げて生産及び防衛の一体的強化を期する」ことをうたい,その対応を早期に図ることが確認された.

なかでも緊急施策とされたのが，以下の三点である．
（1）陸海軍及び各省権限の地方委譲をさらに拡大する
（2）協議会の区域と軍管区及び鎮守府管区との間に必要な調整を行なう
（3）地方行政協議会会長と軍司令官および鎮守府司令長官との間の連携を密にして，防衛の完璧と戦力増強のため必要な軍事と行政一般との吻合推進をはかる[16]

とくに（2）にあるように，同要綱では，陸海軍所管の行政事務と内閣，各省が所管する行政事務の総合調整を推進しながら，地方協議会長に指揮監督系統を一元化させることで，防衛体制の確立と戦力強化を早急に押し進めることが目的とされていた．戦局が悪化の一途をたどるなか，地方における戦時体制の整備も防衛体制の強化も遅々として進まない現状に，軍部は強い苛立ちと危機感を覚えていた．このころ陸軍が目指していたものは，究極的には「日本本土の直接軍政への移行」[17]とされるが，憲法上の規程によりその実現は不可能であるため，まずは地方の行政と軍政を一体化させることで，事実上の地方における軍政統治の実現を目指したといえる[18]．

同要綱に基づき，2月1日，小磯国昭内閣は協議会会長の役割を従来の「総合連絡調整」から「統一及び推進」と改め[19]，さらに会長の身分を親任官[20]とする案をまとめ，2月19日の閣議に提案した．この改正の主眼は，内務省から内閣に人事権を移すことで，より強大なかつ影響力をもった閣僚級の政治家や現役軍人を内閣自らが任命しようというものであった[21]．

しかし小磯の提案は，大達茂雄内務大臣による猛反対に直面する．大達は「主管大臣である自らの賛成できないことを閣議に提案したことに納得いかない」と述べたうえで，「会長の問題は知事の身分問題であり，地方官官制の改正を伴うこと，さらに会長は今日まで地方行政の担当者として要であり，その人事権を剥奪されては内務省は地方行政の担当者としての輔弼の任を果たせない」と断じ，「絶対反対」を表明したのである．この閣議当日は奇しくもアメリカ海兵隊が，硫黄島に上陸を開始した日であった．日本本土のすぐ目の前に米軍が迫るという状況下で，なぜ大達はこれほど猛烈な反発を示し得たのであろうか．大達には人事権を内閣に移管されたのち，協議会会長に軍管区司令官などの軍人が任命されることで，地方行政の実権が軍部に掌握されることへの

危機感があったとされる[22]．また内務官僚出身という大達自身の来歴が，「省益」を護るという判断をさせたのかもしれない．

いずれにせよ，大達の反対に接した小磯は，閣内不一致をさけるため，「会長が地方長官である以上，人事選考に際して内相の意見を尊重すべきは当然であるが，最終決定権は首相にある．従って実際の人事選考の場合は内相の意見を徴しこれを尊重の上で決定する」と提案した．だがこの提案は，結果として重要な「骨抜き」をもたらすものとなった．なぜなら，会長の任命発案権は事実上内相にあると認めてしまうようなものだったためである[23]．

そもそも緊急施策要綱が目指したものは，協議会長の機能を強化して地方行政における軍事と一般行政の一体化をより促進することであり，それは内務省から内閣に協議会長の人事権を移すこと，すなわち内務省権限の縮小によって実現するものであった．だが小磯が，会長の人事権が内務大臣に事実上あると認めてしまったことで，協議会長は地方長官（知事）が兼任するという現状が変化することがなかった．結果として，小磯内閣においては地方への権限拡大は実現しなかったのである．

4．地方総監府の設置

1945（昭和20）年4月5日，鈴木貫太郎海軍大将に組閣の大命が降下する．組閣の際，軍部からは鈴木内閣の基本方針はあくまで「聖戦の完遂」にあることが確認されるとともに，陸軍からは道州制の実現を含む，地方行政の改革も要請された．こうして鈴木内閣においても地方行政の改革は重要な政策課題であり続けた[24]．

陸軍は道州制の具体化を骨子とする国内抗戦体制を5月中に確立させることを目標と定め，道州制移行の早期実現を鈴木内閣に強く迫っている[25]．内務省は地方協議会制から道州制への移行にはきわめて慎重であったが，こうした陸軍の積極姿勢を察知し，いわば先手を打つかたちで5月9日，内務省地方局案「戦時地方行政統括府案」を提出する．

同案の骨子は，従来の協議会にかわりあらたに戦時地方行政統監を新設し，統監は当該地方における行政全般を統括し，治安，防衛，生産，輸送および国

民生活確保に必要な職権をみずから行使できることを定めていた．そして統監
は，内閣又は各省の主務については首相または各省大臣の指揮監督をうけるも
のとしたが，しかし同案には，総監には統括府所在地の地方長官を任命すると
いう規定が存在していた．つまり内相の人事権は保持されたまま，あくまで内
務省の管轄においてこれら業務の指揮監督を行う「抜け道」が残されていたの
である．

　これに対し内閣総合計画局は，対案として 5 月 10 日に「地方総監府要綱
案」をまとめた．

　その内容は，まず「現行の協議会制度を廃止して，地方総監府を創設する」
とし，さらに「地方総監府に地方総監をおく」こと，「地方総監その他の職員
には事情により現役武官を任命することができる」こと，「地方総監は管轄区
域内の各地方長官および特殊地方行政機関の長を指揮監督し，管轄下の各機関
の職員の人事に関し広範な権限を有」し，「地方総監は首相の指揮監督を承け
ること，ただし各省の主務に関しては各省大臣の指揮監督を承けるものとす
る」というものであった．

　同案の狙いは，地方総監の人事権を，指揮監督権を有する首相を主務大臣と
する行政官庁としての内閣（内閣官房）に属させることにあり，そのうえで，
従来の協議会に変わる新たな行政官庁として地方総監府を設置すると明記した
点にあった．つまり，地方総監府が内務省の指揮監督下にある地方官庁（知
事）の上級官庁として，府県知事への指揮監督権をもたせ，さらに各省主管の
特別地方行政官庁の人事権まで左右できるとしたもので，その権限は内務省案
と比べてきわめて広大なものとなっていた．つまり，このとき内閣が提案した
地方総監府制は，人事権をはじめとする各省権限の内閣への集中化をねらった
案であったのである．また同時に，地方総監に現役武官を起用できるとしたこ
とも，この案のもう一つの重要な眼目であった．軍事と一般行政の一体化によ
る本土防衛体制の構築という，陸軍の強い意向を満たすものであったためであ
る．

　しかし同案は内務省の地方長官，地方行政に対する大幅な権限縮小はもちろ
ん，各省にしても出先の特別地方行政官庁の監督権の縮小を余儀なくさせる内
容になっていたため，各省からの猛反発を受けることになった．とくに内務省

は同案に対して「総意をもって反対」という強い反発を示している．

　5月11日，内務省は（1）地方総監府は内相が管理すること，（2）地方総監その他の職員に事情により現役武官を任命する事項を抹消すること，この2点を，内閣に申し入れた．

　まず（1）については「地方総監府は結局のところ普通地方行政機関であり，一般地方行政を所管する内務省が府県と一貫的に管理することは当然」であり，「地方総監に対する一般指揮監督権，とくに人事，予算，機構などに関する管理権は内務省にある」と主張していた．その理由として，仮に管理権を首相を主務大臣とする内閣に移管するとなると，「主管大臣たる首相に煩雑な事務的負担を負わすことになり，そうなると首相はより大きな責任を有する戦争指導に専念できなくなる」という「理屈」を挙げていた．そして（2）については，「本来国力の戦力増強は文官の責任事項であり，武官はもっぱら作戦，戦略計画に専念する立場に在る」とし，かりに現役武官を起用するにしても，「陸軍には軍管区が，海軍には鎮守府があり，本土の一貫した戦時地方行政の総合運営に支障を来す」ため，「陸海軍の中央地方機構の一元化を前提とする」と述べて，総監に現役武官を起用することは「適当ではない」としたのである[26]．

　このように内務省が絶対に許容できない点として挙げたものは，人事権の喪失と，軍人任命の2点であった．こうした内務省の反発を受けて，内閣は同案の改訂版を5月17日に新たに提示する．改定案では，地方総監は当該地域における「行政全般の統括」については首相の「指揮監督」を受け，内閣または各省の主務については首相または各省大臣の指揮監督を受けるとされ，内相は地方総監府に関する事務を「統理」すると改められていた．

　この改定案は翌18日の閣議に諮られ，そのまま「地方総監府設置に関する件」として閣議決定となった．また同時に，閣議了解として「地方総監府設置に伴う人事取扱等に関する諒解事項」が決定される．この閣議了解によって，①地方総監の人事は首相と内相が協議し，関係各大臣の意見も参酌し決定すること，②首相は地方総監府の勅任官および地方長官の人事に関して，内相の発議に基づき決定すること，③特殊地方行政官庁の長の人事も，当該主務大臣の発議に基づき関係各大臣と協議のうえ決定されることなどが定められた．

　地方総監を含む総監府職員の現役武官起用については（おそらく陸軍側の強

い要請のため）改定案段階でも残されたままだったが，「真に緊急止むを得ない場合にとどめ，原則として文官をあてる」ことに陸軍が諒解したため，現役武官起用に関する規定は条文から削られている[27]．こうした調整作業の末，5月29日に地方総監府官制は閣議決定される[28]．

閣議決定を受け，関係各省による事務調整作業が進められる一方で[29]，6月5日には枢密院において地方総監府官制に対する審査が行われた．まず政府側からは次のような説明がなされた．

> ……地方行政協議会の制度は創設以来既に二箇年に至らんとし其の間各地方に於ける各般の行政の統一及推進に寄与せる所少なからざるものあり■て政府に於ては先般地方協議会長たる地方長官の地位を高むると共に之と軍管区司令官及鎮守府司令長官等との間に緊密なる連携を採らしめ以て更に一層其の成果を発揚せしむるに努力し来たれり
>
> 　然るに今や戦局愈々危急を告ぐるに当り陸海軍と密接なる連携の下各地方毎に臨機適切なる措置を為し得る強靭なる国内体制を整備確立するは真に緊切の要事たるに至れるを以て最早現行地方行政協議会制度の如き協議制度を基礎とする組織を以てしては到底此の緊迫せる局面に■■するに充分ならず是非とも地方各般の行政を一層強力に把握推進せしめ緊急の場合中央に代わりて管下各地方機関を完全に一体的に統括運営し得るが如く其の機構権限等を充実強化する要あり■て今回政府に於ては従前の地方行政協議会を廃止し全国八地域に対し新に地方総監府を設置し各地方に於ける各般の行政を真に強力に統括運営せしむると共に中央の権限を広く之に委譲し以て敏速機宜の措置を執ることを得しめ当面せる事態の急に応ぜしめん……[30]

興味深いのは，戦局が悪化する現状において「協議を基礎とする組織」では対応できない事実を明確に認めていた点である．だが最高戦争指導会議が従来の「総合連絡調整」から「統一及び推進」と改めると決定したのは1945年1月である．つまり戦局が絶望的になりつつあるなかで，日本の戦争指導者層は4カ月余りの時間を事実上「空費」したことになる．いずれにせよ，このよう

な政府側の説明を受け,枢密院審査委員会は次のような判断を下した.

> 戦局の現段階に鑑み及び将来に具え地方毎に総合行政力の強化を図り以て国内体制を整備するは現下緊切の要務に属す……地方行政協議会の制度を一層強化拡充し地方官衙の上級官庁として地方総監府なる臨時官府を新設せんとするものにして機宜の措置たるを失わず[31]

そして審査委員会が「此の儘可決せられ然るべき旨全会一致を以て」議決したことで,地方総監府の設置は正式に決定されたのである.

5. 地方総監府の機能と権限

地方総監府は実際にはどういった規程に基づき,いかなる権限を有していたのであろうか.「地方総監府官制」【資料3-1】(章末)をもとに,その実態をみていくことにしよう.

(1) 設置目的

地方総監府官制第一条において「地方総監は大東亜戦争に際し地方に於ける各般の行政を統括し法令又は特別の委任により其の職権に属する事務を管理す」とあるように,地方総監は地方に於ける行政の統括と特別の委任によって職権に属する事務を代行すると規定されていた.同官制公布と同日に出された内務次官通牒には,この点について次のように記されている.

> 〔地方総監府は〕戦局非常の事態に対応し,陸海軍の緊密な連携の下に,地方における各般の行政の統括に関して,各地方官庁の行政の総合的見地よりする統一的強力な推進を図り……地域ごとに応急措置がとれることを目指す

内務省は,非常の事態(敵上陸あるいは占領といった状況が想起される)が生じた際に,地方総監府が独自の判断で「応急措置」的に行政を執行すること

を認めていた．すなわちこの通牒は，内務省といえども本土決戦によって中央統制が及ばなくなるであろう現実を暗に認めたものであったといえよう．

(2)　各地域の地方総監府

地方総監府は，全国を軍管区に対応するかたちで8つのブロック（北海・東北・関東信越・東海北陸・近畿・中国・四国・九州）にそれぞれ分けられ，地方総監と陸軍軍管区司令部，海軍鎮守府との間で作戦および行政の調整を議するものとした（表 5-1）．

この管轄区域の設定を巡っては，枢密院審査会から「地方総監府の管轄区域広汎に過ぎ殊に東海北陸数県を連ねて一管区と為すが如き交通関係より看て妥当ならざるやの疑念ありと為し管轄区域を定めたる根拠」が明確でないと疑義が示され，それに対する政府側の回答は次のようなものだった．

> 此の管轄区域は現在の地方行政協議会の地方区分を其の儘踏襲し大体陸軍軍管区と一致せしむる方針によりたるものにして軍事交通上及経済産業上の各観点より見て此の区分を以て最も適当なりと認めたり

ここで述べられているように，基本的に各地方総監府の区域設定はあくまで軍事上の目的が最優先で設定されていたことがわかる．

(3)　総監府職員の構成

第二条の規定により地方総監府には，地方総監以下，次のような職員を置くと定められた．

地方総監		八人[32]	親任
地方副総監		六人	勅任
参事官	専任	三十人	勅任
秘書官	専任	八人	奏任
副参事官	専任	百十七人	奏任
事務官	専任	五十九人	奏任
属	専任	四百二十六人	判任

表 5-1 地方総監府・陸軍軍管区の管轄区域

地方総監府の名称位置および管轄区域			陸軍軍管区および上部管轄組織	
名称	所在地	管轄区域	陸軍軍管区	上部管轄組織
北海地方総監府	札幌市	樺太　北海道	北部軍管区	第一総軍
東北地方総監府	仙台市	青森県　岩手県　宮城県　秋田県　山形県　福島県	東北軍管区	
関東信越地方総監府	東京都	茨城県　栃木県　群馬県　埼玉県　千葉県　東京都　神奈川県　山梨県　新潟県　長野県	東部軍管区	
東海北陸地方総監府	名古屋市	岐阜県　静岡県　愛知県　三重県　富山県　石川県	東海軍管区	第二総軍
近畿地方総監府	大阪市	滋賀県　京都府　大阪府　兵庫県　奈良県　和歌山県　福井県	中部軍管区	
中国地方総監府	広島市	鳥取県　島根県　岡山県　広島県　山口県	中国軍管区	
四国地方総監府	高松市	徳島県　香川県　愛媛県　高知県	四国軍管区	
九州地方総監府	福岡市	福岡県　佐賀県　長崎県　熊本県　大分県　宮崎県　鹿児島県　沖縄県	西部軍管区	

出所：内閣印刷局編『昭和年間　法令全書　昭和二〇年－3　勅令（続）』（原書房，2006年），（JACAR: A03023559600）『公文別録・親任官任免・明治二十二年～昭和二十二年』第十一巻・昭和二十年〔国立公文書館〕秦郁彦（編）『日本官僚制総合事典：1868-2000』東京大学出版会，2001年）．

　定員配分の基準は明確ではないが，おそらく人口や組織規模などに応じて配分したのではないかと思料される．

　また地方総監府は，各都道府県とは別個の独立した組織であるが，実際に行われた人事を見る限り，地方総監に就任したのは，概ね前地方行政協議会会長（すなわち総監府所在地の都道府県知事）であり，北海・関東信越・四国の3総監府は所在地長官・知事が兼任するものとされた[33]．

　また副総監には知事クラス，あるいは従来の参事官が就任するものとしていたが，北海，四国については副総監を存置せず，参事官のなかから最上位者を置くと定められていた．実際には北海，四国については専任次長制を新設して対応したようだ．また関東については東京都次長は従来通り存置したうえで，新たに副総監を設置している[34]．この2地方総監府に副総監を置かなかった理由は判然としないが，北海については北海道庁の組織をそのまま活用できた

表 5-2　地方総監府の人事構成（発足時）

名称	地方総監	副総監	参事官（官房主幹，部長）
北海地方総監府[1]	熊谷憲一	なし	安中忠雄，原信次郎，加藤八郎
東北地方総監府	丸山鶴吉	野田清武	青木秀夫，坑迫軍二，難波理平，高橋進太郎
関東信越地方総監府	西尾寿造[2]	本間精	村山道夫，野村儀平，石坂宏，壺田修
東海北陸地方総監府	小畑忠良	安積徳也	関外余男，長岡文雄，柴野和喜夫，富澤肇
近畿地方総監府	安井英二	楠瀬常猪	新井茂，鹿野喜一郎，石川準吉，木村庸治
中国地方総監府	大塚惟精[3]	松田慣彰	川本邦雄，青木重臣，並木龍男，藪谷虎芳
四国地方総監府[4]	木村正義	なし	長谷川輝彦，大森健治，森本■男，大畑文七
九州地方総監府	戸塚九一郎[5]	松田令輔	安田元七，廣岡譲二，田中啓一，里見富次

注：1)　北海地方総監は北海道庁長官の兼任（『読売新聞』昭和 20 年 6 月 11 日付）．
　　2)　西尾寿造は「一身上の都合に依り」退官を願い出たため，1945 年 8 月 23 日，広瀬久忠が関東信越地方総監に任命されている．（A 03023561500）「依願免本官並兼官 関東信越地方総監兼東京都長官 西尾寿造」『公文別録・親任官任免・明治二十二年～昭和二十二年』第十一巻・昭和二十年」〔国立公文書館〕）
　　3)　大塚惟精は，広島への原爆投下によって死亡したため，1945 年 8 月 23 日付で後任として児玉九一が任命されている（1945 年 8 月 23 日付）．
　　4)　四国地方総監は香川県知事の兼任（『読売新聞』昭和 20 年 6 月 11 日付）．
　　5)　(JACAR：A 03023559600)『公文別録・親任官任免・明治二十二年～昭和二十二年』第十一巻・昭和二十年（国立公文書館）より．
　　6)　判読できなかった文字は■とした．
出所：『朝日新聞』（昭和 20 年 6 月 10 日付），『読売新聞』（昭和 20 年 6 月 11 日付）より作成．

こと，四国については管轄下の県が他地方と比べ少なかったことが，副総監設置の必要なしと判断された可能性は指摘できる．なお各総監府の人事構成について，現時点で判明した限りを一覧にしたのが表 5-2 である．

また，地方総監府における各役職の俸給はそれぞれ次のように定められていた．

　　第一条　各地方総監の俸給は年俸六千五百円とす
　　　　各地方副総監の官等は高等官一等又は高等官二等とし，其の俸給は年俸一級五千八百円，二級五千百円とす
　　　　地方総監参事官の官等は高等官二等とし其の俸給は年俸四千六百五十円とす
　　　　各地方総監秘書官及地方総監府副参事官の官等及俸給は高等官官等俸給令第十四條に掲ぐる諸官と同一とす
　　　　地方総監府事務官の官等及俸給は高等官官等俸給令第十五條に掲ぐる諸

官と同一とす[35]

　こうした規定がなされる一方で，やはり総監府職員の定員決定権と人事権のいずれも内務省が掌握していたという事実は軽視すべきでないだろう．とくに地方総監府は各地方行政官庁の廃止という地方行政機構のスリム化を伴なわなかったため，事実上，内務省は高等官ポストの大量増という状況を生み出していたためである．

（4）　地方総監の機能

　地方総監は，行政全般の統括については首相の指揮監督を受けること，内閣又は各省の主務については首相または各省大臣の指揮監督を受けるとされる一方（第3条），地方総監府に関する事務は，内相が「統理」するとされていた（第4条）．つまり地方総監府は，地方総監は親任官として総理大臣から行政全般の総括について指揮監督をうけることになっているが，実際に事務を所管するのは内務省であるため，内務大臣が統理するとされたのである．

　地方総監府の機能面においてもっとも問題となるのが，この地方総監に対する指揮監督権の所在と統理の解釈である．これらをどのように解釈するかによって，地方総監の権限は大きく変わってくるためである．内務省は統理について，次のような解釈を示していた．

> 　地方総監に対して内相は，府県に対して有する一般指揮監督権と同様の権限をもっていない．しかしながら地方総監府に関する内相の統理権とは，総監府の人事，予算，機構などの庶務を掌ることを意味している．そのため，結果的に内相は府県に対して有する一般指揮監督権と同様の地位を地方総監に対しても持つことになる[36]

　つまり内務省は，府県知事に対し持つ一般指揮監督権と同様の権限を直接には有していないが，総監府の庶務を統理する権限を有しているため，結果として地方総監に対しても内相が指揮監督権を持つと解釈していた．一方で，地方総監に対する首相の指揮監督権については次のような解釈を示していた．

人事,予算,機構といった事務に関してではなく,あくまでも地方総監が行なう職種の行使の一形態である「行政全般の統括」(たとえば2省以上にまたがる事項に間する事務の統括)に関するものである[37]

　このように,制度上の根幹部分である地方総監府に対する人事,予算,機構といった権限はあくまで内務省が保持しているとしたうえで,他省との事務統括に関してのみ首相は指揮監督権を持つ,という解釈を示していた.すなわち地方行政における優位性は,これまでと同様に内務省が一貫して保持していると述べていたのである.こうした内務省の解釈を政府も否定しなかったため,地方総監府が継続していたならば,この解釈が次第に既成事実化していったものと考えられる.

(5) 地方総監の権限①──条例設置権,各省の出先機関,地方長官・知事に対する優越

　一方,地方総監には管内における行政処罰を伴う地方総監府令(条例)の公布権(第5条),さらに処罰を行う権限,とくに懲役刑を適用できる条例を発する権限が認められていた.こうした刑事罰を伴う条例設置権はそれまで地方長官(知事)には付与されていなかったので,この点はあきらかに権限の拡大であったといえよう.

　さらに高等官についての人事権は内務大臣が有しながらも,附属の官吏,属についての人事権は地方総監が有するとされた(第7条).

　また第8条の規定に基づき,各省の出先機関を地方総監の指揮下に入れることが明示され(第8条)[38],同時に管内にある都道府県知事への指揮権が明示された.同条に対応するかたちで,地方官庁の首長が行った命令・処分が,「成規に違ひ,公益を害し又は権限を犯すもの」があると判断された場合,地方総監にその取り消しまたは停止する権限が与えられていた(第9条).

　その他,地方総監が有する権限の一部を管轄区域内の地方官衙の長に委任することを認め(第10条),さらに地方総監が職務遂行不能の状態に陥った際の事務代行規定(第11条),地方総監府官房・部長を設置すること,総監官房及び各部の事務分掌は内務大臣が定めることなどが規定されている(第12

条)[39].

　このように，8条および9条の規定によって各省の地方出先機関をはじめ，地方長官・知事に対する地方総監の優越は制度上は確立していたと言うことができる．しかしながら仮に地方総監に内務省以外の人材が任命されたとしても，12条の規定によって総監府官房は内務省によって完全掌握されており，その上各地方長官・知事は内務省が任命する官吏であったため，どこまで地方総監が内務省のコントロールを離れ，独自の判断に基づいて権限を行使できたかは不明である．

（6）　地方総監の権限②——出兵要請権

　地方総監に与えられた権限のなかで，もっとも特筆すべきは，非常事態に際して，当該地方の陸・海軍司令官に対する「出兵要請権」が付与されていたことである（第6条）．

　出兵要請権それ自体は，既存の地方長官・知事も有していたが，地方総監は地域の状況を総合的に判断して，管轄地域全体に対し，陸海軍に適時出兵要請を行うことが可能になった点が大きく違っている[40].

　第6条は第11条の規定（地方総監が職務遂行不能の状態に陥った際の事務代行規定）と併せ，「本土決戦」によって，事実上中央による行政コントロールが機能しなくなる状態を想定した規定と考えても不自然ではない．だが沖縄戦の残酷な結末が示すように，現実に日本国内で戦闘が展開していたならば，仮に第6条に基づき，地方総監による出兵要請がなされたとしても，日本軍の作戦行動の大半は連合軍によって即座に足止めされ，実質的にはほとんど機能しなかったといわざるをえない．おそらく第6条は本土決戦が現実のものとなった時点で，事実上空文化したであろう．

（7）　地方総監府の活動から廃止まで

　周知のように，地方総監府は設置からまもなく敗戦を迎えたため，これまで組織的な活動実態はほとんどあきらかになっていなかった．ここでは，現時点（2018年10月）で確認できている地方総監府に関する新聞記事をもとに，その活動から廃止までの過程について概要を述べていく．

まず6月9日の第87臨時議会施政方針演説のなかで，鈴木貫太郎総理大臣は「やがては本土の他の地点にも敵の侵寇を予期せざるを得ない状況に立至った」と述べるとともに，地方総監府の設置についても言明している[41]．そして翌6月11日には，「本土決戦に即応する地方行政完璧の布陣」として以下のような記事が掲載されている．

…（前略）…地方における政府の分駐機関ともいうべき地方行政協議会をさらに一層強力化し文字通り速戦即決の非常自立体制を完備する行政責任者として『地方総監府』を設置することとなり…（後略）…

6月19日には，総監府行政の実際運営や地方の自立体制確立に対する政府の具体的意向を明らかにするため，政府招集による地方総監会議が首相官邸にて開催された．参加者は鈴木首相以下各閣僚，内閣各長官，総監府側からは八地方総監，総監官房主幹（参事官）であった．地方総監府制発足後，初の会議においては「中央の権限移譲，中央との連絡方式，政府の具体的方針」などが諮られた．翌20日には，関係各省担当者らも参集のもと，地方総監府官房主幹（参事官）会議が内務省で開催されている[42]．こうした地方総監会議（首相官邸）の翌日，地方総監府官房主幹会議（内務省）が開催される形式は，これ以後も踏襲される．

この後，「西尾総監初巡閲」（『朝日新聞』昭和20年6月16日付）のような，各地方総監府の活動が少しずつ見られるようになる．6月下旬には各地方総監の抱負が新聞紙上に現れる．例えば「『関東信越地方総監府』力強き発足」（『朝日新聞』昭和20年6月16日付）という記事では，本間精副総監がインタビューの中で「戦災者の住宅問題を早速に解決したい」と語っているものや[43]，決戦輸送断行のために九州地方総監府主催で開催された会議を報じた「輸送絶対確保　戸塚総監訓示」といった記事がみられる[44]．

北海地方総監府に関するものとしては，6月26日に札幌グランドホテルで開催された第四回北海地方三長官連絡会議に関する記事が挙げられる．この会議では熊谷北海地方総監，樋口喜一郎北部軍管区司令官（陸軍中将），宇垣完爾大湊警備府司令長官（海軍中将）らが参集し，各般の諸問題について「隔意

なき」意見を交換し，北方の自活，自衛体制の強力な推進を期することとなったと報じられている．また当時，完成間もない札幌グランドホテルがこうした会議に利用されていた事実も興味深い[45]．

　また戦争継続のための資源や食料増産をめざし政府が「北海道に残された大地を開発する」ことを目的として，全国事業として行った北海道への帰農計画の一環として，戦災疎開者を対象として行った「拓北農兵隊」に関する記事（「北海道開拓志願」（『朝日新聞』昭和20年6月16日付）[46]も目を引く．こうした開発事業にあたって北海地方総監の熊谷憲一は帰農者に対し，「屯田兵」の覚悟で臨め，「特攻隊に続け」などと呼び掛けている[47]．

　7月初旬には，「戦局に対応するため」という理由で，内務省をはじめ，農商省，文部省の諸権限が，下旬には厚生省の権限が大幅に総監府，総監，知事らに委譲されている[48]．一方，内務省は7月13日には「(地方総監府は)一応地方分権的な趣旨」から出発しているとはいえ，決して帝国を「切断」するものではないとし，あくまで「中央政府を中心とした統一ある行政」を行うため，地方連絡室を同省地方局に発足させている．この狙いは「地方総監府の連絡を確保」し，地方の実情を把握することで「一層地方行政の監査を厳に」行い，地方を督励することにあるというが，これなどは典型的な屋上屋を架す組織と言えよう[49]．

　7月25, 26日の2日にわたり地方総監府第一部長会が内務省で開催され，「治安，警備，防空などについて協議されている[50]．また30, 31日の日程で第三部長会議が，厚生，内務，文部などの関係各省関係者出席のもと行われている．また8月初旬には，司法省においても地方総監府の新設と睨み合わせ，これらと相まって国政の急速な地方浸透を期するためとして，中央の権限の相当部分が地方控訴院へ委譲されている[51]．その一方で，8月6日には，原爆投下によって広島総監府が「壊滅」しているが，組織再編に係る余裕もないまま敗戦を迎えている．

　敗戦後も暫くの間は地方総監府は機能していた．8月26日には地方軍需管理局が廃止され，地方総監府に吸収されている[52]．そして9月7日，東久邇宮内閣初の地方総監会議が首相官邸で，地方総監府官房主幹会議が内務省で翌8日開催されている．総監会議では首相から「総監府は益々重要」[53]という言

葉が伝えられるとともに，外相から外交経緯に対する説明および政府側の指示，地方事情の報告が行われたようである[54]．

その後，占領軍の指令により様々な民主的改革（戦後改革）が行われる中，9月28日の閣議で，地方総監府の廃止と，新たに地方行政事務局の設置を決定している[55]．また廃止と併せて，内務省内の機構改革，地方長官の大異動が行われるという記事が，新聞各紙で相次いで報じられている[56]．だが地方総監府の正式廃止は，GHQによる承認を経なければならないため（GHQの正式承認は11月1日付，11月6日勅令第627号）[57]，廃止までの間，経済再建等に関する地方への施策は中央から地方総監府に対して指示がなされている[58]．

現状，筆者は地方総監府廃止の過程を詳細に伝えられる資料状況にないが，この時期の新聞報道を見ると，必ずしも地方総監府の廃止が無条件で容認されていたわけではない事情が伝わってくる．ここでは以下の記事を示しておく[59]．

> 前内閣（東久邇宮内閣）の山崎内相は入閣後，早速地方総監を廃して府県知事本位の地方行政に復帰すべき意を漏し退陣直前にこれを実現し地方という地方協議会を更に弱化した機構を作ったが，マツクアーサー司令部の阻止に遇って地方総監はそのままになっている．一方連合軍司令部渉外局の発表によれば…（中略）…日本民生安定のための手段を十分実行に移していない点に関して警告を発せられている…（後略）

この記事では，地方総監府の廃止に際し，GHQから一時は阻止されていたという状況が伝えられている．この点については，他紙も地方行政改革の見地からGHQは「廃止に不同意」の意向を表明していたと報道している[60]．その後の報道によれば，GHQは地方制度改革の観点から地方総監府の廃止について「再検討を要する」として「一時延期」を命じ，その後内務省とGHQとの間で折衝を続け，その結果，廃止容認という回答を得たという流れになる[61]．こうした点を踏まえると，地方総監府の廃止はあたかも淡々となされたかのような既存の印象と，実態はかなり異なっている可能性もある．

6. おわりに

　本章では，戦前期における広域地方行政の系譜を概観しつつ，地方総監府の設置過程と制度的実態について改めて確認した．ここで明らかとなることは，地方総監府は戦局の悪化という状況をうけて，戦争指導体制の強化と国土防衛体制の確立を図ることを目的として設置された組織であったという事実である．また地方総監府には，地方における国の機関事務を一元的に担い，さらに管轄下の地方行政官庁に対する指示権も（限定的にではあるが）付与されていた．だが一方で，地方総監府は財源や人事権といった権限は内務省の抵抗もあって手にすることができなかった．この抵抗が沖縄戦の最中になされていたこと自体驚くよりない．他方，地方行政という観点からは，官撰知事（および地方長官）を存置したまま地方総監府を設置させたという事実が重要な意味をもつ．それは内務省が，既存の人事権を保持したまま，地方総監をはじめとする総監府内の人事権を掌握することで，実質的に地方行政に関する強力な権限は温存されたとみることができるためである．

　こうした点を踏まえ，今日的な道州制の観点から論じるならば，地方総監府はたしかに道州制の必要条件をいくつか備えていた組織であったとは評しうる．だが地方総監府が，本質的に「国と地方の関係」に変化をもたらす組織ではなかったこともこれまで見てきたとおりである．それゆえに筆者は，今日的な意味における道州制の「先駆け」として位置づけることについては，現時点においては留保せざるをえない．

　一方で，地方総監府が発足した以後の動向を追ってみると，敗戦までの間に，内務省をはじめ厚生，農商，文部，司法省など，多くの省が大幅に権限を地方（総監，知事）に委譲していた（せざるをえなかった）事実があきらかになった．だがそれは，言うまでもなく自発的な意思ではなく，あくまで本土決戦が眼前に迫るという絶望的な状況下において，やむをえず委譲されたものであった．いかに本土決戦による勝利を軍部が謳おうとも，日本軍が連合軍の侵攻を止められる見込みは（現実的には）なく，最終的に国土が連合軍によって「分断」され，地方は孤立（あるいは割拠）するかもしれない近未来は，十分に予

測されていた．そうしたなかで中央政府も，日本という国家支配のもとで地方の行政を維持するため，まさにやむをえず委譲された権限であった．だが中央政府（とくに内務省）は，戦争が終わった後，委譲した権限をすぐさま中央政府のもとに回収すべきと考えていたことは想像に難くない．つまり，本土決戦による国土の分断という究極的な状況が，結果として地方総監府に巨大な権限を付与させてしまったために，日本政府は地方総監府を廃止させねばならなかったとも考えられるのである．だが，こうした見解は資史料による実証が十分ではないため，あくまで推論の域を出ない．国内外の公文書のさらなる発掘と，新聞・雑誌等の活字資料の精査をさらにすすめることで，推論を実証的にあきらかにしていくことが今後の大きな課題である．

※〔付記〕本稿は「地方総監府の基礎的研究」（『道州制と北海道―歴史と現状・国際比較―』札幌大学附属総合研究所，2012年3月）をもとに，最新の研究成果を加えたうえで，大幅に加筆・修正を施したものである．また本稿は，平成29年度札幌大学研究助成（個人研究）による研究成果の一部である．

資料 3-1　地方総監府官制

　　　　　　　　　　　　　　　　　　　　昭和二十年六月十日
　　　　　　　　　　　　　　　　　　　　　　内閣総理大臣　男爵鈴木貫太郎
　　　　　　　　　　　　　　　　　　　　　　内務大臣　　　安倍源基
勅令第三百五十号（官報　六月十日）
　　地方総監府官制
第一條　地方総監は大東亜戦争に際し地方に於ける各般の行政を統括し法令又は特別の委任により其の職権に属する事務を管理す
　　地方総監府の名称，位置及管轄区域は別表に依る
第二條　地方総監府には通じて左の職員を置く

地方総監			親任
地方副総監		六人	勅任
参事官	専任	三十人	勅任
秘書官	専任	八人	奏任

副参事官	専任	百十七人	奏任
事務官	専任	五十九人	奏任
属	専任	四百二十六人	判任

　地方副総監は北海地方総監府及四国地方総監府には之を置かず

　地方総監，地方副総監及秘書官を除くの外第一項の職員の定員は内務大臣之を定む

第三條　地方総監は行政全般の統括に付ては内閣総理大臣の指揮監督を承け内閣又は各省の主務に付ては内閣総理大臣又は各省大臣の指揮監督を承く

第四條　地方総監府に関する事務は内務大臣之を統理する

第五條　地方総監は其の職権又は特別の委任に依り管内一般又は其の一部に地方総監府令を発し之に三月以下の懲役若は禁固，拘留，百円以下の罰金又は科料の罰則を附することを得

第六條　地方総監は非常急変の場合に臨み兵力を要し又は警護の為兵備を要するときは当該地方の陸海軍の司令官に移牒して出兵を請うことを得

第七條　地方総監は所部の官吏を指揮監督し高等官の功過は内務大臣に具状し判任官の進退は之を行ふ

第八條　地方総監は管内に関係ある地方官衙の長にして勅令を以て指定するもの（以下地方官衙の長と称す）を指揮監督し，其の功過は当該地方官衙の所管大臣に具状するものとす

第九條　地方総監は地方官衙の長の命令又は処分にして成規に違ひ，公益を害し又は権限を犯すものありと認むるときは其の命令又は処分を取消し又は停止することを得

第十條　地方総監は其の職権に関する事務の一部を地方官衙の長に委任することを得

第十一條　地方副総監は地方総監を佐け府務を整理し，各部の事務を監督し地方総監事故あるときはその職務を代理す

　北海地方総監府及四国地方総監府に在りては地方総監事故あるときは内務大臣において参事官の一人をして其の職務を代理せしむ

　地方総監は地方総監府の官吏をして其の事務の一部を臨時代理せしむることを得

第十二條　地方総監府に総監官房及所要の部を置く

部長は参事官を以て之に充つ

総監官房及各部の事務の分掌は内務大臣之を定む

第十三條　参事官は地方総監の命を承け事務を掌る

第十四條　秘書官は地方総監の命を承け機密に属する事務を掌る

第十五條　副参事官及事務官は上官の命を承け事務を掌る

第十六條　属は上官の指揮を承け庶務に従事す

附則

本令は公布の日より之を施行す

地方行政協議会令，地方参事官等臨時設置制及昭和二十年勅令第二百三十二号は之を廃止す

本令施行の際，現に地方参事官，地方副参事官又は地方行政協議会令第十二條の規程による都庁府県属の職に在る者別に辞令を発せられざるときは現に其の者の勤務する都庁府県の区域を管轄する地方総監府の参事官，副参事官又は属に同官等俸給（地方総督府参事官に在りては現に受くる俸給額と同額の俸給なきときは従前の額の俸給）を以て任ぜられたるものとす

本令施行の際現に地方参事官，副参事官又は地方行政協議会令第十二條の規程による都庁府県属にして休職中のもの別に辞令を発せられざるときは休職の儘前項の例に依り各相談の官に任ぜられたるものとす

朕枢密顧問の諮詢を経て地方総監の監督に関する件を裁可し茲に之を公布せしむ

　　　　　　　　　　　　御名　御璽

1) 旧字体の一部は，引用にあたって新字体に改めた．
2) 同官制は，内閣出版局編『昭和年間　法令全書（昭和二〇年 - 三）　勅令（続）』（原書房，二〇〇六年）より引用した．なお一部欠損箇所については，国立公文書館『枢密院会議議事録　九十六巻　昭和編五十四　昭和一九・二十年』（東京大学出版会，一九九七年）より補った．

注
1) このとき北海道，東北，関東信越，東海北陸，近畿，中国，四国，九州の 8 ブロックに分割されている．
2) 戦時期における地方行政再編の動向を論じた矢野信幸氏は，地方行政協議会から地方総監府の設置にいたる過程に内閣，軍部，内務省それぞれの思惑による対立構造が大きく作用していた事実を実証的にあきらかにしており，非常に高く評価できる（矢野信幸「太平洋戦争末期における内閣機能強化構想の展開－地方総監府の設置をめぐって－」『史学雑誌』第 107 編　第 4 号〔史学会，1998 年〕）．
3) 前掲「太平洋戦争末期における内閣機能強化構想の展開－地方総監府の設置をめぐって－」，横島公司「地方総監府の基礎的研究」（『道州制と北海道　－歴史と現状・国際比較－』札幌大学附属総合研究所，2012 年），竹永三男「地方総督府・地方総督会議に関する基礎的検討」（『社会文化論集』第 11 号，〔島根大学法文学部紀要，2015 年〕）など．
4) 地方総監府を扱った研究として，三沢潤生「地方総監府」『国史大辞典』第 9 巻（吉川弘文館，1988 年），渡部徹「地方総監府」『日本近現代史辞典』（東洋経済新報社，1978 年），さらに地方総監府の制度的特質に着目した研究として佐藤俊一「戦前昭和期の広域行政（道州制）『東洋法学』第 44 巻第 1 号（東洋大学法学会，2000 年）などが挙げられる．
5) 市川喜崇「道州制・都道府県論の系譜」日本地方自治学会編『地方自治叢書 18 道州制と地方自治』（敬文堂，2005 年）103 頁．
6) 佐藤克廣『道州制の論点と北海道』（公人の友社，2005 年）．坂本慎一「松下幸之助と下村宏の道州論－台湾総督府の州庁制と大戦末期における地方総監府制の重要性－」『論叢　松下幸之助』第 9 号（PHP 総合研究所，2008 年）．坂本氏は地方総監府の設置に下村宏が与えた影響について論じるなかで，地方総監府は下村が長年の理想を戦時体制に紛れて実現させた「道州制に近い制度」と評価している．
7) 現在，日本で論じられる道州制のモデルは「補完性原理」に基づき，地方分権（中央政府の財源・権限の委譲，規制の緩和）を伴った形でなされることが前提条件とされている．補完性原理とは，一般に「決定や自治などを出来る限り小さい単位で行い，地方で出来ないことをより大きな単位の団体で補完していく」という欧州由来の概念として説明される（『道州制と北海道　－歴史と現状・国際比較－』，10～12 頁）．だが一方で，一部の識者からは道州制は「小さな政府」を志向する概念であるため新自由主義と相性が良く，その結果として「国家の破壊を招く」といった「批判」がなされている点も併せて付記しておく．いずれにせよ日本における道州制論は，地方分権を伴わない（国の権限が保持されたままの）地方行政の広域化を肯定していないのであるならば，その内実も検証しないまま「形態としての地方広域行政制度の実現」をもって，ひとくくりに「唯一の道州制の実現」として位置づけてしまうことは，いささか不適当であるように考えられる．
8) 巷間，「（地方総監府は）戦後間もない時期に廃止されたため，現在の地方行政制度のなかにその痕跡を見ることは出来ない」といった評価がインターネット上などを中心に散見される．しかし筆者はこうした評価にはやや懐疑的である．というより，評

価自体，まだ「時期尚早」であると考えている．それは地方総監府をめぐる事実関係は，まだまだ検証すべき点が数多く残されているためだ．インターネット上における情報の危険性はしばしば指摘されるところであるが，地方総監府に関する叙述は2018年の時点では「虚実取り混ぜ」の根拠に基づいてなされているものが多く，注意を要する．

9) その一方で，既存の国政事務を全て州庁に委ねてしまっては府県の行うべき事務が少なくなってしまうため，教育，産業，衛星，土木などの国政事務については可能な限り，府県またはその長に団体委任あるいは機関委任すべきとしていた．
10) 政友会が知事公選制を実現しようとした背景には，知事の任命を官吏による独占から政党人，政治家にまで広げようというもので，一面では地方における政党の影響力の強化にその目的があったとされている．政党内閣期における政党の国政への関与については粟屋憲太郎『昭和の政党』（岩波現代文庫，2007年）などを参照．
11) 「各省行政長官と国務大臣を分離　省の廃合以下広範に亙る政友小委員会の原案」『大阪朝日新聞』1936（昭和11）年10月6日付．
12) 大蔵省財務局の新設（41年），鉄道省鉄道局（陸運監督行政の増大に対応するための権限拡充，39年），厚生省職業紹介所（職業紹介行政の本格実施のための改組，38年），商工省労務間事務所（戦時統制の指導監督のための設置，42年），軍需相新設にともなう，軍需省軍需管理部の府県出張所の新設（43年）などが挙げられる．
13) 前掲「太平洋戦争末期における内閣機能強化構想の展開」，65～67頁．
14) 協議会委員となった出先機関の長は次の通りである．各地域の財務局長，税関長，専売局長，営林局長，鉱山監督局長，工務官事務所長，地方燃料局長，海務局長，逓信局長，鉄道局長，労務官事務局長．（伊藤隆監修　百瀬孝著『辞典　昭和戦前期の日本　制度と実態』〔吉川弘文館，1990年〕，114頁）．
15) 陸軍は総合連絡・調整のなかに軍政も含ませることで，地方の戦時体制の強化を陸軍主導のもとに強力に推し進めることを目指していた．実際に協議会の区分はそのまま陸軍軍管区と一致しており，さらに協議会会長となった知事は，軍管区司令部所在府県の知事であった点からも，陸軍の狙いはある程度実現したと見ることもできる．
16) 参謀本部編『敗戦の記録』（原書房，1989年），220～221頁．
17) 前掲「太平洋戦争末期における内閣機能強化構想の展開―地方総監府の設置をめぐって―」，68～69頁．
18) 「『持久必勝体制確立に関する件』（案）に対する所見」　一九，一二，二九」（「緊急施策措置要綱ニ基ク」地方行政協議会長の補佐機関の整備等に対する対策に対する各省意見要旨（20.2.3）」国立公文書館所蔵『地方行政協議会関係書類』三A　一三－八　自四八　一二二，所収）．陸軍の理想的な青写真は，協議会長を軍管区司令が兼務することで，実質的に地方長官の管轄を内務省から軍に移し，地域単位での「地域的自給自足体制」を軍の手で完成させることを目論んでいたとされる．陸軍は現状の遅れを，各省間の「縦割り意識」によるものと認識していた（実際にそうした認識は誤りとはいえないものであった）．そのため，陸軍は痺れを切らしたように，「道州制」の採用を強く求めたのである．
19) 小磯首相は2月3日の貴族院予算総会において，下村宏の「地方行政協議会の権

限強化」についての質問に対し「権限を強化」する意向を示しつつ「これを一歩進めて道州制にまで発展させるかどうかは目下考究中である」と答弁している（「道州制は考究中」『読売新聞』〔昭和20年2月4日付〕）．
20) 官吏は，「法令に遵由して之を施行する」高等官と，「上官の指揮を承け庶務に従事する」判任官とに分けられていた．高等官は任命形式によって勅任官と奏任官に分けられ，さらに勅任官は親任官と勅任官とに区分される．親任官を除く高等官を1等から9等まで分類され，1～2等が勅任官，それ以下が奏任官とされていた．知事は勅任官に位置し，北海道庁長官，府及び大県の知事は1等，中県の知事は1～2等，小県知事は2等とされた．北海道庁長官，府・大県知事の前職は，他府県知事か内務省局長クラス，中県は小県知事か府県部長または内務省課長クラス，小県は府県部長または内務省課長であった（前掲『辞典　昭和戦前期の日本　制度と実態』，93～105頁）．
21) 前掲「太平洋戦争末期における内閣機能強化構想の展開」，68～69頁．
22) 同上，68～79頁．
23) 枢密院審査委員会の席上，地方協議会長の人事発案者は誰かと質問がなされた際，小磯は「会長も地方長官であるから，内務行政の責任者である内相が人事を発案し，その進言にもとづき首相が内相との協議のうえ適当であると認めれば，親任官であるから首相より内奏する」と説明している．当初の方針から大幅に後退してしまったのである．
24) 本土決戦が現実味を帯びるにしたがって，地方行政の主管大臣たる内相のポストは一層重要と認識された．そのため軍部は，鈴木内閣の組閣時に現役軍人の内相就任を目論んだが，最終的に阿南陸相の拒否によって頓挫していた（前掲「太平洋戦争末期における内閣機能強化構想の展開，73頁）．
25) 防衛省防衛研究所図書館所蔵「機密戦争日誌　其九」昭和二〇年一月二五日付．一方，この頃の陸軍は，本土決戦にそなえて，陸軍省軍務局を中心に，明治憲法第31条の発動を検討していた．同条は「非常大権」とも呼ばれるもので，「本章ニ掲ケタル条規ハ戦時又ハ国家事変ノ場合ニ於テ天皇大権ノ施行ヲ妨クルコトナシ」と記されていた．すなわち31条は，戦時・事変の場合に天皇大権の施行を優先し，臣民の権利義務の制限を規定するものだった．恐らく陸軍の狙いは非常大権発動に基づく「戒厳措置」の施行，つまり「国民の権利を保障した法律の一部の効力を停止し，行政権・司法権の一部ないし全部を軍隊の権力下に移行する」ことが狙いであったと思料されるのである（「竹下正彦日記」『竹下正彦関係文書』所収〔昭和二〇年五月八日付〕）．
26) 前掲「太平洋戦争末期における内閣機能強化構想の展開」，75頁．
27) 条文に現役武官起用の規程が盛り込まれなかったため，地方総監，副総監，その他総監府参事官，副参事官のなかに現役軍人は一人も含まれていない．しかし地方総監府設置に伴い，各総監府ごとに新設された軍需管理局長官は，8人のうち5人が陸海軍中将の肩書きを有しており，うち2人は陸軍の現役武官であった（軍需管理局とは，軍需省軍需管理部廃止によって改組したもので，地方総監の管理に属し，その長官は地方総監の指揮監督をうけることになっていた）（前掲，79頁）．

第5章　戦時期における広域地方行政

28) 道州制の施行を早い段階から主張していた竹下正彦中佐（陸軍省軍務局内政班長）は，この閣議決定について「中央権限下部以上の画期的施策なり．いわゆる道州制の実現なり」と高い評価を与えていた．こうした述懐からも，地方総監府制の実現は陸軍にとって歓迎すべきことだったことがわかる（前掲「竹下正彦日記」）．
29) 地方総監府に対し，内務省は警察事務を中心に40数項目にも及ぶ留保条件を設定する一方，地方総監府に委譲された権限は僅か5項目に過ぎなかった（「地方総監府設置ニ伴フ中央留保事項其ノ他調」（JACAR：A05020297500，『種村氏警察参考資料第111集』〔国立公文書館〕）．
30) （JACAR：A03033484500〔第1～4画像〕）「地方総監府官制他二件審査報告」『枢密院審査報告　昭和十九年～昭和二十年』〔国立公文書館〕）．なお，判読不明の文字は■にした．同史料は原文書の状態が悪く，複数の研究者で読み解き，書き起こしたものである．
31) （JACAR：A03033484500〔第7～8画像〕）「地方総監の監督に関する件」『枢密院審査報告　昭和十九年～昭和二十年』〔国立公文書館〕）．
32) 地方総監の定員については『読売新聞』（昭和20年6月11日付記事）より補った．
33) 北海地方総監は北海道長官，関東信越地方総監は東京都長官，四国地方総監は香川県知事の兼任とされている．四国については特に規定はないが，恐らく当該陸軍軍管区司令部所在地に合せたものと思料される．
34) 『読売新聞』（昭和20年6月11日付）．
35) 内閣印刷局編『昭和年間　法令全書　昭和二〇年－3　勅令（続）』（原書房，2006年）10頁．
36) 前掲「太平洋戦争末期における内閣機能強化構想の展開」，79頁．
37) 同上，79頁．
38) このとき，地方総監府に繰りいれられた国の出先機関は，次の通りである．都庁府県，警視庁，運輸局，電気通信建設事務局，防衛通信施設部，土木事務所，財務局，地方専売局，営林局，木炭事務所，食料事務所，鉱山局，燃料局，海運局，運輸地方施設部，港湾施設部（「地方総監府官制第八条ノ規定ニ依ル地方官衙ノ長ノ指定ニ関スル件」（JACAR：A04017746100〔第2～3画像〕『御署名原本　昭和二十年　勅令第三五三号』〔国立公文書館〕）．
39) 各地方総監府には，それぞれ総監官房（庶務，連絡調整，財務，物価），第一部（情報，宣伝，治安，防空，防衛，通信），第二部（食料，林産，配給），第三部（国民義勇隊，戦時教育，勤労奉仕，輸送，建設）が置かれていた．なかでも警察事務を担う第一部長には，内務省警保「畑」の人間が選任されていた（「地方総監府第一部長事務打合わせ一件書類」（JACAR：A05020290800）『種村氏警察参考資料第106集』〔国立公文書館〕，前掲『辞典　昭和戦前期の日本　制度と実態』，116頁）．
40) 地方総監府の設置によって，直接軍政の施行は回避され一般行政と軍政が分離されたことによって，本土決戦時の一般住民の避難措置についても，地方総監が責任を持つことになったと考えられる．しかし沖縄戦の結果が示すように，軍側が一般住民の避難に積極的に動いたとは考えにくい．沖縄戦の際に，現地陸軍が戒厳令の施行を検討したが，実際には見送られた．そのため，沖縄における非戦闘員の避難措置は一般

行政の範囲内として沖縄県知事が行なうとなっていた．そのため軍は避難に対する責任を元々持っていなかった，という言説を生みだすことになった．おそらく本土決戦においても戦場地域の地方行政は早晩機能停止状態に陥り，おそらく現地軍がなし崩しに軍政が行われる事態が招来したであろうし，一般住民の避難についても沖縄戦と同様の状態に陥ったであろう．

41) 「本土決戦我に利　全力戦い抜くのみ」『読売新聞』(昭和 20 年 6 月 10 日付).
42) 「地方総監府官房主幹会議」『読売新聞』昭和 20 年 6 月 21 日付．
43) 「本土決戦に臨む　地方総監の抱負を聞く」(一) 〜 (四)『読売新聞』(昭和 20 年 6 月 19 日〜22 日).
44) 「九州決戦対策　官衙長会議」『読売新聞』(昭和 20 年 7 月 13 日)，「輸送絶対確保」(『読売新聞』昭和 20 年 7 月 13 日付).
45) 「北海地方三長官会同」『読売新聞』(昭和 20 年 6 月 27 日付).
46) 東京都内の戦災者の「気魂を戦力化するため」戦災疎開者の北海道帰農計画に基づくもので，戦災者北海道開拓会が誕生して設けられた相談所 (丸ビル内同協会事務局，内務省内北海道庁出張所，東京都民生局に設置) には 3000 名を超える相談者が殺到したらしい．また実際に北海道に帰農した戦災者の「拓北農兵隊」が空襲に曝されながら開拓に勤しむ様子を伝える記事もある (「空襲には驚かぬが大農法には呆然　北海道帰農の東京部隊」『朝日新聞』(昭和 20 年 7 月 20 日付).
47) 「屯田兵魂で　戦災者よ特攻隊に続け」『読売新聞』昭和 20 年 6 月 19 日付．
48) 「内務省の諸権限を総監，知事に大幅委譲」(『朝日新聞』，昭和 20 年 7 月 8 日付)，「農商省機構簡素化」(『朝日新聞』，昭和 20 年 7 月 9 日付)，「学徒動員局を新設」『朝日新聞』(昭和 20 年 7 月 12 日付)，「百十五件委譲　厚生省関係」『朝日新聞』(昭和 20 年 7 月 29 日付).
49) 「地方連絡室　内務省に新設」『朝日新聞』(昭和 20 年 7 月 14 日付).
50) 「農商大臣の職権　地方総監が代行　事態急迫時の措置」(『読売新聞』(昭和 20 年 7 月 21 日付)，「地方連総監府第一部長会」『朝日新聞』(昭和 20 年 7 月 25 日付).
51) 「髙松，福岡に控訴院　八行刑管区新設，指令は勅任　司法権講師に非常措置」『朝日聞』(昭和 20 年 8 月 9 日付).
52) 「地方軍需管理局も廃止　地方総監府吸収」『読売新聞』(昭和 20 年 8 月 26 日付).
53) 「総監府は益々重要　地方総監会議　首相宮御挨拶」『読売新聞』(昭和 20 年 9 月 8 日付).
54) 「地方総監会議」『朝日新聞』(昭和 20 年 9 月 8 日付)，「総監府官房主幹会議」(『朝日新聞』昭和 20 年 9 月 9 日付).
55) 地方行政事務局は北海道を除く 7 地方への設置が決定されている．北海道については設置説，北海道長官が事務を担当するとされた「新に地方行政事務局　地方総監府は廃止」『朝日新聞』(昭和 20 年 9 月 29 日付)，「機構簡素化か複雑化か」『朝日新聞』(昭和 20 年 9 月 30 日付).
56) こうした報道として「近く地方長官大異動　省内機構改正も断行」『読売新聞』(昭和 20 年 10 月 4 日付) などが挙げられる．．
57) 新聞報道によれば GHQ が廃止を正式承認したのは 11 月 1 日付であった (『読売

新聞』昭和 20 年 11 月 6 日付)
58)「地方総監府へ指示」『朝日新聞』(昭和 20 年 10 月 3 日付).
59)「州庁制断行の好機 地方総監性を拡充せよ」『朝日新聞』(昭和 20 年 10 月 23 日付).
60)「地方連絡室新設 内務, 地方の連絡完璧化」『読売新聞』(昭和 20 年 10 月 27 日付),「地方総監府廃止マ司令部不同意 地方長官異動けふ発令」『読売新聞』(昭和 20 年 10 月 27 日付).
61)「地方総監府廃止決まる 連合軍司令部で正式承認」『朝日新聞』(昭和 20 年 11 月 6 日付). ほか「総監府廃止決る 行政事務局 七地方に設置」『読売新聞』(昭和 20 年 11 月 6 日付)

参照文献
(1) 未刊行史料

「『持久必勝体制確立に関する件』(案)に対する所見」 一九, 一二, 二九」(「緊急施策措置要綱ニ基ク」地方行政協議会長の補佐機関の整備等に関する対策に対する各省意見要旨 (20. 2. 3) 国立公文書館所蔵『地方行政協議会関係書類』三 A 一三一八 自四八 一二二, 所収)

「地方総監府設置ニ伴フ中央留保事項其ノ他調」(JACAR：A05020297500,『種村氏警察参考資料第 111 集』〔国立公文書館〕)

防衛省防衛研究所図書館所蔵「機密戦争日誌 其九」昭和二〇年一月二五日付

(JACAR：A03033484500〔第 1~4 画像〕)「地方総監府官制他二件審査報告」『枢密院審査報告 昭和十九年~昭和二十年』〔国立公文書館〕

(JACAR：A03033484500〔第 7~8 画像〕)「地方総監の監督に関する件」『枢密院審査報告 昭和十九年~昭和二十年』〔国立公文書館〕

(JACAR：A03023559600)『公文別録・親任官任免・明治二十二年~昭和二十二年』第十一巻・昭和二十年〔国立公文書館〕

(JACAR： A03023561500)「依願免本官並兼官関東信越地方総監兼東京都長官西尾寿造」『公文別録・親任官任免・明治二十二年~昭和二十二年』第十一巻・昭和二十年〔国立公文書館〕

「地方総監府官制第八条ノ規定ニ依ル地方官衙ノ長ノ指定ニ関スル件」(JACAR：A04017746100〔第 2~3 画像〕『御署名原本 昭和二十年 勅令第三五三号』〔国立公文書館〕

「地方総監府第一部長事務打合わせ一件書類」(JACAR：A05020290800)『種村氏警察参考資料第 106 集』〔国立公文書館〕

(2) その他文献

粟屋憲太郎 (2006)『昭和の政党』岩波学術文庫
伊藤隆監修 百瀬孝著 (1990)『辞典 昭和戦前期の日本 制度と実態』吉川弘文館
市川喜崇 (2005)「道州制・都道府県論の系譜」日本地方自治学会編『地方自治叢書 18 道州制と地方自治』敬文堂
大石嘉一郎 (2000)「地方総監府」『日本歴史大事典』第 2 巻 (小学館)

国立公文書館（1996）『枢密院会議議事録　九十六　昭和編 54』東京大学出版会
佐藤克廣（2005）『道州制の論点と北海道』公人の友社
参謀本部編（1989）『敗戦の記録』原書房
内閣印刷局（2006）『昭和年間　法令全書（第 19 巻 -3）』原書房
日本地方自治学会編（2005）『地方自治叢書 18　道州制と地方自治』敬文堂
秦郁彦（編）（2001）『日本官僚制総合事典：1868-2000』東京大学出版会
三沢潤生（1988）「地方総監府」『国史大辞典』第 9 巻（吉川弘文館）
渡部徹（1978）「地方総監府」『日本近現代史辞典』東洋経済新報社
天川晃（1986）「変革の構想－道州制論の文脈－」大森彌・佐藤誠三郎編『日本の地方政府』東京大学出版会
天川晃（1989）「昭和期における府県制度改革」日本地方自治学会編『日本地方自治の回顧と展望』敬文堂
坂本慎一（2008）「松下幸之助と下村宏の道州制論－台湾総督府の州庁制と大戦末期における地方総監府制の重要性－」『論叢　松下幸之助』第 9 号（PHP 総合研究所）
佐藤俊一（2000）「戦前昭和期の広域行政（道州制）『東洋法学』第 44 巻第 1 号（東洋大学法学会）
矢野信幸（1998）「太平洋戦争末期における内閣機能強化構想の展開－地方総監府の設置をめぐって－」『史学雑誌』第 107 編、第 4 号（史学会）

第II部　経済篇

第**6**章

北海道のインバウンド観光と誘致効率性
－東日本大震災前後での比較－

平井貴幸・山田玲良

1. はじめに

　1990年代までの日本のインバウンド観光は，その旅行者数を伸ばしてきたとはいえ，アウトバウンド観光と比較すると非常に小さい規模であった[1]．2000年代に入ると，インバウンド観光促進のための様々な政策が展開され，訪日外国人観光客数は2010年までの10年間で倍増した．翌11年の東日本大震災の発生により減少したものの，その後の積極的な観光政策が奏功し，2013年には1,000万人，16年には2,000万人の大台を突破した．

　このような状況において，近年，インバウンド観光についての話題が数多く取り上げられるようになっている．その背景の一つとして，インバウンド誘致による経済振興が地域経済に様々な効果を与えると認識されてきたことが挙げられよう．インバウンド観光の振興は他の産業開発に比して，それほど多くの資本を必要とせず，外貨収入を確保することが可能であり，雇用機会を創出するなどの優れた効果を国民経済にもたらすと考えられる．たとえば，国土交通省観光庁（2018）によると，2016年の旅行消費額（日本人の国内旅行分を含む）26.4兆円が生み出す「生産波及効果」は53.8兆円（産出額の5.4％），「付加価値効果」は26.7兆円（GDPの5.0％），「雇用誘発効果」は459万人（就業者総数の6.9％）と推計されている．

　ところで，日本は，諸外国に比して，地震や台風などの自然災害が発生しやすい国土であるが，地域経済において重要な産業の一つと考えられる「観光業」はその自然災害による物理的な影響や風評被害などを受けやすい．とくに

2011年3月11日に発生した東日本大震災は，インバウンド誘致の観点からも大きな影響を及ぼした．また，2018年には台風21号による関西空港閉鎖や，北海道胆振東部地震による新千歳空港閉鎖などの影響により，同年9月の訪日外国人客数は前年同月比で5.3%減少した[2]．

そこで本章では，近年のインバウンド観光の現状について，関連するデータを整理して示しつつ，都道府県レベルのインバウンド誘致効率性を計測する．その計測方法としてデータ包絡分析法を，またその効率性の変化についてはMalmquist指数を援用し，東日本大震災前後での，北海道のインバウンド誘致効率性が他地域と比較してどのように評価できるか，またその効率性がどのように変化していたかを示すことにしたい．

2．インバウンド観光の現況

（1）日本のインバウンド観光

日本では，第2次世界大戦後の経済復興において，様々な観光政策が展開されてきた．高度経済成長期を経て，アウトバウンド観光は急速に拡大していくが，1990年代までのインバウンド観光はアウトバウンド観光に比して非常に小さな規模で推移してきた[3]．ここで，1990年から2017年までのインバウンド（訪日外国人数），アウトバウンド（出国日本人数）の推移を図6-1に示す．ちなみに，1990年代のインバウンド，アウトバウンドの平均値（1990-99年平均増加率）は，それぞれ372万人（3.6%），1,399万人（4.5%）である．

このような差の拡大を改善させるため，1996年に当時の運輸省は「ウェルカムプラン21」（訪日観光交流倍増計画）を発表した．その後，翌97年には「外客誘致法」（外国人観光旅客の来訪地域の多様化の促進による国際観光の振興に関する法律）が公布，施行され，2000年には「新ウェルカムプラン21」が打ち出され，インバウンド観光促進のための政策が展開されていった．

さらに，2003年には小泉首相（当時）の施政方針演説においてインバウンド観光の重要性が訴えられ，当時の訪日外国人観光客数500万人を2010年までに倍増させることを目標とした「ビジット・ジャパン・キャンペーン」

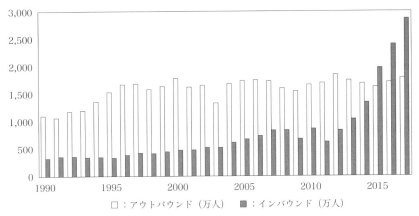

出所:日本政府観光局(JNTO)『日本の国際観光統計』及び「国籍/月別訪日外客数」,法務省入国管理局「出入国管理統計」より作成.

図 6-1　国際観光客数の推移

(Visit Japan Campaign:VJC)が開始された.また,日本政府は1963年に成立した「観光基本法」を43年ぶりに改定し,2007年に「観光立国推進基本法」を施行,翌08年には「観光立国」推進体制の強化のため,国土交通省の外局として観光庁を設置し,インバウンド観光の政策面での強化が図られていった.ちなみに,2000年代のインバウンド,アウトバウンドの平均値(2000-09年平均増加率)は,それぞれ637万人(4.0%),1,644万人(-1.6%)である.

VJCなどの誘致政策によって,インバウンド数を順調に伸ばしてきたが,2009年には「リーマン・ショック」や「新型インフルエンザ」などの影響により減少した.2010年には当時のインバウンド目標1,000万人におよばなかったものの,過去最高の861万人を記録し,更なるインバウンド市場の拡大を目指していたが,2011年の「東日本大震災」によりインバウンド数は激減してしまう.その後の積極的な観光政策や観光関連団体の諸活動などによってインバウンド数は2013年に1,000万人,16年に2,000万人の大台を突破した.最新の2017年のインバウンド数は2,869万人となり,2010年から2017年までのインバウンド数の平均は1,493万人,その間の年平均増加率は21.9%となる(ちなみに,アウトバウンドのそれは1,722万人,1.0%).

第6章　北海道のインバウンド観光と誘致効率性　　141

表 6-1　出身地別イ

	2000年			2005年				
1	韓　国	106.4	(22.4％)	韓　国	174.7	(26.0％)	韓　国	
2	台　湾	91.3	(19.2％)	台　湾	127.5	(18.9％)	中　国	
3	アメリカ	72.6	(15.3％)	アメリカ	82.2	(12.2％)	台　湾	
4	中　国	35.2	(7.4％)	中　国	65.3	(9.7％)	アメリカ	
5	香　港	24.3	(5.1％)	香　港	29.9	(4.4％)	香　港	
6	イギリス	19.3	(4.1％)	イギリス	22.2	(3.3％)	オーストラリア	
7	オーストラリア	14.7	(3.1％)	オーストラリア	20.6	(3.1％)	タ　イ	
8	カナダ	11.9	(2.5％)	カナダ	15.0	(2.2％)	イギリス	
9	フィリピン	11.2	(2.4％)	フィリピン	14.0	(2.1％)	シンガポール	
10	ドイツ	8.8	(1.9％)	タ　イ	12.0	(1.8％)	カナダ	
	総　数	475.7	(100.0％)	総　数	672.8	(100.0％)	総　数	

出所：日本政府観光局（JNTO）「訪日外客数」より作成．

　次に，インバウンド観光の現状についてより詳しく確認しよう．出身地域別のインバウンド数の推移を表6-1に示す．中国・香港・台湾・韓国や東南アジア諸国を含むアジア地域からのインバウンド数の全体に占める割合は，2000年の64.1％から，2017年の86.1％に上昇しており，日本のインバウンド市場において重要な地域であることがわかる．2000年代は，1位・韓国，2位・台湾の順位は変わっておらず，それらのインバウンド数は他と比べて多い．また，2000年に3位であったアメリカは2010年には中国に，15年には香港に抜かれ，4位に位置していた中国が2010年に2位，15年から首位となる．ちなみに2010年から17年にかけての年平均増加率は，韓国が16.6％，台湾が20.1％，アメリカが9.5％，中国が26.6％，香港が23.5％となり，とくに訪日中国人観光客数が急増していることが確認できる．この背景には，2009年7月より開始された富裕層を対象にした個人観光ビザの発給やその後の条件緩和などがある．

　ここで，インバウンドが日本のどの地域を訪れているかを確認するために，2000年から2017年にかけての都道府県別訪問率の推移を表6-2に示す．過去18年間において，上位7地域の顔ぶれに変化はない．それらはいずれも大都市圏に属し，大型国際空港が整備されている．2005年以降，北海道への訪問率が上昇していることも確認できる．

ンバウンド数の推移

2010年			2015年			2017年		
244.0	(28.3%)	中　国	499.4	(25.3%)	中　国	735.6	(25.6%)
141.3	(16.4%)	韓　国	400.2	(20.3%)	韓　国	714.0	(24.9%)
126.8	(14.7%)	台　湾	367.7	(18.6%)	台　湾	456.4	(15.9%)
72.7	(8.4%)	香　港	152.4	(7.7%)	香　港	223.2	(7.8%)
50.9	(5.9%)	アメリカ	103.3	(5.2%)	アメリカ	137.5	(4.8%)
22.6	(2.6%)	タ　イ	79.7	(4.0%)	タ　イ	98.7	(3.4%)
21.5	(2.5%)	オーストラリア	37.6	(1.9%)	オーストラリア	49.5	(1.7%)
18.4	(2.1%)	シンガポール	30.9	(1.6%)	マレーシア	44.0	(1.5%)
18.1	(2.1%)	マレーシア	30.5	(1.5%)	フィリピン	42.4	(1.5%)
15.3	(1.8%)	フィリピン	26.8	(1.4%)	シンガポール	40.4	(1.4%)
861.1	(100.0%)	総　数	1,973.7	(100.0%)	総　数	2,869.1	(100.0%)

表 6-2　インバウンド全体の都道府県訪問率（％）の推移

	2000年		2005年		2010年		2015年		2017年	
1	東京	56.0	東京	58.5	東京	60.3	東京	52.1	東京	46.2
2	大阪	23.7	大阪	22.6	大阪	26.1	千葉	44.4	大阪	38.7
3	神奈川	15.3	京都	19.1	京都	24.0	大阪	36.3	千葉	36.0
4	京都	14.1	神奈川	18.9	神奈川	17.8	京都	24.4	京都	25.9
5	千葉	13.2	千葉	15.4	千葉	15.0	神奈川	11.3	福岡	9.8
6	愛知	9.0	愛知	11.9	愛知	10.9	愛知	9.8	愛知	8.9
7	福岡	8.0	福岡	7.4	福岡	9.1	福岡	9.5	神奈川	8.5
8	兵庫	5.6	兵庫	6.9	北海道	8.8	北海道	8.1	北海道	7.7
9	山梨	4.8	山梨	5.8	山梨	8.2	兵庫	6.5	沖縄	7.3
10	静岡	3.7	北海道	5.6	兵庫	7.6	山梨	6.3	奈良	7.3

出所：日本政府観光局（JNTO）『訪日外客訪問地調査』，国土交通省観光庁『訪日外国人消費動向調査』より作成．

（2）　北海道のインバウンド観光

では，北海道のインバウンド観光の特性について見ることにしよう．まず，日本全体と北海道へのインバウンド数の推移を図 6-2 に示す．北海道へのインバウンド数の規模は日本全体のそれに比して小さいが，2011 年以降急増していることが示されていることがわかる．

つぎに，出身地域別インバウンド数をまとめた表 6-3 を見ると，2000 年時点では中国・香港・台湾・韓国や東南アジア諸国を含むアジア地域からのイン

バウンド数は全体の 81.1％ を占めていたが，2016 年には 88.1％ へと拡大している．2000 年から 2010 年までは台湾からのインバウンド数がもっとも多いことが示されている．また，近年では，中国からのインバウンド数が急増しており，日本全体の傾向と同じであるが，これは 2008 年 12 月に公開された北海道・道東地方がロケ地となった中国映画『狙った恋の落とし方．』(『非誠勿擾』) の大ヒットの影響が大きい (日本では 2010 年 2 月公開)．ちなみに，

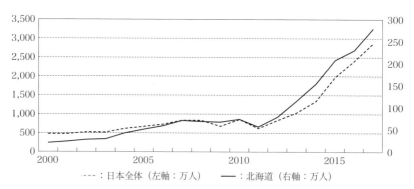

出所：日本政府観光局 (JNTO)『日本の国際観光統計』(各年版) および北海道経済部観光局「訪日外国人来道者 (実人数) の推移」(Microsoft Excel) より作成．

図 6-2 日本全体と北海道のインバウンド数の推移

表 6-3 北海道への出身地域別

	2000 年			2005 年			
1	台　湾	11.0	(53.1％)	台　湾	27.7	(53.9％)	台　湾
2	香　港	2.9	(14.2％)	香　港	8.7	(16.8％)	韓　国
3	韓　国	2.0	(9.6％)	韓　国	7.0	(13.6％)	中　国
4	アメリカ	0.8	(4.0％)	オーストラリア	1.9	(3.7％)	香　港
5	ロシア	0.6	(3.0％)	中　国	1.6	(3.0％)	シンガポール
6	マレーシア	0.5	(2.3％)	シンガポール	1.2	(2.3％)	オーストラリア
7	オーストラリア	0.4	(1.8％)	アメリカ	0.9	(1.7％)	マレーシア
8	中　国	0.2	(1.2％)	ロシア	0.6	(1.1％)	アメリカ
9	シンガポール	0.1	(0.7％)	マレーシア	0.6	(1.1％)	タ　イ
10	カナダ	0.1	(0.5％)	カナダ	0.1	(0.2％)	ロシア
	総　数	20.7	(100.0％)	総　数	51.4	(100.0％)	総　数

出所：北海道経済部観光局「訪日外国人来道者 (実人数) の推移」(Microsoft Excel) より作成．

2010年から2017年にかけての年平均増加率は，台湾からのインバウンドが19.3%，中国からのそれは26.2%と非常に高い水準で増加している．

また，オーストラリアや，マレーシアやタイなどの東南アジア諸国からの来道者数が急増していることも北海道のインバウンド観光の特徴といえる．これは，スキーやスノーボードなどのウィンタースポーツを楽しむために最適な雪質，オホーツク海沿岸に接岸する流氷など，冬季の自然現象が観光資源の一つとして，北海道のインバウンド観光の強みになっていると考えられる．

3. 分析方法

インバウンド誘致は日本の経済振興策の一つとしてだけでなく，地域経済の振興という視点からも重要である．しかし，観光資源がどれだけ投入され，それがどの程度インバウンド誘致に結びついているのかは必ずしも明らかではない．また，目的地ごとの特性を考慮した分析が必要であろう．ここで，インバウンドを誘致する主体（目的地となる都道府県）はそれが有する観光資源や観光関連インフラ，そして誘致活動にかかる労働力や経費などを投入し，様々な出身地からのインバウンドを獲得（産出）すると仮定しよう．一般的には，両者の関係がいかなるものかを探るために，回帰分析などを用いることが想い浮

インバウンド数の推移（万人）

2010年			2015年			2017年		
	18.4	(24.8%)	中　国	55.4	(26.6%)	中　国	66.6	(23.9%)
	14.9	(20.1%)	台　湾	54.8	(26.3%)	韓　国	63.9	(22.9%)
	13.6	(18.3%)	韓　国	30.0	(14.4%)	台　湾	61.5	(22.0%)
	8.7	(11.7%)	香　港	16.5	(7.9%)	香　港	20.3	(7.3%)
	2.9	(3.9%)	タ　イ	15.5	(7.5%)	タ　イ	15.9	(5.7%)
	2.6	(3.5%)	マレーシア	7.6	(3.7%)	マレーシア	12.4	(4.4%)
	2.2	(2.9%)	アメリカ	5.3	(2.5%)	アメリカ	7.7	(2.8%)
	2.1	(2.9%)	シンガポール	5.0	(2.4%)	シンガポール	6.9	(2.5%)
	1.8	(2.5%)	オーストラリア	4.7	(2.2%)	オーストラリア	5.5	(2.0%)
	1.1	(1.5%)	カナダ	1.6	(0.8%)	カナダ	2.2	(0.8%)
	74.2	(100.0%)	総　数	208.0	(100.0%)	総　数	279.2	(100.0%)

かぶが，アウトプットとしてのインバウンド数を単一のデータで捉えることは分析に少し強い制約を課すことになる．そこでノンパラメトリックの手法の一つであり，複数のアウトプットを許容するデータ包絡分析法（Data Envelopment Analysis：DEA）を用いて，各地域のインバウンド誘致効率性を計測することにしたい[4]．

以下では，Charnes, Cooper and Rhodes（1978）によって示された DEA の基本モデル（CCR モデル）と，Caves, Christensen and Diewert（1982a, b）が提案した，効率性変化を計測する一つの手法としての Malmquist 指数について説明する．第4節において，前者は各時点のインバウンド誘致効率性を，また後者は2時点間の誘致効率性の変化を計測するために用いられる．

（1） DEA による効率性の計測

意思決定主体（Decision Making Unit：DMU）としての分析対象の効率性を相対的に評価するための一つの手法が DEA であり，それはさまざまな研究分野で用いられている．

DEA では，効率性が最も高い DMU を基準として効率的フロンティアを形成し，非効率的である DMU をそのフロンティアからの乖離で評価するものである．いま，n 個の DMU が存在し，$l \times 1$ アウトプット・ベクトル y と，$m \times 1$ インプット・ベクトル x があり，また各 DMU のアウトプット，インプットに関するデータを並べてできる行列をそれぞれ Y, X としよう．そして，すべての DMU のなかから，相対的な効率性を計測したい分析対象を k 番目の DMU として（$k \in \{1, \cdots, n\}$），アウトプットに対するウェイトを $1 \times l$ ベクトル u，インプットに対するそれを $1 \times m$ ベクトル v とする．DEA のフレームワークでは，同じ水準のアウトプットを獲得するためにはインプットが少なければ少ないほど，あるいは同水準のインプットのもとでアウトプットが多ければ多いほど効率的であると考えるため，以下の仮想的なアウトプット・インプット比率が大きいほど，効率的な DMU であるとみなすことができる：

$$\frac{\text{仮想的なアウトプットの総量}}{\text{仮想的なインプットの総量}} = \frac{uy_k}{vx_k}$$

ここで，CCR モデルは以下の線型計画問題として表現され，その最適解 $\theta_k^*(0\leq\theta_k^*\leq1)$ が分析対象の DMU の効率値となる[5]：

$$\min_{\theta_k,\lambda} \theta_k, \quad \text{s.t.} \quad \theta_k x_k - X\lambda \geq 0, \quad y_k - Y\lambda \leq 0, \quad \lambda \geq 0. \tag{1}$$

(2) DEA に基づく Malmquist 指数

上述の DEA モデルは，1 時点における相対的な効率性を計測するものであるが，ここでは 2 時点間の効率性の変化に焦点をあてることにする．効率性変化を計測する手法の一つである Malmquist 指数（MI）を DEA の基本モデルである CCR モデルを用いて表現することにしよう．

まず，$d_s(x_t, y_t)$ は t 期における DMU の生産活動 (x_t, y_t) を，s 期の効率的フロンティアで評価した場合の距離を表す．たとえば，$t=s$ であれば，s 期における CCR モデル（1）となる：

$$d_s(x_t, y_t) = \min_{\theta_{k,st}, \lambda} \theta_{k,st}, \quad \text{s.t.} \quad \theta_{k,st} x_{k,t} - X_s \lambda \geq 0, \quad y_{k,t} - Y_s \lambda \leq 0, \quad \lambda \geq 0. \tag{2}$$

CCR モデル（2）を用いて，Malmquist 指数を以下のように定義する：

$$MI = \frac{d_t(x_t, y_t)}{d_s(x_s, y_s)} \times \left[\frac{d_s(x_s, y_s)}{d_t(x_s, y_s)} \frac{d_s(x_t, y_t)}{d_t(x_t, y_t)}\right]^{\frac{1}{2}}$$

右辺の左側をキャッチ・アップ（CU）効果，右側をフロンティア・シフト（FS）効果といい，計測結果が $MI>1$ であれば，その 2 時点間で効率性が向上したことを示す[6]．

4．インバウンド誘致効率性とその変化の計測結果

本節では，インバウンド誘致効率性を計測するために，各都道府県を，観光関連のインフラや観光に係る行政コストを投じて，インバウンドを呼び込む主体であると想定し，各都道府県のアウトプット項目として，韓国（y_1），台湾（y_2），中国（y_3），香港（y_4），アメリカ（y_5），欧州（ここでは，イギリス・フランス・ドイツの 3 カ国計：y_6），その他の国からのインバウンド数（y_7）

を,またインプット項目として,宿泊施設1軒当たりの客室数 (x_1),観光関連施設数 (x_2),観光課職員数 (x_3),観光費 (x_4) を用いることにする[7].

ここで用いるデータは以下の通りである.7つのアウトプット項目については,国土交通省観光庁『訪日外国人消費動向調査』(各年版),日本政府観光局 (JNTO)『JNTO訪日外客訪問地調査』(各年版) より都道府県別訪問率を用いて算出した.4つのインプット項目については,日本観光協会『数字でみる観光』(各年版),環境省自然環境局『温泉利用状況』(各年版),総務省『都道府県決算状況調』(各年版),『地方公共団体定員管理調査結果』より抽出したものである.表6-4に,分析に用いる2000年から2015年までの各データの基本統計量を示す.

まず,上述のCCRモデルに基づいて,都道府県別のインバウンド誘致効率性 (CCR効率値) を確認しよう.以下では,煩雑な議論を避けるために,47都道府県を12の地域に分類する[8].また,東日本大震災前後の効率性の変化を見るために,VJC開始後の2004年から2007年,大震災後の2012年から2015年までの2つの期間の結果を比較することにする.その計測結果を表6-5に示す.

表6-5の数値は1であれば効率的な地域,逆に,0に近ければ近いほど相対的に効率的でない地域であることを示している.大震災以前の期間 (2004-07年) では,東京と大阪の2地域のみが効率的となり,これに次いで,北海

表6-4 データの基本統計量

	平均	標準偏差	最大値	最小値
y_1:韓国からのインバウンド(万人)	7.9	16.4	118.2	0.0
y_2:台湾からのインバウンド(万人)	6.6	13.1	134.1	0.1
y_3:中国からのインバウンド(万人)	7.5	24.5	343.2	0.0
y_4:香港からのインバウンド(万人)	2.1	5.1	53.6	0.0
y_5:米国からのインバウンド(万人)	3.4	8.4	88.1	0.0
y_6:欧州からのインバウンド(万人)	4.1	10.0	100.3	0.1
y_7:その他のインバウンド(万人)	2.4	5.8	62.5	0.0
x_1:宿泊施設1軒当たりの客室数	28.1	11.7	87.8	13.2
x_2:観光関連施設数 (1,000)	0.6	0.4	2.4	0.2
x_3:観光課職員数 (100人)	1.7	0.8	5.5	0.6
x_4:観光費(億円)	26.0	29.8	467.4	2.7

表 6-5　地域別インバウンド誘致効率性の計測結果

		2000-03 年	2004-07 年	2008-11 年	2012-15 年
(1)	北海道	0.678	0.737	0.944	0.716
(2)	東　北	0.108	0.111	0.133	0.062
(3)	北関東	0.212	0.212	0.303	0.195
(4)	南関東	0.696	0.692	0.635	0.543
(5)	東　京	1.000	1.000	1.000	1.000
(6)	中　部	0.361	0.367	0.411	0.372
(7)	近　畿	0.486	0.540	0.501	0.480
(8)	大　阪	1.000	1.000	1.000	1.000
(9)	中　国	0.158	0.159	0.174	0.143
(10)	四　国	0.139	0.080	0.074	0.054
(11)	九　州	0.398	0.450	0.467	0.472
(12)	沖　縄	0.531	0.342	0.505	0.662
	平　均	0.359	0.367	0.387	0.350

注：数値は各期間の平均値.

道（0.737），南関東（0.692），近畿（0.540）の 3 地域も相対的に高い効率値を示している．大震災以後の期間（2012-15 年）においても，東京と大阪のみが効率的となり，北海道（0.716），沖縄（0.662），南関東（0.543）と続く．インバウンド効率性の全国平均は大震災後に若干低下しているが，北海道のそれも同様にやや低下していることが示されている．

つぎに，各地域のインバウンド誘致効率性の変化について，Malmquist 指数（MI）の計測結果を表 6-6 に示す．ここで，MI は 2 つの指標の積として分解することができるが，一方は 2 時点間の効率値の比率として表されるもので，それをインバウンド誘致のパフォーマンスの変化（CU 効果）として捉える．他方は，効率的フロンティアの変化（FS 効果）を表す．そして，その 2 つの効果によって，異時点間の総合的なインバウンド誘致効率の変化を表すものが MI となる．

表 6-6 の CU，FS，MI の数値は 1 より大きいとき効率性の向上，1 のとき変化なし，1 より小さいとき効率性の低下を示すが，直観的な理解を得るために CU，FS，MI の各々に対して自然対数をとり，それぞれを正，ゼロ，負の値で表すことにする．

大震災以前の期間（2004-07 年）の MI は四国と沖縄以外の全地域で，ま

表 6-6 地域別 Malmquist 指数の推計結果（2000 年基準）

	2000-03 年			2004-07 年			2008-11 年			2012-15 年		
	CU	FS	MI	CU	FS	MI	CU	FS	MI	CU	FS	MI
(1) 北海道	0.87	-0.12	0.75	0.83	0.26	1.08	1.11	0.19	1.30	0.81	0.91	1.72
(2) 東北	0.24	0.00	0.24	0.18	0.33	0.51	0.39	0.20	0.59	-0.34	0.74	0.40
(3) 北関東	-0.40	0.20	-0.19	-0.28	0.56	0.28	0.04	0.52	0.57	-0.50	0.99	0.48
(4) 南関東	-0.29	0.02	-0.27	-0.34	0.49	0.15	-0.41	0.60	0.19	-0.56	1.13	0.57
(5) 東京	0.00	0.04	0.04	0.00	0.43	0.43	0.00	0.43	0.43	0.00	0.83	0.83
(6) 中部	-0.05	0.11	0.05	0.03	0.40	0.43	0.20	0.41	0.60	0.08	0.89	0.97
(7) 近畿	0.03	0.14	0.17	0.12	0.54	0.66	0.01	0.55	0.56	-0.10	1.09	0.99
(8) 大阪	0.00	0.34	0.34	0.00	0.87	0.87	0.00	1.14	1.14	0.00	1.54	1.54
(9) 中国	-0.17	0.14	-0.03	-0.31	0.54	0.23	-0.26	0.46	0.20	-0.41	0.84	0.43
(10) 四国	-0.42	0.26	-0.16	-0.89	0.68	-0.21	-0.96	0.69	-0.27	-1.10	1.10	-0.01
(11) 九州	-0.38	0.06	-0.33	-0.47	0.57	0.10	-0.42	0.56	0.15	-0.46	0.92	0.46
(12) 沖縄	-0.26	-0.18	-0.44	-0.63	0.19	-0.44	-0.30	0.22	-0.08	0.03	0.92	0.95
平均	-0.12	0.10	-0.02	-0.17	0.49	0.32	-0.09	0.48	0.39	-0.30	0.95	0.65

注：数値に各期間の平均値．

た，大震災以後の期間（2012-15 年）の MI は四国以外のすべての地域で正の値を示している．これは全国的にインバウンド効率性が向上していることを示唆するものである．ただ，大震災以前の期間では，全国平均の CU はネガティブな効果（-0.17）を示すが，FS のポジティブな効果（0.49）がそれを上回ることで，MI は正の値（0.32），すなわち総合的にはインバウンド効率性が向上していることが示されている．大震災後の期間についても同様であるが，CU のネガティブな効果は -0.17 から -0.30 へと大きくなり，FS のポジティブな効果は 0.49 から 0.95 へと大きくなり，後者が前者を上回ることで MI は正の値（0.65）となる．北海道については，CU，FS ともにポジティブな効果を示し，総合的にはインバウンド効率性は向上していると判断することができる．ただ他の地域に比して，北海道のインバウンド効率性の向上は CU の効果が大きいようにみえる．参考として，2000 年を基準とした Malmquist 指数の推移を図 6-3 に示す．

5. おわりに

本章では,近年のインバウンド観光に関連するデータを整理し,その現状を確認した.また,インバウンド誘致に関する効率性を計測するためにデータ包絡分析法(DEA)を,異時点間のインバウンド誘致効率性の変化を計測するためにDEAに基づくMalmquist指数(MI)を用いて,東日本大震災前後の計

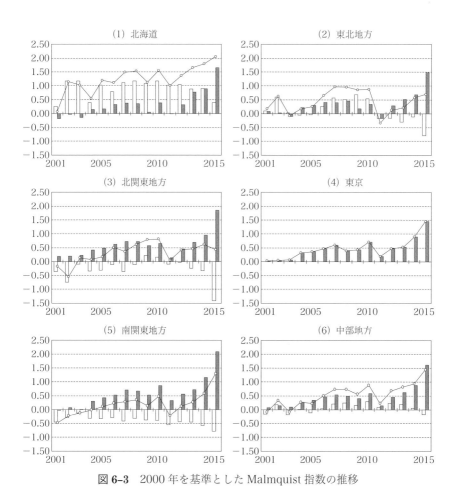

図 6-3　2000年を基準としたMalmquist指数の推移

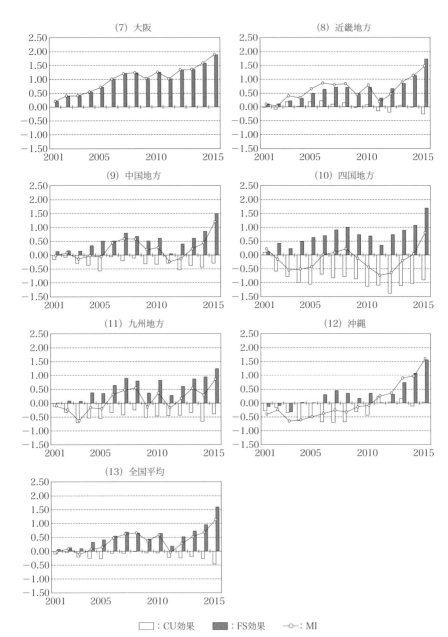

図 6-3（続） 2000 年を基準とした Malmquist 指数の推移

測結果を比較した．

　東日本大震災以後，DEAによるインバウンド効率性の全国平均は若干低下しており，北海道のそれも同様であることが示された．ただ，インバウンド誘致効率性の変化については，全国的に向上していることが示されたが，これはFS効果がCU効果を上回ることで実現されたものであった．北海道のそれも同様に，総合的にはインバウンド誘致効率性は向上していたが，CU，FSともにポジティブな効果を示しており，他の地域とは異なる要因によってその効率性が向上していることが明らかとなった．

　注
1) 国際観光には，自国民が海外へ出国する「アウトバウンド観光」と，海外からの外国人観光客を受け入れる「インバウンド観光」に分類することができる．とくにインバウンド観光は，外貨を獲得するという観点から「観光輸出」とも呼ばれる．
2) 日本政府観光局（JNTO）「訪日外客数（2018年9月推計値）」（2018年10月16日付プレスリリース，https：//www.jnto.go.jp/jpn/statistics/data_info_listing/pdf/181016_monthly.pdf）によると，2013年1月以来，5年8カ月ぶりに訪日外国人数が前年同月を下回った．
3) インバウンド観光の歴史的な変遷については，今村（2007），河村（2008），溝尾編（2009），平井（2012）などを参照されたい．
4) DEAを用いてインバウンド誘致に関する効率性を分析したものとして，Botti, et al.（2009），平井（2010, 2011, 2012），平井・山田（2012）などが挙げられる．最近の研究についてはAssaf and Tsionas（2015）を参照されたい．
5) CCRモデルの導出については，刀根（1993），末吉（2001），Cooper, Seiford and Tone（2007），平井（2012）などを参照されたい．
6) Malmquist指数の導出については，Cooper, Seiford and Tone（2007），平井（2012）などを参照されたい．
7) ここでの観光関連施設は，日本観光協会『数字でみる観光』に掲載されている「都道府県別観光レクリエーション施設数」22項目の総数と温泉地数の合計値を利用している．
8) ここでは，以下の12地域に分類する：(1) 北海道，(2) 東北地方（青森・岩手・宮城・秋田・山形・福島の6県），(3) 北関東地方（茨木・栃木・群馬の3県），(4) 東京，(5) 南関東地方（埼玉・千葉・神奈川の3県），(6) 中部地方（新潟・富山・石川・福井・山梨・長野・岐阜・静岡・愛知の9県），(7) 大阪，(8) 近畿地方（三重・滋賀・京都・兵庫・奈良・和歌山の1府5県），(9) 中国地方（鳥取・島根・岡山・広島・山口の5県），(10) 四国地方（徳島・香川・愛媛・高知の4県），(11) 九州地方（福岡・佐賀・長崎・熊本・大分・宮崎・鹿児島の7県），(12) 沖縄．

参考文献

今村元義(2007)「戦後のわが国における観光政策に関する一試論―地域・経済政策との関連で―」,『群馬大学社会情報学部研究論集』第14巻, pp.321-336.

河村誠治(2008)『新版観光経済学の原理と応用』,九州大学出版会.

国土交通省観光庁(2018)『旅行・観光産業の経済効果に関する調査研究(2016年版)』(http://www.mlit.go.jp/common/001248884.pdf).

末吉俊幸(2001)『DEA―経営効率分析法―』,朝倉書店.

刀根薫(1993)『経営効率性の測定と改善―包絡分析法DEAによる―』,日科技連.

平井貴幸(2010)「観光客を「効率的」に誘致している都道府県を探る:DEAによる効率性分析」,『地域と経済』(札幌大学経済学部附属地域経済研究所)第7号, pp.111-116.

─── (2011)「国際観光テーマ地区の外客誘致パフォーマンス―DEAによる計測とその評価―」(第2回「観光統計を活用した実証分析に関する論文」, http://www.mlit.go.jp/kankocho/siryou/toukei/ronbun.html)

─── (2012)『外客誘致の経済分析:日本のインバウンド観光と地域開発』,五絃舎.

───, 山田玲良(2012)「北海道観光の現状と外客誘致活動の効率性」,桑原真人, 山田玲良, 石井聡, 横島公司編『北海道と道州制―歴史と現状・国際比較―』, pp.129-144.

溝尾良隆編(2009)『観光学の基礎』,原書房.

Assaf, A. G. and Tsionas, E. G. (2015) "Incorporating Destination Quality into the Measurement of Tourism Performance: A Bayesian Approach," *Tourism Management*49, pp.58-71.

Botti, L., Peypoch, N., Robinot, E. and Solonadrasana, B. (2009) "Tourism Destination Competitiveness: The French Regions Case," *European Journal of Tourism Research*2, pp.5-24.

Caves, D. W., Christensen, L. R. and Diewert, W. E. (1982a) "Multilateral Comparisons of Output, Input and Productivity Using Superlative Index Numbers," *Economic Journal*92, pp.73-86.

───, ─── and ─── (1982b) "The Economic Theory of Index Numbers and the Measurement of Input, Output and Productivity," *Econometrica*50, pp.1393-1414.

Charnes, A., Cooper, W. W. and Rhodes, E. (1978) "Measuring the Efficiency of Decision Making Units," *European Journal of Operational Research*2, pp.429-444.

Coelli, T. J., Rao, D. S. P., O'Donnell, C. J. and Battese, G. E. (2005) *An Introduction to Efficiency and Productivity Analysis*, 2nd ed., Springer.

Cooper, W. W., Seiford, L. M. and Tone, K. (2007) *Data Envelopment Analysis: A Comprehensive Text with Models, Applications, References and DEA-Solver Software*, 2nd ed., Springer.

附表 6-1 インバウンド誘致

	2000 年	2001 年	2002 年	2003 年	2004 年	2005 年	2006 年	2007 年
北海道	0.310	0.401	1.000	1.000	0.460	0.865	0.679	0.944
青 森	0.057	0.089	0.163	0.056	0.066	0.083	0.130	0.147
岩 手	0.045	0.095	0.108	0.092	0.049	0.045	0.094	0.131
宮 城	0.136	0.209	0.194	0.124	0.259	0.224	0.171	0.397
秋 田	0.046	0.101	0.146	0.048	0.027	0.055	0.061	0.067
山 形	0.038	0.028	0.083	0.093	0.063	0.055	0.069	0.107
福 島	0.314	0.070	0.172	0.080	0.098	0.059	0.102	0.108
茨 城	0.256	0.256	0.321	0.312	0.212	0.177	0.298	0.163
栃 木	0.297	0.210	0.085	0.275	0.260	0.293	0.352	0.341
群 馬	0.216	0.105	0.065	0.144	0.109	0.123	0.111	0.099
埼 玉	0.436	0.151	0.169	0.264	0.177	0.140	0.154	0.112
千 葉	0.851	0.672	0.901	0.961	0.942	1.000	1.000	0.939
東 京	1.000	1.000	1.000	1.000	1.000	1.000	1.000	1.000
神奈川	1.000	0.947	1.000	1.000	0.851	1.000	0.991	1.000
新 潟	0.113	0.107	0.281	0.104	0.142	0.104	0.089	0.092
富 山	0.254	0.081	0.042	0.068	0.088	0.101	0.176	0.230
石 川	0.094	0.065	0.082	0.103	0.106	0.070	0.162	0.148
福 井	0.064	0.083	0.226	0.089	0.062	0.039	0.049	0.086
山 梨	1.000	1.000	1.000	0.847	1.000	1.000	0.925	0.912
長 野	0.161	0.214	0.311	0.135	0.238	0.226	0.379	0.368
岐 阜	0.189	0.150	0.398	0.190	0.312	0.278	0.388	0.541
静 岡	0.424	0.336	0.450	0.320	0.374	0.441	0.328	0.347
愛 知	1.000	1.000	1.000	1.000	1.000	1.000	0.556	0.848
三 重	0.189	0.158	0.172	0.196	0.171	0.102	0.206	0.124
滋 賀	0.103	0.092	0.085	0.079	0.108	0.203	0.087	0.085
京 都	1.000	1.000	1.000	1.000	1.000	1.000	1.000	1.000
大 阪	1.000	1.000	1.000	1.000	1.000	1.000	1.000	1.000
兵 庫	0.835	0.677	0.680	0.907	0.831	0.860	0.941	1.000
奈 良	0.654	0.573	0.539	0.694	0.499	0.721	0.983	0.885
和歌山	0.141	0.250	0.167	0.468	0.212	0.334	0.337	0.272
鳥 取	0.033	0.044	0.044	0.035	0.044	0.018	0.028	0.026
島 根	0.101	0.037	0.050	0.026	0.016	0.022	0.044	0.036
岡 山	0.080	0.102	0.141	0.176	0.077	0.109	0.157	0.167
広 島	0.558	0.530	0.420	0.292	0.517	0.382	0.617	0.491
山 口	0.147	0.112	0.114	0.108	0.121	0.078	0.131	0.097
徳 島	0.057	0.108	0.027	0.072	0.046	0.030	0.044	0.045
香 川	0.181	0.216	0.066	0.065	0.057	0.086	0.047	0.073
愛 媛	0.393	0.285	0.346	0.056	0.095	0.105	0.318	0.212
高 知	0.112	0.099	0.072	0.076	0.034	0.024	0.044	0.025
福 岡	0.994	1.000	0.883	0.476	0.978	0.790	0.890	0.990
佐 賀	0.091	0.126	0.117	0.097	0.068	0.050	0.086	0.072
長 崎	0.383	0.439	0.290	0.228	0.384	0.396	0.448	0.502
熊 本	0.394	0.459	0.560	0.333	0.672	0.613	0.749	0.940
大 分	0.914	0.648	0.567	0.439	0.715	0.724	1.000	1.000
宮 崎	0.470	0.216	0.134	0.073	0.052	0.066	0.075	0.046
鹿児島	0.311	0.228	0.141	0.121	0.066	0.081	0.088	0.058
沖 縄	0.640	0.483	0.548	0.454	0.340	0.389	0.324	0.316
平 均	0.385	0.346	0.369	0.336	0.340	0.352	0.381	0.396

効率性（CCR 効率値）

2008 年	2009 年	2010 年	2011 年	2012 年	2013 年	2014 年	2015 年
1.000	0.914	1.000	0.862	0.880	0.752	0.769	0.463
0.176	0.153	0.102	0.098	0.123	0.061	0.070	0.047
0.127	0.142	0.188	0.123	0.078	0.072	0.067	0.022
0.342	0.293	0.325	0.107	0.121	0.117	0.173	0.065
0.079	0.126	0.090	0.039	0.048	0.031	0.041	0.025
0.093	0.115	0.089	0.029	0.030	0.041	0.049	0.034
0.071	0.127	0.099	0.049	0.044	0.049	0.061	0.030
0.309	0.409	0.464	0.425	0.409	0.355	0.257	0.056
0.357	0.409	0.461	0.279	0.288	0.255	0.267	0.110
0.108	0.190	0.123	0.107	0.126	0.089	0.089	0.038
0.170	0.128	0.128	0.149	0.171	0.162	0.129	0.077
0.843	0.946	0.991	0.665	0.794	0.824	0.799	1.000
1.000	1.000	1.000	1.000	1.000	1.000	1.000	1.000
1.000	0.971	0.909	0.723	0.738	0.724	0.643	0.454
0.079	0.057	0.090	0.110	0.125	0.106	0.082	0.046
0.217	0.236	0.346	0.283	0.253	0.221	0.222	0.232
0.170	0.162	0.266	0.105	0.159	0.214	0.116	0.191
0.089	0.062	0.049	0.057	0.054	0.051	0.041	0.021
1.000	1.000	1.000	0.899	1.000	1.000	0.966	0.686
0.404	0.485	0.564	0.316	0.499	0.518	0.420	0.382
0.577	0.566	0.579	0.338	0.469	0.551	0.302	0.291
0.380	0.328	0.248	0.360	0.346	0.235	0.478	0.363
0.892	0.774	0.989	0.729	0.788	0.766	0.769	0.422
0.157	0.108	0.085	0.088	0.090	0.106	0.073	0.046
0.103	0.084	0.097	0.093	0.078	0.084	0.102	0.096
1.000	1.000	1.000	0.845	0.931	1.000	1.000	1.000
1.000	1.000	1.000	1.000	1.000	1.000	1.000	1.000
1.000	0.869	1.000	0.916	0.854	1.000	1.000	1.000
0.751	0.546	0.640	0.353	0.340	0.546	0.605	0.394
0.283	0.301	0.434	0.266	0.239	0.434	0.318	0.183
0.025	0.020	0.016	0.023	0.028	0.026	0.044	0.029
0.073	0.031	0.036	0.027	0.013	0.026	0.022	0.019
0.126	0.093	0.088	0.078	0.093	0.111	0.095	0.078
0.581	0.629	0.449	0.607	0.376	0.431	0.494	0.302
0.096	0.125	0.175	0.176	0.122	0.100	0.055	0.390
0.048	0.038	0.024	0.040	0.040	0.077	0.047	0.096
0.079	0.066	0.064	0.095	0.041	0.047	0.068	0.066
0.187	0.152	0.200	0.091	0.062	0.071	0.079	0.070
0.029	0.038	0.016	0.017	0.018	0.021	0.028	0.029
1.000	1.000	1.000	1.000	1.000	1.000	1.000	1.000
0.102	0.101	0.104	0.067	0.091	0.080	0.061	0.103
0.483	0.289	0.355	0.243	0.360	0.357	0.292	0.407
0.829	0.601	0.763	0.604	0.744	0.911	0.703	0.574
1.000	0.932	1.000	1.000	1.000	1.000	1.000	1.000
0.084	0.040	0.037	0.061	0.043	0.054	0.024	0.043
0.093	0.080	0.069	0.131	0.078	0.124	0.065	0.113
0.325	0.466	0.415	0.815	0.666	0.746	0.576	0.660
0.403	0.387	0.408	0.351	0.359	0.373	0.352	0.314

附表 6-2 インバウンド誘致効率性

	2000-01 年			2000-02 年			2000-03 年		
	CU	FS	MI	CU	FS	MI	CU	FS	MI
北海道	0.26	-0.19	0.07	1.17	-0.03	1.14	1.17	-0.14	1.03
青　森	0.44	-0.02	0.42	1.05	-0.03	1.03	-0.02	-0.34	-0.36
岩　手	0.74	0.10	0.84	0.86	0.04	0.91	0.71	-0.13	0.57
宮　城	0.43	0.02	0.45	0.36	0.19	0.55	-0.09	0.00	-0.09
秋　田	0.78	0.06	0.84	1.16	-0.04	1.11	0.03	-0.13	-0.10
山　形	-0.33	0.16	-0.17	0.77	-0.08	0.68	0.89	-0.23	0.66
福　島	-1.51	0.17	-1.34	-0.60	0.09	-0.52	-1.36	0.21	-1.16
茨　城	0.00	0.16	0.16	0.23	0.18	0.40	0.20	0.26	0.46
栃　木	-0.35	0.23	-0.12	-1.25	0.02	-1.23	-0.08	0.17	0.09
群　馬	-0.72	0.18	-0.55	-1.21	0.39	-0.82	-0.40	0.25	-0.15
埼　玉	-1.06	0.18	-0.88	-0.95	0.10	-0.84	-0.50	0.04	-0.46
千　葉	-0.24	-0.11	-0.34	0.06	0.02	0.07	0.12	0.05	0.18
東　京	0.00	0.03	0.03	0.00	0.04	0.04	0.00	0.06	0.06
神奈川	-0.05	-0.16	-0.21	0.00	0.11	0.11	0.00	-0.07	-0.07
新　潟	-0.06	0.00	-0.06	0.91	0.14	1.05	-0.09	0.16	0.08
富　山	-1.14	0.28	-0.87	-1.81	0.16	-1.65	-1.32	0.54	-0.79
石　川	-0.36	0.00	-0.36	-0.14	0.00	-0.13	0.09	-0.08	0.02
福　井	0.26	0.15	0.41	1.25	0.12	1.38	0.32	-0.18	0.14
山　梨	0.00	0.26	0.26	0.00	0.24	0.24	-0.17	-0.12	-0.28
長　野	0.28	-0.12	0.16	0.66	-0.03	0.63	-0.18	-0.07	-0.25
岐　阜	-0.23	0.11	-0.12	0.74	0.06	0.81	0.00	0.14	0.14
静　岡	-0.23	-0.28	-0.51	0.06	-0.04	0.02	-0.28	0.03	-0.25
愛　知	0.00	0.30	0.30	0.00	0.65	0.65	0.00	0.45	0.45
三　重	-0.18	0.21	0.03	-0.09	0.10	0.01	0.04	0.07	0.11
滋　賀	-0.10	0.10	-0.01	-0.19	0.12	-0.07	-0.26	0.19	-0.07
京　都	0.00	0.06	0.06	0.00	0.18	0.18	0.00	0.21	0.21
大　阪	0.00	0.20	0.20	0.00	0.40	0.40	0.00	0.41	0.41
兵　庫	-0.21	0.15	-0.06	-0.21	0.09	-0.11	0.08	0.37	0.46
奈　良	-0.13	0.14	0.01	-0.19	0.08	-0.12	0.06	0.40	0.46
和歌山	0.57	-0.03	0.54	0.17	0.11	0.27	1.20	0.05	1.24
鳥　取	0.28	-0.16	0.11	0.29	0.04	0.32	0.06	0.14	0.20
島　根	-0.99	0.32	-0.67	-0.69	0.15	-0.54	-1.34	0.29	-1.06
岡　山	0.25	0.18	0.42	0.57	0.13	0.70	0.79	-0.09	0.70
広　島	-0.05	0.23	0.18	-0.29	0.20	-0.08	-0.65	0.20	-0.45
山　口	-0.27	0.12	-0.16	-0.25	0.24	-0.01	-0.31	0.18	-0.12
徳　島	0.63	0.00	0.63	-0.76	0.05	-0.72	0.24	0.21	0.45
香　川	0.18	0.05	0.23	-1.00	0.45	-0.56	-1.02	0.12	-0.89
愛　媛	-0.32	0.37	0.04	-0.13	0.72	0.59	-1.94	0.17	-1.77
高　知	-0.13	0.08	-0.05	-0.44	0.49	0.05	-0.39	0.42	0.04
福　岡	0.01	0.12	0.13	-0.12	0.15	0.03	-0.74	0.25	-0.48
佐　賀	0.33	0.30	0.63	0.26	0.40	0.66	0.07	0.49	0.56
長　崎	0.14	-0.26	-0.12	-0.28	-0.18	-0.46	-0.52	-0.29	-0.81
熊　本	0.15	-0.16	0.00	0.35	0.02	0.37	-0.17	0.04	-0.13
大　分	-0.34	0.14	-0.20	-0.48	0.22	-0.26	-0.73	0.27	-0.47
宮　崎	-0.78	0.05	-0.73	-1.26	-0.01	-1.27	-1.86	-0.09	-1.94
鹿児島	-0.31	-0.10	-0.41	-0.79	-0.01	-0.80	-0.95	-0.21	-1.16
沖　縄	-0.28	-0.12	-0.41	-0.15	-0.09	-0.24	-0.34	-0.31	-0.66
平　均	-0.10	0.07	-0.03	-0.05	0.14	0.09	-0.20	0.09	-0.11

の変化（CU 効果，FS 効果，Malmquist 指数）

2000-04 年			2000-05 年			2000-06 年			2000-07 年		
CU	FS	MI	CU	FS	MI	CU	FS	MI	CU	FS	MI
0.39	0.15	0.55	1.03	0.17	1.20	0.78	0.33	1.11	1.11	0.37	1.49
0.15	0.01	0.17	0.38	0.04	0.42	0.82	0.17	0.99	0.95	0.21	1.16
0.08	0.50	0.58	-0.01	0.44	0.43	0.73	0.66	1.39	1.06	0.70	1.76
0.65	0.38	1.02	0.50	0.39	0.90	0.23	0.69	0.92	1.07	0.61	1.68
-0.53	0.19	-0.34	0.18	0.26	0.44	0.29	0.30	0.58	0.37	0.38	0.74
0.50	0.13	0.62	0.36	0.21	0.57	0.59	0.21	0.80	1.02	0.17	1.20
-1.16	0.12	-1.05	-1.68	0.44	-1.24	-1.12	0.39	-0.73	-1.07	0.31	-0.76
-0.19	0.37	0.18	-0.37	0.32	-0.05	0.15	0.59	0.74	-0.45	0.85	0.40
-0.13	0.22	0.08	-0.01	0.39	0.38	0.17	0.46	0.63	0.14	0.55	0.69
-0.69	0.66	-0.03	-0.56	0.74	0.17	-0.66	0.82	0.15	-0.78	0.78	0.00
-0.90	0.44	-0.47	-1.14	0.52	-0.62	-1.04	0.44	-0.60	-1.36	0.69	-0.68
0.10	0.26	0.36	0.16	0.35	0.51	0.16	0.65	0.82	0.10	0.82	0.92
0.00	0.32	0.32	0.00	0.35	0.35	0.00	0.47	0.47	0.00	0.60	0.60
-0.16	0.23	0.07	0.00	0.42	0.42	-0.01	0.48	0.47	0.00	0.61	0.61
0.23	0.22	0.45	-0.08	0.24	0.15	-0.24	0.55	0.31	-0.21	0.53	0.32
-1.06	0.08	-0.98	-0.92	0.13	-0.79	-0.36	0.31	-0.06	-0.10	0.37	0.27
0.12	0.21	0.33	-0.29	0.31	0.02	0.55	0.38	0.92	0.46	0.51	0.96
-0.04	0.43	0.39	-0.49	0.31	-0.18	-0.28	0.44	0.16	0.29	0.40	0.69
0.00	0.31	0.31	0.00	0.51	0.51	-0.08	0.63	0.55	-0.09	0.80	0.71
0.39	-0.02	0.38	0.34	0.07	0.41	0.86	0.18	1.04	0.83	0.15	0.98
0.50	0.23	0.73	0.39	0.40	0.78	0.72	0.57	1.29	1.05	0.47	1.52
-0.12	0.17	0.05	0.04	0.22	0.26	-0.26	0.48	0.22	-0.20	0.43	0.23
0.00	0.76	0.76	0.00	0.85	0.85	-0.59	0.67	0.08	-0.16	1.11	0.95
-0.10	0.23	0.13	-0.61	0.39	-0.22	0.09	0.45	0.54	-0.42	0.54	0.12
0.05	0.26	0.32	0.68	0.40	1.09	-0.17	0.66	0.49	-0.19	0.38	0.20
0.00	0.38	0.38	0.00	0.60	0.60	0.00	0.74	0.74	0.00	0.93	0.93
0.00	0.55	0.55	0.00	0.71	0.71	0.00	1.01	1.01	0.00	1.20	1.20
-0.01	0.31	0.31	0.03	0.52	0.55	0.12	0.74	0.86	0.18	1.05	1.23
-0.27	0.32	0.05	0.10	0.43	0.52	0.41	0.53	0.94	0.30	0.75	1.05
0.41	0.37	0.78	0.86	0.53	1.39	0.87	0.72	1.60	0.65	0.63	1.29
0.29	0.18	0.47	-0.63	0.20	-0.43	-0.18	0.46	0.28	-0.26	0.66	0.41
-1.83	0.39	-1.43	-1.54	0.63	-0.91	-0.83	0.46	-0.37	-1.01	0.88	-0.13
-0.04	0.32	0.28	0.31	0.45	0.77	0.68	0.47	1.15	0.74	0.67	1.40
-0.08	0.32	0.25	-0.38	0.50	0.12	0.10	0.54	0.64	-0.13	0.75	0.63
-0.19	0.49	0.30	-0.63	0.77	0.15	-0.11	0.59	0.48	-0.41	1.02	0.61
-0.21	0.30	0.08	-0.64	0.17	-0.46	-0.25	0.59	0.33	-0.23	0.51	0.28
-1.16	0.46	-0.69	-0.75	0.73	-0.02	-1.35	0.00	-0.70	-0.91	0.84	-0.07
-1.42	0.68	-0.74	-1.32	0.83	-0.50	-0.21	0.76	0.55	-0.62	1.17	0.55
-1.20	0.51	-0.70	-1.53	0.78	-0.75	-0.93	0.83	-0.10	-1.52	1.09	-0.43
-0.02	0.49	0.48	-0.23	0.51	0.28	-0.11	0.76	0.65	0.00	0.94	0.93
-0.29	0.67	0.39	-0.60	0.76	0.16	-0.05	0.93	0.88	-0.22	1.30	1.08
0.00	0.20	0.21	0.03	0.23	0.26	0.16	0.48	0.64	0.27	0.66	0.93
0.53	0.25	0.78	0.44	0.19	0.63	0.64	0.46	1.10	0.87	0.72	1.59
-0.25	0.43	0.19	-0.23	0.53	0.30	0.09	1.05	1.14	0.09	1.34	1.43
-2.21	0.39	-1.83	-1.97	0.25	-1.71	-1.83	0.62	-1.21	-2.31	0.83	-1.49
-1.55	0.21	-1.34	-1.34	0.00	-1.34	-1.26	0.20	-1.06	-1.68	0.46	-1.22
-0.63	0.02	-0.61	-0.50	0.00	-0.49	-0.68	0.30	-0.38	-0.71	0.45	-0.26
-0.26	0.32	0.06	-0.27	0.41	0.14	-0.07	0.55	0.48	-0.07	0.69	0.61

附表 6-2 インバウンド誘致

	2000-08 年			2000-09 年			2000-10 年			2000-11 年		
	CU	FS	MI	CU	FS	MI	CU	FS	MI	CU	FS	MI
北海道	1.17	0.36	1.53	1.08	0.05	1.13	1.17	0.38	1.55	1.02	-0.01	1.01
青 森	1.13	0.15	1.27	0.99	-0.12	0.86	0.58	0.10	0.69	0.54	-0.47	0.06
岩 手	1.03	0.70	1.73	1.14	0.40	1.54	1.42	0.57	2.00	1.00	-0.02	0.98
宮 城	0.93	0.66	1.59	0.77	0.58	1.35	0.87	0.64	1.51	-0.23	0.12	-0.11
秋 田	0.55	0.46	1.01	1.01	0.18	1.19	0.67	0.35	1.02	-0.18	-0.20	-0.38
山 形	0.89	0.11	1.00	1.10	-0.10	1.00	0.84	0.04	0.88	-0.28	-0.37	-0.64
福 島	-1.49	0.62	-0.87	-0.90	0.10	-0.80	-1.15	0.31	-0.84	-1.86	-0.07	-1.94
茨 城	0.19	0.94	1.12	0.47	0.87	1.34	0.59	0.73	1.32	0.51	0.26	0.76
栃 木	0.18	0.56	0.74	0.32	0.49	0.81	0.44	0.54	0.97	-0.06	-0.04	-0.10
群 馬	-0.69	0.68	-0.01	-0.13	0.35	0.23	-0.56	0.71	0.14	-0.71	0.18	-0.53
埼 玉	-0.95	0.60	-0.34	-1.22	0.52	-0.71	-1.23	0.79	-0.44	-1.08	0.36	-0.71
千 葉	-0.01	0.76	0.75	0.11	0.66	0.77	0.15	1.08	1.23	-0.25	0.43	0.18
東 京	0.00	0.39	0.39	0.00	0.42	0.42	0.00	0.71	0.71	0.00	0.19	0.19
神奈川	0.00	0.64	0.64	-0.03	0.39	0.36	-0.10	0.74	0.65	-0.32	0.21	-0.11
新 潟	-0.36	0.41	0.04	-0.69	0.53	-0.16	-0.23	0.30	0.07	-0.02	-0.13	-0.15
富 山	-0.16	0.40	0.25	-0.07	0.39	0.32	0.31	0.56	0.87	0.11	0.15	0.26
石 川	0.59	0.47	1.06	0.55	-0.03	0.51	1.04	0.25	1.30	0.11	-0.22	-0.10
福 井	0.33	0.32	0.64	-0.05	0.63	0.59	-0.27	0.51	0.25	-0.12	0.01	-0.11
山 梨	0.00	0.88	0.88	0.00	0.77	0.77	0.00	1.16	1.16	-0.11	0.53	0.43
長 野	0.92	0.00	0.92	1.10	-0.16	0.94	1.25	-0.05	1.20	0.67	-0.40	0.27
岐 阜	1.12	0.38	1.50	1.09	0.32	1.42	1.12	0.52	1.63	0.58	0.14	0.72
静 岡	-0.11	0.47	0.36	-0.26	0.27	0.02	-0.54	0.75	0.21	-0.16	0.21	0.05
愛 知	-0.11	1.10	0.98	-0.26	0.90	0.64	-0.01	1.26	1.25	-0.32	1.01	0.70
三 重	-0.18	0.43	0.25	-0.56	0.51	-0.05	-0.79	0.60	-0.19	-0.76	0.36	-0.40
滋 賀	0.00	0.40	0.41	-0.20	0.27	0.07	-0.06	0.46	0.40	-0.10	0.19	0.09
京 都	0.00	0.88	0.88	0.00	0.61	0.61	0.00	1.02	1.02	-0.17	0.47	0.31
大 阪	0.00	1.24	1.24	0.00	1.02	1.02	0.00	1.26	1.26	0.00	1.02	1.02
兵 庫	0.18	1.11	1.29	0.04	0.53	0.58	0.18	1.01	1.19	0.09	0.60	0.69
奈 良	0.14	0.63	0.77	-0.18	0.39	0.21	-0.02	0.58	0.56	-0.62	0.07	-0.55
和歌山	0.70	0.73	1.42	0.76	0.48	1.24	1.12	0.60	1.72	0.63	0.29	0.92
鳥 取	-0.29	0.35	0.06	-0.52	0.34	-0.18	-0.71	0.39	-0.32	-0.35	-0.21	-0.56
島 根	-0.32	0.51	0.19	-1.17	0.24	-0.93	-1.02	0.68	-0.34	-1.33	0.16	-1.17
岡 山	0.46	0.67	1.12	0.15	0.42	0.57	0.10	0.53	0.63	-0.03	-0.10	-0.13
広 島	0.04	0.82	0.86	0.12	0.65	0.77	-0.22	0.71	0.49	0.08	0.19	0.28
山 口	-0.42	1.05	0.62	-0.16	0.86	0.70	0.18	0.69	0.87	0.18	0.19	0.37
徳 島	-0.18	0.49	0.31	-0.40	0.22	-0.19	-0.87	0.27	-0.60	-0.35	0.04	-0.31
香 川	-0.83	1.16	0.34	-1.00	0.85	-0.15	-1.04	0.70	-0.34	-0.64	0.19	-0.46
愛 媛	-0.74	1.39	0.65	-0.95	1.15	0.20	-0.68	0.99	0.31	-1.47	0.53	-0.94
高 知	-1.35	0.93	-0.42	-1.08	0.73	-0.35	-1.94	0.78	-1.16	-1.90	0.65	-1.25
福 岡	0.01	0.81	0.82	0.01	0.49	0.50	0.01	0.89	0.89	0.01	0.60	0.60
佐 賀	0.11	1.17	1.28	0.11	0.69	0.79	0.13	1.27	1.40	-0.31	0.66	0.35
長 崎	0.23	0.51	0.74	-0.28	0.07	-0.21	-0.08	0.50	0.42	-0.46	0.06	-0.40
熊 本	0.74	0.74	1.48	0.42	0.23	0.65	0.66	0.77	1.43	0.43	0.07	0.50
大 分	0.09	1.21	1.30	0.02	0.44	0.46	0.09	1.15	1.24	0.09	0.58	0.67
宮 崎	-1.72	0.78	-0.94	-2.47	0.51	-1.95	-2.54	0.85	-1.69	-2.04	0.31	-1.73
鹿児島	-1.21	0.36	-0.85	-1.36	0.10	-1.26	-1.50	0.31	-1.19	-0.87	-0.33	-1.20
沖 縄	-0.68	0.35	-0.33	-0.32	0.17	-0.15	-0.43	0.35	-0.08	0.24	0.01	0.25
平 均	0.00	0.65	0.65	-0.06	0.43	0.37	-0.07	0.64	0.58	-0.23	0.18	-0.05

効率性の変化（続き）

2000–12 年			2000–13 年			2000–14 年			2000–15 年		
CU	FS	MI	CU	FS	MI	CU	FS	MI	CU	FS	MI
1.04	0.32	1.36	0.89	0.77	1.66	0.91	0.89	1.80	0.40	1.66	2.06
0.77	-0.16	0.60	0.06	0.22	0.29	0.21	0.47	0.67	-0.19	1.14	0.95
0.54	0.57	1.11	0.46	0.93	1.39	0.40	1.12	1.51	-0.71	1.45	0.75
-0.11	0.37	0.26	-0.15	0.67	0.52	0.24	0.79	1.04	-0.73	2.05	1.32
0.04	0.35	0.39	-0.40	0.38	-0.01	-0.11	0.63	0.51	-0.62	1.32	0.70
-0.24	0.06	-0.17	0.07	0.19	0.27	0.25	0.39	0.64	-0.12	1.22	1.10
-1.96	0.52	-1.44	-1.86	0.67	-1.20	-1.64	0.71	-0.93	-2.34	1.71	-0.63
0.47	0.47	0.94	0.33	0.75	1.07	0.00	1.17	1.17	-1.51	2.23	0.71
-0.03	0.31	0.28	-0.15	0.48	0.33	-0.11	0.67	0.56	-1.00	1.40	0.40
-0.54	0.57	0.03	-0.88	0.86	-0.02	-0.89	1.02	0.13	-1.74	1.93	0.19
-0.93	0.51	-0.42	-0.99	0.92	-0.07	-1.22	1.29	0.07	-1.73	2.17	0.44
-0.07	0.69	0.62	-0.03	0.73	0.69	-0.06	1.25	1.18	0.16	2.15	2.31
0.00	0.47	0.47	0.00	0.52	0.52	0.00	0.89	0.89	0.00	1.45	1.45
-0.30	0.48	0.17	-0.32	0.51	0.19	-0.44	0.93	0.49	-0.79	1.94	1.15
0.10	0.18	0.28	-0.07	0.33	0.26	-0.33	0.64	0.32	-0.91	2.07	1.16
0.00	0.40	0.40	-0.14	0.66	0.52	-0.13	0.87	0.73	-0.09	1.35	1.26
0.53	0.16	0.69	0.83	0.44	1.27	0.21	0.68	0.89	0.71	1.17	1.88
-0.18	0.42	0.23	-0.23	0.46	0.23	-0.45	0.44	0.00	-1.11	1.22	0.11
0.00	0.87	0.87	0.00	0.91	0.91	-0.03	1.32	1.29	-0.38	2.19	1.82
1.13	-0.13	1.01	1.17	0.14	1.31	0.96	0.29	1.25	0.86	1.15	2.01
0.91	0.44	1.34	1.07	0.82	1.89	0.47	0.92	1.39	0.43	1.39	1.82
-0.20	0.55	0.35	-0.59	0.68	0.09	0.12	1.14	1.26	-0.16	2.01	1.85
-0.24	1.21	0.97	-0.27	1.17	0.90	-0.26	1.58	1.32	-0.86	1.95	1.09
-0.74	0.57	-0.17	-0.58	0.57	-0.01	-0.94	1.08	0.14	-1.41	1.79	0.37
-0.27	0.67	0.40	-0.20	1.14	0.94	-0.01	1.21	1.21	-0.07	1.20	1.13
-0.07	0.77	0.69	0.00	0.92	0.92	0.00	1.39	1.39	0.00	2.00	2.00
0.00	1.34	1.34	0.00	1.35	1.35	0.00	1.59	1.59	0.00	1.89	1.89
0.02	1.02	1.04	0.18	1.17	1.35	0.18	1.45	1.63	0.18	2.10	2.28
-0.66	0.43	-0.23	-0.18	0.45	0.27	-0.08	0.79	0.71	-0.51	1.88	1.38
0.53	0.53	1.06	1.12	0.81	1.93	0.81	0.91	1.72	0.26	1.43	1.69
-0.15	0.23	0.08	-0.25	0.55	0.30	0.28	0.69	0.97	-0.12	1.13	1.01
-2.07	0.27	-1.80	-1.35	0.59	-0.76	-1.53	0.81	-0.72	-1.68	1.54	-0.14
0.15	0.39	0.54	0.33	0.51	0.83	0.18	0.90	1.08	-0.03	1.24	1.21
-0.39	0.41	0.01	-0.26	0.63	0.37	-0.12	0.89	0.76	-0.61	1.95	1.33
-0.18	0.69	0.51	-0.38	0.73	0.35	-0.97	1.01	0.04	0.98	1.63	2.60
-0.36	0.41	0.05	0.29	0.49	0.79	-0.19	0.62	0.43	0.51	1.35	1.87
-1.47	0.56	-0.91	-1.36	0.87	-0.49	-0.98	1.12	0.14	-1.02	1.68	0.67
-1.84	1.04	-0.80	-1.71	1.24	-0.46	-1.60	1.37	-0.24	-1.73	1.92	0.20
-1.84	0.92	-0.92	-1.66	0.99	-0.67	-1.37	1.17	-0.20	-1.35	1.81	0.46
0.01	0.88	0.88	0.01	1.23	1.24	0.01	1.13	1.13	0.01	1.20	1.21
0.01	0.98	0.99	-0.13	1.21	1.08	-0.39	1.03	0.63	0.12	1.23	1.36
-0.06	0.36	0.30	-0.07	0.63	0.56	-0.27	0.92	0.64	0.06	1.13	1.19
0.64	0.42	1.06	0.84	0.71	1.54	0.58	0.79	1.37	0.38	1.22	1.60
0.09	0.88	0.97	0.09	1.13	1.22	0.09	1.26	1.35	0.09	1.43	1.52
-2.39	0.63	-1.75	-2.17	0.90	-1.27	-3.00	1.07	-1.92	-2.39	1.43	-0.96
-1.39	0.10	-1.29	-0.92	0.29	-0.63	-1.57	0.42	-1.15	-1.02	1.09	0.08
0.04	0.31	0.35	0.15	0.74	0.90	-0.11	1.07	0.97	0.03	1.56	1.60
-0.25	0.52	0.27	-0.20	0.73	0.52	-0.27	0.95	0.68	-0.46	1.60	1.14

第 7 章

南九州経済の実態と目指すべき施策

衣 川　　恵

1. はじめに

　本章では，長期不況下における鹿児島県，宮崎県，熊本県の南九州 3 県の経済状況について分析し，必要な対策を示す．行政機関においては，九州を北九州と南九州とに二分して，上記 3 県の他に大分県を加えた 4 県を南九州としている場合があるが，大分県は北九州圏に近い要素が見られるので，ここでは上記 3 県を採り上げることにした．

　まず第 2 節で，長期不況下の 3 県の総生産額，従業者数，1 人当たり雇用者報酬の変化を検討する．第 3 節では，3 県の人口の動向を総人口，市部・郡部人口，3 区分年齢人口，人口動態等の視点から検討する．第 4 節では，3 県の産業の特色を主要産業の販売額および製造業出荷額から分析し，第 5 節で南九州経済における注目すべき取り組みを紹介するとともに，目指すべき復興策を提示したい．

2. 長期不況に直撃された南九州経済

　まず，内閣府の県民経済計算に基づいて，南九州 3 県の名目県内総生産（県版 GDP）が 2001～14 年の期間にどのように変化したのか概観する（県別の長期接続データが公表されていないのでこの期間とした）．日本の名目の国内総生産は金融危機が激しさを増した 1998 年に減少し始め，2000 年にやや持ち直したものの，2001 年から減少傾向に転じた．南九州 3 県とも，2000

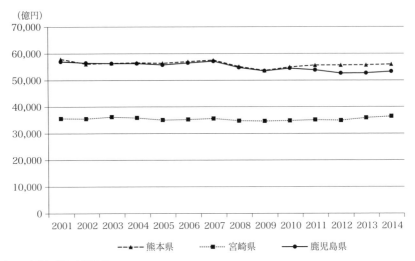

出所:内閣府「県民経済計算」.

図 7-1　南九州 3 県内総生産（名目）の推移

年までは，県内総生産額は概ね増加傾向を維持してきた．しかしながら，2001 年には，3 県のすべてにおいて下落が始まった．つまり，2000 年代になると，日本全体および南九州において，総生産額が縮小してしまった（図7-1）.

　2013 年からアベノミクスが実施され，日本の GDP も県内総生産もやや上向き始めた．鹿児島県では，2001 年から 2012 年にかけて県内総生産の減少傾向が続いたが，アベノミクスの実施に伴って 2013 年にはやや上向いた．2001〜2014 年の 13 年間をみると，5.7 兆円から 5.3 兆円に落ち込み，4,000億円の減少となった．13 年も前の総生産額と比較して，4,000 億円も減少していることはきわめて深刻であり，3 県のなかで最も厳しい状況となった．熊本県は，上下の変動を経つつ，5.8 兆円から 5.6 兆円へと減少した．宮崎県については，2011 年から上向き傾向となり，同期間に 800 億円の微増となった．

　2001〜14 年の県内総生産の増減率をみると，全国平均で -1.3％の減少であった．鹿児島県では，全国平均を 5 ポイント下回る -6.5％の落ち込みとなり，平成不況下の鹿児島県経済がいかに深刻な状況に陥っていたかを示している.

表 7–1　南九州 3 県の従業者の推移

(単位：人，%)

県	産　業		1995	2015	増減数	増減率
鹿児島県	全従業者		843,625	753,855	−89,770	−10.6
		農業	112,624	63,136	−49,488	−43.9
		製造業	108,754	80,927	−27,827	−25.6
宮崎県	全従業者		582,549	519,210	−63,339	−10.9
		農業	77,785	49,747	−28,038	−36.0
		製造業	86,931	63,134	−23,797	−27.4
熊本県	全従業者		897,965	834,257	−63,708	−7.1
		農業	113,585	72,728	−40,857	−36.0
		製造業	130,809	106,261	−24,548	−18.8

出所：総務省『国勢調査』．

　この期間，新卒者の就職が厳しく，高等教育機関では卒業生を就職させるためのさまざまな取り組みが実施された．熊本県も，−3.4％の減少で，全国平均よりもかなり大きな減少となった．宮崎県は，3 県の内では唯一増加した（2.3％）．また，福岡県は，同期間に，17.6 兆円から 18.1 兆円と約 5,000 億円（2.7％）の増加となり，九州では最も活気がある．

　次に，「国勢調査」（総務省）に基づいて，1995〜2015 年の 3 県の従業者の推移をみると，人数では，鹿児島県が約 9 万人の減少となり，最も激しい落ち込みとなった（表 7–1）．熊本県は約 6.4 万人，宮崎県は約 6.3 万人の減少であった．減少率では，宮崎県が −10.9％，鹿児島県が −10.6％，熊本県が −7.1 であった．農業従事者の減少が著しく，鹿児島県が 5 万人弱（−43.9％），熊本県が 4 万人強（−36％），宮崎県が 3 万人弱（−36％）減少した．製造業も，各県で 2 万人台（−20％前後）の減少となった．

　また，卸売・小売業の事業所と従業者も大きく減少した．統計資料の関係のために 1 年ずれるが，「商業統計調査」（経済産業省）によって，1994〜2014 年の期間についてみると，事業所については，鹿児島県で 8,907，熊本県で 8,542，宮崎県で 5,584 の事業所が消滅した．このような事業所の激減の影響を受けて，卸売・小売業に従事する従業者も，鹿児島県で約 1 万人，熊本県で約 1.7 万人，宮崎県で約 0.9 万人の激減となった（表 7–2）．

表 7-2　南九州 3 県の卸・小売事業所および従業者の推移

(単位：事業所，人，%)

		1994	2014	増減数	増減率
鹿児島県	卸・小売事業所	30,808	21,901	-8,907	-28.9
	卸・小売従業者	150,358	139,736	-10,622	-7.1
宮崎県	卸・小売事業所	19,677	14,093	-5,584	-28.4
	卸・小売従業者	100,767	91,936	-8,831	-8.8
熊本県	卸・小売事業所	29,814	21,272	-8,542	-28.7
	卸・小売従業者	161,197	144,523	-16,674	-10.3

出所：経済産業省『商業統計調査』。

　小売業事業所の激減は，平成不況のあおりを受けただけでなく，「まちづくり 3 法」と呼ばれる中心市街地活性化法（1998 年 7 月），改正都市計画法（同上），大規模小売店舗立地法（2000 年 6 月）の施行によって，郊外部（税金が安い）に多数の大規模ショッピングモールが乱立した影響を各地の商店街が被ったためである[1]．多くの商店街がシャッター通りとなり，実質的に商店街の形状を失った箇所も少なくない．たとえば，鹿児島市の谷山地区では，明治 10 年代半ば頃から国道 225 号線沿いに谷山商店街が繁盛し，1980 年代前半にはさまざまさ業種の小売店舗が約 300 店も立ち並び，1990 年代前半においても，道の両側はほとんど小売店舗で埋め尽くされ，ここに来ればたいていの物が購入できた．ところが，鹿児島イオン（2007 年 10 月開業）など大規模店舗の進出により，1990 年（平日調査）に 806 人であった歩行者通行量が 2008 年には 290 人と 64％の激減となり，現在では，コンビニ，飲食店，病院，駐車場が点在する通りに変貌し，商店街というのは名ばかりとなってしまった．これは，残念なことに，まちづくり 3 法施行以降に，各地で見られる状況であり，平成不況だけの原因ではない．

　また，製造業の多数の事業所が閉鎖に追い込まれたのは，1985 年 9 月に中曾根政権が取り組んだプラザ戦略による急激な円高の進行に大きな原因がある．超円高の直撃を受けて，各地で工場の閉鎖が相次いだ．大企業の分工場の誘致は地域経済の活性化策として推進されてきただけに，その撤退は，地方において大きな打撃となった．そのいくつかを列挙すれば以下のごとくである．

　鹿児島県では，2009 年にパイオニア鹿児島工場（出水市，数千羽のツルの

越冬地)とNECテクノロジー鹿児島工場(同上)が閉鎖された。この2工場の閉鎖により1,000人弱が失職した。同年5月の出水地域の有効求人倍率は0.22倍に激減し,同年の出水市の税収が9%も減少し,深刻な事態に追い込まれた[2]。

熊本県では,1995年に九州ゴム工業(小川町,アサヒコーポレーションの子会社)が円高に耐えられず閉鎖となり,熊本県南部の工場閉鎖と合わせて約400人が失職した。2009年には,八代市のパナソニック系工場が生産を終了し,派遣社員を含む400人が失職した。

宮崎県では,1998年12月に電子部品メーカーの高千穂電機(えびの市)が自己破産し,約450人が解雇された。2014年には,アシックスアパレル工場(都城市,アシックスの子会社)がアジアへの生産移転に伴って閉鎖され,契約社員を含めて100人余りが失職した。プラザ戦略を契機とした急激な円高のために,中小企業では,努力をしても利益がでない状況となった。南九州に限らず,当時,日本の中小企業の閉鎖は枚挙にいとまがない。

また,2001～14年の間の1人当たり雇用者報酬(年間)をみると,南九州3県で減少している(図7-2)。減少幅では,全国平均は35.1万円の下落であ

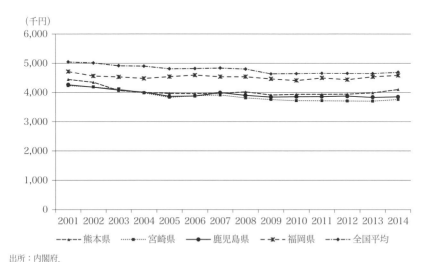

図7-2　1人当たり雇用者報酬の推移

ったが，宮崎県が 46.9 万円，鹿児島県が 41.1 万円と全国平均よりも 10 万円ほど下げ幅が大きく，深刻な事態に追い込まれた．熊本県は，34.2 万円の下落で，全国平均よりもやや下げ幅が少なかった．また，減少率では，3 県（宮崎 –11.1％，鹿児島 –9.6％，熊本 –7.7％）とも，全国平均（–7.0％）を超える下落であった．そもそも，南九州 3 県の雇用者報酬（平均）の水準は全国平均よりも 60〜90 万円ほど低いので，南九州 3 県は非常に厳しい状況になったと言える．

かくして，県内総生産（宮崎県を除く），従業者数および雇用報酬のいずれもが傾向的に低下しており，長期不況下で，南九州経済は全国平均よりも深刻な状況に追い込まれた．また，九州圏内でも大きな格差があり，特に宮崎県と鹿児島県は，福岡県と比べて，数十万円程度低い状況にある．

3．加速する人口減少と高齢化

次に，南九州 3 県の人口の推移について検討しよう．5 年ごとの国勢調査によれば，鹿児島県は 1985〜1990 年の間に 2 万 1,446 人（–1.2％）の減少となり，その後一貫して下落が続いている．宮崎県も，同期間に 6,636 人（–0.6％）の下落となり，1990〜95 年に一時的に 0.6％増加したのを除くと，その後は減少が続いている．熊本県は，1995〜2000 年に 449 人の減少となり，それ以降減少し続けている．

1995〜2015 年の期間では，鹿児島県が 14.6 万人（–8.1％）減少し，南九州のなかで最大の落ち込みとなった（表 7-3）．熊本県は 7.4 万人（–4％），宮崎県は 7.2 万人（–6.1％）の減少であった．各県ともに，市部人口は増加したが，郡部人口が大幅な減少となり，これが総人口減少の主要な原因となっている．特に，鹿児島県では，郡部人口が人数では約 57 万人，率では 75％（4 分の 3）と激減し，熊本県は 42 万人強（–55％），宮崎県は 20 万人（–52.4％）と半減した（市町村合併の影響もある）．この間の全国の総人口は 1 億 2,557 万人から 1 億 2,709 万人へと 152 万人（1.2％）の増加となった．ただし，全国の総人口も，2015 年には 5 年前の調査と比べると，1920 年の調査以来はじめて減少に転じた．南九州の人口は全国よりも 20 年早く減少が始まってい

表 7-3　南九州3県の人口変動

(単位：人，％)

		1995	2000	2005	2010	2015	増減数	増減率
鹿児島県		1,794,224	1,786,194	1,753,179	1,706,242	1,648,177	-146,047	-8.1
	市部	1,038,272	1,040,135	1,206,952	1,501,224	1,459,172	420,900	40.5
	郡部	755,952	746,059	546,227	205,018	189,005	-566,947	-75.0
宮崎県		1,175,819	1,170,007	1,153,042	1,135233	1,104,069	-71,750	-6.1
	市部	794,094	791,712	785,920	945,222	922,398	128,304	16.2
	郡部	381,725	378,295	367,122	190,011	181,671	-200,054	-52.4
熊本県		1,859,793	1,859,344	1,842,233	1,817,426	1,786,170	-73,623	-4.0
	市部	1,090,801	1,097,582	1,303,884	1,461,794	1,440,120	349,319	32.0
	郡部	768,992	761,762	538,349	355,632	346,050	-422,942	-55.0

注：1）増減は1995年～2015年の比較．
　　2）数値は当該年の『国勢調査』で公表された数値．市部・郡部の人口は合併のため変動が大きい箇所がある．
出所：総務省『国勢調査』．

る．

　3区分による年齢別人口比をみると，1995～2015年の期間に，年少人口（0～14歳）では，3県とも17％台から13％台に低下したが，全国平均（12.6％）と比べると，3県のほうがやや高い（表7-4）．しかし，生産年齢人口（15～64歳）は，3県とも，60％前半台から57％前後に低下している．2015年の生産年齢人口の全国平均は60.7％であるので，3県のほうが3ポイント程度少ない．南九州3県の年少者の比率が全国平均より多いにもかかわらず，生産年齢人口は全国平均よりも少なくなっており，このような実態は，生産年齢に達した若者が県外への流出している実態を浮き彫りにしている．他方，高齢人口では，20％弱であったものが，3県とも29％前後まで上昇した．全国平均も14％台から26.6％に増加しているが，3県は2～3ポイントほど高い．

　また，3県の人口動態を5年間隔でみると，出生数から死亡数を引いた自然動態では，1995年には3県とも増加していたが，2005年には3県とも減少に転じた（表7-5）．その後，減少幅が拡大し，2015年には鹿児島県が7千人強，熊本県が5千人強，宮崎県が4千人強の減少となっている．転入から転出を差し引いた社会動態では，従来から景気変動の影響を受けて増減する傾

表 7-4 年齢（3区分）別人口比の推移

(単位：%)

		1995	2000	2005	2010	2015
鹿児島県	年少人口	17.8	15.7	14.4	13.7	13.5
	生産年齢人口	62.4	61.7	60.8	59.8	57.0
	老年人口	19.7	22.6	24.8	26.5	29.4
宮崎県	年少人口	17.9	16.0	14.7	14.0	13.7
	生産年齢人口	64.7	63.3	61.8	60.2	56.8
	老年人口	17.4	20.7	23.5	25.8	29.5
熊本県	年少人口	17.3	15.5	14.3	13.8	13.7
	生産年齢人口	64.3	63.1	61.8	60.5	57.6
	老年人口	18.3	21.3	23.7	25.6	28.8
全国	年少人口	16.0	14.6	13.8	13.2	12.6
	生産年齢人口	69.5	68.1	66.1	63.8	60.7
	老年人口	14.6	17.4	20.2	23.0	26.6

出所：鹿児島県，宮崎県，熊本県および『国勢調査』．

表 7-5 南九州3県の人口動態

(単位：人)

	動態	1995 年	2000 年	2005 年	2010 年	2015 年
鹿児島県	自然動態	8	-1,014	-3,742	-4,571	-7,328
	社会動態	2,009	-154	-3,972	-2,603	-4,373
宮崎県	自然動態	2,084	1,022	-1,222	-1,855	-4,200
	社会動態	-650	-2,385	-3,075	-1,800	-2,969
熊本県	自然動態	2,851	838	-1,803	-2,491	-5,219
	社会動態	694	-895	-2,676	-2,290	-3,286

注：社会動態＝転入－転出．
出所：鹿児島県，宮崎県，熊本県．

向が見られたが，2000年以降，3県とも減少が続いており，アベノミクスが実施されるなかで，2015年には鹿児島県が4千人強，熊本県が3千人強，宮崎県が3千人弱の減少となっている．自然動態と社会動態を合わせると，3県とも2000年から減少し始め，2015年には鹿児島県が1万人強の減少，熊本県が約8千人強の減少，宮崎県が7千人強の減少となって，減少幅が拡大している．

2015年について，3県の純転出数の多い転出先をみると，3県とも，福岡

県，東京都，神奈川県の順となっている（表7-6）．年により若干の変動があるが，福岡県が南九州3県の人口を最も多く吸収している状況となっている．福岡県は南九州の人々にとって，首都圏よりはアクセス

表7-6 南九州3県の純転出状況（2015年）

(単位：人)

	鹿児島県	宮崎県	熊本県
1位	福岡 (-1,444)	福岡 (-1,063)	福岡 (-1,563)
2位	東京 (-1,132)	東京 (-724)	東京 (-1,132)
3位	神奈川 (-448)	神奈川 (-403)	神奈川 (-381)
4位	愛知 (-329)	熊本 (-233)	愛知 (-359)
5位	大分 (-140)	千葉 (-200)	大阪 (-267)

出所：各県『統計年鑑』．

しやすい場所であるほか，福岡市が堅調な経済成長を遂げていることが影響していると考えられる．しかしながら，福岡県が吸収している人口は九州近隣にすぎず，東京は全国から人口を吸収している．神奈川県，千葉県，埼玉県を加えた首都圏全体では，南九州の人口を最も多く吸収している．そのため，東京一極集中という事態は一向に変わらない．

　九州経済全体を考えると，また日本経済のバランスのとれた成長を考慮すると，福岡県が東京都よりも多く南九州の人口を吸収していることは悪くはない．また，宮崎県では，首都圏に属する千葉県よりも隣接の熊本県に多くの人々が転出している．九州の人口が九州に留まることは九州経済全体にとっては好ましい傾向と言ってよい．ただし，人口が流出していく地域にとっては，どちらにしても深刻な事態であることに変わりはない．

　なお，自動車，電機の関連企業が多い愛知県も南九州を含め各地の若年層を多数吸収している．職業系高校や専門学校には，愛知県などの企業の人事担当者が卒業生を求めて，訪問を繰り返している．このようななかで，2014年度の調査では，鹿児島県の高卒者の43.2％が県外に就職している．宮崎県は42.7％，熊本県は39.7％であった．全国平均が18.2％であるので，南九州3県のすべてにおいて，全国平均の2倍以上の高卒者が県外に就職している．

　南九州3県は，これまでも社会動態による人口減少の影響を受けてきたが，近時にはそれを上回る自然動態による減少（高齢者の死亡が主因）が続いており，全体として，人口減少にいっそう拍車がかかっており，深刻な事態となっている．

　次に，地方部の人口減少の実態を検討しよう．「平成の市町村合併」のため

に，市町村人口の長期的動向を正確に把握するのが困難な側面があるので，いくつかのまちを採り上げて検討したい．鹿児島県では，島嶼部や鹿児島市街から遠く離れた地方部で人口減少が続いている．また，大隅半島も減少が著しい．大隅半島は，農業・畜産・林業に適しているが，鹿児島市に行くのにフェリーを使うか，鹿児島湾（錦江湾）を大回りして長時間かけて行くしか方法がなく，交通の利便性が極めて悪い．

薩摩半島の南西部に位置する南さつま市も人口の減少が顕著である．鑑真が上陸し，明国や琉球との貿易で栄えた坊津など歴史的観光資源を有する一帯であるが，鹿児島市内から遠く，交通の便が悪く，若者の流出が止まらない．絶景ポイントも多いが，観光客は少ない．南薩地域はしばしば台風の直撃を受ける地域であり，頑丈な造りの高校の校舎が建てられているが，入学者が激減して使われない教室が目立っている．高校の統廃合も進行している．高校で話を聞いてみると，若者が他の地域に転出して帰ってこず，高齢者の割合が増加しており，人口がますます減少しているという．

鹿児島県北西部にある阿久根市は東シナ海に面しており，古くから漁業が栄え，柑橘類の栽培も盛んである．美しい海岸線を有し，温泉もあるが，新幹線の駅が設置されなかったことも影響して，苦境に立たされている．同市の総人口は，1995〜2015年の間に，2.7万人から2.1万人となり，6千人強（-27%）の減少となった．

闘牛で知られる徳之島町は鹿児島市から数百km南にある離島であり，移動コストや物流コストの高さ，台風の常襲地域である等，生活環境の不利性が指摘され，奄美群島振興開発特別措置法（奄振法）による公共事業等への補助が長らく実施されてきたが，自立的発展には課題が多く，同町の総人口は1995年の約1.3万人から2015年には1.1万人へと2千人超の減少となった．2015年の老齢人口の割合が約30%であり，高齢化が進行している．徳之島町に限らず，奄美群島では奄振法の助成に依存する側面が強い．奄美出身の学生に聞くと，大学を卒業しても，定年になるまでは島に帰ってこない人が多いということである．

宮崎県でも，宮崎市から遠く離れた周辺地域の人口の減少が加速している．宮崎県最南端に位置する串間市では，1995年の人口が2.5万人であったが，

2015年には1.9人となり，6千人強の激減となった．基幹産業は農業であり，温暖な気候を利用してマンゴーやピーマンなどが生産され，畜産では宮崎牛，漁業では伊勢海老などが著名である．しかし，宮崎市からも鹿児島市からも遠く離れており，交通の利便性が悪く，若年層を惹きつける魅力的な職場が欠如しており，人口流出が続いている．2015年現在で，年少人口が11.2％，生産年齢人口が49.0％，老齢人口が38.3％となっており，人口の高齢化が著しい．

県北の山岳部に位置する高千穂町でも，上記期間に約1.7万人から1.3万人へと4千人の減少となった．この町は，宮崎県で最多の観光客を惹きつける地域であるが，就職先が少なく，高齢化が進行している．宮崎県西南の山間部で，鹿児島県と熊本県に接するえびの市は，約2.6万人から約2万人となり，6千人の減少となった．九州自動車道が通り，温泉の街ではあるが，多くの観光客を惹きつけるまでに至っていない．

しかし，山間部でも，元気なまちもある．ワインで知られる綾町は有機農業に注力し，若年層・子育て支援（新築住宅の固定資産税を5年度分免除）などを実施して，人口減少を最小限に食い止める努力をしている．県西部の都城市に隣接する三股町も，そのベッドタウンとして人気が高く，子育て支援なども手厚く，人口の増加傾向が続き，注目を集めてきた．

熊本県でも，熊本市から離れた周辺部の地域の人口の減少が目立っている．離島の天草市や南部の急峻な九州山地の山岳部など交通の便が悪い地域の人口減少が著しい．また，険しい山岳部ではない地域でも，人口減少が進行している．例えば，八代市でも人口の減少が著しい．1995〜2015年の間に14.4万人から12.7万人となり，約1.6万人の減少となった．八代市の社会的動態をみると，2013年のデータでは，人口の純流出が最も大きかったのは熊本市（279人）への転出であり，以下，福岡県（125人），愛知県（36人），東京都（23人）の順となっている．つまり，近くの大都市である熊本市や成長が著しい福岡県など，地方の中核都市への転出が目立っている．他のまちにおいても，同様の傾向があるものと推察される．

また，熊本県最南端の山間の盆地で，宮崎県のえびの市と隣接する人吉市も約4万人から3.4万人となり，約6千人の減少となった．同市は山間部ではあるが福岡と鹿児島を結ぶ九州自動車道（高速道路）が通り，比較的に交通の

便はよい．球磨焼酎の蔵元が多数立地し，まだ温泉街の趣が残っており，ある程度元気のよい街である．しかし，魅力的な事業所が不足しており，やはり人口が減少し，高齢化が進んでいる．

　南九州では，年少人口は全国平均よりも減少しておらず，本来ならば人口減少は全国平均よりも緩やかになるはずである．ところが，若年層を惹きつける魅力的な職場がこの地域に十分に存在しないために，生産年齢になると多くの若者が域外に流出してしまい，総人口の著しい減少と高齢化の進行を余儀なくされている．東京などの大都市の給与水準は南九州の給与水準よりはるかに高い．大都市や愛知などの企業が高い初任給を武器に求人に来るので，若者の多くが流出してしまっている．大企業や主要機関が大都市に集中しており，それによって大都市に生産年齢人口の集中が進み，地方のまちの人口が減少し，高齢化が急速に進んでいるのである．しかし，定年になると地元に帰る者もあり，高齢化率はますます高まってきている．

　平成不況下の所得の低下，教育費の高騰，未婚率の上昇などは，日本全体としてみた場合は，たしかに人口減少の大きな要因と言える．しかし，地方の人口減少の大きな原因は，国家の主要機関が東京に立地し，さまざまな企業・団体が東京および首都圏に本店，本部事務所を設置し，賃金も高いことである．

　交通機関や通信手段も格段に進歩してきた．国家の主要機関の中核部は東京にあってもよいが，それ以外はできるだけ地方に分散配置するとともに，地方分権を大幅に推進し，それによって人口の東京および首都圏への人口の集中を防止し，地方経済の復興に努め，日本経済の強靱化を図る必要がある．明治維新から150年が経過しており，日本の構造改革が求められている．

4. 南九州3県の産業の特色

　以上のように，長期不況の下で，南九州3県の経済状況は全国平均よりも厳しいものとなり，人口の減少が全国に先立って急減している．本節では，南九州の産業上の現況を概観し，その特色を確認する．南九州の産業上の特色は，全国平均に比較して第一次産業の割合が高く，第二次産業の割合が低いことある．内閣府「県民経済計算」2015年版の生産額に基づいて算出すると，第一

次産業が全国平均で1%であるのに対して，鹿児島県と宮崎県がそれぞれ5%，熊本県が4%となっていて，全国平均よりも数ポイント高い．また，第二次産業の全国平均は27%であるが，鹿児島県が20%，宮崎県および熊本県が23%であり，かなりの差がみられる．かくして，南九州，特に鹿児島県と宮崎県は農業県と呼ばれている．

本書の他の章で鹿児島県の産業構造を生産面から検討しているので，ここでは，販売面から3県の特徴を検討する．3県とも，近年では，販売額の多い業種は，卸売・小売業，製造業，医療福祉の順になっている（表7-7）．2016年6月の調査では，卸売・小売業の販売額は，鹿児島県が約4.6兆円，熊本県が約4.4兆円，宮崎県が約3兆円であり，販売総額のうち鹿児島県が45%，宮崎県が42%，熊本県が41%を占め，ほぼ同様の傾向がみられる．しかし，製造業では，熊本県が26%のシェアを占めるのに対して，鹿児島県では21%と5ポイント少ない．このことは，熊本県が製造業に強く，鹿児島県は製造業で熊本県に後れを取っていると言うことができる．この点は，後述する製造業の出荷額からも見て取ることができる．なお，卸売・小売業の全国の構成比は約30%であるので，3県のその構成比は10ポイント以上高い．

さて，農林漁業の販売額は，鹿児島県と宮崎県が3,000億円強，熊本県は1,000億円強であり，熊本県は鹿児島県と宮崎県の3分の1となっている．販売額に占めるシェアでは，鹿児島県と宮崎県が3%，熊本県が1%となっており，全国（0.3%）よりもはるかに大きな割合となっている．

表7-7　上位販売業種と農林漁業

(単位：億円　%)

	鹿児島県		宮崎県		熊本県	
	販売額	シェア	販売額	シェア	販売額	シェア
卸売・小売業	46,058	45	29,993	42	44,429	41
製造業	21,536	21	16,677	23	28,278	26
医療・福祉	17,738	17	11,204	16	18,636	17
農林漁業	3,243	3	3,093	3	1,213	1
全業種合計	103,404	100	71,148	100	109,256	100

注：調査時期は2016年6月．大分類（個人を除く）．
出所：総務省・経済産業省「平成28年　経済センサス」を加工して作成．

次に，2014年12月末現在のデータ基づいて，3県の製造業の出荷額について上位7業種について概観する．

鹿児島県の主要な製造品出荷額は，図7-3に示されるように，食料が1位（6,572億円）であり，食料品への依存度が高い．かつお節の生産量が全国1位でそのシェアは7割超を占め，養殖ウナギも全国1位である（2015年）．農業産出額も全国3位（4,736億円）である．このように食料品の素材が豊富な状況が食料品の生産額が多いことにつながっている．また，製造品の2位は飲料（3,991億円）であり，特産のさつまいもを利用した本格焼酎など飲料品の出荷額も多い．かつては，焼酎の生産量は全国1位であったが，最近は宮崎県の後塵を拝している（かつて宮崎県は麦焼酎やそば焼酎が中心であったが，近年は「黒霧島」（霧島酒造）などのイモ焼酎の生産が増え，鹿児島県が追い抜かれた）．茶葉生産額は全国2位である（2016年）．また，製造品出荷額の3位は畜産である．豚の飼育頭数が全国1位，肉用牛飼育頭数全国2位，ブロイラー飼育数全国2位（2018年2月現在）であり，畜産に関する製品の出荷額が多い．このように，鹿児島県は，農業・畜産・漁業に関連する業種の生産高が上位を占めている．ただし，鹿児島の食品は加工度が低く，付加価値率を高めていく必要性が指摘されている．電子が4位に入っているが，これは当県出身の稲盛和夫氏が創建した京セラの鹿児島工場によるところが大きい．

鹿児島県の製造業の弱点は，生産用機械や輸送関連の生産と出荷が劣位にあることである．このことが，若年層の県外流出を生み出している大きな原因の1つとなっている．

宮崎県の製造業出荷額も，2014年12月末現在において，食料（3,170億円）が主位を占め，

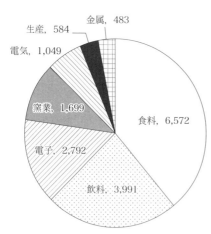

注：2014年12月末現在．単位は億円．
出所：鹿児島県『鹿児島県統計年鑑』2016年版より作成．

図7-3 鹿児島県製造品上位出荷額

鹿児島県と同じく農業県の色彩が濃い（図7-4）．きゅうり，スイートピーが全国1位，マンゴー2位，ブロイラー飼育数全国1位，豚の飼育頭数が全国2位，肉用牛飼育頭数全国3位である．農業・畜産・漁業に関連する業種に依存する割合が高い．和牛や養殖ブリ等の海外への販路拡大も進みつつある．

「鹿児島黒牛」や「宮崎牛」はブランド化され，全国的に高い評価を得ている．豚とブロイラーの生産は，鹿児島と宮崎で上位1〜2位を占め，両県は「畜産王国」である．今後とも，この強みを伸ばしていくことが重要である．豚とブロイラーは差別化しにくいうえ，海外からの輸入品との競争を強いられているので，「産地ブランド」化以上のものが必要であり，小売業や外食産業などの川下の実需者から安定的に買い続けられる「指名買いブランド」化が必要であるという指摘がある[3]．

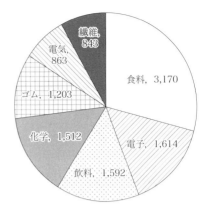

注：2014年12月末現在．単位は億円．
出所：宮崎県『宮崎県統計年鑑』2016年度版より作成．

図7-4　宮崎県製造品上位出荷額

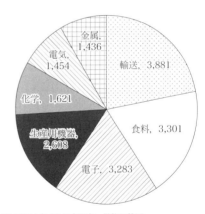

注：2014年12月末現在．単位は億円．
出所：熊本県『熊本県統計年鑑』2016年版より作成．

図7-5　熊本県製造品上位出荷額

宮崎県も，鹿児島県と同様に，生産用機械や輸送関連の生産と出荷が少なく，農業・畜産に依存している点に弱点がある．なお，化学や繊維に強いのは，旭化成の延岡工場の寄与が大きい．

熊本県は鹿児島県や宮崎県とやや異なる特色がある．2014年12月現在，輸送（3,881億円）が出荷額のトップであり，電子（3,283億円）が3位，生

産用機器（2,608億円）が4位となっており，工業製品の出荷額が上位を占めている（図7-5）．輸送がトップになっているのは，本多技研工業の熊本製作所などの貢献が大きい．南九州の中では工業化が進んでいる熊本県は周囲の地域から人口を集める状況となっている．

　もっとも，熊本県でも，2位が食料（3,301億円）であり，鹿児島県や宮崎県と同様に農業に強いという特色も有している．耕種農業では，スイカとトマトの収穫高が全国1位である（2015年）．2016年の熊本地震によって甚大な被害を受けたが，熊本県は工業化のさらなる推進を図るとともに，農業の強みを活かしていくことが期待される．

5．南九州経済活性化のための施策

（1）　九州全体としてのカーアイランド化へ

　九州はカーアイランドとも呼ばれることもあるが，自動車関連企業は大部分が福岡県と大分県に集中している．2018年3月時点の九州の自動車関連企業（総数987社）は福岡県に450社，大分県に197社が存在し，他の府県は2桁台である（長崎県企業振興課「九州自動車関連企業データベース」2017年度版）．九州の自動車産業は，1975年に日産自動車が福岡県に九州工場を設立したことに始まる．同年，日産は大分市でも生産を開始した．さらに，1992年にトヨタ自動車の子会社であるトヨタ自動車九州（福岡県宮若市），2004年にダイハツ工業の子会社のダイハツ九州（大分県中津川市）が生産を開始した．

　上記データベースによれば，自動車関連企業は熊本県に76社，鹿児島県に70社，宮崎県には68社ある．鹿児島県や宮崎県では，ほとんどが小企業である．しかしながら，自然災害はいつどこで発生するかわからない．リスク分散も考慮して，南九州3県にもっと大規模部品工場を設置することが重要である．特に留意すべきことであるが，日本経済の発展のために，海外ではなく，日本国内で生産すべきである．九州各県は高速道路で結ばれ，輸送は極めて効率的である．九州全体を文字通りのカーアイランドにし，福岡や大分以外での生産と雇用の拡大を実現し，九州が一体的にまとまることが重要である．九州

諸県には，大きな港が多いので，完成した自動車を九州から他地域へ移送するには全く問題がない．

　自動車産業は，今後ますます電気自動車（EV）の流れが強くなり，自動車生産関連機器，電子部品，電気機器はますます関連性を強めていくものと考えられる．また，部品の軽量化も加速するであろう．九州の道路網を利用して，南九州3県を含む九州全体で，次世代の自動車産業を発展させていくことが，九州経済の発展のために有益である．九州の各県は九州経済の発展のためにもっと協議を重ね，協力すべきである．道州制になった場合，九州が一丸となって戦略を展開できれば，九州は全国でも屈指の州になるであろう．同時に，衰退傾向の現況を打開する道が開けるであろう．

(2)　南九州環状道路の整備——鹿児島湾横断道路の建設

　九州は，北海道ほど広くはないが，四国の2倍近くあり，名所旧跡が広範囲に点在しており，一般的には，北九州と南九州を一度に旅するのは困難である．また，北九州の交通インフラは充実しているが，南九州の交通インフラの整備はまだ不十分である．南九州の交通インフラが改善されれば，地域の活性化と旅行者の増加が期待できる．

　比較的正確に把握されていると思われる延べ宿泊者数の推移を見ると，図7-6のように，2009～17年の間に福岡県は約700百万人と激増している．しかしながら，南九州3県では，それぞれ200万人程度の増加にとどまっており，さらなる工夫が必要である．南九州3県は歴史的・文化的な観光資源が多いが，地域的にかなり離れているので，それぞれのポイントを有効に連結する交通インフラの整備がとりわけ重要である．

　幸運にも，鹿児島県と熊本県は，2011年3月に九州新幹線の博多駅—鹿児島中央駅の区間が全線開通し，利便性が高まった．以前の在来線では4時間ほどかかったが，最速で1時間15分程度で行けるようになった．新大阪駅—鹿児島中央駅の区間は最速で3時間45分程度に短縮され，鹿児島にとっては大変に有益な状況になった．この全線開通に合わせて，鹿児島中央駅近辺の開発が急速に進められ，駅前のビルが建替えられ，マンションが次々に建てられた．駅の近隣地域の地価も上昇している．

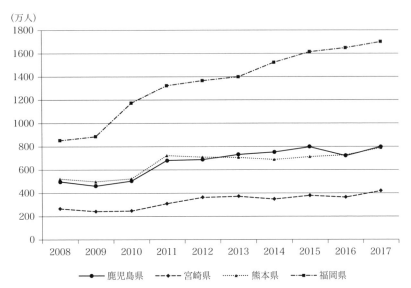

出所：国土交通省観光庁「宿泊旅行統計調査」。

図 7-6　延べ宿泊者数の推移

　鹿児島市経済局の調査（2013年3月）によれば，九州新幹線の利用目的は「観光・レジャー」（宿泊・日帰り）が57.6％,「親戚・知人に会う」が35.0％と，観光・レジャーが高い比率を占めている．鹿児島中央駅構内における鹿児島県外居住者に対する調査では，新幹線を利用して鹿児島に来た目的は「観光・レジャー」が54.3％,「ビジネス」16.7％,「帰省」14.6％の順に高かった．しかし，これら県外の新幹線利用者（「観光・レジャー」「ビジネス」「帰省」）は圧倒的に中央駅周辺で消費をしており，中心市街地（天文館地区）における効果は薄いという結果になっている[4]．鹿児島市以外の周辺部での消費効果はさらに希薄である．このような状況は，九州新幹線のターミナルである鹿児島中央駅から先の二次的交通システムが不十分であることを示している．
　指宿温泉は鹿児島中央駅とJR指宿枕崎で接続されているにもかかわらず，単線で電化もされておらず，列車の待ち合わせ時間を含め長時間かかる．鹿児島県は，観光ポイントが非常には離れているので，観光客を増大させるには交通の利便性の改善が重要な要素である．しかし，交通インフラは，鹿児島空港

から鹿児島市街地へのアクセスも含めて，一向に改善されない．指宿枕崎線の電化を含め，空港と市内のアクセスをモノレールにするなど，交通インフラの改善が求められる．バス運行会社も，これらのインフラ事業に積極的に参加することによって，収益性を上げられるはずである．

宮崎県は，山と海が存分に味わえる観光地である．県北の高千穂郷は神話と自然が織りなす厳かな雰囲気があり，都会の喧騒から離れてゆったりと過ごすには理想的なところである．また，南部方面の青島から堀切峠にいたる一帯も，色鮮やかなハイビスカスやブーゲンビリアの花々が咲き乱れ，本州では味わえない南国情緒が漂う景勝地である．

宮崎県は，新幹線が乗り入れていないので，他の2県よりも不利な側面がある．しかし，大分方面から東側の海岸線を走る東九州自動車道（高速道路）が開通し，北九州や関西方面へのアクセスがよくなりつつある．

今後整備されるべき南九州の交通インフラとして，宮崎市－日南市－志布志市－鹿児島湾（錦江湾）横断道路－鹿児島市のルートの建設がきわめて重要である（図7-7）．宮崎～志布志～桜島のルートは国道，鹿児島～熊本のルートは九州自動車道（高速道路），熊本～宮崎のルートは宮崎自動車道（高速道路）がすでに整備されているので，新たな建設工事は鹿児島湾横断道路だけでよい（宮崎～志布志～桜島の国道は拡幅などが必要であるが）．これが実現できれば，熊本も含む南九州環状道路が完成することになる．さらに，欲を言えば，すべて高速道路にできればなおよい．

鹿児島県「錦江湾横断交通ネットワーク可能性調査」（2012年2月）によれば，鹿児島湾を横断する3ルートを検討した結果，「鹿児島～桜島」のルートが将来交通量・経済波及効果・費用対便益比から考えて最も効率的なルートと結論づけている．また，強風・降灰・整備費用等を考慮すれば，トンネルが適当としている．このトンネルの全長は約6,400mであり，技術的に問題はない（ちなみに，東京湾アクアトンネルは約9.5kmである）．

筆者もこの調査報告書のルートに概ね賛成である．この横断道路が実現すれば，垂水市（大隅半島側）の多量出血患者の救命率が25％向上し，観光産業への経済波及効果が年間2.8億円生まれ，CO_2排出量が年間3.5万t削減されると推計されている．スマートシティの観点からも，CO_2排出量の大幅削減

図 7-7　南九州環状道路（私案）

が実現できて望ましい．さらに，大隅側から1回の往復に数千円（自動車込みのフェリー料金）もかけて鹿児島市に通学している大学生等がいる現実に照らせば，鹿児島県の人々が受ける便益はきわめて大きい．とりわけ，大隅地域の有効活用や活性化に大いに貢献するであろう．

しかし，最大の懸案は，フェリー会社など様々な利害関係が絡んでいるため，鹿児島では鹿児島湾横断道路を建設することの合意が得られにくいという声もある．国土交通省も含めて，南九州の広域開発計画として取り組む必要があろう．繰り返しになるが，これが実現すれば，鹿児島県や宮崎県の観光や地域経済が大いに活性化されることは間違いないであろう．

なお，鹿児島市からは，種子島・奄美大島を経由して沖縄本島に至る，日本最長の海上国道58号線が走っている．この一帯は，世界遺産の屋久島や沖永良部島などトロピカルで，魅力的な観光地が多い．県本土の観光客をこれらの島々に引き寄せる工夫も必要である．ただし，実際には，現在のところ，自動車が海上国道を走行できないので，船や航空機を利用せざるをえないが．

(3)　農業法人の規模拡大と経営の多角化

南九州3県は，全国屈指の農業県であり，やはり耕種農業や畜産業をさらに伸ばしていく施策が必要である．農業従事者の減少や高齢化が進行するなかで，全国的に農業法人が増加している．

農業経営の法人化がどのような効果を有するかを試算した1例をみると次のような効果が確認されている（2010年度のデータ）[5]．水稲作を基幹とする農業経営において，7〜10ha規模では，個人経営の売上高が1,844万円であったのに対して，法人経営では4,229万円であり，法人経営のほうが2倍以

上多かった（20〜30ha 規模では，個人 3,762 万円，法人 5,094 万円であった）．また，常時従業者 1 人当たり労働報酬に関しては，7〜10ha 規模で，個人経営が 170 万円，法人経営は 626 万円であり，法人経営のほうが 3 倍以上多かった（20〜30ha 規模では，個人 355 万円，法人 652 万円であった）．この試算では，法人経営の収益性が高いのは，規模の拡大だけでなく，加工部門の導入による高付加価値化など，経営の多角化が寄与していると分析されている．

宮崎県は，2013 年 3 月「みやざきフードビジネス推進構想」を策定し，総合的な食関連産業（フードビジネス）を基幹的成長産業に育成することを目指している．この構想の主眼は，第一次産業の産出物を第二次産業・第三次産業に引き継ぎ，価値を上乗せする価値連鎖（バリューチェーン）を実現することにある．そのために，産・官・学および金融機関が協力・支援するシステムを構築するというものである．構想の中には明確に記載されていないが，ここでも，農業経営の効率化，すなわち農業法人の発展が重要になっているものと考えられる．

実際に，宮崎県では，農業の 6 次産業化や農商工連携による高付加価値化への取り組みが実施されている．収穫した野菜を単に出荷するだけでなく，カット野菜にしたり冷凍加工したりして高付加価値化を推進している農業法人が散見される．

鹿児島銀行は早くから ABL（動産担保融資）を活用した農業・畜産業の支援を行ってきたが，2016 年 9 月には，卸売企業や運輸企業と共同で，農業法人「春一番」を設立して農業への参入を行った．ホームページによると，温暖な鹿児島の気候を活かして，10 月にタマネギ等の栽培を開始して，早春に出荷する計画である．生産・加工・販売を手掛けて「六次産業化」による収益向上も企図されている．さらに，コンピュータ管理の植物工場の建設のほか，4 万 m^2 の耕作放棄地を活用してオリーブ栽培を行うことも予定している．鹿児島銀行は，以前には，石橋を叩いても渡らない，慎重な銀行と言われていたが，農業県に立地する銀行として，注目すべき取り組みを行っている．

全国的に，大手商社などが農業に参入し始めている．IT 技術を使った植物工場も増加している．全国では，所有者が明確でない農地が東京都の面積の 4

倍ほどあり，農林水産省も大規模農家に貸しやすく規制緩和している[6]．現在のところ，農業法人は小規模なものが多いので，経営の大規模化や多角化を図って，耕作放棄地の活用や地元の雇用拡大に貢献し，自らの収益性も高めることが望まれる．南九州には農業ビジネスの発展の条件が揃っているので，海外市場をも視野に入れて，農業の企業化を推進し，地域の発展のために積極的に取り組むべきである．すでに農業法人に関する求人情報のシステム化も行われつつあるので，農業法人は収益の向上を図って，安定的な経営体に成長することが期待される．宮崎県のフードビジネス構想は，このような視点からも注目に値する．

（4）　新タイプの商店街活性化策

　宮崎県の油津は，同県南西部に位置し，険しい山々と荒波打ち寄せる太平洋に挟まれ，陸の孤島とも言うべきまちである．宮崎市方面からの高速道路が建設中であるが，まだ開通していない．地理的には鹿児島県に近いが，交通の便が悪く，鹿児島市街地から行く場合，自動車を使っても，時間的には福岡市（高速道路使用）に行くのとほとんど変わらない．宮崎市からも遠く離れている．大きな企業や大学がなく，高校を卒業すると若者は油津を出てゆき，若年層の人口の流出が激しい．

　しかし，油津は古くは南九州のなかでは屈指の港であり，日南市の顔である．江戸時代に飫肥杉を運ぶ筏を通すために堀川運河（約 1,500m）が掘削され，油津は飫肥杉の積み出し港として繁栄した．1917（大正 6）年には，農商務省が全国で 7 つの港を漁港整備港に指定したとき，九州で唯一，油津港がその 1 つに選ばれ，それを契機にマグロ漁港として発展した．1921（昭和 6）年には 500 隻を超えるマグロ漁船が入港し，油津は好景気に沸いた．人口も増加し，油津商店街が形成された．しかし，戦後に日本経済が高度成長をしていくと，飫肥杉の積み出しは衰退し，大都市から遠く離れた油津は漁港としても衰退した．

　油津商店街も，油津のまちの斜陽とともに，衰退していった．しかし，決定的な打撃となったのは，まちづくり 3 法の施行と大店法の廃止である．2002 年の調査で，油津商店街のエリアの通行量は 4,747 人であったが，急激に減

少して2011年には1,661人と，約3分の1まで激減した．このような状況のなかで，2003年に油津地区・都市デザイン会議が設立され，まちづくりの取り組みが始められた．

　2012年には，全国的に推進されている中心市街地活性化基本計画策定の模索が始まり，「油津まちづくり会議」が設置された．翌13年，餅は餅屋でという発想のもと，月給90万円（年間1,000万円．日南市の支払）で「テナントミックスサポートマネージャー」を公募し，応募者333人の中から，木藤亮太氏（福岡市出身）が採用された．主な条件は，油津商店街に4年間で20店舗出店させるというものであった．

　木藤氏は，「自走できる商店街づくり」をメインテーマにし，商店街が持続的に歩んでいける状況をつくりだすことが最大のミッションと認識して取り組んだ．2009年1月に「日南市中心市街地活性化協議会」が設立された．2012年11月に内閣府から「日南市中心市街地活性化基本計画」が認定され，公的補助を受けられることになった．

　2016年11月に筆者が面談した際に，木藤氏は油津商店街での新規開業に関して，補助金目当ての申込みはすべて断っており，本気で自分の努力で営業できる店舗のみ受け入れている，と語っていた．また，業種には拘らず，雇用を生み出してくれれば，IT企業でもよいと言っていた．ここには，従来の商店街のイメージには拘らない，新たな発想があった．伝統のある商店街で，このようなことを行うのはかなり困難な場合が多いが，木藤氏の一途で前向きな姿勢に，人々も納得してしまうのかもしれない．同氏は，結局，20店舗を上回る26店舗の新規開業を実現した．「油津yotten（よってん）」を核に，油津商店街を市民の交流の場にリフォームし，昼も夜も市民が楽しめ，憩える場に作り替え，商店街の活性化につなげていると思われる．

　中活基本計画の1日平均歩行者・自転車通行量は，計画地域における目標の4,100人に若干届かず，3,914人に終わった．しかし，中活基本計画には，堀川周辺エリアも含まれており，こちらの通行量が減少したので，全体としての交通量を達成できない結果となったが，商業地エリアでは目標値を大きく超えた．2016年8月には，通行量が目標の1,904人を上回る2,388人に増加しており，実質的に成功している．

木藤氏らの活性化策において，次の2点は特に優れた特色となっている．第一に，やる気のある事業体なら商店でなくてもよいという大胆な方針を採用していること，第二に，商店街の活性化を地域の雇用や人口増加に結びつけて推進していることである．多くの商店街は自己本位になっていて，一般の人々から商店街活性化に対する共感を得にくい実態があるが，ここでは商店街以外の人々からも理解や協力が得られやすい手法を選択している点で優れている．
　このような手法は，民間主導で商店街をまるごと改造して成功している高松市の丸亀商店街の考え方と共通性がある．ただし，高松は四国の玄関であり，官公庁が集まっており，丸亀商店街の周囲には電車の駅が数駅存在し，好条件に恵まれている．油津は地理的に極めて不利な環境にあるので，この地における商店街活性化の成功は注目に値する．また，油津商店街の活性化策では，行政側も危機意識が強く，民間と協同する基本姿勢が功を奏したと言えよう．個々の商店街はそれぞれに事情が異なるので，独自の取り組みを行うことでしか活性化は成功しないであろう．しかし，油津商店街が行ったことは，人口が多くない地方の商店街にとって学ぶべき点が多いように思われる．
　なお，堀川運河は，かつて寅さんシリーズの舞台の1つになったとはいえ，現状では多くの観光客を集めるのは困難であろう．北海道の小樽運河は，市民が運河を埋めて道路にするという行政側と闘って苦労の末に人気観光地となったが，すぐ近くに大都会である札幌の街があり，石造り倉庫の活用や小樽ガラスの製造などの工夫が奏功している[7]．

(5)　南日本銀行による地元顧客支援策

　南日本銀行（森俊英頭取）は，南九州において「WIN-WINネット業務」を展開している．これは，販路開拓や経営コンサルティング業務を通じて取引先の中小企業を支援する取り組みである．地元の企業の成長を手助けすることによって，南日本銀行自身の成長基盤を創出するだけでなく，地域経済の活性化に寄与する試みである．ボランティアではなく，きちんと契約を行って，原則として委託手数料（成果報酬手数料）を受け取ることとしているが，それ以上に中小企業の業況改善による副次的効果に重きを置いている．
　具体例としては，次のようなことが行われている．ある鰹節製造会社が生産

表 7-8　WIN-WIN ネット業務実績の推移

(単位：件, 百万円)

	2013	2014	2015	2016	2017
契約先	962	1,495	1,473	1,558	1,604
期別売上高改善実績	156	165	484	771	673

注：各年3月末.
出所：南日本銀行（2017）．許可を得て記載．

ラインの効率化を図って新工場を建設したが，借入金の返済と原料の高騰により資金繰りが悪化した．これまでの金融支援では，元金返済据え置き措置などに留まるが，WIN-WIN ネット業務を推進することによって，地元商社経由で全国規模の食品商社との商談を実現し，2014年度の当該企業の売上額が約1億円改善された（南日本銀行　2017）．

　WIN-WIN ネット業務の推進にあたっては，専担部として「WIN-WIN ネット業務部」を設け，専任スタッフが業務を担当している．また，関連のある各支店においても，適宜協力する体制をとっているということである．WIN-WIN ネット業務の実績は，表 7-8 に示される通りであり，2012年9月期の契約先数は 721 社（期別売上高改善実績額 4,100 万円）であったが，2017年3月期には 1,604 社（期別売上高改善実績額 6.73 億円）に増加した．地方の金融機関として，優れた取り組みであると言える．

　地域の金融機関は，地域活性化に貢献しているだけでなく，地元の若者の有力な就職先でもあり，地域への貢献度はきわめて大きなものがある．金融当局は，安易に地域の金融機関の縮小を進めるのではなく，地域の金融機関の重要性を認識し，その経営環境の保全に努めてもらいたい．

6．おわりに

　直近では，南九州の人口は，いよいよ市部においても人口が減少するようになり，このままでは南九州経済はさらに厳しい状況に陥る危険性がある．南九州，特に鹿児島県や宮崎県では，若年層の人口流出が激しくなっているので，それを防ぐ施策が必要である．自治体は，大手コンサルタント任せに計画を立てるのではなく，日南市のように危機感をもって，市民と共に地域の活性化に

取り組むことが必要である．そうすることによってこそ，居住人口の減少を食い止めることが可能であろう．

　南九州3県は農業分野で優位にある県であるが，高齢化が急速に進行している．農業法人は，規模の拡大と経営の多角化を図って収益性を高め，地元の若年層の雇用を増やすことが期待されている．また，観光・レジャーと組み合わせた，「六次産業化」の促進も必要となっている．この点では，人々の農業に対する意識改革が重要であり，教育面での改善も必要である．販路に関しては，日本食が注目されつつあるなかで，戦略的に海外輸出を重視した事業展開を図ることが求められる．

　同時に，南九州3県は年少人口が多いので，工業化を推進して，若年層の人口流出を食い止める必要がある．とくに，カーアイランドと言われる九州は，福岡や大分だけでなく，南九州3県にも，中核的自動車部品生産工場や組み立て工場を配置すべきである．鹿児島県にはコンテナ取扱量が全国20位に入る港湾が2つもあり，地理的に近いアジアの諸地域に製品を運搬するのに優位性がある．自動車と関連産業を九州全体で発展させ，九州を日本経済の中核地域の1つに発展させるような大胆な発想が必要である．

　また，南九州の経済のさらなる発展のためには，宮崎－油津－志布志－鹿児島湾横断道路－鹿児島－熊本（えびの）という南九州環状道路の建設が喫緊の課題である．

　さらに，将来的には，南九州と四国とを連結する交通インフラを構築して，九州四国経済圏を形成し，発展させることが求められる．

　注
1）　衣川（2011）参照．
2）　富澤（2010）29-31ページ．
3）　日本政策銀行南九州支店・日本経済研究所地域振興部（2015）参照．
4）　鹿児島市経済局（2013）165-166ページ．
5）　梅本（2014）．
6）　『日本経済新聞』2017年8月8日付．
7）　衣川（2011）第1章参照．

参考文献

梅本雅（2014）「農業経営における法人化の効果」『アグリビジネス経営塾』第619号．

鹿児島県（2012）「錦江湾横断交通ネットワーク可能性調査（H21～H23調査結果とりまとめ）」．

鹿児島県「鹿児島県の観光の動向－鹿児島県観光統計－」（各年版）．

鹿児島市経済局（2013）「新幹線全線開業影響力等調査」．

衣川恵（2011）『地方都市中心市街地の再生』日本評論社．

衣川恵（2015）『日本のデフレ』日本経済評論社．

九州経済調査協会（2010）『九州産業読本』（改訂版）．

九州経済調査協会『九州経済白書』（各年版）．

熊本県「熊本県観光統計表」（各年版）．

髙尾忠志監修（2017）『日南市中心市街地活性化事業報告書－これまでのまちづくりの想いを未来へつなげる－』日南市 / 油津まちづくり会議．

富澤拓志（2010）「分工場依存型地域産業の課題」『地域総合研究』第37巻2号．

日本政策投資銀行南九州支店・日本経済研究所地域振興部（2015）「畜産業界調査報告書－「畜産王国」南九州の成長戦略Ⅱ－」．

南日本銀行（2017）「顧客満足に向けた事業性評価の実践－WIN-WIN ネット業務（新販路開拓コンサルティング）－」．

宮崎県「宮崎県観光入込客統計調査結果」（各年版）．

宮崎県（2013）「みやざきフードビジネス振興構想」．

宮崎県企画局編（1954）『宮崎県経済史』．

第 8 章

地方小売業（飲食業・サービス業含む）の現状と課題
― 鹿児島県姶良市のケーススタディー

大久保　幸夫

1．姶良市の概要

(1) 姶良市の成り立ち

姶良市[1]は，薩摩半島と大隅半島の結束点，鹿児島県のほぼ中央に位置し，鹿児島市・霧島市・薩摩川内市に隣接している．面積は 231.25 平方キロメートル，鹿児島県総面積の 2.5％を占める．人口は 75,173 人（2015 年現在），2010 年 3 月に姶良郡の姶良町，加治木町，蒲生町の 3 町が合併してできた新しいまちである（図 8-1）．

旧姶良町は，市内に高速道路，国道・県道が通り，JR 日豊本線の帖佐駅・姶良駅・重冨駅があり交通の便が良く，鹿児島市にも隣接していることから，鹿児島市のベッドタウンとして発展してきた．大型小売店舗などの商業施設が多く，2015 年現在の人口は 47,031 人で現在も増加している．友清ほか[2]によると，旧姶良町は「単独での市制施行を考えていた．しかし，鹿児島県の都市としての要件に関する条例の中の「高等学校以上の学校を 1 以上有していること」を満たすため，高等学校の誘致を行い続けたが，叶わなかった．平成 11 年以降，政府により広域行政・市町村合併が推奨されるようになったため，単独での市制施行を諦め，合併を視野に入れるようになった」[3]という事情があるという．

旧加治木町は霧島市と隣接し，高速道路の加治木インターチェンジ，JR 日豊線の加治木駅と錦江駅，加治木港がある．税務署・裁判所などの国の機関が設置され，高等学校も 3 校立地している．人口は，1990 年頃をピークに減り

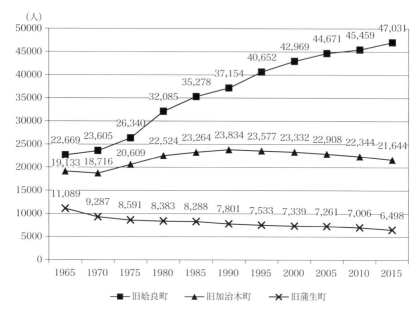

出所:「各回国勢調査時の市町村別人口の推移 - 鹿児島県」
(https://www.pref.kagoshima.jp/ac09/tokei/bunya/kokutyo/h27kokutyo/documents/55416_20161128120608-1.pdf) と「平成27年国勢調査市町別人口及び世帯数の確定数」
(https://www.pref.kagoshima.jp/ac09/tokei/bunya/kokutyo/h27kokutyo/h27zinkoukihon.html) より筆者作成.

図8-1 姶良市の人口推移

はじめ,2015年現在21,644人である.

旧蒲生町は周囲を山に囲まれた内陸部に位置し,JRや国道,高速道路からも離れ,交通の便は良くない.人口は,旧3町のうち最も少なく2015年現在6,498人と過疎化が進んでいる.また,高齢化が進んでおり,2017年現在の高齢化率は37.8％で姶良市全体の29.4％を上回る.特に山間地の高齢化率が高い(小川内地区の高齢化率は70.7％)[4].

(2) 姶良市の商業

①旧3町の商業の推移

1994年から2007年にかけての旧3町の小売業の推移を経済産業省・商業統計(表8-1)から見てみよう.旧姶良町においては,事業所数は341店舗

表 8-1 姶良市の商店街

年	地域	商店街	事業所数	従業者数	年間商品販売額（百万円）	売場面積（m²）
1994	加治木	蒲生田通り商店街	70	400	7004	12611
	加治木	錦江町商店街	9	25	102	488
	加治木	港町	6	30	341	335
	加治木	10号線バイパス通り	59	421	7478	8048
	姶良	脇元商店街	12	43	277	212
	姶良	駅前通り商店街	24	183	3117	5994
	姶良	宮島町中央通り会	50	220	4058	6294
	蒲生	町通り商店街	45	189	2912	3242
2002	加治木	蒲生田通り商店街	54	320	4315	9625
	加治木	錦江町商店街	25	83	750	955
	加治木	港町	13	55	439	844
	加治木	10号線バイパス通り	30	305	3953	7693
	姶良	姶良サティ	32	312	6074	13297
	蒲生	中央商店街	39	125	1792	2951
2007	加治木	蒲生田通り商店街	44	272	4569	8206
	加治木	錦江町商店街	19	83	1444	705
	加治木	港町	9	47	284	471
	加治木	10号線バイパス通り	30	276	4876	9135
	姶良	姶良サティ	28	288	3815	12569
	蒲生	中央商店街	28	114	1222	2227
2014	加治木	蒲生田通り商店街	33	232	2459	8116
	加治木	錦江町商店街	8	41	1555	125
	加治木	港町	6	31	220	313
	加治木	10号線バイパス通り	16	106	2483	5861
	姶良	イオン姶良	13	160	2755	9903
	蒲生	中央商店街	19	101	1162	1558

出所：経済産業省「商業統計」より筆者作成．

から349店舗に（1.9％増），従業員数は1,814人から2,539人に（40％増），年間販売額は311億円から414億円に（33％増）増加している．旧加治木町において，事業所数は322店舗から247店舗（23％減），従業員数は1,465人から1,376人（6％減），年間販売額も228億円から190億円（17％減）に減少している．旧蒲生町においては，事業所数は105店舗から81店舗に（23％減），従業員数は333人から325人に（2％減），年間販売額も43億円から33億円に（23％減）減少している．旧姶良町の商業だけが順調に増加し

ていることがわかる．

②姶良の商店街

　経済産業省の商業統計「平成 26 年商業統計表（二次加工統計表）」[5]によると 2014 年現在姶良市の商店街は 6 つ存在する．そのうち「市街地型商業集積地区」に分類される商店街は，旧加治木町に位置する蒲生田通り商店街のみである．蒲生田通り商店街は，2 つのスーパー「山形屋ショッピングプラザ加治木店（以下，山形屋と呼ぶ）」と「タイヨー加治木店（以下，タイヨーと呼ぶ）」を含む 33 事業所，従業員数 232 名，年間商品販売額 24 億 5,900 万円，売場面積 8,116m^2 からなる．蒲生田通り商店街の 20 年間（1994 年から 2014 年）の変化（表 8-2）を見ると，事業所数は 70 店から 33 店，従業員数も 400 人から 232 人と半減し，年間商品販売額は 70 億 400 万円から 24 億 5,900 万円と約 3 分の 1 に激減している．旧姶良町には商店街らしい商店街はなく，ショッピングセンター「イオン姶良」内に 12 の事業所があった．その他は「ロードサイド型商業集積地区」に分類され，国道 10 号線沿線に 10 前後の事業所が集積しているだけの商店街であった．旧蒲生町には，「蒲生の大楠」で知られた蒲生八幡神社の周辺に 20 弱の商店が集積した商店街があった．

　このように，姶良市には商店街のような商業集積地は少ない．特に，旧姶良町には商店街はなく，ショッピングセンターを中心にスーパーや 100 円ショップが立ち並ぶ商業集積地を形成している．

表 8-2　蒲生田通り商店街の推移

年	従業者数	年間商品販売額（百万円）	売場面積（m^2）
1994	400	7004	12611
1997	334	6057	9356
2002	320	4315	9625
2004	346	5429	8960
2007	272	4569	8206
2014	232	2459	8116

出所：経済産業省「商業統計」より筆者作成．

(3) イオンタウン姶良の誕生

2016年3月10日，九州自動車道姶良ICより約10分，国道10号線に近接した位置（旧姶良町）に延床面積46,000m^2，115店舗の専門店からなる大型ショッピングセンター「イオンタウン姶良（西街区）」がオープンした．翌年2017年4月22日には，西街区に隣接して延床面積36,900m^2，59店舗の専門店からなる東街区もオープンし，イオンタウン姶良が完成した．東街区は西街区と上空通路でつながり，南九州で初となる体感型シアターのシネマコンプレックスや保育施設，住民票などの証明書の交付サービスを行う姶良市の窓口なども設置されている．

現在「イオンタウン姶良」がある地には，1988年に株式会社ヱビスヤと株式会社マイカル九州が開いたショッピングセンター「サンシティ・リブレ」があった．1997年には店名を「姶良サティ」と変更したが，親会社の倒産などにより2007年にはイオン九州が運営することとなり，2011年には「イオン姶良ショッピングセンター」と名称変更した．

商業統計によると，1994年姶良町の3つの商店街には86店舗が存在し，74億5200万円の販売額があった．2002年の商業統計の対象になった姶良町の商店街はショッピングセンターの「姶良サティ」のみで，そこでは32店舗が営業し60億7400万円の年間販売額があったが，2007年になると店舗数は28店，年間販売額38億1500万円まで減少した．2014年はイオン姶良としての店舗数は13，年間販売額は27億5500万円とさらに減少した（表8-1）．

2016年イオン姶良ショッピングセンターは閉店し，土地はイオンタウン株式会社（千葉市）に売却された．その後，旧イオン姶良ショッピングセンターの隣地にイオンタウン姶良西街区が開店，続いて2017年には旧イオン姶良ショッピングセンター跡地に東街区がオープンした[6]．以下，イオンタウン姶良をイオンタウンと呼ぶことにする．

(4) 姶良市から鹿児島国際大学への委託事業

2016年，イオンタウン開業に伴い見込まれる交流人口の増加を商店街などの活性につなげたいと姶良市から鹿児島国際大学に調査の委託があった．これ

を受け，大学では 2016 年から 2 年計画で事業者アンケートやヒアリング，学生たちの街歩き，住民や事業者を交えたワークショップなどの調査・研究を実施した．

2017 年 6 月〜7 月には，姶良市商工会に属する飲食店，商業，サービス業の 622 事業者を対象に郵送による景況調査「姶良市商工業者アンケート調査」を行った．回答数は 215 票，35％の回答率であった．調査項目は，まず調査対象者と事業所について基本的な属性について訊ねた．次に事業所の客層，2016 年 4〜6 月と 2017 年同月の売上高の推移・来店客数の変化，事業所の経営課題，集客力向上に向けた取り組み，商店街（地域）の現状と将来の見通し，商店街（地域）活動の必要性，イオンタウンオープンの影響について調査対象者が感じているイメージを 7 件法で訊ねた．その概要を次に示す．

2. 姶良市商工業者アンケート調査結果

(1) 事業者の主な業種

姶良市商工会のホームページ[7]によると，調査時点で商工会に所属する商業・飲食業・サービス業の事業所は 622 ある．内訳は商業 46％，飲食業 18％，サービス業 35％と，商業が半数近くを占める．地域別業種割合は，旧姶良町で商業 41％，飲食業 18％，サービス業 41％，旧加治木町で商業 52％，飲食業 21％，サービス業 27％，蒲生町で商業 52％，飲食業 12％，サービス業 36％となり，旧姶良町では商業・サービス業，旧加治木町と旧蒲生町では商業が上位を占める．旧蒲生町には飲食店は少ないが，「麓」と呼ばれる武士集落があった地区の周辺には武家屋敷や古民家を活用したおしゃれなカフェが点在し，地区外からも訪れる人が多い．

アンケート全回答 209 通に占める業種の比率は小売業 40.2％，飲食業 19.1％，サービス業 40.7％で，商工会全体の構成比とほぼ同じである．回答者の地域別業種比率は，姶良町が小売業 30.3％，飲食業 21.3％，サービス業 48.3％，加治木町が小売業 46.2％，飲食業 18.3％，サービス業 35.5％，蒲生町が小売業 51.9％，飲食業 14.8％，サービス業 33.3％であった．

姶良市商工会の会員リスト[8]によると商業の中で多い業種は，酒類・食料販

売 12.5％，測量・土木建築関係用品販売 11.8％，菓子製造販売 6.2％である．菓子製造販売については，旧加治木町に 8.2％と他地域の約 2 倍あるのが特徴的である．これは，旧加治木町の郷土菓子である酒饅頭「加治木まんじゅう」を製造販売する菓子製造業者が多いことが一因であると考えられる．生鮮三品と言われる魚・肉・野菜を販売する小売店は少なく，精肉販売 3.1％，鮮魚・魚加工販売 1.7％，八百屋・果物 1.4％に過ぎない．全国的にも生鮮三品の店舗や惣菜店が揃っていない商店街が多い[9]が，姶良市の商店街も例外ではない．生鮮三品はスーパーやショッピングセンターで購入する人が多いと考えられる．姶良市商工会に属しているスーパーは，旧姶良町に 9 店，旧加治木町に 4 店，旧蒲生町に 2 店あり，イオンタウン以外は鹿児島県内で多店舗チェーン展開しているスーパーや生協である．また，姶良市商工会に加盟しているコンビニは，旧姶良町に 4 店，旧加治木町に 2 店，旧蒲生町に 1 店であるが，商工会に属していない事業所も多く，姶良市内全域にはコンビニ 30 店舗とスーパー 20 店舗ほどが営業している．

（2） 事業所がある地域

アンケートに回答した 215 事業所のうち，91 事業所（42.3％）が旧姶良町に，96 事業所（44.7％）が旧加治木町に，28 事業所（13.0％）が旧蒲生町に立地している．旧加治木町には昔からの商店街や商店が多く，旧蒲生町には商店街も少ない（表 8-1）．

（3） 経営形態

経営形態については，家族経営が最も多く 53.5％を占める．店主を含む従業員数は，1〜3 人（60.3％），4〜6 人（10.7％），7〜10 人（12.1％），11〜20 人（6.1％），21 人以上（10.7％）の順で，10 人以下の企業が 83.2％を占める．地域別に見た従業員 1〜3 人の零細事業所の比率は，旧姶良町が 57.1％，旧加治木町が 60.0％，旧蒲生町が 71.4％と旧蒲生町が高い．一方，11 人以上の事業所比率は，旧姶良町 19.8％，旧加治木町 17.9％，旧蒲生町 3.6％と旧蒲生町が極端に低い．2014 年商業統計「調査結果の概要」によると，「2 人以下規模（31 万 7 千事業所，構成比 40.8％）が小売業全体の 4 割強を占め，次

いで3人～4人規模（16万9千事業所，同21.8%），5人～9人規模（14万6千事業所，同18.8%），10人～19人規模（8万8千事業所，同11.4%）の順となっており，従業者20人未満の事業所が小売業全体の92.8%を占めている」[10]とあり，姶良市においては全国と比較して小規模の商店が多い傾向にある．

(4) 経営者の年齢・代目

経営者の年齢は，60代が最も多く41.4%，次に70歳以上20.9%，50代17.7%，40代13.0%，30代6.5%，20代0.5%と経営者の高齢化が進んでいる．特に，地区別60歳以上の比率は，旧姶良町49.5%，旧加治木町72.9%，旧蒲生町67.9%と旧加治木町と旧蒲生町の高齢化が顕著である．

何代目の経営者か訊ねたところ，創業者（初代）が62.7%と多数を占め，二代目（21.2%），三代目（10.4%），四代目以上（5.7%）と続く．中小企業庁委託の「小規模事業者の事業活動の実態把握調査」[11]によると，1950年以降に創業した経営者のうち初代は46%，二代目34.2%，三代目13.5%，四代目以降が6.3%であるので，姶良市には創業者が多いことがわかる．地域別では，旧姶良町が73%，旧加治木町56.8%，旧蒲生町50.0%と特に旧姶良町に創業者が多く見られる．開業して20年以上の比率は，旧姶良町が35.4%に対し，旧加治木町74.1%，旧蒲生町50.0%と特に旧加治木町に開業年数が長い事業所が多い．一方，10年未満の創業者の比率は，旧姶良町47.6%に対し，旧加治木町は11.2%と旧姶良町に比べ旧加治木町では若い創業者が育っていない状況が窺える．

(5) 後継者は決まっているか

後継者については，「決まっている」9.6%，「決まっていないがいずれ決める」28.0%に対して，「自分の代で事業を終了させる予定」の事業所が41.6%もあり，半数近くの事業者が将来廃業を考えている．従業員「1～3人」の事業所の54.3%，「11～20人」の事業所の38.5%が将来廃業と答え，経営者の年代別では70歳以上60.0%，60代41.6%から，小規模事業者と高齢経営者に廃業の意向が強いことがわかる．また，業種的には，飲食業で50%，物販

業，サービス業ではそれぞれ40.5%と飲食業で自分の代で廃業する意向が強い．地域的には3地区で有意な差は見られなかった．

（6）事業所の所有形態

事業所の所有形態は，持家が79%，借家13.0%，テナント7.9%と持家で事業を展開している事業者が8割を占める．事業所の所有形態別にみた「自分の代で廃業」の比率は，テナントの場合が70.6%と持家の場合の41.6%と比較してかなり高い．また，テナントでの事業者のうち創業者が93.8%を占める．テナントを借りて事業を始め，自分の代で店を閉じようと考える人が多いことが示唆される．

旧加治木町の持家率が84.4%に対し，旧姶良町の持家率は63.7%と低い一方，借家とテナントはそれぞれ67.9%，52.9%を占め他の地域と比べて高い．旧姶良町の持家率の低さは，イオンタウンに入居した174店舗の影響が大きいと考えられる．

（7）開業年数

現在地での開業年数は，20年以上が64.7%，10年以上20年未満が15.3%，合わせると80%が10年以上である．地区別開業20年以上の比率は，旧加治木町が81.3%，旧蒲生町が71.4%，旧姶良町が45.1%である一方，開業5年未満の割合は，旧加治木町が3.1%，旧蒲生町が10.7%，旧姶良町が19.8%と旧姶良町において事業者の新陳代謝が比較的進んでいるのに対し，旧加治木町では停滞していると言えよう．

（8）駐車場の有無

姶良市全体で「自店の駐車場がある」事業所は83.3%，「他店との共同の駐車場がある」を合わせると90%の事業所は駐車場を備えている．駐車場がない業種は，飲食業が最も多く17.5%，物販業10.7%，サービス業7.1%であった．地域別駐車場がない業種の比率は，旧蒲生町が21.4%であるのに対し，旧姶良町8.8%と旧加治木8.3%は蒲生の半数以下と，旧蒲生町で駐車場のない事業所が比較的多い．

(9) 主な客層

事業所の主な客層（複数回答可）は，40〜64歳の女性が最も多く62.5%，40〜64歳の男性が55.8%，65歳以上の女性が43.8%，65歳以上の男性が41.3%と続く．少ない方は，18歳以下の女性7.7%，18歳以下の女性6.3%である．以上のことから，客の高齢化が進んでいる実態が窺える．

(10) 売上高の変化

「イオンタウンの西街区オープン（2016年3月10日）後と東街区オープン（2017年4月22日）後を比較して各事業所の売上高はどのように推移したか」の問いに対して，「減少した」28.4%，「やや減少した」21.3%，「変わらず」27.5%，「やや増加した」16.6%，「増加した」6.2%と半数が減少したと答えている．業種別では，飲食業の57.5%，小売業の55.9%，サービス業の40.2%が減少（「減少」または「やや減少」を合わせて）したと答えている．地域別では，旧蒲生町の62.9%，旧加治木町の53.2%，旧姶良町の42.1%が減少という回答である．売り上げに関しては，飲食業・小売業の不振，旧蒲生町・旧加治木町の落ち込みが顕著に表れている．

売上高が減少した（「減少した」または「やや減少した」）と回答した事業者105人に売上高減少の原因を訊ねたところ，「消費者の高齢化」が45.2%と最も多く，「消費の低迷」41.3%，「大型店の影響」26.9%が続く．売上減少の原因として「消費者の高齢化」をあげた事業者が多い地域順は，旧蒲生町64.7%，旧加治木町51.0%，旧姶良町28.9%と地域の高齢化が進んでいる順と一致する．「消費の低迷」を売上高減少の原因と考える事業者は，旧加治木町46.9%，旧姶良町36.8%，旧蒲生町35.3%と加治木町に多い．「大型店の影響」を売上高減少の原因と考える事業者は，旧蒲生町47.1%，旧姶良町23.7%，旧加治木町22.4%と旧蒲生町が突出している．「消費者の高齢化」を売上高減少の原因と考える事業者は小売業に多い（小売業50.0%，サービス業47.1%，飲食業33.3%）．また，「消費の低迷」を売上高減少の原因としてあげる事業者は小売業・飲食業で多く，サービス業で少ない（小売業47.9%，飲食業47.6%，サービス業29.4%）．さらに，「大型店の影響」を売上高減少の原因にあげる事業者は小売業に多い（小売業39.6%，飲食業23.8%，サー

ビス業8.8％).総じて,小売業には「消費者の高齢化」,「消費の低迷」,「大型店の影響」を受け売上高が減少したと考える事業者が多いと言える.

一方,売上高が増加した（「やや増加」または「増加」）と回答した事業者が考える売上高増加の原因としては「顧客のニーズに対応した」52.2％,「人口の増加」15.2％,「消費の増加」13％が上位を占め,「大型店との共存」は10.9％と少な目であった.売上高増加の原因として「大型店との共存」をあげた事業者の割合は,旧姶良町12％と旧加治木町11.8％で,旧蒲生町は0％であった.旧姶良町と旧加治木町には大型店と共存して顧客をつかみ,そのニーズを掘り起こし売上高増加につなげている事業者の存在が窺えるが,旧蒲生町にはそのような事業者は皆無である.

(11) 来店者数の変化

次に,イオンタウンの西街区オープン後と東街区オープン後を比較して各事業所の来店客数はどのように変化したかを訊ねた.来店客が「減少した」25.9％,「やや減少した」19.8％,「横這い」30.1％,「やや増加した」12.2％,「増加した」3.0％で,約半数が減少したと回答している.業種別の来店客減少（「減少」または「やや減少」）の割合は,小売業55.0％,飲食業47.5％,サービス業35.6％であった.サービス業に比べ小売業・飲食業に減少感が強い.地域別来店客減少の割合は旧蒲生町57.1％,旧加治木町48.2％,旧姶良町の39％と旧蒲生町に来店客減少の傾向が強い.来店客数減少の原因としては,「消費の低迷」40.6％,「大型店の影響」30.2％,「周辺世帯数・人口の減少」27.1％が上位にあがっている.来店客数減少の原因を業界別にみると,小売業においては「消費の低迷」48.9％,「大型店の影響」40.4％,飲食業においては「消費の低迷」42.1％,「周辺世帯数・人口の減少」と「大型店の影響」が同じ31.6％,サービス業においては「同業者との競争激化」と「周辺世帯数・人口の減少」が同じ31.0％であった.地域別にみた来店客数の減少原因としては,旧姶良町においては「消費の低迷」37.1％,「大型店の影響」28.6％,旧加治木町においては「消費の低迷」47.7％,「周辺世帯数・人口の減少」31.8％,旧蒲生町においては「周辺世帯数・人口の減少」52.9％,「大型店の影響」35.3％があがっている.ここでも「旧蒲生町の事業所は人口の減

少と大型店の影響を大きく受け来店客数を減らしている」という実態が明らかになった．

来店客数増加の原因としては，商品の「品揃えの充実」28.1％と「大型店との共存」21.9％で，「その他」の原因は，「口コミ」，「営業努力」，「店舗の新築」，「スタッフの増加」，「天気」などであった．品揃えの充実，スタッフの増加，店舗の新築など，営業努力を行っている事業所は，売上高，来店客数とも増加していると推察される．

（12）　事業所の経営課題

事業所の経営課題について訊ねた（複数回答可）．「同業者との競合」30.5％，「人手不足」27.8％，「低価格競争」21.4％が上位を占め，「後継者問題」16.6％，「資金調達」13.9％，「大型小売店との競合」12.8％，「コンビニとの競合」7.5％がそれに続く．「同業者との競合」を上位の経営課題にあげている事業者は，スーパー75％，総菜・弁当販売75％，金融機関75％などである．「人手不足」を上位の経営課題にあげている事業者は，食料品店50％，スーパー50％，レストラン・食堂44.4％などである．「低価格競争」を上位の経営課題にあげている事業者は，酒類販売店60.0％，スーパー62.5％，電気店57.1％などである．小売業での経営課題は，「低価格競争」33.3％，「同業者との競合」28.0％，「大型小売店との競合」25.3％．飲食業においては，「人手不足」40.0％，「同業者との競合」25.7％，サービス業においては，「同業者との競合」36.6％，「人手不足」26.8％などである．小売業者にとって「大型小売店との競合」は課題ではあるが，「低価格競争」と「同業者との競合」の方がより喫緊の課題であることがわかる．地域別上位の経営課題は，旧姶良町で「同業者との競合」37％と「人手不足」32.1％，旧加治木町でも同じく「同業者との競合」26.5％と「人手不足」25.3％であるが，旧蒲生町では「低価格競走」34.8％と「後継者問題」30.4％と他地域と違う経営課題があがっている．

（13）　消費者（顧客）が事業所を利用する理由

「消費者（顧客）が事業所を利用する理由は何と思うか」の問いに対して，「店の信用があるから（56.4％）」，「店主と顔なじみだから（37.6％）」，「品質

が良いから（33.2％）」，「気軽さ・自由さがあるから（29.2％）」などが上位を占めた．事業者の年代別に集計してもほぼ同じ結果であるが，30代に限れば，「店の雰囲気が良い」ことをあげた事業者が61.5％を占め最も多かった．若手経営者に店舗デザインにこだわり店の雰囲気を良くして客を呼び込もうとする姿勢が窺える．

（14）　集客力向上の取組

2017年4月のイオンタウン完成オープンに伴う集客力向上のために取り組んでいることを訊ねたところ，53.5％の事業者が「特に取り組んでいることはない」と答えている．集客力向上の取組としては，「魅力ある店舗づくり」20.9％，「特色ある品ぞろえやサービス」19.8％，「接客力の向上」19.8％などがあがっている．地域別に見た「何も取り組んでいない」事業所の割合は，旧蒲生地区が最も高く65.4％，旧加治木町51.9％と旧姶良町51.3％は同程度であった．旧姶良町と旧加治木町の事業者の取組は，「接客力の向上」で旧姶良町23.8％が旧加治木町16.0％を上回る以外は殆ど同じ結果であった．旧蒲生町の事業者の取組具合は旧姶良町・旧加治木町と比較すると弱いと言える．特に「ホームページ等IT活用」において，旧姶良町11.3％，旧加治木町12.3％だったのに対して，旧蒲生町は3.8％と約3分の1の事業者しか取り組んでいない．

（15）　地域（商店街等）の現状

次に，地域（商店街等）の現状について訊ねたところ，「衰退している」43.6％，「やや衰退している」21.1％，合わせて64.7％の事業者が「地域は衰退している」と感じている．一方，「やや繁栄している」は12.7％，「繁栄している」は2.0％に過ぎない．地域別では，「衰退」と「やや衰退」を合わせたネガティブな回答の割合は，旧姶良町45.4％，旧加治木町76.9％，旧蒲生町85.2％であるのに対し，「繁栄」と「やや繁栄」を合わせたポジティブな回答の割合は，旧姶良町28.0％，旧加治木町4.0％，旧蒲生町7.4％と有意な差が見られた．つまり，旧姶良町では衰退の中にも繁栄が感じられる一方，旧加治木町と旧蒲生町では衰退感だけが拡がっていると言えよう．「地域（商店街

等）が衰退している」理由としては，「消費者の高齢化」57.1%，「大型店の影響」39.8%，「消費の低迷」33.8%，「周辺の世帯数・人口の減少」32.3%であった．地域別に，「消費者の高齢化」をあげた割合は旧蒲生町79.2%，旧加治木町52.9%，旧姶良町51.3%．「大型店の影響」をあげた割合は，旧加治木町44.3%，旧姶良町38.5%，旧蒲生町29.2%．「周辺の世帯数・人口の減少」をあげた割合は，旧蒲生町50.0%，旧加治木町38.6%，旧姶良町10.3%であった．高齢化と人口減少が顕著な蒲生町において地域の衰退感はより強く感じられる一方，イオンタウンができ人口が増加している旧姶良町においては，地域の衰退感は比較的弱く，繁栄していると感じる人が他の地域に比べて多いと言える．

(16) 地域（商店街等）の将来

地域の「現状」についての認識と「将来」についての見通しには強い相関（相関係数 r=0.772）が見られた．地域は将来「衰退する」（衰退またはやや衰退）と考える事業者の割合は62.4%で，「繁栄する」（繁栄またはやや繁栄）16.5%を大きく上回った．「衰退する」が最も多かった地域は旧加治木町（75.8%），続いて旧蒲生町（73.1%），旧姶良町（44.4%）の順であった．「繁栄する」と答えた事業者の割合は，旧姶良町32.1%，旧蒲生町7.7%，旧加治木町4.5%である．旧加治木町と旧蒲生町で地域の将来について悲観的な見方が拡がっている一方，旧姶良町では繁栄を予想する見方も強いことが窺える．

(17) 地域活動の必要性

以上のような地域の現状の中で，事業者たちは地域（商店街）活動の必要性を感じているのであろうか．地域活動の必要性については，「感じない」11.6%，「あまり感じない」13.1%，「やや感じる」24.7%，「大いに感じる」19.2%，「どちらとも言えない」31.3%であった．地域活動の必要性を「大いに感じる・やや感じる」事業者の割合が最も高い地域は旧蒲生町54.1%，続いて旧姶良町45.3%，旧加治木町40.0%である．一方，「感じない・あまり感じない」事業者の割合は，旧加治木町30.0%，旧蒲生町20.9%，旧姶良町20.2%であった．3地域の中でも高齢化・人口減少が著しい旧蒲生町では地域

活動に対して意欲的な事業者が多いのに対し，旧加治木町では地域活動に消極的な事業者が多い傾向が見られる．

(18) **イオンタウンオープンの影響**

2017年4月のイオンタウン完成オープンの影響について事業者が感じている印象を，7段階尺度を用いて対比させる方法で訊ねた．例えば，「売り上げ」について左側に「売上が減った」右側に「売上が増えた」を置き，左側（減った）に「とてもよく当てはまる」時は▲3,「当てはまる」時は▲2,「少し当てはまる」時は▲1を，右側（増えた）に「とてもよく当てはまる」時は3,「当てはまる」時は2,「少し当てはまる」時は1を，どちらでもない場合は「0」を○で囲んでもらった．

まず，イオンタウンオープンを「脅威」と感じるか「チャンス」と感じるかとの問いに対しては，「大いに脅威と感じる」13.5%,「脅威と感じる」6.4%,「少し脅威と感じる」9.6%,合わせて29.5%が「脅威」と感じている（表8-3）．「大いにチャンスと感じる」8.3%,「チャンスと感じる」2.6%,「少しチャンスと感じる」9.6%,合わせて20.5%が「チャンス」と感じている．一方，50%が「どちらでもない」と答え，「脅威」の割合が「チャンス」の割合を上回り平均値は▲0.23であるが，平均値の95%信頼区間に0が含まれており（図8-2），統計学的にはチャンスより脅威と感じる人が多いとは言えない．

一方，7項目「売上」（平均値m=▲0.38）,「来店客数」(m=▲0.52),「平均客単価」(m=▲0.33),「日用品の売上」(m=▲0.51),「衣料品の売上」(m=▲0.26),「高級品の売上」(m=▲0.37),「地域の人通り」(m=▲0.82)」については平均値が95%信頼区間に入っており有意であった（図8-2）．特に今年4月以降，地域の人通りが減ったと感じた人の割合は43.5%であった（表8-4）．地区別には，旧姶良町で「来店客数」(m=▲0.33)について有意なネガティブな印象が見られたが，旧加治木町においては，「来店客数」(m=▲0.54),「日用品の売り上げ」(m=▲0.39),「高級品の売上」(m=▲0.40),「地域の人通り」(m=▲1.20)と旧姶良町に比べネガティブな印象が強く感じられている．旧蒲生町では，「売上」(m=▲1.17),「来店客数」(m=▲1.04),「平均客単価」(m=▲1.00),「日用品の売上」(m=▲

1.29），「食品の売上」（m=▲0.83），「地域の人通り」（m=▲1.33）と 6 つの項目でネガティブ印象を強く感じられている．旧蒲生町の「売上」と「平均客単価」減少の印象は，他の 2 地域より明らかに悪く，「地域の人通り」減少の印象については旧姶良町と同程度の影響を感じている．また，「来店客数」が減ったと考える事業者の割合も旧蒲生町で最も高かった．

　「大型小売店オープンは脅威かチャンス」と相関が最も高い項目は「来店客数の減増」で，相関係数は r=0.604 であった．また，「大型小売店オープンは脅威かチャンスか」を従属変数，「来店客数の増減」を独立変数として，有意な回帰モデルが得られた．このことは，来店客数が「減った」または「増えた」原因を大型小売店のオープンと関係があると考える人が多いことを示唆している．

　2017 年 4 月の大型小売店のオープンによって「人通り」，「来店客数」，「日

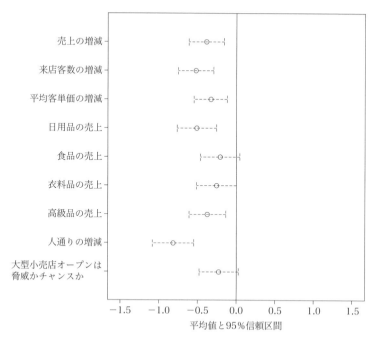

出所：筆者作成．

図 8-2　大型小売店完成オープンの影響を受けたと感じたか

用品の売上」,「売上」,「高級品の売上」,「平均客単価」,「衣料品の売り上げ」にネガティブな影響が出ていると感じている人が過半数を占める.ただし,「大型小売店オープンは脅威かチャンスか」と「食料品の売上」については有意な結果は得られなかった.旧姶良町においては,大型小売店オープンの影響は「来店客が減少した」以外は認められなかった.特に「大型小売店オープンは脅威かチャンスか」については平均 m=0 と評価が分かれた.旧加治木町においては,大型小売店の影響は「人通り」,「来店客数」,「高級品の売上」,「日用品の売上」にネガティブな影響があったが,統計学的には大型小売店オープンは脅威ともチャンスとも言えなかった.また,旧蒲生町においては,大型小売店のオープンは,「人通り」「日用品の売上」「売上」「来店客数」「平均客単価」「食品の売上」に負の影響を与えたが,「高級品の売上」,「衣料品の売上」,「大型小売店オープンは脅威かチャンスか」については,統計学的には何とも言えなかった.

表 8-3　大型小売店オープンは脅威かチャンスか

	度数	パーセント
大いに脅威と感じる	21	13.5
脅威と感じる	10	6.4
少し脅威と感じる	15	9.6
どちらでもない	78	50.0
少しチャンスと感じる	15	9.6
チャンス感じる	4	2.6
大いにチャンスと感じる	13	8.3
合計	156	100.0

出所:筆者作成.

表 8-4　大型小売店完成オープンの影響で人通りは変わったか

	度数	パーセント
減少大いに感じる	32	24.4
減少感じる	12	9.2
減少少し感じる	13	9.9
どちらでもない	56	42.7
増加少し感じる	12	9.2
増加感じる	4	3.1
増加大いに感じる	2	1.5
合計	131	100.0

出所:筆者作成.

3.消費者アンケートの結果

2017 年 4 月の大規模商業施設イオンタウンの開業に伴い,イオンタウン姶良と商店街を対比させ,商品やサービス,設備等について消費者がどのような印象(評価)を持っているかアンケート調査を行った.実施日は 2017 年 10 月 7 日(土)と 8 日(日),場所はイオンタウン姶良(イオンタウン),山形

屋ショッピングプラザ加治木店（山形屋），タイヨー加治木店（タイヨー）の3カ所である．

アンケート回答数は，イオンタウン159件，山形屋51件，タイヨー48件の計258件であった．

（1） 商店街（または一般商店）とイオンタウンについての消費者の評価

商店街（または一般商店）とイオンタウンの商品やサービス，設備等について消費者がどのように評価しているか，28項目問いを設け商店街とイオンを対比させる形で5件法によって訊ねた[12]．商店街（または一般商店）に「よく当てはまる」場合は左の「2」（入力データは2とした）を，「どちらかというと当てはまる」場合は左の「1」（入力データは1とした）を，イオンに「よく当てはまる」場合は右の「2」（入力データは▲2とした）を，「どちらかというと当てはまる」場合は右の「1」（入力データは▲2とした）を，商店街とイオンが同じくらいか，よくわからない場合は「0」（入力データは0とした）を選んでもらった．その集計結果が（表8-5）である．

商店街（または一般商店）の評価が平均値で統計学的に勝ったのは「店員との話し易さ」と「家からの距離」の2項目のみであった．一方，「休憩所・トイレ等設備の充実」「商品の品揃え」「買物の楽しさ」から「商品の価格割安感」まで18項目でイオンが統計学的に勝っていた．残る「商品の美味しさ」「商品の新鮮さ」「クチコミ情報の量」「接客対応」「店員の商品知識」「地域特性を活かした商品やサービス」「商品の見つけ易さ」「交通の便」の8項目では有意な差は無く，今後の取組次第ではこれらの点で商店街が勝るチャンスは残されていると言えよう（表8-5）．

調査場所によって消費者の印象（評価）は違うのか．調査場所ごとに集計してみた（表8-6，表8-7）．

イオンタウンでの調査では，「休憩所・トイレ等設備の充実」「商品の品揃え」「複数商品の買い回り」「買い物の楽しさ」など25項目でイオンが統計学的に勝っていた．「店員の商品知識」，「店員との話し易さ」，「家からの距離」については，統計学的にはどちらが勝っているとも言えなかった（表8-6）．

タイヨー及び山形屋での調査では「家からの距離」，「交通の便」，「商品の見

表 8-5　商店街（一般商店）とイオンについての消費者の印象（評価）①
　　　　　－調査場所：全体（N=258）－

	平均値	標準偏差	平均値の 95%信頼区間	
家からの距離	0.37	1.466	0.19	0.55
店員との話し易さ	0.31	1.201	0.16	0.45
交通の便	0.13	1.432	▲0.05	0.30
商品の見つけ易さ	0.10	1.420	▲0.08	0.27
地域特性を活かした商品やサービスの有無	0.07	1.270	▲0.09	0.23
店員の商品知識	0.05	1.239	▲0.10	0.20
接客対応	▲0.06	1.155	▲0.20	0.08
クチコミ情報の量	▲0.07	1.278	▲0.23	0.08
商品の新鮮さ	▲0.09	1.197	▲0.23	0.06
商品の美味しさ	▲0.11	1.180	▲0.26	0.03
商品の価格割安感	▲0.17	1.213	▲0.32	▲0.02
商品の安全性	▲0.20	1.148	▲0.34	▲0.06
チラシ広告の量	▲0.47	1.344	▲0.63	▲0.30
買い物の快適さ	▲0.47	1.373	▲0.63	▲0.30
ポイントやクーポンの充実性	▲0.55	1.326	▲0.71	▲0.38
駐車場が広く使いやすい	▲0.60	1.425	▲0.77	▲0.42
店舗の雰囲気	▲0.61	1.224	▲0.76	▲0.46
商品表示	▲0.62	1.110	▲0.76	▲0.48
商品の欠品がない	▲0.65	1.082	▲0.78	▲0.52
商品パッケージ	▲0.67	1.104	▲0.80	▲0.53
特売などイベントの充実性	▲0.69	1.231	▲0.84	▲0.54
商品の陳列方法	▲0.70	1.074	▲0.83	▲0.57
売り場レイアウト	▲0.76	1.078	▲0.90	▲0.63
複数商品の買い回り	▲0.83	1.351	▲0.99	▲0.66
テレビ・ラジオによる情報量	▲0.97	1.071	▲1.10	▲0.84
買い物の楽しさ	▲1.03	1.148	▲1.17	▲0.89
商品の品揃え	▲1.10	1.150	▲1.25	▲0.96
休憩所・トイレ等設備の充実性	▲1.33	1.063	▲1.46	▲1.20

出所・筆者作成．

つけ易さ」など 14 項目で商店街が統計学的に勝っていた．一方，「休憩所・トイレ等設備の充実性」「商品の品揃え」「買い物の楽しさ」など 8 項目ではイオンが統計学的に勝っていた．「ポイントやクーポンの充実性」，「商品の美味しさ」，「複数商品の買い回り」など 6 項目では有意な差は見られなかった（表 8-7）．タイヨーまたは山形屋の回答者は旧加治木町（72.7％），旧姶良町（12.4％），霧島市（8.2％），鹿児島市（3.1％），旧蒲生町（1％）と地元客が

表 8-6 商店街（または一般商店）とイオンについての消費者の評価②
　　　　－調査場所：イオンタウン（N=159）－

N=159	度数	平均値	標準偏差	平均値の 95%信頼区間	
店員との話し易さ	159	0.06	1.173	▲0.12	0.25
店員の商品知識	159	▲0.08	1.23	▲0.27	0.12
家からの距離	159	▲0.15	1.406	▲0.37	0.07
地域特性を活かした商品やサービスの有無	159	▲0.21	1.288	▲0.41	▲0.01
接客対応	159	▲0.26	1.082	▲0.43	▲0.09
商品の美味しさ	159	▲0.31	1.197	▲0.5	▲0.13
クチコミ情報の量	159	▲0.31	1.259	▲0.51	▲0.12
商品の新鮮さ	159	▲0.36	1.11	▲0.53	▲0.18
商品の見つけ易さ	159	▲0.42	1.275	▲0.62	▲0.22
交通の便	159	▲0.47	1.282	▲0.67	▲0.27
商品の価格割安感	159	▲0.5	1.19	▲0.68	▲0.31
商品の安全性	159	▲0.59	0.989	▲0.75	▲0.44
商品の欠品がない	159	▲0.9	0.943	▲1.05	▲0.75
商品表示	159	▲0.9	1.08	▲1.07	▲0.73
店舗の雰囲気	159	▲0.91	1.087	▲1.08	▲0.74
商品パッケージ	159	▲0.92	1.012	▲1.08	▲0.76
チラシ広告の量	159	▲0.92	1.204	▲1.11	▲0.74
商品の陳列方法	159	▲0.97	0.948	▲1.12	▲0.83
特売などイベントの充実性	159	▲1.02	1.094	▲1.19	▲0.85
ポイントやクーポンの充実性	159	▲1.03	1.108	▲1.2	▲0.85
売り場レイアウト	159	▲1.03	1.028	▲1.19	▲0.87
買い物の快適さ	159	▲1.07	1.074	▲1.24	▲0.9
駐車場が広く使いやすい	159	▲1.15	1.148	▲1.33	▲0.97
テレビ・ラジオによる情報量	159	▲1.25	1.005	▲1.4	▲1.09
買い物の楽しさ	159	▲1.25	0.998	▲1.4	▲1.09
複数商品の買い回り	159	▲1.31	0.988	▲1.47	▲1.16
商品の品揃え	159	▲1.36	0.984	▲1.52	▲1.21
休憩所・トイレ等設備の充実性	159	▲1.65	0.764	▲1.77	▲1.53

出所：筆者作成.

大半を占める．したがって，商店街を利用する地元の住民は，商店街が近くて便利，使いやすく，親しみがあると感じていると言える．なお，商店街での回答者には高齢者が多いのが特徴である．

　商店街（または一般商店）とイオンについての消費者（全体）の評価に関し，探索的因子分析（一般化された最小2乗，バリマックス法）により4種の因子を得ることができた．第1因子は，因子負荷量の高い項目「交通の便」

表 8-7　商店街（または一般商店）とイオンについての消費者の評価③
　　　　－調査場所：タイヨー及び山形屋（N=99）－

	平均値	標準偏差	平均値の95%信頼区間	
家からの距離	1.21	1.136	0.99	1.44
交通の便	1.09	1.098	0.87	1.31
商品の見つけ易さ	0.93	1.239	0.68	1.18
店員との話し易さ	0.7	1.147	0.47	0.93
地域特性を活かした商品やサービスの有無	0.52	1.11	0.29	0.74
買い物の快適さ	0.51	1.24	0.26	0.75
商品の安全性	0.43	1.108	0.21	0.66
商品の価格割安感	0.36	1.054	0.15	0.57
商品の新鮮さ	0.35	1.206	0.11	0.59
クチコミ情報の量	0.31	1.218	0.07	0.56
駐車場が広く使いやすい	0.29	1.38	0.02	0.57
接客対応	0.26	1.2	0.02	0.5
チラシ広告の量	0.26	1.234	0.02	0.51
店員の商品知識	0.25	1.232	0.01	0.5
ポイントやクーポンの充実性	0.22	1.29	▲0.04	0.48
商品の美味しさ	0.21	1.081	0	0.43
複数商品の買い回り	▲0.04	1.484	▲0.34	0.26
店舗の雰囲気	▲0.13	1.283	▲0.39	0.12
特売などイベントの充実性	▲0.16	1.259	▲0.41	0.09
商品表示	▲0.17	1.011	▲0.37	0.03
商品の欠品がない	▲0.25	1.172	▲0.49	▲0.02
商品の陳列方法	▲0.25	1.119	▲0.48	▲0.03
商品パッケージ	▲0.26	1.13	▲0.49	▲0.04
売り場レイアウト	▲0.33	1.02	▲0.54	▲0.13
テレビ・ラジオによる情報量	▲0.54	1.033	▲0.74	▲0.33
買い物の楽しさ	▲0.68	1.284	▲0.93	▲0.42
商品の品揃え	▲0.69	1.275	▲0.94	▲0.43
休憩所・トイレ等設備の充実性	▲0.81	1.259	▲1.06	▲0.56

出所：筆者作成．

(0.803),「家からの距離」(0.699),「買い物の快適さ」(0.664),「ポイントやクーポンの充実性」(0.610)「駐車場が広く使いやすい」(0.602) などから,「(買い物の) 利便性」と名付けた．第2因子は，因子負荷量（カッコ内の数値）の高い項目「休憩所・トイレ等設備の充実性」(0.672),「売り場レイアウト」(0.641),「商品の陳列方法」(0.620),「テレビ・ラジオによる情報量」(0.573) などから,「企画設備」と名付けた．第3因子については,「店員と

の話し易さ」(0.759),「接客対応」(0.647),「店員の商品知識」(0.596) などから「顧客対応」と名付けた.最後に,第4因子は,「商品の新鮮さ」(0.693),「商品の美味しさ」(0.562),「商品表示」(0.507),「商品の安全性」(0.496) などから「商品力」と名付けた（表8-8）.

アンケートの28項目ですべて0を選んだ場合の因子得点が,利便性（▲0.15772）,企画設備（1.28700）,顧客対応（▲0.29875）,商品力（0.11524）であることから,これらの値を0にする補正を因子得点の平均値に施し,それを補正平均スコアと呼ぶことにする.補正平均スコアは次のようになる（表8-9）.

イオンでの調査では,企画設備（▲1.4797）,商品力（▲1.4797）で大きくイオンの方が商店街より勝っている.タイヨーでの調査では,利便性（0.9188）と顧客対応（0.5494）でイオンより商店街が勝っているが,企画設備（▲1.1345）ではイオンが大きく勝っている.山形屋での調査では,利便性（0.7487）,顧客対応（0.3552）で商店街の方がイオンより勝っているが,企画設備（▲0.8299）ではイオンが勝っている.調査場所に関係なく企画設備ではイオンの評価がかなり高く,顧客対応では商店街の評価が高いと言える.

商店街の利用頻度（N=257）を訊ねたところ,「ほとんど利用しない」(15.6%),「月1回程度」(9.3%),「月2～3回程度」(17.1%),「週1～2回程度」(25.7%),「週3～5回程度」(17.9%),「ほぼ毎日利用」(14.4%) であった.「月1回程度」と「月2～3回程度」を「月に数回利用」とし,「週1～2回程度」と「週3～5回程度」を「週に数回利用」として,商店街の利用頻度を4段階評定尺度（1：ほとんど利用しない,2：月に数回利用,3：週1～2回程度,4：ほぼ毎日）に変換しその平均を取ると,全体（N=257）では2.57,イオン（N=159）では2.27,タイヨー（N=48）では3.02,山形屋（N=50）では3.08となり,イオン利用者とタイヨー・山形屋利用者の間にはそれぞれ有意な差があり,タイヨー・山形屋利用者の商店街利用頻度が高い.また,居住地別商店街の利用頻度では,旧加治木町が3.05,旧始良町が2.40と旧加治木町での商店街利用頻度が高い.

「商店街利用頻度」4段階評定尺度を従属変数,消費者の評価4因子「利便性」「企画設備」「顧客対応」「商品力」を独立変数としてステップワイズ法に

表 8-8 商店街とイオンタウンについての消費者の評価に関する因子分析（N=258）

	利便性	企画設備	顧客対応	商品力
14 交通の便	**.803**	.110	.204	.109
13 家からの距離	**.699**	.043	.189	.103
20 買い物の快適さ	**.664**	.414	.194	.138
02 ポイントやクーポンの充実性	**.610**	.263	.147	.210
15 駐車場が広く使いやすい	**.602**	.413	.003	.128
21 商品の見つけ易さ	**.583**	.203	.358	.106
16 チラシ広告の量	**.550**	.408	.073	.115
01 商品の価格割安感	**.535**	.206	.032	.272
22 複数商品の買い回り	**.481**	.472	.114	.196
18 クチコミ情報の量	**.478**	.190	.205	.146
23 休憩所・トイレ等設備の充実性	.302	**.672**	.082	.235
26 売り場レイアウト	.180	**.641**	.346	.247
27 商品の陳列方法	.230	**.620**	.425	.109
17 テレビ・ラジオによる情報量	.292	**.573**	.038	.079
03 商品の品揃え	.226	**.559**	-.022	**.460**
24 買い物の楽しさ	.145	**.522**	.297	.217
08 商品パッケージ	.196	**.487**	.261	**.429**
04 商品の欠品がない	.200	**.431**	.145	**.407**
19 特売などイベントの充実性	.395	**.429**	.015	.139
12 店員との話し易さ	.267	-.002	**.759**	.059
11 接客対応	.178	.211	**.647**	.209
10 店員の商品知識	.035	.106	**.596**	.340
25 店舗の雰囲気	.152	**.501**	**.512**	.213
28 地域特性を活かした商品やサービス	.264	.252	.391	.259
05 商品の新鮮さ	.244	.233	.306	**.693**
06 商品の美味しさ	.130	.167	.325	**.562**
09 商品表示	.267	.389	.227	**.507**
07 商品の安全性	**.465**	.212	.227	**.496**

因子抽出法：主因子法，回転法：Kaiser の正規化を伴うバリマックス法

出所：筆者作成．

表 8-9 調査場所別「補正平均スコア」

調査場所	利便性	企画設備	顧客対応	商品力
イオン（N=159）	▲0.2616	▲1.4797	0.2050	▲1.4797
タイヨー（N=48）	0.9188	▲1.1345	0.5494	▲0.1369
山形屋（N=51）	0.7487	▲0.8299	0.3552	0.1643

出所：筆者作成．

表 8-10　商店街利用頻度との相関係数

	相関係数 r
交通の便	.450**
家からの距離	.438**
チラシ広告の量	.437**
商品の見つけ易さ	.435**
買い物の快適さ	.389**
駐車場が広く使いやすい	.370**
商品の安全性	.357**
商品の価格割安感	.346**
複数商品の買い回り	.342**
ポイントやクーポンの充実性	.331**
テレビ・ラジオによる情報量	.311**
特売などイベントの充実性	.307**
休憩所・トイレ等設備の充実性	.305**

注：** 相関係数は 1％ 水準で有意 (両側) である．
出所：筆者作成．

よる重回帰分析を行った結果，「利便性」と「企画設備」を独立変数とする有意なモデル（F (2,254)=48.201，p＜0.001，自由度調整済み決定係数＝0.269）が得られた．標準偏回帰係数は，利便性が 0.485，企画設備が 0.163 で，利便性が商店街の利用頻度に大きく影響していることがわかる．また，商店街利用頻度と有意な相関がある因子も同じく利便性（r=0.499）と企画設備（r=0.203）であった．

さらに，アンケート 28 項目を独立変数にステップワイズ法により重回帰分析を行ったところ，有意なモデル（F (3,253)=37.671，p＜0.001，自由度調整済み決定係数＝0.301）が得られた．標準偏回帰係数は，「チラシ広告の量」が 0.262，「家からの距離」が 0.243，「商品の見つけ易さ」が 0.203 で，利便性の中でも「チラシ広告の量」，「家からの距離」，「商品の見つけ易さ」が商店街の利用頻度に影響していることがわかる．また，商店街利用頻度とアンケート 28 項目との相関係数（0.3 以上）は，「交通の便」が 0.450，「家からの距離」が 0.438，「チラシ広告の量」が 0.437，「商品の見つけ易さ」が 0.435 であった（表 8-10）．

（2）　商店街の活性化に何が必要か

商店街の活性化に必要と思われる改善項目を選んでもらった（表 8-11）．

「商店街活性化に必要な改善事項」トップ 5 は「駐車場の設備」46％，「安全性・信頼性のある商品」41.5％，「商品の品揃え」38.9％，「低価格商品」36.7％，「飲食店の増加」33.8％である（表 8-12）．車を利用することが多い地方生活において，駐車所が完備されていることは最も需要な必要条件になっている．

表 8-11　商店街活性化に必要な改善事項 度数分布表
　　　　（MA）N=251

	度数	%	ケースの%
駐車場の整備	110	8.5	43.8
安全性・信頼性のある商品	102	7.9	40.6
商品の品揃え	91	7.1	36.3
低価格商品	89	6.9	35.5
共通ポイントカード	84	6.5	33.5
飲食店の増加	78	6.1	31.1
地域性を活かした商品	69	5.4	27.5
共通クーポン	64	5.0	25.5
高齢者の生活サポート	61	4.7	24.3
子育て世代の生活サポート	55	4.3	21.9
専門性の高い商品	54	4.2	21.5
地域のイベントや行事等の開催	54	4.2	21.5
宅配サービス	50	3.9	19.9
娯楽施設	45	3.5	17.9
共通商品券	44	3.4	17.5
営業時間の延長	43	3.3	17.1
中元・歳暮等の季節毎のセール	35	2.7	13.9
毎週または毎月の共同セール	31	2.4	12.4
ホームページやSNS等IT活用	30	2.3	12.0
買い物バスツアー	28	2.2	11.2
雑誌・フリーペーパーへの広告掲載	23	1.8	9.2
共同チラシ・ポスター	21	1.6	8.4
マスコミへの広告活動	21	1.6	8.4
その他	6	0.5	2.4

注：MAは複数回答可を示す．
出所：筆者作成．

　イオンタウンで訊ねた「商店街活性化に必要な改善事項」トップ5は，1位は「駐車場の整備」52.5％，「低価格商品」37.3％，「共通ポイントカード」36.1％，「安全性・信頼性のある商品」35.4％，「商品の品揃え」30.4％であった．イオンの利用者は，駐車場の必要性を強く感じ，商品に対し低価格や品揃えだけでなく，安全性・信頼性を望んでいることがわかる（表8-12）．

　タイヨー・山形屋で訊ねた「商店街活性化に必要な改善事項」トップ5は，「安全性・信頼性のある商品」49.5％，「商品の品揃え」46.2％，「飲食店の増加」36.6％，「低価格商品」32.3％，「地域性を活かした商品」「共通ポイントカード」「駐車場の設備」「高齢者の生活サポート」が同率の29％であった．

表 8–12 （調査場所：イオンタウン）（MA）N=158

	度数	%	ケースの%
駐車場の整備	83	10.1	52.5
低価格商品	59	7.2	37.3
共通ポイントカード	57	6.9	36.1
安全性・信頼性のある商品	56	6.8	35.4
商品の品揃え	48	5.8	30.4
飲食店の増加	44	5.3	27.8
共通クーポン	43	5.2	27.2
地域性を活かした商品	42	5.1	26.6
子育て世代の生活サポート	38	4.6	24.1
娯楽施設	35	4.3	22.2
専門性の高い商品	34	4.1	21.5
地域のイベントや行事等の開催	34	4.1	21.5
高齢者の生活サポート	34	4.1	21.5
宅配サービス	32	3.9	20.3
営業時間の延長	30	3.6	19.0
共通商品券	28	3.4	17.7
中元・歳暮等の季節毎のセール	22	2.7	13.9
ホームページや SNS 等 IT 活用	21	2.6	13.3
雑誌・フリーペーパーへの広告掲載	19	2.3	12.0
買い物バスツアー	17	2.1	10.8
毎週または毎月の共同セール	16	1.9	10.1
マスコミへの広告活動	16	1.9	10.1
共同チラシ・ポスター	11	1.3	7.0
その他	4	0.5	2.5

出所：筆者作成．

商店街の利用者は，商品の安全性・信頼性を重視し，品揃え，低価格と同時に，飲食店の増加を望んでいることがわかる（表 8–13）．

4．姶良市小売業の課題

　姶良市は 2010 年に旧姶良町，旧加治木町，旧蒲生町の 3 町が合併してできた新しい「まち」である．今まで見てきたように，旧 3 町の間には大きな格差が見られる．旧姶良町は人口増加，イオンタウンオープン等によって，サービス業を中心に既存店の一部で売上・来店客の増加がみられ，新規出店など新陳代謝も進んでいる．一方，旧蒲生町では，人口の減少・高齢化が著しく，3

表 8-13 商店街活性化に必要な改善事項
（調査場所：タイヨー・山形屋） N=93

	度数	%	ケースの%
安全性・信頼性のある商品	46	9.9	49.5
商品の品揃え	43	9.2	46.2
飲食店の増加	34	7.3	36.6
低価格商品	30	6.5	32.3
地域性を活かした商品	27	5.8	29.0
共通ポイントカード	27	5.8	29.0
駐車場の整備	27	5.8	29.0
高齢者の生活サポート	27	5.8	29.0
共通クーポン	21	4.5	22.6
専門性の高い商品	20	4.3	21.5
地域のイベントや行事等の開催	20	4.3	21.5
宅配サービス	18	3.9	19.4
子育て世代の生活サポート	17	3.7	18.3
共通商品券	16	3.4	17.2
毎週または毎月の共同セール	15	3.2	16.1
中元・歳暮等の季節毎のセール	13	2.8	14.0
営業時間の延長	13	2.8	14.0
買い物バスツアー	11	2.4	11.8
娯楽施設	10	2.2	10.8
共同チラシ・ポスター	10	2.2	10.8
ホームページやSNS等IT活用	9	1.9	9.7
マスコミへの広告活動	5	1.1	5.4
雑誌・フリーペーパーへの広告掲載	4	0.9	4.3
その他	2	0.4	2.2

出所：筆者作成

町の合併や大型商業施設開業の影響で地域経済は衰退を続けている．旧加治木町の商店街も人通りは少ない．蒲生田通り商店街は，2つのスーパー以外は買い物客が少なく，消費者の高齢化も進んでいる．

このような状況の中，いくつかの課題を指摘しておこう．

○同業者との競争

ここで言う同業者とは，同じ規模の商店，イオンタウンに代表される大型小売店だけでなく，ネット社会の現在において，ネット通販の影響も大きいと予想される．例えば，イオンネットスーパーを利用することで，鹿児島市南部に

あるイオン鹿児島から姶良市内まで注文金額700円以上の場合，配送料金一律540円で食品から日用品まで届けてもらえる．また，タイヨーネットスーパーでは，姶良市までの配送料は同じく540円だが，7,000円以上購入した場合は無料となる．配送料が難点であるが，高齢化がさらに進み「買い物弱者（買い物難民）」が増えること，ネット環境の充実，諸消費者のニーズ等を踏まえ，低価格競争に巻き込まれることなくサービスや地域性を生かした商品の提供などで，同業者との差別化を行うことが重要であると言えよう．

○人手不足

　人口減少・少子高齢化による人手不足は，全国的な問題になっている．姶良市においても飲食サービス業を中心に人手不足は深刻な経営課題だ．イオンタウンに近い飲食店で，アルバイトの求人をしても人が集まらないという話を聞いた．そのため，営業時間を縮小せざるを得ないという．人件費については，全国規模のショッピングセンターの方が高いという現状の中，それに負けない時給を設定することは不可能である．人材として高齢者や主婦層も視野に，働きやすい職場をアピールし，各個店の特色を生かした人材募集を行うことが重要であろう．

○後継者問題

　飲食業の5割，物販業・サービス業の4割が「自分の代で廃業」の意向を示している．また，小規模事業者と高齢経営者に廃業の意向が強い．小規模な個人商店には，自分の代だけで事業を終えるところが多い．その要因を田村[13]は業種の生業性にあると指摘し，「生業的な個人商店の経営目的は，生計を維持できる水準の収入を獲得することである．また，個人商店の多くは，その店主が高齢になっても，その規模の零細性によって後継者難を抱えている．そのため，世代にわたる事業継続を考えない一代かぎりの経営がほとんどである．このような先の見えない一世代企業にとっては，市場変化に伴って経営革新が必要になっても，それが長期的な投資を含むならば，それを行わないことがむしろ合理的になる」[14]と言っている．それを裏付けるものとして，事業者アンケートでイオンタウン完成オープンに伴う集客力向上のために取り組んでいる

ことを訊ねた結果，53.5%の事業者が「特に取り組んでいることはない」と答えていることがあげられる．

　旧加治木町，旧蒲生町では事業所の持ち家率が高い．持家で開業している事業者が廃業した場合，空き店舗になり，活用されないでそのまま残ることになる．空き店舗を活用して新規事業者を呼び込む施策が市や商店街に求められる．

〇商店街の衰退

　姶良市には商店街と言われるような商業集積地は元々少ないが，旧加治木町の蒲生田通り商店街は歴史のある立派な商店街である．その商店街も，第1節で見たように規模で2分の1，年間商品販売額は3分の1に縮小している．蒲生田通り商店街で買い物客が集まるところは，2つのスーパー（タイヨーと山形屋）である．そこの顧客は高齢者が多い．イオンタウンから遠く車を運転できない高齢者にとって，近くの商店街は食料品や生活必需品を求める生命線である．特に，ワンストップで生鮮食料品などが廉価で求められるスーパーは商店街になくてはならない存在である．スーパーを中心に，小売業の個人商店だけでなく，飲食店，クリーニング店，薬局，美容院，金融機関，医院，整骨院などの飲食・サービス業が集積して商店街を形成し維持していくことが，これから増々高齢化する地域社会にとって重要なことである．

　少子高齢化・人口減少や市場縮小の影響を受けて，流通は，大型店を作って客を集める「集約型」から，顧客に接近し，消費者の潜在需要を積極的に掘り起こしていく「接客型」に移行していくと予想されている[15]．消費者アンケートからわかるように，商店街は店員の商品知識や接客対応は大型店より優れている．これらの点を活かして，接客対応やきめ細やかなサービス，中小店舗の利点である買い物のし易さ，駐車場の使い易さ等の利便性を追求することで来店客が増える可能性がある．また，インターネットやファックスを使った近隣住民への商品宅配サービス，オンディマンド交通による顧客送迎サービス，移動販売などの取組を行うことで，商店街を利用する人，特に高齢者，が増えると考えられる[16]．

注
1) 姶良市 HP「地勢・所在地・面積・沿革」
 (http：//www.city.aira.lg.jp/somu/gyosei/gaiyo/chisei.html)
2) 友清他（2011）
3) 友清他（2011），p.20．
4) 鹿児島県姶良市蒲生町蒲生校区コミュニティ協議会「蒲生校区まちづくりプラン（蒲生校区振興計画）」平成 30 年 3 月．
 (https://www.city.aira.lg.jp/jichi/kyougikai/documents/h29kamoumachiplan.pdf)
5) 経済産業省・商業統計「平成 26 年商業統計表（二次加工統計表）」
 (http://www.meti.go.jp/statistics/tyo/syougyo/result-2/h26/index-ricchidata.html)
6) ウィキペディア（https：//ja.wikipedia.org/wiki/ イオンタウン姶良）
7) 姶良市商工会 HP「会員のご紹介」(http://www.aira-shoko.or.jp/modules/kaiin/index.php?content_id=1)
8) 同上．
9) 平成 27 年度中小企業庁委託調査事業「商店街実態調査報告書」平成 28 年 3 月，中小企業庁経営支援部商業課発行．
10) E-Stat 政府統計の総合窓口，商業統計調査「平成 26 年商業統計」
 (https://www.e-stat.go.jp/stat-search/files?page=1&layout=datalist&toukei=00550020&tstat=000001023268&cycle=0&tclass1=000001023271&tclass2=000001074104&tclass3=000001078298&second2=1)
11) 2016 年 1 月，（株）日本アプライドリサーチ研究所，2016 年版　小規模企業白書，中小企業庁（http://www.chusho.meti.go.jp/pamflet/hakusyo/H28/h28/shoukibodeta/html/b2_1_1_3.html）
12) 峰尾美也子（2014）57〜58 ページを参考に 28 項目の問いを設定した．
13) 田村正紀（2008）270 ページ．
14) 同上　271 ページ．
15) 経済産業省「地域生活インフラを支える流通のあり方研究会〜地域社会とともに生きる流通〜報告書概要」(https://www.mhlw.go.jp/shingi/2010/07/dl/s0720-2f.pdf) 2 ページ．
16) 同上　3〜4 ページ．

参考文献
田村正紀（2008）『業態の盛衰』千倉書房．
友清貴和，渡会恵里，古川惠子（2011）「姶良市合併発足に至るまでの情勢分析－人口減少と市町村合併に伴う生活圏域と生活サービス手法の再編－」『鹿児島大学工学部研究報告』第 53 号．
峰尾美也子（2014）「商店街の現状と消費者利用実態（2）」『経営論集（東洋大学）』第 84 号，pp.51-63．

第9章

鹿児島県経済の課題
―焼酎産業を中心に―

中 西 孝 平

1. はじめに

　鹿児島県経済（以下，県経済）は，農業と製造業が食料・飲料品製造業[1]を介して強く結びついたモノカルチャー経済としての色彩をもつと同時に，他都道府県への食料・食材供給基地としての役割を果たしていることがしばしば指摘される．県食料・飲料品製造業の県製造業における構成比は，事業所数，従業者数，製造品出荷額等のいずれにおいても高く，同県の主力産業となっているが，近年，同製造業の製造品付加価値率の低下幅は全国を上回っており，その克服が県経済の課題となっている．

　そこで，本章は，県経済の特徴を顕著に表す産業として，焼酎産業に焦点を当て，分析を試みている．同産業は鹿児島県が圧倒的な製造品出荷額を誇る産業でありながら，付加価値を生み出せずにいる産業でもある．後述するとおり，それは県内で生産される焼酎が，桶取引を通して県外に供給され，他県の焼酎産業を支える役割を果たしているからである．いわば，同産業が他都道府県を需要先とする原材料供給元となっていると言える．それは他の県内産作物においてしばしば見られた現象である．本章が焼酎産業に焦点を当てるのも，そのためである．

　第2節では，鹿児島県農業（以下，県農業）の特徴について，農業就業者構造と農業産出額における農業産出額上位5道県の比較から明らかにしている．そして，県農業の特徴として，耕種および畜産ともに非常に大きな存在となっており，中でも，かんしょの収穫量の大きさが顕著であることや，県産か

んしょのほとんどは工業用原料を用途としており,「生食用」および「加工食品用」のかんしょの生産はほとんど見られない点を指摘している.

第3節では,鹿児島県工業の実態について,『平成26年度工業統計調査結果』を分析した結果を基に明らかにしている.その中で,県製造業の中心は「食料」および「飲料」であるものの,その付加価値率の低下幅は全国を上回っていることや,県経済の牽引役は「電気」および「電子」であり,主に進出企業によって担われていることが明らかにされている.県経済の内発的な発展を促すには,食料・飲料品製造業が自ら付加価値を生み出すことができる構造をもつ必要があることを指摘している.

第4節では,鹿児島県焼酎産業(以下,県焼酎産業)の零細性を指摘したうえで,九州7県における焼酎の製成数量と課税移出量,未納税移出量の三点から,同産業において桶取引が広範に行われている実態が明らかにされている.ここから,同産業が他都道府県を需要先とする原材料供給元となっており,付加価値を生み出しにくい脆弱な構造をもっていることを指摘したうえで,焼酎メーカーが桶取引に依存せず,消費者から強い支持を得られる酒の作りこみを通して製品開発力の向上に尽力することが求められるとしている.

2. 鹿児島県の農業

(1) 鹿児島県の農業就業者構造

鹿児島県の産業別の就業者割合は,第一次産業が9.6%,第二次産業が19.5%,第三次産業が70.8%となっている(表9-1参照).第一次産業は,農業と林業,漁業の三つで構成される.このうち,農業について,同県の販売農家数は37,536戸となっており,その内訳は,主業農家が11,383戸(構成比30.3%),準主業農家が5,454戸(同14.5%),副業的農家が20,699戸(同55.1%)となっている(表9-2参照).また,同県の農業従事者数は79,159人,農業就業人口は57,881人となっている(表9-3参照).

以上の結果を農業産出額上位5道県のうち鹿児島県を除く4道県(以下,4道県)と比較すると,第一次産業の構成比は5道県の中では高い方となっている.また,第一次産業の主たる産業である農業において,主業農家の構成比

表 9-1 農業産出額上位 5 県の産業別の就業者割合（2015 年）

(単位：%)

	第一次産業	第二次産業	第三次産業
① 北海道	7.8	16.9	75.4
② 茨城県	6.0	28.9	65.1
③ 鹿児島県	9.6	19.5	70.8
④ 千葉県	2.8	19.1	78.0
⑤ 宮崎県	9.7	20.8	69.5

出所：公益財団法人矢野恒太記念会編 (2017),『データでみる県勢 2017』, 矢野恒太記念会.

表 9-2 農業産出額上位 5 県の販売農家数（2015 年）

(単位：戸)

	計	主業農家	準主業農家	副業的農家
① 北海道	38,086	27,828	1,891	8,367
		(73.1)	(5.0)	(21.9)
② 茨城県	57,239	12,196	10,021	35,022
		(21.3)	(17.5)	(61.2)
③ 鹿児島県	37,536	11,383	5,454	20,699
		(30.3)	(14.5)	(55.1)
④ 千葉県	44,039	11,749	8,799	23,491
		(26.7)	(20.0)	(53.3)
⑤ 宮崎県	25,552	8,940	3,404	13,208
		(35.0)	(13.3)	(51.7)

注：括弧内は構成比（%）.
出所：公益財団法人矢野恒太記念会編 (2017),『データでみる県勢 2017』, 矢野恒太記念会.

は，北海道の 73.1% を別格とすれば，5 道県の中では高い方となっており，県農業においては農業所得を主とする者が比較的多いことがわかる．

(2) 鹿児島県の農業産出額

鹿児島県の農業産出額は 2014 年現在，4,263 億円で，北海道の 11,110 億円，茨城県の 4,292 億円に次いで全国第 3 位となっている．農産物は耕種と畜産に分けられるが，鹿児島県の耕種の産出額は 1,476 億円（構成比 34.6%）で，栃木県の 1,496 億円に次いで全国第 14 位，畜産の産出額は 2,710 億円

表 9-3 農業産出額上位 5 県の販売農家の農業従事者数と農業就業人口（2015 年）

(単位：人)

	農業従事者数	農業就業人口
① 北海道	103,923	96,557
② 茨城県	145,900	89,594
③ 鹿児島県	79,159	57,881
④ 千葉県	114,221	73,410
⑤ 宮崎県	60,193	45,001

出所：公益財団法人矢野恒太記念会編（2017），『データでみる県勢2017』，矢野恒太記念会．

表 9-4 農業産出額（2014 年）

(単位：億円)

	農業産出額	耕種	米	野菜	畜産
① 北海道	11,110	5,078 (45.7)	1,105 (9.9)	2,116 (19.0)	6,032 (54.3)
② 茨城県	4,292	3,025 (70.5)	762 (17.8)	1,707 (39.8)	1,200 (28.0)
③ 鹿児島県	4,263	1,476 (34.6)	183 (4.3)	206 (11.9)	2,710 (63.6)
④ 千葉県	4,151	2,899 (69.8)	585 (14.1)	1,611 (38.8)	1,248 (30.1)
⑤ 宮崎県	3,326	1,311 (39.4)	173 (5.2)	748 (57.1)	1,983 (59.6)

出所：公益財団法人矢野恒太記念会編(2017)，『データでみる県勢 2017』，矢野恒太記念会．

（同 63.6％）で，北海道の 6,032 億円に次いで全国第 2 位となっている（表 9-4 参照）．また，耕種の産出額のうち，米の産出額が 183 億円（同 4.3％），野菜の産出額が 506 億円（同 11.9％）となっており，他の 4 道県に比べて，米の構成比が小さく，畜産が県農業において非常に大きな存在となっていることがわかる．

次に，鹿児島県産の野菜の収穫量を見ると，かんしょが 295,100t（全国の収穫量に占める構成比 36.2％），オクラが 5,153t（同 42.2％），らっきょうが 3,462t（同 30.3％）といずれも全国第 1 位の収穫量となっており，全国の収

表 9-5　鹿児島県産野菜等の収穫量と順位

(単位：t)

野菜			果実・花き・工芸作物		
作物名	収穫量	順位	作物名	収穫量	順位
かんしょ	295,100 (36.2)	全国第1位	びわ	298 (8.3)	全国第3位
ばれいしょ	76,200 (3.2)	全国第3位	キンカン	841 (23.3)	全国第2位
大根	97,700 (6.8)	全国第4位	マンゴー	446 (13.4)	全国第3位
かぼちゃ	9,750 (4.8)	全国第2位	パッションフルーツ	260 (62.9)	全国第1位
オクラ	5,153 (42.2)	全国第1位	きく	96,800 (6.1)	全国第4位
にがうり(ゴーヤー)	2,989 (13.8)	全国第2位	球根類	25,000 (24.5)	全国第1位
らっきょう	3,462 (30.3)	全国第1位	茶	22,700 (28.6)	全国第2位
			葉たばこ	897 (4.8)	全国第7位
			さとうきび	505,000 (40.1)	全国第2位

注：括弧内は全国の収穫量に占める構成比（％）
出所：公益財団法人矢野恒太記念会編（2017），『データでみる県勢2017』，矢野恒太記念会．

穫量に占める構成比においても突出している．中でも，かんしょの収穫量は，第2位の茨城県の収穫量と比べて，その大きさが際立っている．また，果実や花き，工芸作物では，パッションフルーツと球根類がそれぞれ260t（同62.9%），25,000t（同24.5%）といずれも全国第1位，また，キンカンと茶，さとうきびがそれぞれ841t（同23.3%），22,700t（同28.6%），505,000t（同40.1%）といずれも全国第2位となっており，耕種と同様，日本国内において大きな地位を占めている（表9-5参照）．

ここで，本章の内容との関係から，かんしょ生産の動向を見たい．2015年産かんしょの全国の作付面積は36,600haで，前年に比べ1,400ha減少した（図9-1参照）．また，収穫量は814,200tで，前年に比べ72,300t減少した．また，2015年産かんしょのかんしょ主産県別の収穫量と構成比を見ると，鹿児島県が最も多く295,100t（構成比36.2%），次いで茨城県が165,500t（同

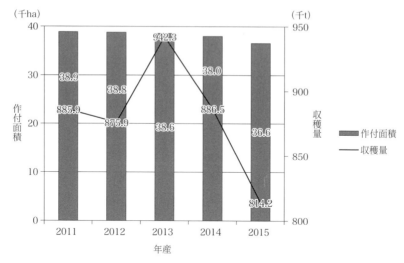

出所:農林水産省大臣官房統計部『農林水産統計』を基に筆者作成.

図 9-1 かんしょの作付面積および収穫量の推移

表 9-6 主産県におけるかんしょの収穫量と構成比（2015年産）（単位：t）

	収穫量
① 鹿児島県	295,100
	(36.2)
② 茨城県	165,500
	(20.3)
③ 千葉県	105,200
	(12.9)
④ 宮崎県	85,000
	(10.4)

注:括弧内は構成比（%）
出所:公益財団法人矢野恒太記念会編『データでみる県勢2017』矢野恒太記念会, 2017年.

20.3%），千葉県が105,200t（同12.9%），宮崎県が85,000t（同10.4%）となっている（表9-6参照）.

これらのかんしょ主産県の用途別生産量の割合は，茨城県が「生食用」と「加工食品用」を合わせて100%，千葉県は同様に93%となっており，関東2県で産出されたかんしょは「生食用」および「加工食品用」がほとんどであることがわかる．それに対して，鹿児島県は，「焼酎用」と「でん粉用」の工業用原料としての用途が90%に達するのに対して，「生食用」および「加工食品用」は10%に過ぎない．また，宮崎県は，「焼酎用」が72%と大半を占める一方で，「生食用」および「加工食品用」は24%と，鹿児島県よりもやや多くなる（図9-2および表9-7参照）．ここから，県産かんしょのほとんどは工

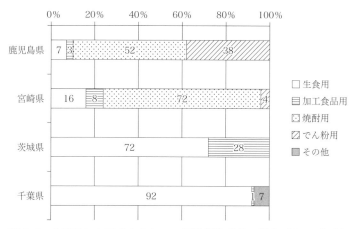

図 9-2　主産県におけるかんしょの用途別生産量の割合（2013年産）

表 9-7　鹿児島県におけるかんしょの用途別生産量

面積（ha）	単収（kg）	生産量（t）	用途別（t）		
			でん粉	焼酎	その他
12,400	2,380	295,100	116,800	153,900	24,400

出所：独立行政法人農畜産業振興機構ホームページ：https://www.alic.go.jp/（2017年6月1日参照）

業用原料を用途としており，生食用かんしょを中心とする他の主産県とは大きく異なっていることがわかる．

3．鹿児島県の工業

(1)　事業所数・従業者数・製造品出荷額等・付加価値額

　県製造業の事業所数は2014年現在，4,656か所ある．このうち，従業員300人未満の事業所は4,637か所で，県内事業所総数の99.6％を占める．規模別の構成比は，1～3人が49.8％と一番多く，次いで4～9人が18.9％，10～19人が12.7％などとなっている（表9-8参照）．また，従業員20人未満の小規模事業者の合計は81.4％となっており，全国平均の80.1％とほぼ同じである．しかし，農業産出額上位5道県では，北海道が77.3％，茨城県が

75.3％，千葉県が75.7％，宮崎県が77.2％であるのに比べて，鹿児島県での構成比は高くなっており，県内企業の零細性が指摘できる．

次に，製造品出荷額等は2014年12月現在，約1兆9,342億円となっている．このうち，従業者300人未満の事業所の製造品出荷額等は1兆3,977億円で，総額の72.3％を占める．製造品出荷額等は，北海道と宮崎県を除き，300人以上が一番多く，次いで100～299人，30～99人の順に多い傾向にあるが，同県の製造品出荷額等の規模別の構成比を見ると，30～99人が31.2％と一番大きく，次いで300人以上が27.7％，100～299人が18.7％の順となっており，他の4道県と異なっている（表9-9参照）．この傾向は付加価値額でもほぼ同様となっている（表9-10参照）．

なお，従業者30～99人の層を除く全ての層が，事業所数，従業者数および製造品出荷額の全てにおいて，前年に比べて減少するなかで，従業者30～99人の層は，事業所数は微減（対前年比0.6％減）にとどまる一方で，従業者数は小幅増（同0.4％増），製造品出荷額等は大幅増（同10.4％増）となっている[2]．

表9-8　従業者規模別製造業事業所数

	合計	1～3	4～9	10～19	20～29	30～99	100～299	300人以上
北海道	9,333	3,693 (39.6)	2,081 (22.3)	1,434 (15.4)	770 (8.3)	898 (9.6)	230 (2.5)	51 (5.5)
茨城県	9,785	4,099 (41.9)	1,898 (19.4)	1,374 (14.0)	728 (7.4)	963 (9.8)	394 (4.0)	128 (1.3)
鹿児島県	4,656	2,321 (49.8)	878 (18.9)	590 (12.7)	279 (6.0)	348 (7.5)	86 (1.8)	19 (4.0)
千葉県	9,127	3,753 (41.1)	1,850 (20.3)	1,303 (14.3)	722 (7.9)	836 (9.2)	298 (3.3)	92 (1.0)
宮崎県	2,768	1,213 (43.8)	526 (19.0)	398 (14.4)	212 (7.7)	260 (9.4)	88 (3.2)	24 (0.9)
全国	410,802	195,325 (47.5)	82,926 (20.2)	51,009 (12.4)	25,014 (6.1)	30,300 (7.3)	9,951 (2.4)	3,210 (0.8)

出所：『工業統計調査平成26年確報』を基に筆者作成．

表 9-9 従業者規模別製造品出荷額（億円）

	合計	1〜3	4〜9	10〜19	20〜29	30〜99	100〜299	300人以上
北海道	67,436	707	2,603	4,345	4,445	14,311	21,213	19,812
		(1.0)	(9.5)	(6.4)	(6.6)	(21.2)	(31.5)	(29.4)
茨城県	114,481	396	1,506	4,050	5,125	20,061	33,428	49,915
		(0.3)	(1.3)	(3.5)	(22.3)	(17.5)	(29.2)	(43.6)
鹿児島県	19,342	214	842	1,560	1,697	6,039	3,625	5,365
		(1.1)	(4.4)	(8.1)	(8.8)	(31.2)	(18.7)	(27.7)
千葉県	139,232	489	1,768	4,840	5,709	19,591	25,727	81,108
		(0.4)	(1.3)	(3.5)	(4.1)	(14.1)	(18.2)	(58.3)
宮崎県	15,384	108	623	689	797	3,326	5,009	4,831
		(0.7)	(4.0)	(4.5)	(5.2)	(21.6)	(32.6)	(31.4)
全国	3,070,083	18,683	68,522	123,318	130,517	470,939	666,228	1,591,876
		(0.6)	(2.2)	(4.0)	(4.3)	(15.3)	(21.7)	(51.9)

出所：『工業統計調査平成26年確報』を基に筆者作成．

表 9-10 従業者規模別製造業付加価値額（億円）

	合計	1〜3	4〜9	10〜19	20〜29	30〜99	100〜299	300人以上
北海道	14,327	—	975	1,469	1,488	3,855	4,348	2,162
		(—)	(7.0)	(10.3)	(10.4)	(26.9)	(30.3)	(15.1)
茨城県	34,943	—	700	1,531	1,530	5,599	10,729	14,855
		(—)	(2.0)	(4.4)	(4.4)	(16.0)	(30.7)	(42.5)
鹿児島県	6,098	—	325	577	570	1,778	1,027	1,822
		(—)	(5.3)	(9.5)	(9.3)	(29.2)	(16.8)	(29.9)
千葉県	26,906	—	748	1,375	1,944	5,426	7,605	9,807
		(—)	(2.8)	(5.1)	(7.2)	(20.2)	(28.3)	(36.4)
宮崎県	5,213	—	268	312	281	1,161	1,550	1,642
		(—)	(5.1)	(6.0)	(5.4)	(22.3)	(29.7)	(31.5)

注：付加価値額については，従業員1〜3人のデータなし．
出所：『工業統計調査平成26年確報』を基に筆者作成．

（2） 鹿児島県製造業の業種構成

県製造業において，「食料」および「飲料」の構成比は，事業所数が計49.5％，従業者数が計45.6％，製造品出荷額等が計55.3％と，いずれの項目においても高くなっており，同業種が鹿児島県の主要な産業となっていることがわかる．一方，他の業種は，「窯業」の事業所数および従業者数，製造品出荷額等がいずれも10％弱であることを除き，いずれも小さな構成比となって

いる（図 9-3 参照）．

　2014 年の鹿児島県進出企業（以下，県進出企業）の状況を見ると，事業所数 260 か所（占有率 11.8％），従業者数 27,491 人（同 39.9％），製造品出荷額等 1 兆 221 億円（同 53.4％）となっている[3]．また，業種構成は，事業所数では「食料」が 19.2％と最も高く，次いで「生産」，「電子」の順に 13.1％，7.7％などとなっており，従業者数では「電子」が 31.3％と最も高く，次いで「食料」，「窯業」の順に 21.0％，13.7％，製造品出荷額等では「食料」が 25.4％と最も高く，次いで「電子」，「飲料」の順に 23.3％，14.3％などとなっている（図 9-4 参照）．進出企業 6 業種の県内当該業種における構成比は，「食料」および「飲料」は，事業所数と従業者数では小さいが，製造品出荷額等では 40％弱に達している．一方，「電気」，「電子」，「窯業」，「生産」の 4 業種は，事業所数の構成比が小さい「窯業」を除き，事業所数，従業者数，製造品出荷額等のいずれにおいても非常に大きな構成比となっており，とりわけ，前二者ではそれが顕著である．以上から，次の二点がわかる．第一に，進出企業 6 業種のうち，「食料」および「飲料」は，進出企業も鹿児島県において無視できない構成比となっているが，それでもなお県内企業が中心となっていること，第二に，「窯業」は，少数の進出企業が同県経済に大きく貢献していること，第三に，「電気」および「電子」は，進出企業が同県経済の中心となっていることである（図 9-5 参照）．

　次に，「食料」，「飲料」，「電気」，「電子」の 1 事業所あたりの生産額および付加価値額は，表 9-11 に見るとおり，1 事業所あたりの生産額および付加価値額ともに，「食料」と「電気」，「電子」が前年に比べて増加している．とりわけ，「電気」は，1 事業所あたりの生産額が前年比 132.9％増の 49 億 1,937 万円，1 事業所あたりの付加価値額が前年比 269.0％増の 33 億 2,220 万円と，前年に比べて大幅に増加しているのが目立つ．一方，「飲料」の 1 事業所あたりの生産額および付加価値額はそれぞれ，前年比 2.4％減の 63 億 4,358 万円，同じく 13.7％減の 12 億 6,063 万円となっており，生産額は微減に留まったものの，付加価値額は大幅減となっている[4]．

　県製造業の 2000～2010 年の製造品付加価値率の推移を全国と比較すると，「旧電気機械」[5]では，全国では低下しているのに対し，同県では上昇している．

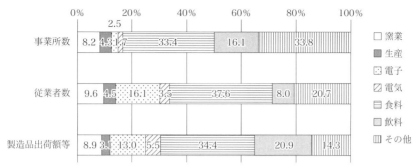

出所：鹿児島県企画部統計課（2014），「鹿児島県の工業―平成 26 年工業統計調査結果」．

図 9–3 鹿児島県製造業の業種別事業所数・従業員数・製造品出荷額等の構成比

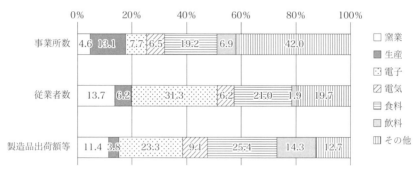

出所：鹿児島県企画部統計課（2014），「鹿児島県の工業―平成 26 年工業統計調査結果」．

図 9–4 鹿児島県進出企業（製造業）の業種別事業所数・従業員数・製造品出荷額等の構成比

また，「窯業」では，同県は全国に比べて 10 年間の低下幅が小さい．それに対して，「食料」および「飲料」では，全国よりも低い水準にあり，10 年間の低下幅も全国に比べて大きい（表 9–12 参照）．上述したとおり，進出企業は「電気」および「電子」において大きな割合を占め，付加価値の創出に貢献している．その一方で，県製造業の中心である「食料」および「飲料」は，「食料」は付加価値が増加しているものの，「飲料」は付加価値が大きく減少している．したがって，表 9–12 に見る事実は，県経済が内発的な発展を遂げるには，食料・飲料品製造業が自ら付加価値を生み出すことができる構造をもつ必要があることを示している．

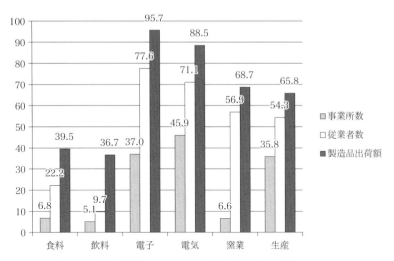

出所:鹿児島県企画部統計課(2014),「鹿児島県の工業-平成26年工業統計調査結果」.

図 9-5　進出企業 6 業種の鹿児島県全体に占める割合

**表 9-11　1 事業所あたりの生産額および付加価値額
（従業員 30 人以上事業所）（2014 年度）**

(単位:万円)

	生産額	前年比	付加価値額	前年比
食　料	255,957	10.5	60,670	4.7
飲　料	634,358	▲2.4	126,063	▲13.7
電　気	491,937	132.9	332,220	269.0
電　子	590,187	6.0	262,742	18.7

出所:鹿児島県企画部統計課(2014),「鹿児島県の工業-平成26年工業統計調査結果」.

4．鹿児島県の焼酎産業

(1) 焼酎とは

　酒には醸造酒と蒸留酒の2つがある．このうち，醸造酒とは，原料を酵母によりアルコール発酵させて作られた酒のことであり，ビールやワイン，清酒などがこれにあたる．醸造酒は，得られるアルコール度数に限界があることか

表 9-12 鹿児島県と全国の付加価値率の推移

	2000 年		05 年		10 年		00〜10 年変化	
	鹿児島	全国	鹿児島	全国	鹿児島	全国	鹿児島	全国
製造業合計	40.7	36.7	37.4	35.2	35.5	31.4	-5.2	-5.3
食　料	34.2	38.2	31.9	37.6	27.1	35.9	-7.1	-2.3
飲　料	26.2	31.5	25.2	30.3	25.3	30.9	-0.9	-0.6
窯業・土石	51.1	48.5	54.7	49.4	49.7	43.7	-1.4	-4.8
旧電気機械	46.2	33.9	44.2	33.8	49.6	32.3	3.4	-1.6

出所：日本銀行鹿児島支店 (2013),「鹿児島県の製造業の特徴と今後の方向性について：食料品製造業の付加価値率向上に向けて」.

ら，醸造酒を蒸留し，高いアルコール度数の酒を得る．それが蒸留酒であり，焼酎やウォッカはその代表的なものである．

　焼酎は，蒸留法の違いから，酒税法上，旧甲類焼酎と本格焼酎（旧乙類焼酎）に分けられている．旧甲類焼酎は，伝統的な焼酎に対する新たな焼酎の意味で，原料を糖化，醗酵してできたもろみを連続式蒸留機を用いて蒸留し製造した，アルコール度数36％未満のものを指す[6]．主原料特有の癖がなく，いろいろなものとミックスさせ，飲み手の好みのものを造ることができることを特徴とし，チューハイなどに用いられる．一方，本格焼酎は，原料を糖化，醗酵してできたもろみを単式蒸留器を用いて蒸留し製造した，アルコール度数45％以下のものを指す[7]．主原料に由来する芳醇な香味を楽しむことができることを特徴とする．

　わが国では，九州・沖縄地域において，焼酎の生産が盛んである．その理由は，これらの地域は気温が高く，清酒の生産に向かないためである．焼酎の主原料には，かんしょのほか，米や麦，そば，黒糖などがあり，いも焼酎は鹿児島県，米焼酎（泡盛を含む）は沖縄県や熊本県球磨地方，麦焼酎は長崎県壱岐や大分県，そば焼酎は宮崎県北部，黒糖焼酎は奄美群島の特産となっている．なお，県産かんしょは「焼酎用」としての利用が52％に達しており，鹿児島県産の焼酎の多くは県産かんしょを利用しているものと考えられる（図9-2参照）．

(2) 鹿児島県の焼酎産業の概要

鹿児島県には，鹿児島県酒造組合に加入している焼酎メーカーが100社存在し[8]，共同びん詰会社に原酒を供給する非組合員の焼酎メーカーを含めれば114社存在する[9]．これらの焼酎メーカーのうち，資本金3億円を超える企業は1社のみで，その他は全て資本金300億円以下となっており，そのうちの61社は資本金1,000万円以下となっている[10]．また，従業員数では，全社が300人未満となっており，その内訳は，従業員数4人未満が10社，4～29人が46社，30～99人が16社，100～299人が3社，不明が39社となっている[11]．なお，従業員数4～29人のうち，従業員数4～20人は40社あり，従業員数4人未満の10社と合わせた50社が中小企業基本法の定義する小規模企業者となる．

次に，製成数量で見た場合，鹿児島県内の焼酎メーカーのうち，製成数量が2000kLを越える専業者は17社に過ぎず，その他の専業者は全て2,000kL以下となっている．その内訳は，集約参加・休造あるいは20kL以下が7社（構成比7％），20～400kLが53社（同55％），400～2,000kLが19社（同20％），2,000kL以上が17社（同18％）となっている[12]．

以上から，鹿児島県内の焼酎メーカーは，1社を除き，全て中小企業であり，そのうちの半数以上が資本金1,000万円以下あるいは従業員数20人以下，製成数量2,000kL以下というように，零細性を特徴としていることがわかる．

(3) 桶取引

桶取引[13]は，製造業者間での原酒売買のことを言い，売りを「桶売り」，買いを「桶買い」と言う．これは清酒業界において戦前から広く行われた取引で，1950年代後半以降，特に広がりを見せた取引形態である．清酒業界の場合，その背景には，清酒の大量生産が開始されたものの，清酒の生産規制が継続されていたなかで，販売が伸長した酒造メーカーでは販売する商品が不足する一方で，販売が不調だった酒造メーカーでは原酒が手元に売れ残ったことがある．それを克服する方法として広がりを見せたのが桶取引である．

焼酎業界においても同様に桶取引が広がったが，その要因は，清酒業界の場合とは異なり，いも焼酎の生産特性に負うところが大きい．いも焼酎の生産に

おいては，主原料のかんしょは保存性が著しく低く，生産が 9 月から 12 月頃までに限られるため，その他の時期は設備が遊休化してしまう．そのため，いも焼酎メーカーには，生産コストの低減や余剰設備の有効利用へのインセンティブが強く働く．そのうえ，農村杜氏の減少と高齢化を受けて，通年の正規雇用の必要性が高まり，通年での生産がよりいっそう求められるようになった．市場が急激に拡大している場合，当然それは桶売りによって生産の通年化を図り，生産効率の向上を図ろうとする動きへとつながることになる．

　鹿児島県における本格焼酎の製成数量は 2014 年現在，16 万 4,171kL で全国第 1 位となっている．このうち，九州内へは 5 万 7,302kL（九州 7 県に占める構成比 41.3％）が移出され，九州外へは 6 万 1,122kL（同 25.4％）が移出されている．しかし，県産本格焼酎の九州内外への課税移出量の和は 11 万 8,424kL であり，製成数量との間に 4 万 5,747kL の差額が発生している．これが県内で製成された本格焼酎の未納税移出量に該当し，桶売りの結果発生したものである．そして，この桶売り先の中心は，大分県の麦焼酎メーカーであるとされる．

　大分麦焼酎は 1970 年代の焼酎ブームの中で開発された新しいタイプの焼酎である．大分県はもともと清酒文化の地であり，同県における焼酎づくりは皆無であったが，3 次にわたる焼酎ブームの中で，大分麦焼酎の生産は大きく拡大し，製成数量において，既存の焼酎産地である鹿児島県や宮崎県を席巻するまでになった．このような状況下では，麦焼酎メーカーは，生産拡大に合わせて設備投資を行うよりも桶買いした方が資本の運用効率が良い．それは生産設備を通年で効率的に運用したいいも焼酎メーカーのニーズと合致するものであり，麦焼酎メーカーと桶取引を行うインセンティブとなる．大分県と鹿児島県の間において，未納税移出量が大きくなっているのはそのためである．

　ここで，桶取引が焼酎メーカーの間でどの程度の広がりを見せているのかを製成数量階層別に見ると，福岡県と佐賀県，長崎県からなる九州北部 3 県を管轄する福岡国税局とそれ以外の九州 4 県（鹿児島県を含む）を管轄する熊本国税局の管内において，各製成数量階層の移出数量に占める桶売りの割合は，20kL 以下が 46.9％，60kL 以下が 3.0％，100kL 以下が 7.4％，200kL 以下が 23.1％，400kL 以下が 13.0％，600kL 以下が 38.1％，2,000kL 以下が

34.7%，5,000kL 以下が 22.5%，5,000kL 超が 18.7%となっている（表 9-13 参照）．ここから，桶売りは企業規模の大小を問わず広範に行われており，とりわけ，製成数量 20kL 以下の零細な焼酎メーカーと 400kL 以下 600kL 未満を除く 200kL 以上 5,000kL 未満の層において顕著であることがわかる．

5．おわりに

　県食料・飲料品製造業の製造品付加価値率の低下幅は全国を上回っており，その克服が県経済の課題となっている．本章では，その要因を明らかにするための方法論として，焼酎産業に焦点を当て，分析を試みた．その中で，県焼酎産業において，桶売りが企業規模の大小を問わず広範に行われていることを明らかにした．このような桶売りへの依存は，焼酎ブームによって，焼酎の生産が拡大するなかで深まったものであるが，これは県焼酎産業が他都道府県を需要先とする原材料供給元へと変化し，付加価値を生み出しにくい脆弱な構造をもつようになったことを意味する．たしかに，5,000kL 超層の焼酎メーカーの

表 9-13　各製成数量階層における桶売りの移出数量に占める割合

製成数量階層	桶売り量（kL）	割合（%）
集約参加・休造	43	0.3
20kL 以下	2,646	46.9
60kL 以下	32	3.0
100kL 以下	166	7.4
200kL 以下	1,262	23.1
400kL 以下	1,203	13.0
600kL 以下	1,069	38.1
2,000kL 以下	16,485	34.7
5,000kL 以下	13,459	22.5
5,000kL 超	51,425	18.7
合計	87,791	20.7

注：福岡国税局および熊本国税局管内に住所地または本店所在地があり，単式蒸留焼酎の製造免許を有している者が対象．
出所：国税庁課税部酒税課（2016），「単式蒸留しょうちゅう製造業の概況」，p.3.

中には他メーカーへの安定した桶売りで成長を遂げたものもある[14].しかし,近年,若者の酒離れが指摘されていることに鑑みて,今後,焼酎へのニーズがかつてのブーム期のように急拡大することは考えにくい.このような状況下では,焼酎づくりを通した戦略的な経営がなされるのでなければ,経営基盤は弱まると考えられる.そのため,各焼酎メーカーは,消費者の嗜好を探りつつ,消費者からの強い支持を得られる酒の作りこみを通して,製品開発力の向上に尽力することが求められると考える.

注
1) 本稿では,日本標準産業分類(平成25年10月改訂)の中分類09「食料品製造業」と同10「飲料・たばこ・飼料製造業」を合わせてこのように呼ぶこととする.
2) 鹿児島県企画部統計課(2014)『鹿児島県の工業－平成26年工業統計調査結果』.
3) 同上.
4) 「飲料」には「蒸留酒・混成酒製造業」として焼酎が含まれる.2014年度の焼酎の生産量は164,171kLと前年に比べて8,728kLの減少となっている.この点,「飲料」の生産量が微減している要因である可能性がある.しかし,それと同時に,付加価値額が大きく減少していることについて,十分に留意するべきである.
5) 日本標準産業分類の2007年11月改訂により,「電気機械器具製造業」は「電子部品・デバイス・電子回路製造業」と「電気機械器具製造業」,「業務用機械器具製造業」の3つに分けられた.
6) 関根彰(2005),『世界のスピリッツ焼酎』,技報堂出版,p.46.
7) 同書,p.46.
8) 同一社内に属しながらも単独で鹿児島県酒造組合に加入している4事業所を除く.
9) 鹿児島県酒造組合ホームページ:http://www.tanshikijyoryu-shochu.or.jp/(2017年7月13日参照).
10) 鹿児島県酒造組合ホームページと帝国データバンク(2008),『焼酎業界の現状と今後2008』を参照.
11) 同上.
12) 国税庁課税部酒税課(2016),「単式蒸留しょうちゅう製造業の概況(平成27年度分)」,p.1.
13) 課税対象とならないことから「未納税取引」とも言う.
14) 野間重光(2003),「本格焼酎製造業の成長と産地の変貌」,野間重光・中野元編著『しょうちゅう業界の未来戦略』,ミネルヴァ書房,p.75.

参考文献
鹿児島県企画部統計課(2014),「鹿児島県の工業－平成26年工業統計調査結果」.
鹿児島県本格焼酎技術研究会(2000),『鹿児島の本格焼酎』,春苑堂出版.

菊地裕幸（2017），「鹿児島県における『食』関連産業の課題－飲食料品製造業を中心に－」，『地域総合研究』第 44 巻第 2 号．
関満博（2013），『鹿児島地域産業の未来』，新評論．
関根彰（2005），『世界のスピリッツ焼酎』，技報堂出版．
二宮麻里（2016），『酒類流通システムのダイナミズム』，有斐閣．
日本銀行鹿児島支店（2013），「鹿児島県の製造業の特徴と今後の方向性について：食料品製造業の付加価値
率向上に向けて」．
野間重光・中野元（2003），『しょうちゅう業界の未来戦略』，ミネルヴァ書房．
渡辺克司（2013），「焼酎ブームの論点整理と本格焼酎の生産・流通・消費の特徴」，『鹿児島経済論集』第 53 巻第 1-4 合併号．

第10章
「循環型・地域資源重視型・付加価値創造型」の鹿児島経済をめざして
―経済・産業構造の課題と展望―

菊 地 裕 幸

1. はじめに

　日本全国広しといえども，鹿児島県ほど住みやすく，多様な魅力に満ち溢れた地域はそうはないであろう．県域は，北は長島町獅子島から南は与論島まで南北約600kmに及び，屋久島，奄美群島，霧島，桜島をはじめとしたダイナミックな自然環境，至るところに湧き出す温泉と観光名勝地，農林水産物やそれらを原材料とした飲食料品製造物による安心安全で豊かな食生活，良好な治安，そして何よりも義理人情に厚く，礼儀正しい県民性等々，鹿児島に住んだことのある人，鹿児島を訪れたことのある人なら誰でも，その強烈な個性と居心地の良さにたちまち魅了され，ファンになってしまうこと必定であろう．
　また，明治維新は薩摩が成し遂げたのはもちろんのこと，鎌倉時代から続く島津氏による支配や藩政時代における特異な領国統治，密貿易による豪商や港町の繁栄等々，極めて独特な歴史文化を有しており，それらも鹿児島県の魅力を語る上で欠かせない要素の1つとなっている．
　このように，多くの個性を有し，多様な魅力に溢れている鹿児島県であるが，その一方で，低い1人当たり県民所得，付加価値額，賃金等々，統計面で見る限り，経済的には劣位に甘んじていると言わざるを得ない．
　また，鹿児島県も他の地方県と同様かそれ以上のペースで人口減少，少子高齢化が進んでおり，地域の持続可能性を担保するための戦略的な取り組みは，待ったなしの状況となっている．とりわけ，地域における経済・産業構造の特質を的確に見極め，比較優位産業を伸ばしていくことで雇用や所得を持続的に

表 10-1　県内総生産，県民所得，域外収支，

	県内総生産		1人当たり 県内総生産		県民所得		1人当たり県民所得	
	金額（億円）	順位	金額（万円）	順位	金額（億円）	順位	金額（万円）	順位
北海道	189,611.5	8	352.3	33	139,355.1	8	258.9	35
青森県	45,401.9	31	347.0	35	32,209.9	33	246.2	39
岩手県	47,229.1	28	369.1	30	35,321.6	28	276.0	26
宮城県	94,816.2	14	406.3	17	69,704.1	14	298.7	13
秋田県	33,668.7	40	329.1	39	24,754.5	41	242.0	41
山形県	39,542.3	35	351.8	34	30,086.9	36	267.7	32
福島県	78,235.6	20	408.7	14	56,300.0	20	294.1	14
茨城県	129,920.7	11	445.4	6	89,805.1	11	307.9	10
栃木県	90,163.2	15	456.7	4	68,723.4	15	348.1	4
群馬県	86,669.5	17	439.3	8	62,056.5	18	314.5	8
埼玉県	223,322.8	5	307.3	44	216,334.8	5	297.7	15
千葉県	202,186.1	7	324.9	41	181,680.7	6	292.0	22
東京都	1,043,391.6	1	772.0	1	726,887.1	1	537.8	1
神奈川県	339,187.9	4	371.7	25	272,542.0	4	298.6	14
新潟県	88,456.1	16	383.9	23	64,007.4	17	277.8	24
富山県	46,465.1	29	435.7	10	35,965.8	27	337.3	5
石川県	45,736.8	30	396.3	19	34,033.8	30	294.9	16
福井県	32,333.2	42	411.0	13	25,142.6	40	319.6	7
山梨県	32,510.8	41	389.4	21	23,252.6	42	278.5	23
長野県	85,580.4	18	407.8	16	61,430.5	19	292.7	19
岐阜県	75,515.4	22	371.6	26	55,985.0	21	275.5	27
静岡県	172,924.4	10	467.3	3	122,698.3	10	331.6	6
愛知県	395,593.2	2	528.6	2	275,183.0	3	367.7	2
三重県	82,865.2	19	456.3	5	64,571.8	16	355.6	3
滋賀県	61,635.6	23	436.2	9	43,200.1	24	305.8	12
京都府	103,454.6	13	396.3	20	76,804.9	13	294.2	17
大阪府	391,069.3	3	442.4	7	276,413.5	2	312.7	9
兵庫県	204,950.4	6	370.3	27	152,344.6	7	275.2	28
奈良県	35,774.1	38	262.2	47	34,021.8	31	249.4	38
和歌山県	35,267.4	39	366.0	31	26,380.7	38	273.8	30
鳥取県	17,551.0	47	306.1	45	12,897.3	47	224.9	46
島根県	25,657.5	45	369.5	29	18,379.4	46	264.7	33
岡山県	77,878.9	21	405.3	18	52,734.8	22	274.4	29
広島県	119,410.8	12	419.9	11	87,428.0	12	307.4	11
山口県	58,702.5	24	417.9	12	38,964.9	26	277.4	25
徳島県	30,837.1	43	408.0	15	22,078.7	43	292.1	21
香川県	37,779.6	36	387.0	22	28,552.4	37	292.5	20
愛媛県	49,155.3	27	354.8	32	35,113.4	29	253.5	36
高知県	23,997.4	46	329.5	37	18,439.8	45	253.2	37
福岡県	188,611.0	9	369.7	28	138,953.8	9	272.4	31
佐賀県	27,556.1	44	330.9	36	20,083.8	44	241.2	42
長崎県	43,822.1	32	318.2	42	32,880.8	32	238.8	43
熊本県	55,645.6	25	311.5	43	43,542.0	23	243.8	40
大分県	43,782.3	33	375.4	24	30,544.9	35	261.9	34
宮崎県	36,338.6	37	329.1	38	25,557.9	39	231.5	45
鹿児島県	53,884.8	26	326.9	40	39,297.5	25	238.4	44
沖縄県	41,415.6	34	288.9	46	31,044.7	34	216.6	47

出所：内閣府「県民経済計算」平成27年度版より．

県民雇用者報酬，民間企業所得の状況（2015年度）

移出入（純）・統計上の不突合		1人当たり純移出		純移出/県内総生産		1人当たり県民雇用者報酬		1人当たり民間企業所得	
金額（億円）	順位	金額（万円）	順位	%	順位	金額（万円）	順位	金額（万円）	順位
▲ 14,929.4	45	▲ 27.7	29	▲ 7.9	30	412.8	35	39.6	31
▲ 5,752.3	33	▲ 44.0	34	▲ 12.7	34	389.3	42	43.7	27
▲ 6,697.4	36	▲ 52.3	39	▲ 14.2	36	397.2	38	56.2	14
▲ 7,012.1	37	▲ 30.0	30	▲ 7.4	29	439.9	27	62.2	12
▲ 6,080.1	34	▲ 59.4	43	▲ 18.1	41	355.2	47	54.9	15
▲ 6,158.8	35	▲ 54.8	40	▲ 15.6	38	394.7	40	48.4	21
▲ 9,514.9	42	▲ 49.7	36	▲ 12.2	33	410.3	37	66.0	9
5,726.6	9	19.6	11	4.4	13	452.4	18	64.8	10
13,031.4	5	66.0	5	14.5	5	450.9	20	96.3	3
10,833.6	7	54.9	6	12.5	6	419.9	32	84.5	4
▲ 42,582.5	47	▲ 58.6	42	▲ 19.1	42	459.5	13	29.6	40
▲ 32,054.1	46	▲ 51.5	37	▲ 15.9	39	469.6	8	25.5	43
353,992.8	1	261.9	1	33.9	1	555.9	1	145.3	1
▲ 11,293.1	43	▲ 12.4	23	▲ 3.3	23	526.1	2	4.4	47
▲ 2,820.6	27	▲ 12.2	22	▲ 3.2	22	429.3	29	32.5	38
2,088.8	15	19.6	12	4.5	11	453.1	16	76.7	6
▲ 70.7	17	▲ 0.6	17	▲ 0.2	17	468.8	11	35.8	36
▲ 1,886.0	25	▲ 24.0	28	▲ 5.8	27	493.3	3	41.9	29
▲ 1,751.4	24	▲ 21.0	27	▲ 5.4	26	442.9	25	38.3	34
3,812.6	10	18.2	13	4.5	12	469.4	10	38.4	33
239.1	16	1.2	16	0.3	16	426.7	30	31.3	39
29,605.9	4	80.0	3	17.1	3	443.0	24	76.9	5
68,926.0	2	92.1	2	17.4	2	481.5	5	76.6	7
12,123.6	6	66.8	4	14.6	4	443.7	23	105.3	2
3,759.3	11	26.6	8	6.1	8	465.5	12	47.4	23
2,203.7	14	8.4	15	2.1	15	458.4	14	48.4	22
35,390.0	3	40.0	7	9.0	7	484.5	4	49.9	19
▲ 1,621.6	23	▲ 2.9	19	▲ 0.8	19	469.5	9	34.6	37
▲ 13,550.0	44	▲ 99.3	47	▲ 37.9	47	472.9	7	24.7	44
▲ 2,903.1	29	▲ 30.1	31	▲ 8.2	31	452.4	17	69.9	8
▲ 4,411.9	30	▲ 76.9	46	▲ 25.1	46	390.7	41	17.3	46
▲ 2,489.0	26	▲ 35.8	32	▲ 9.7	32	382.6	43	53.1	18
2,826.0	13	14.7	14	3.6	14	453.9	15	36.9	35
7,127.3	8	25.1	9	6.0	9	474.3	6	48.8	20
3,239.5	12	23.1	10	5.5	10	452.0	19	42.6	28
▲ 327.3	18	▲ 4.3	20	▲ 1.1	20	426.7	31	64.0	11
▲ 1,609.2	22	▲ 16.5	25	▲ 4.3	25	440.9	26	53.3	17
▲ 2,897.2	28	▲ 20.9	26	▲ 5.9	28	418.4	33	39.4	32
▲ 5,541.6	32	▲ 76.1	45	▲ 23.1	45	414.7	34	46.5	24
▲ 1,269.2	21	▲ 2.5	18	▲ 0.7	18	449.3	21	45.6	26
▲ 1,148.1	20	▲ 13.8	24	▲ 4.2	24	394.9	39	40.0	30
▲ 8,520.7	40	▲ 61.9	44	▲ 19.4	43	430.0	28	21.6	45
▲ 9,297.6	41	▲ 52.1	38	▲ 16.7	40	449.3	22	28.6	42
▲ 746.4	19	▲ 6.4	21	▲ 1.7	21	411.1	36	54.7	16
▲ 4,707.2	31	▲ 42.6	33	▲ 13.0	35	374.1	45	45.7	25
▲ 7,870.3	38	▲ 47.8	35	▲ 14.6	37	362.3	46	61.9	13
▲ 8,367.4	39	▲ 58.4	41	▲ 20.2	44	377.7	44	28.9	41

確保し，もって若年層の人口流出を抑制してくことは，切実かつ喫緊の課題であると言えよう．

本章では，このような問題意識のもと，鹿児島県における経済・産業構造の特質，また付加価値や所得が低位に留まっている要因を明らかにし，鹿児島経済が持続可能な発展を歩むための経済・産業構造のあり方について，考えてみたい．

2. 鹿児島県経済および産業構造の特質

(1) 県内総生産，県民所得

はじめに鹿児島県の経済規模および県民所得について，他県と比較しつつ確認したい．

表10-1は全国の県内総生産，県民所得，域外収支，県民雇用者報酬，民間企業所得の状況についてまとめたものである．2015年度における鹿児島県の県内総生産は約5兆3,885億円であり，全国47都道府県では第26番目の位置にある．ところが，人口1人当たり県内総生産で見ると327万円で，全国第40位にまで下がる．また，鹿児島県の県民所得は3兆9,297億円で，全国で見ると第25位であるが，1人当たり県民所得で見ると238万円で，全国第44位となる．

このように，鹿児島県の経済力は，人口1人当たりで見る限り，全国で40位台と最低位に近い状況となっている．このような状況は，基本的には戦後一貫して続いてきた．鹿児島県における1人当たり県民所得は，沖縄県が日本復帰を果たす1972年度の前までずっと全国最下位であった（図10-1）．その後は40位台前半から半ばを行き来した後，2007年度から2011年度までは30位台後半にまで上昇したものの，2012年度以降は再び40位台に甘んじている状況である．

1人当たり県内総生産や1人当たり県民所得は，あくまでも県民の豊かさを測る上での1つの指標にすぎない．したがって，この数字に過度にとらわれたり一喜一憂したりする必要はない．ただ，全国と比べて最下位に近いということは，他の県とは異なる何らかの"特殊性"を有しているということでもあ

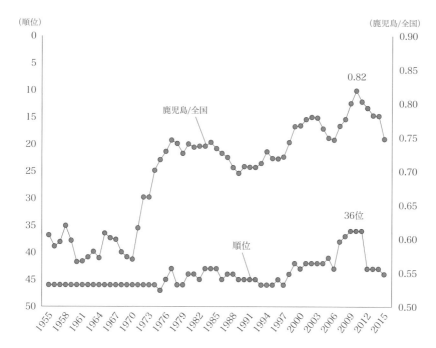

出所：内閣府「県民経済計算」各年度版より．

図 10-1　鹿児島県 1 人当たり県民所得の推移

り，その"特殊性"が何かを突き止めることは，鹿児島県の地方創生や持続可能な発展を考える上でも意味のあることであろう．とりわけ県内総生産は付加価値（＝家計外消費支出＋雇用者所得＋営業余剰＋資本減耗引当＋租税公課）の合計額，県民所得は（雇用者報酬＋財産所得＋企業所得）の合計額であり，県内総生産や県民所得が小さいということは，付加価値や賃金，企業利益の少なさとも密接にかかわっていることから，若年層をはじめとした雇用や所得の確保の観点からも，ゆるがせにすることのできない問題であろう．

（2）域外収支

次に，鹿児島県の域外収支について見てみよう．

表 10-1「移出入（純）・統計上の不突合」に記されているとおり，2015 年度における鹿児島県の純移出入・統計上の不突合はマイナス 7,870 億円とな

っており，大幅な移入超過となっている．1人当たり純移出額で見ても鹿児島県はマイナス48万円，また県内総生産に対する純移出の割合もマイナス15％となっており，いずれも低位に留まっている．

大幅な域外収支赤字は，県外からの稼ぎが少なく逆に県外への漏出が大きいということを意味するものであるから，国からの補助金など財政移転に頼らない限り，この状況が続くと域内資金は次第に減少し，地域の再投資力は失われ，地域の持続的発展はおぼつかなくなってしまうであろう．

表10-2より産業別の域外収支を見てみると，域外収支がプラスの産業（地域内で消費する以上に生産しており，地域外から稼いでいる産業）は，「飲食料品」，「電子部品」，「窯業・土石製品」，「運輸・郵便」，「漁業」など13産業のみであり，それ以外の産業は域外収支がゼロかマイナス（地域内の消費を満たす域内生産がなく，地域外に生産を依存している産業）となっている．鹿児島県は農業産出額が全国第2位であり，全国でも有数の農業県と目されているけれども[1]，農業の域外収支は203億円の移輸入超過となっている点も特徴的である．

(3) 比較優位産業

付加価値額の構成比より，鹿児島県の比較優位産業を特定しよう．

表10-3のとおり，鹿児島県において，付加価値構成比が全国平均よりも高い産業（特化係数の高い産業）は，「医療・福祉」，「卸売業，小売業」，「建設業」，「宿泊業・飲食サービス業」，「農林漁業」等となっている．また，表10-4のとおり，製造業の中で付加価値構成比が全国平均よりも高い産業は，「食料品製造業」，「電子部品・デバイス・電子回路製造業」，「飲料・たばこ・飼料製造業」，「窯業・土石製品製造業」，「電気機械器具製造業」となっている．

ここから，鹿児島経済において，「医療・福祉」，「卸売業，小売業」，「建設業」，「宿泊業・飲食サービス業」，「農林漁業」，「飲食料品製造業」，「電子部品・デバイス・電子回路製造業」，「窯業・土石製品製造業」，「電気機械器具製造業」の各産業が，他地域と比べて比較優位な産業であると言える．ただし，さきの表10-2に示されているように，「医療・福祉」，「卸売業，小売業」（商業），「建設業」，「電気機械器具製造業」は収支がプラスマイナスゼロもしくは

表 10-2　鹿児島県の産業別域外収支実額（2011 年）

(単位：億円)

	移輸出	移輸入	純移輸出
飲食料品	7,210.3	−3,911.5	3,298.8
電子部品	2,668.5	−280.0	2,388.5
窯業・土石製品	1,238.9	−377.9	861.1
運輸・郵便	2,576.7	−1,894.2	682.5
漁業	709.6	−92.1	617.5
電力・ガス・熱供給	314.1	−42.2	271.9
生産用機械	580.9	−510.0	70.9
林業	59.1	−19.8	39.3
対個人サービス	1,623.2	−1,586.6	36.5
鉱業	324.2	−289.3	34.9
不動産	1.1	−0.1	1.0
水道	0.5	−0.0	0.4
廃棄物処理	0.2	−0.0	0.1
建設	0.0	0.0	0.0
公務	0.0	0.0	0.0
事務用品	0.0	0.0	0.0
分類不明	0.0	0.0	0.0
医療・福祉	0.0	−0.2	−0.1
その他の非営利団体サービス	1.2	−1.8	−0.6
電気機械	824.5	−912.4	−87.9
教育・研究	4.0	−172.9	−168.8
金融・保険	42.4	−234.2	−191.8
農業	1,477.2	−1,680.1	−202.8
非鉄金属	161.4	−385.5	−224.1
パルプ・紙・木製品	513.8	−868.1	−354.3
金属製品	208.1	−591.3	−383.2
鉄鋼	12.2	−421.3	−409.1
はん用機械	31.7	−479.6	−447.8
商業	2,717.7	−3,176.4	−458.7
繊維製品	226.3	−716.8	−490.5
業務用機械	15.7	−509.4	−493.7
プラスチック・ゴム	67.6	−601.0	−533.4
その他の製造工業製品	196.4	−789.5	−593.0
情報・通信機器	32.1	−939.5	−907.4
情報通信	594.3	−1,639.8	−1,045.6
対事業所サービス	277.9	−1,675.1	−1,397.2
輸送機械	131.6	−1,848.6	−1,717.1
化学製品	108.3	−2,092.4	−1,984.0
石油・石炭製品	17.2	−2,155.8	−2,138.5
内生部門計	24,968.8	−30,895.3	−5,926.5

出所：平成 23 年鹿児島県産業連関表（39 部門）より．

表 10-3　付加価値から見た産業構造（全産業）

産業	鹿児島県 付加価値額（億円）	鹿児島県 構成比（％）	全国 構成比（％）
医療, 福祉	4,361.1	22.3	7.1
卸売業, 小売業	3,852.6	19.7	18.7
製造業	2,630.0	13.4	23.8
建設業	1,874.0	9.6	7.2
運輸業, 郵便業	996.1	5.1	5.8
宿泊業, 飲食サービス業	820.0	4.2	3.3
農林漁業	735.7	3.8	0.4
サービス業（他に分類されないもの）	725.7	3.7	5.0
金融業, 保険業	679.6	3.5	6.6
教育, 学習支援業	661.9	3.4	2.5
学術研究, 専門・技術サービス業	494.1	2.5	5.2
生活関連サービス業, 娯楽業	467.9	2.4	2.7
不動産業, 物品賃貸業	447.4	2.3	3.3
複合サービス事業	403.8	2.1	1.3
情報通信業	299.2	1.5	5.5
電気・ガス・熱供給・水道業	94.7	0.5	1.4
鉱業, 採石業, 砂利採取業	38.5	0.2	0.2
全産業（公務を除く）	19,582.1	100.0	100.0

出所：総務省・経済産業省「平成28年経済センサス」より．

赤字となっており，また「農林漁業」においても「農業」は移輸入超過となっていることから，域外収支も踏まえた比較優位産業は，「宿泊業・飲食サービス業」，「漁業」，「飲食料品製造業」，「電子部品・デバイス・電子回路製造業」，「窯業・土石製品製造業」ということになるであろう．

(4)　雇用者報酬，企業所得，賃金水準

1人当たり県民雇用者報酬，1人当たり民間企業所得，賃金水準を確認しよう．

鹿児島県における1人当たり県民雇用者報酬および1人当たり民間企業所得は，前掲表10-1のとおり，それぞれ362万円，62万円で，全国の中での順位はそれぞれ46位，13位となっている．

1人当たり県民雇用者報酬は，ここ数年の推移を見ても30位台後半から40位台と一貫して低位に甘んじている．一方，1人当たり民間企業所得は，

表10-4　付加価値から見た産業構造（製造業）

産業	鹿児島県 付加価値額（億円）	鹿児島県 構成比（％）	全国 構成比（％）
食料品製造業	1,808.1	25.5	9.5
電子部品・デバイス・電子回路製造業	1,147.0	16.2	5.7
飲料・たばこ・飼料製造業	1,134.7	16.0	3.2
窯業・土石製品製造業	832.6	11.8	3.2
電気機械器具製造業	724.0	10.2	5.9
生産用機械器具製造業	280.1	4.0	6.6
金属製品製造業	218.8	3.1	5.7
パルプ・紙・紙加工品製造業	131.6	1.9	2.3
印刷・同関連業	107.5	1.5	2.4
化学工業	98.3	1.4	10.9
輸送用機械器具製造業	83.8	1.2	18.1
木材・木製品製造業（家具を除く）	76.4	1.1	0.9
その他の製造業	76.2	1.1	1.6
繊維工業	72.6	1.0	1.6
プラスチック製品製造業（別掲を除く）	72.6	1.0	4.4
非鉄金属製造業	66.6	0.9	2.1
家具・装備品製造業	36.0	0.5	0.7
業務用機械器具製造業	24.3	0.3	2.9
石油製品・石炭製品製造業	20.8	0.3	0.8
はん用機械器具製造業	18.9	0.3	4.0
鉄鋼業	11.0	0.2	3.8
ゴム製品製造業	2.9	0.0	1.4
なめし革・同製品・毛皮製造業	X	X	0.1
情報通信機械器具製造業	X	X	2.4
製造業計	7,084.2	100.0	100.0

出所：総務省・経済産業省「平成28年経済センサス」より．

2015年度は13位と，比較的上位に位置している．川内原子力発電所が運転停止していた2013年度および14年度を除くと，1人当たり民間企業所得は概ね10位台前半～後半で推移している．1人当たり県民雇用者報酬および1人当たり民間企業所得については今後の動向を注視する必要があるものの，いずれにしても民間企業所得を引き上げていくとともに雇用者への分配をさらに持続的に大きくしていくことが，鹿児島経済にとって極めて重要な課題であることは，論を待たないであろう．

表10-5により産業別の1人当たり雇用者報酬を見てみると，鹿児島県全産

表 10-5　産業別の1人当たり雇用者報酬（全産業）

産業分類	1人当たり雇用者報酬（万円）			鹿児島県の雇用者シェア（%）
	鹿児島県	全国	差分	
農林水産業	161.1	172.3	-11.2	2.8
鉱業	438.4	440.4	-2.0	0.1
製造業	320.1	437.1	-117.0	12.6
建設業	355.4	444.0	-88.6	8.4
電気・ガス・水道	677.2	646.1	31.1	0.6
卸売・小売	379.9	418.2	-38.3	18.1
金融・保険業	521.5	591.2	-69.7	2.5
不動産業	320.9	459.1	-138.2	1.2
運輸・通信業	335.6	430.5	-94.9	6.6
サービス業	338.1	413.9	-75.8	41.0
公務	646.5	671.1	-24.6	6.0
平均	364.8	438.8	-74.0	-

出所：経済産業省「鹿児島県の地域経済分析」より．

業の1人当たり雇用者報酬の平均額は365万円で，全国平均439万円よりも74万円も低い水準に留まっている．特に雇用者シェアの高いサービス業や製造業において全国との差がそれぞれマイナス76万円，117万円となっており，全体の雇用者報酬を大きく押し下げている．また，製造業の中では表10-6により，食料品製造業の従業者シェアが高い一方，現金給与水準は他産業と比較して最低位に近い水準に位置しているため，製造業全体の賃金水準の低迷につながっている．

(5) 小括

以上，鹿児島県における経済・産業構造の特質を概観してきた．

要約すると，1人当たり県内総生産，1人当たり県民所得はいずれも40位台で，全国的に見ても最低位に近かった．域外収支は大幅な移輸入超過となっており，現状では県外から稼ぐ分よりも漏出してしまっている分の方が圧倒的に大きかった．付加価値および域外収支の観点から，他県と比較した場合の比較優位産業は，「宿泊業・飲食サービス業」（対個人サービス業），「漁業」，「飲食料品製造業」，「電子部品・デバイス・電子回路製造業」，「窯業・土石製品製造業」等であった．そして，1人当たり民間企業所得は比較的上位に位置して

表10-6 産業別の1人当たり現金給与総額（製造業）

産業分類	1人当たり現金給与総額（万円）			鹿児島県の従業者シェア（％）
	鹿児島県	全国	差分	
食料品製造業	239.6	277.6	-37.9	36.4
飲料・たばこ・飼料製造業	330.6	410.1	-79.5	7.7
繊維工業	192.8	265.8	-73.0	3.3
木材・木製品製造業（家具を除く）	262.5	329.8	-67.3	1.7
家具・装備品製造業	281.1	358.9	-77.8	0.7
パルプ・紙・紙加工品製造業	482.8	406.5	76.4	1.1
印刷・同関連業	323.8	398.3	-74.5	2.4
化学工業	374.2	553.6	-179.4	0.6
石油製品・石炭製品製造業	401.6	739.1	-337.5	0.2
プラスチック製品製造業	301.0	388.6	-87.6	1.3
窯業・土石製品製造業	377.2	425.0	-47.9	9.5
鉄鋼業	356.5	549.9	-193.4	0.2
非鉄金属製造業	485.9	509.2	-23.3	0.8
金属製品製造業	333.2	400.5	-67.2	3.7
はん用機械器具製造業	359.1	520.1	-161.1	0.6
生産用機械器具製造業	417.3	482.5	-65.2	4.5
業務用機械器具製造業	320.3	475.7	-155.4	0.4
電子部品・デバイス・電子回路製造業	471.5	503.2	-31.7	18.1
電気機械器具製造業	311.1	473.8	-162.7	3.4
情報通信機械器具製造業	375.2	547.9	-172.7	0.9
輸送用機械器具製造業	410.1	554.2	-144.2	0.9
その他の製造業	298.7	370.7	-72.0	1.8
平　均	328.1	436.5	-108.4	-

出所：経済産業省「鹿児島県の地域経済分析」より.

いる一方，1人当たり県民雇用者報酬は40位台と低迷していた．賃金水準も，製造業やサービス業が低く，製造業の中では，就業者シェアの最も高い食料品製造業の賃金水準が極めて低く，そのことが製造業全体の水準を押し下げていた．

　さきにも記したように，雇用者への分配分は付加価値に含まれ，付加価値を合計したものが県内総生産となること，また，同じく雇用者への分配分は県民所得に含まれるものであることから，雇用者報酬や賃金水準が低いことは，県内総生産や県民所得が低いことと表裏一体の関係をなしていると言える．

　また，域外収支が大幅移輸入超過となっていることは，県外から稼ぐ分より

表 10-7 農林水産業および飲食

都道府県	農林水産業					
	産出額 (a) (億円)	(順位)	県内総生産 (b) (億円)	(順位)	付加価値率 (b)/(a)×100 (％)	(順位)
北海道	16,213.5	1	8,237.5	1	50.8	7
青森県	3,870.5	7	2,053.5	5	53.1	5
岩手県	3,453.9	9	1,611.9	9	46.7	15
宮城県	2,731.9	16	1,247.6	17	45.7	21
秋田県	2,099.7	24	948.5	23	45.2	25
山形県	2,574.1	18	1,365.3	15	53.0	6
福島県	2,364.4	19	1,074.5	19	45.4	24
茨城県	5,029.4	3	2,703.5	2	53.8	4
栃木県	2,963.2	13	1,426.7	10	48.1	11
群馬県	2,693.8	17	1,146.1	18	42.5	42
埼玉県	2,126.8	22	1,014.0	21	47.7	12
千葉県	4,915.6	4	2,113.0	4	43.0	40
東京都	788.5	42	466.5	37	59.2	2
神奈川県	1,080.4	35	475.2	36	44.0	33
新潟県	3,192.5	12	1,402.5	13	43.9	34
富山県	876.7	40	438.7	39	50.0	8
石川県	767.5	43	317.0	44	41.3	44
福井県	567.4	45	274.5	45	48.4	10
山梨県	920.0	39	550.7	34	59.9	1
長野県	3,230.3	10	1,423.4	12	44.1	32
岐阜県	1,406.6	30	607.0	31	43.1	39
静岡県	3,211.0	11	1,425.2	11	44.4	30
愛知県	3,658.4	8	1,689.1	8	46.2	18
三重県	1,876.5	25	835.4	26	44.5	27
滋賀県	732.6	44	337.8	43	46.1	19
京都府	844.7	41	375.6	42	44.5	29
大阪府	436.8	47	194.3	47	44.5	28
兵庫県	2,247.3	21	1,033.1	20	46.0	20
奈良県	481.1	46	209.2	46	43.5	37
和歌山県	1,294.9	32	745.7	28	57.6	3
鳥取県	992.0	36	440.3	38	44.4	31
島根県	949.1	38	406.0	40	42.8	41
岡山県	1,630.4	29	709.6	30	43.5	36
広島県	1,632.8	28	709.9	29	43.5	38
山口県	952.5	37	403.0	41	42.3	43
徳島県	1,378.2	31	605.2	32	43.9	35
香川県	1,202.1	33	538.1	35	44.8	26
愛媛県	2,347.5	20	941.3	24	40.1	46
高知県	1,873.2	26	874.4	25	46.7	14
福岡県	2,742.1	15	1,365.5	14	49.8	9
佐賀県	1,750.0	27	809.8	27	46.3	17
長崎県	2,755.2	14	1,257.6	16	45.6	22
熊本県	4,157.3	6	1,971.3	6	47.4	13
大分県	2,111.3	23	962.4	22	45.6	23
宮崎県	4,357.5	5	1,758.9	7	40.4	45
鹿児島県	6,149.3	2	2,458.5	3	40.0	47
沖縄県	1,190.5	34	551.3	33	46.3	16
全県計	116,820.7		54,505.8		46.7	

出所：内閣府「県民経済計算」平成 27 年度版より．

料品製造業の付加価値率

		飲食料品製造業			
産出額 (c) (億円)	(順位)	県内総生産 (d) (億円)	(順位)	付加価値率 (d)/(c)×100 (％)	(順位)
24,380.5	1	7,209.6	9	29.6	45
4,472.6	24	1,135.9	35	25.4	46
3,714.8	31	1,165.8	33	31.4	43
7,391.8	17	2,767.1	19	37.4	31
1,264.5	43	491.5	43	38.9	24
3,411.4	33	1,143.6	34	33.5	40
4,071.6	27	1,905.3	22	46.8	8
19,580.1	4	7,522.0	8	38.4	25
16,301.3	9	10,862.1	2	66.6	1
11,309.3	14	4,409.1	14	39.0	23
19,490.0	5	6,984.5	11	35.8	33
18,493.3	8	6,803.6	12	36.8	32
14,620.4	13	7,883.6	6	53.9	3
18,860.8	6	7,901.5	5	41.9	16
8,116.1	16	3,684.2	15	45.4	10
2,133.8	40	736.3	42	34.5	36
1,962.9	42	796.0	40	40.6	20
671.6	47	297.4	47	44.3	12
3,480.7	32	1,528.7	26	43.9	13
7,048.5	18	2,887.2	17	41.0	17
4,419.1	25	1,429.4	29	32.3	42
23,460.1	2	11,473.1	1	48.9	5
20,637.2	3	8,059.2	4	39.1	22
5,935.7	21	1,979.5	21	33.3	41
4,284.0	26	1,627.6	24	38.0	28
14,746.4	12	9,643.2	3	65.4	2
15,407.4	11	7,197.1	10	46.7	9
18,594.9	7	6,655.8	13	35.8	34
2,256.7	39	978.2	39	43.3	14
2,264.4	38	1,013.6	37	44.8	11
1,250.2	44	380.0	44	30.4	44
883.8	46	357.3	46	40.4	21
7,047.7	19	3,042.6	16	43.2	15
6,421.7	20	2,608.3	20	40.6	19
3,112.4	34	1,268.7	32	40.8	18
1,988.0	41	756.9	41	38.1	26
3,961.6	28	1,347.6	31	34.0	38
3,882.2	29	1,468.9	27	37.8	29
965.5	45	367.6	45	38.1	27
15,807.2	10	7,672.0	7	48.5	6
3,851.7	30	1,450.5	28	37.7	30
2,910.8	35	986.3	38	33.9	39
4,519.5	23	1,608.4	25	35.6	35
2,602.4	36	1,396.1	30	53.6	4
4,800.3	22	1,654.3	23	34.5	37
11,297.9	15	2,818.9	18	25.0	47
2,283.4	37	1,076.3	36	47.1	7
380,368.1		158,432.4		41.7	

も県外に流出していく分がはるかに大きいということを意味しているわけであるから，この状況ではマクロ的には，雇用者への分配分を飛躍的に増やすことも，また企業利益を十分に確保することも困難だと言わざるを得ず，したがって，付加価値（県内総生産）も県民所得も低迷せざるを得ないということも，容易に想像がつく．

このように，経済のパイ（県内総生産，県民所得），域外収支（大幅移輸入超過），分配所得（雇用者報酬，企業所得，賃金水準等）はそれぞれ密接にかかわりつつ，現状の鹿児島経済を形作っているといえる．

次節では，この3つの要素について，さらに深く掘り下げて考察していくこととしたい．

3．鹿児島県経済・産業の構造問題

（1）　低い付加価値（率）

鹿児島県の経済をマクロから見て，県民1人当たり付加価値（1人当たり県内総生産）が低いということは前節で指摘したとおりである．それは，県内の多くの個別産業においても付加価値率が低く，自社や自産業の取り分を十分に確保することができていないということを意味する．ここでは，鹿児島県の基幹産業である農林漁業と飲食料品製造業を例に，そのことを明らかにする．

表10-7は，農林水産業および飲食料品製造業の付加価値率を示したものである．これによると，鹿児島県の農林水産業は，産出額は6,149億円で北海道に次いで全国第2位，付加価値額（農林水産業の県内総生産額）は2,459億円で全国第3位となっており，全国でも最上位に位置していることがわかる．ところが，付加価値率は40％で全国第47位と最下位に転落してしまう．

同様の状況は飲食料品製造業にも見られる．鹿児島県の飲食料品製造業は，産出額は1兆1,298億円で全国第15位，付加価値額（飲食料品製造業の県内総生産額）は2,819億円で全国第18位である．産出額については，関東7都県（茨城，埼玉，神奈川，千葉，栃木，東京，群馬），東海2県（静岡，愛知），近畿2府1県（兵庫，大阪，京都），それに福岡といった大消費地を擁している都府県を除くと，北海道に次いで第2位となる[2]．ところが，飲食料

品製造業の付加価値率は25％で全国第47位となっており，鹿児島県の基幹産業である農林水産業と飲食料品製造業の付加価値率は，いずれも全国最低位に沈んでいるのである．

このように付加価値率が最低位に留まっている要因が何なのかを探るべく，飲食料品製造業について，さらに細かい産業分類を見ていくこととする．

表10-8は，鹿児島県の飲食料品製造業を細分類別に示したものである．これによると，製造品出荷額等で上位に位置している産業は，「配合飼料製造業」，「部分肉・冷凍肉製造業」，「その他の畜産食料品製造業」，「蒸留酒・混成酒製造業」，「その他の水産食料品製造業」，「製茶業」等であり，これら産業の多くが，従業者数や付加価値額でも上位を占めていることがわかる．ところが，付加価値率を見てみると，製造品出荷額等の上位8産業のうち，全国平均を上回っている産業はわずかに「その他の畜産食料品製造業」，「蒸留酒・混成酒製造業」の2産業のみである．

付加価値率とは，産出額に占める付加価値額の割合を示す指標であり，いわば産出との比較の中で自社の"取り分"がどのぐらいかを示すものである．付加価値率が高いということは，手間暇をかけ，あるいは加工を施すなどして商品の価値を上げ，自社の取り分を相対的に多くしているということであり，逆に付加価値率が低いということは，産出額に比して自社の取り分が少なく，原材料費などの中間投入額で多くが消えてしまっているということを意味する．実際，付加価値率の低い「配合飼料製造業」，「部分肉・冷凍肉製造業」，「その他の水産食料品製造業」，「製茶業」などは，加工度の低い産業であり，結果として薄利多売構造となっている．とりわけ，製造品出荷額等全体の約4割を占める「配合飼料製造業」，「部分肉・冷凍肉製造業」の上位2産業の付加価値率が低いことが，鹿児島県の飲食料品製造業全体の付加価値率が全国最下位に沈んでいる大きな要因となっている[3]．

このように見てくると，鹿児島県の飲食料品製造業において付加価値率が低いのは，原材料費などの中間投入が相対的に大きく，また加工度や手間暇度が相対的に小さいため，十分な付加価値額を上げられていないからだということがわかる．

これまで鹿児島県は，日本の重要な食料基地の1つとして，良質な農水畜

表 10-8 鹿児島県の飲

産業分類		事業所数	製造品出荷額等（万円）	（順位）
畜産食料品製造業	部分肉・冷凍肉製造業	32	21,420,528	2
	その他の畜産食料品製造業	69	12,999,254	3
	肉加工品製造業	11	845,165	20
	計	112	35,264,947	
水産食料品製造業	その他の水産食料品製造業	123	4,921,621	5
	冷凍水産食品製造業	13	1,080,471	15
	水産練製品製造業	38	979,403	16
	塩干・塩蔵品製造業	29	386,950	26
	冷凍水産物製造業	3	156,892	33
	海藻加工業	3	107,114	34
	水産缶詰・瓶詰製造業	3	19,083	37
	計	212	7,651,534	
野菜缶詰・果実缶詰・農産保存食料品製造業	野菜漬物製造業（缶詰，瓶詰，つぼ詰を除く）	25	826,363	21
	野菜缶詰・果実缶詰・農産保存食料品製造業(野菜漬物を除く)	25	810,827	22
	計	50	1,637,190	
調味料製造業	その他の調味料製造業	12	764,070	23
	食酢製造業	11	225,105	28
	しょう油・食用アミノ酸製造業	17	224,109	29
	味そ製造業	11	33,281	36
	計	51	1,246,565	
糖類製造業	砂糖製造業（砂糖精製業を除く）	21	878,073	19
	砂糖精製業	5	163,109	32
	計	26	1,041,182	
精穀・製粉業	精米・精麦業	8	1,218,696	14
	計	8	1,218,696	
パン・菓子製造業	パン製造業	24	1,393,579	12
	その他のパン・菓子製造業	22	1,330,685	13
	生菓子製造業	31	973,536	17
	ビスケット類・干菓子製造業	6	44,844	35
	計	83	3,742,644	
動植物油脂製造業	動植物油脂製造業（食用油脂加工業を除く）	12	1,435,666	10
	計	12	1,435,666	
その他の食料品製造業	冷凍調理食品製造業	27	4,109,151	7
	すし・弁当・調理パン製造業	21	2,605,939	8
	でんぷん製造業	19	1,615,321	9
	他に分類されない食料品製造業	44	952,016	18
	そう（惣）菜製造業	11	586,777	25
	めん類製造業	18	354,156	27
	豆腐・油揚製造業	31	200,244	30
	計	171	10,423,604	
清涼飲料製造業	清涼飲料製造業	20	1,426,672	11
	計	20	1,426,672	
酒類製造業	蒸留酒・混成酒製造業	109	11,474,066	4
	計	109	11,474,066	
茶・コーヒー製造業	製茶業	170	4,382,366	6
	計	170	4,382,366	
飼料・有機質肥料製造業	配合飼料製造業	20	21,713,797	1
	単体飼料製造業	8	658,378	24
	有機質肥料製造業	21	176,464	31
	計	49	22,548,639	
	合計	1,073	103,493,771	

出所：経済産業省「平成26年工業統計表」産業細分類別統計表より．

食料品製造業（2014年）

従業者数(人)	(順位)	付加価値額(万円)	(順位)	付加価値率(％)	付加価値率全国(％)	備考
3,874	2	2,600,736	3	12.1	16.5	加工卵製造業，食鳥処理加工業など
5,098	1	3,185,851	2	24.5	23.6	
605	15	327,128	20	38.7	28.6	
9,577		6,113,715		17.3	24.7	
2,129	4	1,021,309	5	20.8	30.0	鰹節製造業など
488	18	239,658	22	22.2	23.3	
816	12	508,872	15	52.0	42.1	
537	17	32,094	32	8.3	25.2	
50	35	41,966	31	26.7	22.1	
33	37	20,161	35	18.8	35.6	
37	36	6,977	37	36.6	27.5	
4,090		1,871,037		24.5	29.4	
804	13	346,600	18	41.9	37.8	
629	14	330,879	19	40.8	29.7	
1,433		677,479		41.4	33.5	
418	20	291,687	21	38.2	42.5	
170	29	125,074	27	55.6	42.7	
218	27	93,086	29	41.5	44.8	
84	31	19,311	36	58.0	46.8	
890		529,158		42.4	41.6	
444	19	411,211	17	46.8	26.5	
54	34	30,112	33	18.5	32.4	
498		441,323		42.4	27.4	
167	30	150,024	24	12.3	14.4	
167		150,024		12.3	15.8	
900	9	682,472	10	49.0	47.8	
578	16	641,694	12	48.2	44.6	
890	10	547,041	13	56.2	49.6	和洋生菓子製造業など
84	32	26,516	34	59.1	52.0	
2,452		1,897,723		50.7	47.9	
323	23	411,501	16	28.7	18.7	牛脂・豚脂製造業，ごま油製造業など
323		411,501		28.7	22.8	
1,791	6	993,438	6	24.2	31.5	
1,959	5	644,373	11	24.7	39.2	
301	25	721,666	9	44.7	30.3	
967	8	531,152	14	55.8	38.5	
261	26	195,388	23	33.3	34.8	
347	21	148,828	25	42.0	35.9	
303	24	116,478	28	58.2	44.7	
5,929		3,351,323		32.2	36.7	
340	22	774,701	8	54.3	35.8	
340		774,701		54.3	35.8	
2,400	3	4,597,361	1	40.1	32.1	
2,400		4,597,361		40.1	30.6	
1,615	7	971,979	7	22.2	28.4	
1,615		971,979		22.2	23.8	
850	11	1,442,126	4	6.6	13.0	
84	33	144,962	26	22.0	28.1	
178	28	64,752	30	36.7	44.7	
1,112		1,651,840		7.3	15.5	
30,826		23,439,164		22.6	32.1	

産物やその加工品を供給し続け，日本の経済社会に貢献してきた．しかし，そのような経済・産業構造は，基本的には加工度の低い素材・原材料供給型であり，それ自体が低付加価値（率）構造を内包するものだったのである．しかも，そのような構造は，B to B 取引を中心とするものであることから，生産者と最終消費者との接点は希薄になりがちであり，消費者ニーズを生産者が的確に捉えることは困難とならざるを得ない．また，消費者も当該生産物と生産地（鹿児島県）との関係性を意識する機会はさほど持てないであろう．

鹿児島県は伝統的に商品の PR やプロモーションが下手と言われる．また，「良いものを作っていれば商品は自ずと売れる」といったプロダクトアウト的な思考の強い生産者も少なからずいるように思われる．鹿児島県におけるこのような特徴は，素材・原材料供給型の産業構造の中で形成されてきたと考えるべきであり，これからも素材・原材料供給型産業構造が中核であり続ける限り，生産者の消費者ニーズ把握力やマーケティング力の向上，ひいては低付加価値構造からの脱却は困難であると言わざるを得ない．

鹿児島県も食品関連産業の重要性については認識しており，近年では「かごしまの食と雇用をもりあげるプロジェクト」や「新かごしま『"食"と"職"』の魅力向上・加速化プロジェクト」など，様々な付加価値向上策に取り組んでいるものの，まだまだ十分とはいえない[4]．その根底には鹿児島県の経済・産業における構造問題が横たわっていることを理解する必要がある．

（2） 大幅な移輸入超過

鹿児島県の域外収支は，7,800億円を超える大幅な移輸入超過であった．

地域経済が持続的かつ自律的に発展していくための基本条件として，①域外への移出力強化により持続的に外貨を獲得すること，②域内資金を漏出させないよう域内の産業連関を進め域内循環の促進を図ること，が重要である[5]．この2つの条件が満たされることにより，昨年よりも今年，今年よりも来年と，地域内で持続的に再投資を行うことが可能となり，地域の雇用や所得を創出することができるからである[6]．そのためには，地域の優位性を活かした基盤産業を育て域外マネーを獲得するとともに，稼いだ外貨を域内で循環させることで域内市場産業を充実させることが肝要である．

ところが，鹿児島県では毎年度，巨額の漏出（域外収支赤字）が発生しており，このままでは，中央政府の財政的支援がなければ，地域経済は縮小再生産となり，衰退の一途をたどることとなりかねない．このような状況を改善するためには，言うまでもなく，上記の①移出力強化による外貨の獲得，②域内循環の促進による漏出防止，を強化するしかない．①は，県産品を積極的に県外や海外に販売して外貨を獲得するということであるから「地産外消」，また②は，県民が県外品ではなく県産品を消費することにより県内で資金を循環させるということであるから「地産地消」と言い換えることが可能であろう．「地産外消」と「地産地消」は対立する概念であるかのように思われがちであるが，本来は両立させることは全く可能であり，地域の持続的発展のためにはどちらも欠かすことのできないものである．

　「地産外消」（移出力の強化）に関していうならば，得意分野を伸ばすことで，域外から外貨を獲得し得る力量を整え，地域内再投資力を高めるという点において，その重要性は強調してもし過ぎることはない[7]．

　ただ，その一方で，限度を超えた地産外消は，様々な副作用を伴うということにも注意する必要がある．

　たとえば，農畜産物の過度の移輸出は，地元で十分な加工を施すことなくほぼ素材のままで供給することでブランド品にまで高めることができず，あるいは県外資本との力関係から買い叩かれ，結果として低利益に甘んじざるを得ないかもしれない．また，移輸出のために，あとさき考えずに大量に飼養し大量に生産することで，大量の畜糞尿が発生し，悪臭や環境汚染を引き起こしてしまうことも考えられる．飼料を移輸入に依存している場合には，それだけ漏出も大きなものとなってしまうであろう．さらには，移輸出を優先するあまり，地元での流通・消費がおろそかになり，結果として地産地消に反してしまうのみならず，地元の消費者の嗜好や享受能力を高めることができず，商品に対する共感も得られないといったことも十分起こり得る．

　このような移出力強化に伴う副作用ないし影の側面は，(a)本来は価値の高い商品を必要以上に廉売し商品そのものの価値を貶めたり，(b)県民の豊かさを実現するための手段であるはずの移輸出それ自体がいつの間にか目的と化して経済至上主義に陥ってしまったり，さらには，(c)無理な移輸出が地域の環

境容量をオーバーして環境汚染などの外部負経済を引き起こしてしまう，などといった事態を暗示させるものである．

さきに鹿児島県の農業が移輸入超過であることを指摘したが，そのかなりの部分は，実は畜産の飼料代によるものである．鹿児島県農業産出額の約6割は畜産が占めており，鹿児島県は文字通り畜産王国と呼ぶにふさわしいけれども，飼料代は費用全体の6～7割を占めており，しかもそのほとんど全量を輸入に依存しているという構造になっている[8]．現状の畜産はある意味において，鹿児島県のエース産業であると同時に，低い付加価値率および巨額の漏出という重荷＝経済・産業構造上の問題も背負わされているのである．

そう考えると，無理をしてでも強引に移輸出を推進すればよいということではなく，「環境容量の範囲内での持続可能な地産外消によって外貨を獲得する」ということ，および「安心安全な地産地消によって自分達の生活の豊かさを実現する」ということ，この2つをいかに両立させるかという視点が求められているのではないであろうか．

(3) 低い雇用者報酬および賃金水準

鹿児島県の雇用者報酬および賃金水準はいずれも低位に甘んじている状況であった．

さきにも記したように，雇用者報酬と付加価値には密接な関係があり，付加価値が低迷したままでは，雇用者報酬の大きな引き上げは困難だと言わざるを得ない．

また，個別の産業で見ても，特に食料品製造業やサービス業の賃金水準が低かったが，これらはまさに付加価値（率）が低いという課題を抱えている産業であった．中長期的なあり方としては，個々の事業者が創意工夫を凝らしたり手間暇をかけたりすることで利益を増やし，付加価値（率）を上げつつ，雇用者への分配分を着実に増やしていくという道が王道であろう．

ところで，鹿児島県においては，設備投資，研究開発，特許取得の面においても必ずしも活発な活動がなされているとは言い難い．鹿児島県では，1企業当たり設備投資額は全国第39位，1企業当たり研究開発費は全国第45位，特許数対事業所比率は全国第45位と，いずれも低位に甘んじている[9]．もち

ろん，産業構造の違いに応じて設備投資の水準等も異なってくるであろうから，この順位のみをもって直ちに鹿児島県が振るわないと断定するのは適切ではないかもしれない．ただ，それでもやはり，全国30位台後半から40位台というのは寂しい限りであり，ここからは鹿児島県の産業・企業においては，やや保守的傾向が強く，企業家精神も十分とは言えない現状の一端を垣間見ることができるであろう．

経済・経営が発展していくための原動力は，前向きな挑戦心や創造性，そして何よりも顧客ニーズを常に探究し，ニーズに合致した財・サービスを提供し続けるというマーケットイン的な思考も含めた旺盛な企業家精神である．このような企業家精神に基づく創造的破壊により，顧客ニーズは開発され，企業利益も向上し，さらには地域経済社会の発展にもつながり得る．これこそまさに"三方良し"の好循環の実現であろう．賃金水準や付加価値向上等の観点からも，さらなる企業家精神の発揮が求められる．

(4)　「循環型・地域資源重視型・付加価値創造型経済社会」という選択肢

ここまで鹿児島県経済・産業における低い付加価値（率），大幅移輸入超過，低い賃金水準といった課題について見てきた．それぞれは相互に密接にかかわっており，特に付加価値が低いことが，企業が十分な利益を出せないことや，賃金水準が低くなっていることとつながり，また移輸出に際しても県外資本に買い叩かれたり，原材料費が大きな負担となっていたりすることが分かった．

総じて，「良いものはあるのに」，「潜在的価値は大きいのに」，それらを十分に活かすことができていないという現状が浮かび上がる．各種統計資料では，鹿児島県の全国順位は軒並み30位台後半から40位台であった．もちろん，統計には表れない豊かさもあるだろうし，実際鹿児島県において，多くの県民の生活の質が豊かであることは疑いようがない．

ただ，これからは，人口減少をはじめ，少子高齢化，さらなるグローバル化やインバウンド，国の財政危機と地方の自立等々，経済社会が急激に変化していくことは避けられない．30年後，50年後を見据え，孫，子の代まで活力に満ち溢れた豊かな鹿児島経済社会を持続させていくためには，これまで見てきた鹿児島県経済・産業の"特殊性"を正視した上で，改善へ向けた努力を積み

重ねていくことが肝要であろう．
　では，何をどのように改善すればよいのであろうか．そのヒントとなり得るのが，「循環型・地域資源重視型・付加価値創造型経済社会」という選択肢である．

4．「循環型・地域資源重視型・付加価値創造型」の鹿児島経済へ向けて

(1)　「循環型・地域資源重視型・付加価値創造型」の意味するもの

　これまでに明らかになった鹿児島県の産業構造の特質について，改めて要約すると，①豊かな自然環境，豊富な農水畜産物を基盤とした上で，②加工度の低い素材や原材料を供給して外貨を獲得，③事業者の取り分（産出に対する付加価値分＝付加価値率）は相対的に少なく，低付加価値構造・低賃金構造となっており，④ B to B 主体の取引により消費者ニーズにやや疎く，またマーケティング力やプロモーション力等も十分育っておらず，⑤域外から大量の原材料を移輸入しており，域外収支は大幅赤字，⑥大量飼養大量生産により薄利多売，大量の廃棄物（畜糞尿等）が発生し，環境対策に苦慮，⑦企業家精神も十分に発揮されていない，というものであった．これまで見てきた低付加価値，域外収支大幅赤字，低賃金水準などの問題も，上述のような産業構造の中に構造的に埋め込まれ，切っても切り離せない関係にあった．

　鹿児島県におけるこのような産業構造を抜本的に変革し，多様な潜在的魅力や潜在的資源を活かし，未来へ向けて持続可能な発展を推進してくためには，(a)「素材供給型・低付加価値型」から「付加価値創造型・消費者ニーズ探究型」へ，(b)「原材料域外調達型」から「地域資源重視型」へ，(c)「大量生産大量廃棄型」から「循環型」へと産業構造の転換を図っていくことが不可欠である．

(a)「素材供給型・低付加価値型」から「付加価値創造型・消費者ニーズ探究型」へ
　素材や原材料はすべての財・サービスの起点であり，なくてはならないものであることは言うまでもない．ただ，素材・原材料供給型が産業の中心となっ

てしまうと，必然的に低付加価値型の産業構造となり，価格変動も不安定なものとならざるを得ない．それゆえ，素材・原材料のニーズや意義を踏まえつつも，各産業・企業が加工度を高めたり，創意工夫を凝らしたりして付加価値向上の努力を重ねることにより，素材・原材料中心の産業構造から脱却を図っていくことが模索されるべきである．

また，素材・原材料供給型の産業構造だと，どうしても B to B が中心となり，消費者のニーズや反応に疎くなりがちとなってしまうことから，できるだけ B to C や 6 次産業化を推し進めることで，最終消費者に接近し，消費者ニーズに的確に対応していくことが肝要である．

これが，「付加価値創造型・消費者ニーズ探究型」産業構造の目指すところのものである．

(b)「原材料域外調達型」から「地域資源重視型」へ

現状における鹿児島経済は大幅移輸入超過であり，すべてを自給自足することなど不可能である以上，これにはやむを得ない面もある．ただ，大幅赤字の状況をすべての事業者や県民が理解し，改善するための地道な努力は傾けるべきではないであろうか[10]．

たとえば，畜産飼料の原材料はほぼ全量を海外からの輸入に依存しているが，その一部だけでも耕作放棄地を活用して県内供給に代替したり，あるいは鹿児島県は飲食料品製造業が盛んであるので，エコフィード[11]をさらに活用したりといったことも考えられよう．また，域外収支の大幅赤字を改善していくためには，事業者間のさらなる連携・連関も欠かせないであろう．そしてこのような取り組みを推進していくに際しては，事業者はもちろんのこと，県民や消費者の幅広い理解・共感が不可欠であり，そのための啓発等も推進していく必要がある．

地域で活用できる資源は積極的に活用し，できるだけ資金を域外に流出させないような仕組みを試行錯誤を重ねながら構築していくことが肝要であり，これが「地域資源重視型」産業構造の基本的な考え方である．

(c)「大量生産大量廃棄型」から「循環型」へ

　現状では，たとえば畜産においては大量の飼料を海外から輸入して多頭数の牛豚を飼養し，大量の畜糞尿を発生・処理している．その結果，悪臭や土壌・河川の汚染等，環境に多くの負荷をかけるとともに，本来は有機肥料として活用可能なはずの畜糞尿はごく一部しか活用されず，大部分は産業廃棄物として廃棄されている．鹿児島県の畜産は全国有数の産出を誇っており，県経済に多大の貢献をなしているが，効率的経営や生産性の上昇を追い求めた結果，資金循環や資源循環の観点からは逆に無理や無駄が多く，持続可能な構造とは言えなくなってしまっているのではないであろうか．

　飼料原材料を輸入するにしても，それが県経済全体から見てどのような意味を持ち，またどのような影響をもたらすのか，過度の大量飼養大量生産体制は地域の環境容量を超えていないか，そしてその結果としてもたらされる畜糞尿が環境に悪影響を及ぼさず適切に処理・再利用されるためにはどうすればよいのか，等のことまで私達は総合的に思いを巡らせる必要があるのではないであろうか．私達は孫，子の代までこの素晴らしい地域環境・地球環境を保全していく責務を有しているのであり，そのためにも限りある資源を有効活用し，循環型経済社会を構築していくことが求められているのである．

(2)「循環型・地域資源重視型・付加価値創造型」の鹿児島経済へ向けて

　では，「循環型・地域資源重視型・付加価値創造型」の経済・産業構造への転換に向けて，具体的にどのようなことが求められるのであろうか．

　まずは第一に，私達県民が地域固有の資源や魅力，そして強みを認識することが重要である．自然環境にしても農水畜産物にしても，畜糞尿にしても，あまりにもゴロゴロと身近に豊富に存在しているので，私達はその貴重さやありがたみを十分認識できていない部分もあるのではないであろうか．これからの地方創生・地域の自立の時代においては，地元の何気ない資源を"宝"として認識し，それを活かすための力量が問われることになる．そしてそのためには，従来型の大量生産大量廃棄型の価値観から脱却し，また地域固有の資源・歴史・文化の重要性や価値を理解すべく，幼いうちから循環型経済社会の意義と必要性を地域教育とかかわらせつつ身近な問題として認識させ，循環型システ

ムに基づいた地域経済持続の必要性を徹底的に啓発していくことが重要である．

市民，行政，企業，各種団体，NPO，学校等々，様々な主体による自立した地域の取り組みや努力は，地域への愛着や誇りを醸成し，そしてそれが地域独自の創造性や文化性の源泉となり，新たな地域の"宝"を生み出す[12]．多様性の価値の認識は，相手を思いやる心，人材を育むことにもつながり得る．そのような好循環が地域の付加価値を創出し，「循環型・地域資源重視型・付加価値創造型」の経済社会を構築していくための第一歩となるであろう．

第二に，「循環型・地域資源重視型・付加価値創造型」経済社会の構築へ向けた具体的な実践である．たとえば，これまで見てきたように，鹿児島県は豊かな自然環境，歴史・文化，観光スポット等に恵まれていると同時に，農水畜産業や飲食料品製造業が盛んで，さらに宿泊業や飲食サービス業等も比較優位産業となっていることから，観光産業と「食」関連産業のさらなる連携・融合を図っていくことが，これからの鹿児島県の持続的発展の1つのカギになるものと思われる[13]．

その際に，「資金の循環」と「資源の循環」を意識しつつ，環境負荷が少なく，県外漏出が少なく，川上（農水畜産業）から中流（飲食料品製造業）を経て川下（宿泊業・飲食サービス業）に至るまでの域内連携・連関により，「顔の見える」食循環・連関を構築し，地域全体で付加価値を創造・向上させていくことが重要である．飲食料品生産における「顔の見える」食循環・連関は，それ自体が消費者や享受者の信頼・共感を呼び起こし，ブランド価値足り得る．各事業者の単位は小さく，連携・連関なしでは到底県外の大手資本に対抗することは困難であるが，スモールビジネスが連携・連関することで，ブランド価値を創出し，地域全体で付加価値を向上させることが可能となるのである[14]．もちろん，観光客に総合的に満足してもらいリピーターになってもらうためには，「食」関連だけでなく，魅力的な観光コンテンツの整備・充実も欠かせない課題であろう[15]．

また，鹿児島県における畜産の重要性と課題を踏まえた場合，バイオマスエネルギーの活用・普及が極めて有望である．畜産系バイオマスエネルギーは，畜糞尿を発酵させてバイオガスを生成し，それを電力，熱，ガスなどのエネルギーに転換する仕組みである．環境（悪臭，土壌汚染，地球温暖化等），エネ

ルギー生産，畜産の生産効率化の面のみならず，エネルギーの移出や域内循環など地域経済活性化の側面や，資源の有効活用（堆肥や液肥の活用）といった観点からも有意義であり，「循環型・地域資源重視型・付加価値創造型」の経済社会構想とも整合的である．鹿児島県の基幹産業の1つである飲食料品製造業をはじめとした「食」関連産業と連携しつつ，焼酎かすや食品残さ等の原材料も受入処理することで，畜糞尿のみの場合よりもガス発生効率を上昇させるとともに循環型の経済社会を構築することができ，まさに鹿児島県にとってはうってつけの事業であると言える[16]．

　畜産系バイオマス事業は，多様かつ多層的な主体が連携しつつ推進していく必要があるため，そのための体制づくりや技術面での準備等に多大な時間と労力を要するかもしれない．しかし，多様な主体がかかわるからこそ，域内への波及効果や循環効果は大きくなるのであり，域外黒字や付加価値を創出して地域に所得や雇用を生み出し，農・畜・エネルギー・環境・「食」関連による産業間連携をも可能にするのである．その恩恵は特定の事業者のみに留まらず，地域全体に波及する極めて公共性の高い事業であると言える[17]．

　畜産系バイオマス事業は，すでに欧州では広く実施されており，また日本でも特に北海道において積極的に推進されている．鹿児島県は日本でも有数の畜産王国であるけれども，残念ながら現時点（2018年3月末現在）での稼働事例はない．付加価値創造，域外収支の改善，豊富な原材料（畜糞尿や食品残さ等）等々，条件はそろっていることから，今後の展開が期待されるところである．

　そして第三に，鹿児島県における既存の比較優位産業や付加価値率の高い産業をさらに伸ばし，また連携を深めることでブランド力を高め，付加価値向上を図っていくことが肝要である．たとえば，飲食料品製造業において，「蒸留酒・混成酒製造業」（焼酎等），「でんぷん製造業」，「肉加工品製造業」，「水産練製品製造業」，「食酢製造業」（黒酢等），「動植物油脂製造業」（ごま油等），「清涼飲料製造業」等の各産業は，相対的に付加価値率の高い，「稼げる」産業であった．これらを鹿児島県の強みや売りにしてさらに伸ばすとともに，これら各産業同士の連携・融合，さらには柑橘類，芋類，そらまめ，マンゴー，びわ，茶等々，鹿児島ならではの食材を組み合わせて化学反応を起こし，「これ

ぞ鹿児島！」といった逸品を生み出すことも決して不可能ではないように思われる．要は，「かごしま」の価値をいかに商品に付与して付加価値を高めていくかということであり，創造性やチャレンジ精神旺盛な企業家が自由に活動・連携しやすい環境を整えていくとともに，技術面・資金面・情報面等での産学官金連携等による持続的支援体制の構築が重要である．

その他にも，行政によるメリハリのきいた政策的・財政的支援の必要性や，一次産業を中心とした担い手・後継者育成の問題，さらには地域の人口を維持し，地域経営の担い手を確保する観点から，「循環型・地域資源重視型・付加価値創造型」地域づくりに対する共感と意欲ある人材の誘致政策等々，クリアすべき課題は山積している[18]．

地方創生とは，地域の各主体が地域を持続的に未来に繋げていくために，本気で地域のことを考え，自立（自律）的・主体的に地域経営を行っていくための持続的な取り組みのことである．地域のすべての主体が危機意識を共有し，持続可能な発展のためのグランドデザインを構築し，これらの課題を1つずつ地道に根気よくクリアしていくことが重要であり，そのプロセスの中で，地域の持続可能性も育まれていくのである．

5．おわりに

以上，鹿児島県における経済・産業構造の課題と今後のあり方について論じてきた．

現状でも鹿児島県は十分に魅力的であるけれども，その魅力を保持ないし活用しつつ，経済・産業面での諸課題を克服していくことにより，さらに魅力は増し，未来へ向けて持続可能な発展が可能になるということ，そして，そのための産業構造のあり方として「循環型・地域資源重視型・付加価値創造型」への転換の必要性について提起した．

現代は，人口減少，少子高齢化，グローバリゼーション，福祉国家の黄昏，国際情勢の変化等々，時代の大転換期に差しかかっており，旧来型のシステムや価値観は根底からの改革や転換を余儀なくされている．京都大学と日立製作所の共同研究成果でも，これからの8〜10年間が日本社会の持続可能性を占

う上で，重要な分岐の時だとされている[19]．各人や各地域の努力や創意工夫，行動が今ほど切実に求められている時はないのである．

このような激動の時代状況の中にあって，かつて先人達が明治維新を成し遂げて新しい時代を切り拓いたように，現代の鹿児島県においても，県民をはじめすべての関係主体が，まさにそのような爆発的パワーを再び発揮し，地域資源や環境を尊重しつつ，真に豊かで持続可能な経済社会を構築すべく，今こそ世界に誇る「鹿児島モデル」を構築すべきときなのではないであろうか．

地域の個性と努力が花開く時代に，いつまでも温かで，ダイナミックで，世界中から敬愛されてやまない鹿児島であり続けることを，期待している．

※本稿は，菊地裕幸（2018a）に加筆修正を加えるとともに，図表・データ等の更新を行ったものである．なお，菊地裕幸（2018a）は，平成29年度鹿児島国際大学附置地域総合研究所共同研究プロジェクトの研究助成を受けて行われたものであり，関係各位には心より御礼申し上げたい．

注
1) 農林水産省（2018）参照．なお，内閣府（2018）でも農業産出額は全国第2位となっている．
2) 鹿児島県では飲食料品製造業以外の製造業が相対的に弱いということもあり，製造業に占める飲食料品製造業の割合は57.9％と5割を超えており（製造品出荷額ベース），この数字はダントツ全国第1位である．総務省・経済産業省（2017）参照．
3) 同様の構図は，農業生産においても見られる．前述のとおり，内閣府（2018）によると，鹿児島県における農林水産業の産出額は全国第2位，県内総生産も全国第3位で有数の農業県である一方，付加価値率は全国最下位であった．農林水産省（2018）においても，農業産出額は5,000億円で全国第2位，生産農業所得は1,758億円で全国第4位である一方，生産農業所得率（生産農業所得額を農業産出額で除して100を乗じたもの）は35.2％で全国第45位に沈んでいる．これらはすなわち，産出額に比して自らが得る所得額は極めて低位にとどまっているということを意味している．
4) 鹿児島県（2016）および鹿児島県（2017a）参照．
5) 中村良平（2014）6ページ参照．
6) 岡田知弘（2005）139ページ参照．
7) 「地産外消」の重要性については，阪口健治（2014）208ページ参照．
8) 鹿児島県（2017b）および農林水産省生産局畜産部（2014）9ページ参照．
9) 総務省・経済産業省「平成28年経済センサス」参照．

10) 「バケツの穴をふさぐ」理論については，藤山浩編（2018）5ページ，また枝元淳子（2018）19ページ参照．
11) 「エコフィード（ecofeed）」とは，"環境にやさしい"（ecological）や"節約する"（economical）等を意味する"エコ"（eco）と"飼料"を意味する"フィード"（feed）を併せた造語．食品製造副産物（醤油粕や焼酎粕等，食品の製造過程で得られる副産物）や売れ残り（パンやお弁当等，食品としての利用がされなかったもの），調理残さ（野菜のカットくずや非可食部等，調理の際に発生するもの），農場残さ（規格外農産物等）を利用して製造された家畜用飼料．農林水産省生産局畜産部飼料課（2018）より．
12) 池上惇（2003）50ページ，また池上惇（2017）116ページ参照．
13) 菊地裕幸（2017）58ページ参照．
14) 菊地裕幸（2014）4ページ参照．
15) たとえば鹿児島県独特・固有の歴史・文化・観光スポットとして，藩政時代各地に形成された外城を活用・整備した観光や，密貿易等で栄えた坊津，阿久根，内之浦，志布志等の港町を活用・整備した観光等が挙げられる．外城，密貿易等に関しては，原口泉ほか（1999），中村明蔵（2000）などを参照．
16) 菊地裕幸（2018b）110ページ参照．
17) 再生可能エネルギーと地域経済活性化の関係については，諸富編（2015）を参照．
18) 藤山浩（2015）100ページ参照．
19) 京都大学・日立製作所（2017）参照．

参考文献
池上惇（2003）『文化と固有価値の経済学』，岩波書店
池上惇（2017）『文化資本論入門』，京都大学学術出版会
枝廣淳子（2018）『地元経済を創りなおす―分析・診断・対策』，岩波新書
岡田知弘（2005）『地域づくりの経済学入門』，自治体研究社
鹿児島県（2016）「かごしまの食と雇用をもりあげるプロジェクト」
鹿児島県（2017a）「新かごしま『"食"と"職"』の魅力向上・加速化プロジェクト」
鹿児島県（2017b）「豚についての詳しい情報」（鹿児島県HP file:///C:/Users/iuk/AppData/Local/Microsoft/Windows/INetCache/IE/288588GC/8839_20120509145323-1.pdf）
菊地裕幸（2014）「"地域密着型スモールビジネス"と創造的地域づくり」（鹿児島経済研究所『KER経済情報』5月号，第290号）
菊地裕幸（2017）「鹿児島県における『食』関連産業の課題」（鹿児島国際大学附置地域総合研究所『地域総合研究』第44巻第2号）
菊地裕幸（2018a）「鹿児島県における産業構造の特質と持続可能な発展への展望―循環型・地域資源重視型・付加価値創造型の鹿児島経済へ向けて―」（鹿児島国際大学附置地域総合研究所『地域総合研究』第45巻第2号）
菊地裕幸（2018b）「畜産系バイオマスエネルギーの可能性とその活用・普及へ向けた条件」（鹿児島国際大学附置地域総合研究所『地域総合研究』第45巻第2号）

京都大学・日立製作所（2017）「AI の活用により，持続可能な日本の未来に向けた政策を提言－国や自治体の戦略的な政策決定への活用をめざす－」
経済産業省（2015）「鹿児島県の地域経済分析」
経済産業省（2016）「平成 26 年工業統計調査」
阪口健治（2014）『ウオッチ鹿児島経済』南日本新聞開発センター
総務省・経済産業省（2017）「平成 28 年経済センサス活動調査」
内閣府（2018）「平成 27 年度県民経済計算」
中村明蔵（2000）『薩摩民衆支配の構造』，南方新社
中村良平（2014）『まちづくり構造改革』，日本加除出版．
農林水産省（2018）「平成 29 年農業産出額及び生産農業所得（都道府県別）」
農林水産省生産局畜産部（2014）「養豚農業を巡る現状と課題」
農林水産省生産局畜産部飼料課（2018）「エコフィードをめぐる情勢」
原口泉ほか（1999）『鹿児島県の歴史』，山川出版社
藤山浩（2015）『田園回帰 1％戦略－地元に人と仕事を取り戻す』，農山漁村文化協会
藤山浩編著（2018）『「循環型経済」をつくる』，農山漁村文化協会
諸富徹編（2015）『再生可能エネルギーと地域再生』，日本評論社

第11章

基地経済論
―政府の沖縄振興策は何を残したか―

前 泊 博 盛

1. はじめに

　本章では，沖縄経済の特徴とされる「基地経済」について，その特性と課題，そして基地経済からの脱却を図るさまざまな後利用計画について概観する．第2節では，苛烈な沖縄戦を経て，米軍統治下に置かれた沖縄で，いかに米軍基地が建設され，基地経済が構築されたを概観．第3節では，その後の沖縄県における基地経済の現状．第4節では基地経済の「不経済」性について，基地収入・経済効果と基地外収入・経済効果の比較，基地返還後の後利用と返還前の基地経済との比較などを通して論証を試みた．第5節では，政府による沖縄振興開発計画，沖縄振興計画の推移と「安保維持政策」「基地維持政策」とされる政府による沖縄振興開発計画，沖縄振興計画の成果と基地問題とのリンクについて触れ，基地経済が沖縄経済に与えるインパクトについて若干の考察を試みた．第6節では，基地経済の今後の展望を，基地返還後利用の課題も含めて総括する．

2. 戦後沖縄経済の変遷

　太平洋戦争における熾烈な地上戦場となった沖縄は，道路，鉄道（軽便鉄道），港湾，飛行場，学校，役場など公的インフラ，民間住宅，企業施設，田畑など，あらゆる生産基盤を壊滅的な損失を被っている．戦前には10万頭余りいた豚，山羊，数万頭の牛，馬など畜産資源も数百頭単位まで激減し，再生

産の端緒も喪失していた．戦後の沖縄経済は，喪失した社会基盤の復旧から取り組まねばならず，「ゼロからのスタート」ではなく，文字通り「マイナスからのスタート」となった．

　沖縄戦では日米両軍，住民合わせて約25万人が犠牲となった．労働力人口も20代から40代の男性の多くが戦死・戦病死し，歪な労働力人口構成となっていた．

　生き残った住民らは米軍の収容所に収容され，解放されるまでの2年弱の間に，戦前の主たる生産・生活手段であった農地の多くを米軍基地に収奪され「食（料）」と「職（業）」を奪われる悲劇に見舞われている．

◆米軍統治下の「基地」依存化

　住民は米軍基地建設に駆り出され「職」を，米軍からの補給物資，配給物資で「食料」を得る管理・統制経済下に置かれることになった．

　その後，解放された後も「米軍」に依存し，基地建設と基地経済に依存する基地依存経済の中で，米軍統治の規制と管理下で27年間，戦後を送ることになった．

　その間，日本経済は復興特需と朝鮮特需などで「所得倍増」と「アジアの奇跡」と呼ばれるほどの経済復興を遂げている．一方で，沖縄の戦後復興は大きく立ち遅れ，復帰後に体験する「本土との大きな格差」を生み出すことになる．

　米軍統治下での米軍犯罪の多発や米軍演習の被害，自治権の否定など政治，経済復興，振興の立ち遅れへの反発もあり，「基地のない平和な沖縄」「核抜き本土並み」を求め，沖縄住民は本土住民とも連動し，沖縄の施政権の日本移管を目指す「沖縄返還運動」（本土側），「祖国復帰運動」（沖縄側）が展開された．その結果，27年間の米軍統治を終え1972年5月15日に日本への施政権移管を実現している．

　返還・復帰から46年（2018年11月現在）を迎え，いま，沖縄では住民意志の政治・行政への反映を求める「自己決定権」や「独立論」の論議が高まっている．衆参の国政選挙や沖縄県知事選挙，県議会議員選挙，市町村長・議会議員選挙など，さまざまな選挙において示された「新たな米軍基地建設反対（辺野古新基地建設反対）」の沖縄住民の意志，民意が蔑ろにされる現状へのア

ンチテーゼ的な意味合いが強い．

　米軍基地問題は，沖縄の地域経済のみならず，住民の安全，安心な生活環境の維持・保持，自治権や自己決定権といった政治的課題も内包する課題として横たわっている．その問いかけの中で，いま，沖縄にとって日本は「祖国」なのか，「本土」なのか，という問い直しも始まっている．

3．復帰後の沖縄経済

　沖縄は戦後 27 年間の米軍統治を経て，1972 年 5 月に施政権の日本移管（いわゆる「本土復帰」）を実現した．施政権の日本移管後，日本政府は本土と沖縄の間に横たわる所得格差や社会インフラの格差など様々な「格差の是正」を柱に据え，沖縄経済の自立的発展を図るための「経済自立のための基礎条件の整備」を掲げて，10 年を一区切りとする「沖縄振興開発計画」を展開してきた．

◆「沖縄開発庁」方式

　内閣府沖縄担当局がまとめた「沖縄県の振興」（2016 年）によると，沖縄振興開発計画を実施する背景となる「沖縄県の特殊事情」として「歴史的事情」「地理的事情」「社会的事情」の三つが挙げられている．歴史的事情とは「先の大戦における苛烈な戦禍（沖縄戦戦没者 20 万人．うち一般住民 9.4 万人）．地理的事情とは「広大な海域（東西 1,000 キロ，南北 400 キロ）に多数（160）の離島」，社会的事情とは「国土面積の 0.6％の県土に在日米軍専用施設の 70％が集中など」．政府も広大な米軍基地の存在，沖縄県への過重な負担については十分に認識した上で，沖縄振興開発計画を実施していたことが明確に示されている．

　政府は沖縄振興開発を展開する上での法的措置として，沖縄振興開発特別措置法を準備・制定し，自主財源の乏しい沖縄県への支援策となる「高率補助制度」を準備．日本の行政制度に不慣れな沖縄県（米軍統治時代の琉球政府）の「後見人」となる専任官庁の「沖縄開発庁」（沖縄開発庁設置法）を設置している．沖縄開発庁は，沖縄振興開発計画の策定，沖縄関係予算の編成と予算の一

出所：内閣府「沖縄担当部局（沖縄開発庁）予算の推移」（昭和 47 年〜平成 29 年）．

図 11-1　沖縄振興開発計画による振興策（沖縄振興予算の推移）

括計上を行ってきた．また現地・沖縄での関係事業執行を総合的に行う省庁横断的組織となる「沖縄総合事務局」を設置し，執行体制を強化してきた．

また，資金力の乏しい沖縄県の金融機関（地銀等）の機能を補完する政府系金融機関として「沖縄振興開発金融公庫」を設置．公的な資金供給体制を整え，米軍統治下で立ち遅れてきた民間住宅の建設，民間企業への経営・運営・設備投資資金の供給など，政府による利子補給による「低金利政策」をバックアップしてきた．

政府の沖縄予算は，沖縄開発庁による「一括計上方式」と呼ばれる省庁横断型の沖縄関係予算の取りまとめ方式が採用されている．他都道府県にはない政府予算の都道府県レベルでの総括方式で，47 都道府県の中で，沖縄県のみが政府予算が総額でいくら配分されているかを把握することが可能になっている．主要省庁の沖縄関係予算を沖縄開発庁が取りまとめ役として一括計上し，実施にあたって各省庁に再配分したうえで執行する体制は，前述の通り沖縄開発庁という特別な官庁の設置によって，不慣れな日本の財政制度の中で予算折衝，予算獲得，予算執行という流れを沖縄県が体得するまでの間の「後見人」的な機能を果たしてきた．

その沖縄開発庁は，2001 年の省庁再編によって廃止され，その機能は「内閣府沖縄担当部局」に移管され，現在にいたっている．

◆ 3K 依存経済

　復帰後の沖縄経済の特徴は「3K 依存経済」と呼ばれている．基地，公共事業，観光の「か行＝K」で始まる 3K 経済である．

　基地経済は後述するので，ここでは省略する．公共事業は米軍統治下で遅れてきた社会インフラの整備を中心に政府主導による道路，港湾，空港，学校，病院，上下水道，ダム建設など主要インフラの整備を加速させてきた．投資額は年間 2,000 億円から 3,000 億円にも上り，沖縄は公共事業への依存体質を高めることになった．

　観光については，復帰直後の 1972 年の観光入域客数 44 万人，観光収入 324 億円，県経済に占めるシェア 6.5％から始まった「観光経済」が，現在（2017 年）では入域客数 939 万人，観光収入 6,979 億円に急成長し，復帰時の 20 倍の規模まで膨らんでいる．中でも直近 10 年間で入域客数は 5,892 万人（2007 年）から 3,400 万人も増え，沖縄県経済の中で基幹産業と呼ばれるまでに存在感を増している．沖縄経済は「基地依存経済」から「観光依存経済」へと大きくシフトしてきている．課題は観光消費額の伸び悩みで，1972 年の 73,132 円から 2017 年には 72,853 円と 99.5％の水準に減少．豊作貧乏，観光植民地との厳しい指摘もあり，「高付加価値型観光への転換」を迫られている．

「3K 依存経済」の 3K とは？
① 基地依存　＝戦後は 55％基地依存経済
　　　1972 年　　777 億円　（県民総所得比　　15.5％）
　→ 2015 年　2,305 億円　（　　〃　　　　　　5.3％）

② 公共事業（建設）＝年間 2,000 億円超の公共事業
　→政府沖縄予算 780 億円（72 年度）➡ 4,700 億円（98 年）→ 3,150 億円（2017）
　→財政依存度 1972 年 25.6％（全国 17.9％）→ 39.4％（2013 年，全国 25.4％）

③ 観光収入（復帰前はキビ）＝復帰後，急成長した基幹産業
　観光収入　→ 1972 年　　44 万人　　　324 億円　（県民所得比　　　6.5％）
　　　　　　　2016 年　 861 万人　6,526 億円　（　　〃　　推計 16％）
　　　　　→ 2017 年　 939 万人　6,979 億円
　　　　課題＝高付加価値観光への転換　→ 1,000 万人観光の検証

出所：沖縄県企画部『経済情勢』（平成 29 年版）を基に作成．

図 11-2　沖縄経済の特徴：3K 依存経済

4. 基地経済の「不経済学」

　戦後一貫してきた「基地依存経済」は，民間活力と民間企業の活性化により，「基地の不経済化」が急速に進んできた．

　本土のおいては「沖縄は米軍基地撤去を求めるも，基地経済に依存し，米軍基地がなければ沖縄経済は破綻する」との固定概念を持つ国民が少なくない．

　しかし，沖縄県の基地依存度は 1960 年代の 35％台から 1972 年には 15％台へ．さらに直近の 2018 年には 5.6％と消費税率を割り込むほど，依存度が激減してきている．

　基地返還後の跡利用によって，米軍基地は巨大なショッピング・モールや住宅地，商業施設へと変貌し，固定資産税など返還による税収増で 100 倍を超す事例も出るなど，米軍基地返還跡利用は大きな成功を収めてきた．

　ここまでくると，もはや沖縄にとって「基地経済は不経済」という話になる．実際，沖縄県の試算では，「沖縄は基地があるために沖縄県は毎年 1 兆円の利益を失っている」との調査結果も公表されている．米軍基地は，そのまま存続するよりも返還させて後利用をした方が地元にとっては大きな利益，雇用拡大につながると期待されている．

　既存の基地でも，フェンスの外側の民間地域に比べ，経済効果は 4 分の 1 から 2 分の 1 程度まで減少し，自公政権が推す仲井真弘多・沖縄県知事の県政下ですら「基地は不経済」とする調査報告書が出るまでになっている．

◆新 10K 経済の胎動

　復帰後，米軍基地の返還が進むたびに，沖縄経済は，基地依存経済から脱基地依存地経済へと大きくシフトしてきた．背景には，米軍基地跡利用の相次ぐ成功事例の誕生がある．沖縄県がまとめた基地跡地の利用のよる経済効果は，図のようになる．

　那覇市の中心部にあった米軍牧港住宅地区は，返還後，「那覇新都心地区」へと大きく変貌し，返還前に 52 億円程度だった経済効果は基地返還後は 32 倍の 1,634 億円となった．

北谷町の米軍ハンビー飛行場後は，基地返還前の3億円から返還後は336億円と108倍の経済効果を生み，那覇市の米海軍施設も返還後，小禄金城地区として再開発され34億円の基地経済から489億円と14倍の基地返還経済効果を生んでいる．

　沖縄県の試算では，今後返還が予定されている米軍キャンプ桑江が40億円から334億円と倍に返還後経済効果が拡大．キャンプ瑞慶覧も109億円が1,061億円と10倍に，普天間飛行場も120億円が3,866億円と32倍に拡大が予測されている．那覇軍港も30億円の地代収入などにより1,076億円の経済波及効果が見込まれている．

　沖縄県の試算結果などをみると，もはや沖縄にとって「基地経済は不経済」という話になる．沖縄県は「沖縄は基地があるために沖縄県は毎年一兆円の利益を失っている」との調査結果を公表している．米軍基地は，そのまま存続するよりも返還させて後利用をした方が地元にとっては大きな利益，雇用拡大につながると期待されている．

　相次ぐ成功事例も後押しする形で，沖縄の脱基地依存経済からの脱却に向けた動きが加速してきた経緯がある．沖縄県内の11施設の返還が合意されたSACO合意も，当時の大田昌秀県政が策定した沖縄全米軍基地返還計画の策定「基地返還アクションプログラム」が大きな節目になったことを，当時の橋本龍太郎首相も筆者との懇談の席で認めていた．

◆政府の「沖縄関係予算」と基地問題

　安倍晋三首相は2014年の知事選挙で，与党の自民・公明党が推した現職（当時）の仲井真弘多知事が，辺野古新基地建設に反対し「脱基地経済」を掲げる野党連合の推す「オール沖縄」の翁長雄志氏（元那覇市長）に敗れると，沖縄関係政府予算の削減を断行した．真綿で締めるかのようにじりじりと政府予算を削減する「鞭」を振い，翁長県政を兵糧攻めにし始めた．

　不思議な傾向だが，政府の沖縄関係予算は，米軍基地に反対する知事（屋良朝苗，平良幸市，大田昌秀知事）が誕生すると予算が増え，逆に米軍基地を容認する知事（西銘順治，稲嶺恵一，仲井真弘多知事）が誕生すると予算が減少するという不思議な傾向をみせてきた（図11-3）．

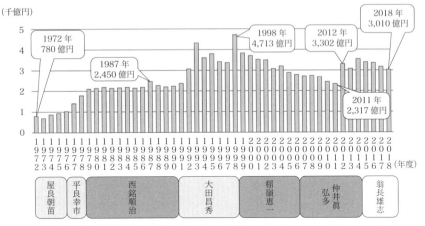

出所：南西地域産業活性化センター『本土復帰45年の沖縄の経済のあゆみ』を基に作成．氏名は知事名．

図 11-3　内閣府沖縄担当部局予算（補正後）

　その傾向は，補正後の予算でより顕著になっている．大田昌秀県政は，基地の強制使用に反対し，最高裁まで裁判闘争を繰り広げた．しかし，予算は補正ベースで大きく上昇し，4700億円と県政史上過去最高を記録している．

　基地反対には予算増，基地容認には予算減という摩訶不思議な動きは，この国の政府が在日米軍基地の必要性を沖縄県民に論理的に説明し，納得させることができないことの証とみることもできる．「国民の多くが，日米安保が必要というなら，在日米軍基地についても応分の負担をすべきだ」と元自民党沖縄県連幹事長も務めた翁長雄志・元知事は強調していた．しかし，自ら手をあげて，基地を引き受けてくれる都道府県知事は，この国にはいない．日米安保は必要だが，米軍基地を引き受けるのは嫌だという都道府県が多く，その結果，沖縄県が抱える米軍基地負担の軽減は遅々として進まない状況が続いている．

　在日米軍の「抑止力」を評価しても，自分の地域に米軍は要らない．安保の負担は，沖縄に押し付け，安保の果実は全国で分かち合う．「沖縄は基地の分，振興策をもらっている」という声に，翁長元知事は「そこまでいうなら覚悟を決めましょう．振興策はいらないから，基地を持っていってくれ」と啖呵を切ったこともある．（※「朝日新聞」2012年11月24日付朝刊）

　米軍犯罪と米軍演習の被害から抜け出す方策として，翁長県政が進めてきた

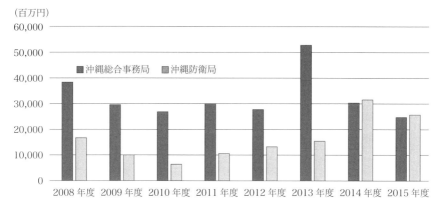

図 11-4　内閣府総合事務局と沖縄防衛局の公共工事発注状況

のが「脱基地経済」の構築である．基地経済から民間経済の活力へとシフトを図る翁長県政に，揺さぶりをかけてきたのが安倍政権である．公共事業依存度の高い沖縄県建設業協会の資料によると，翁長知事就任後，一般的な公共工事費となる「内閣府沖縄総合事務局」発注の公共工事費は激減し，代わって沖縄防衛局の公共事業費が急増し，はじめて一般公共事業費を防衛関係事業費が追い抜くまでになった（図 11-4）．

この 6 年間の沖縄県建設業協会「建設業の現況」資料をみると，2010 年度の内閣府予算は 269 億円から 530 億円と急増したが，2014 年度には 225 億円も減少し，305 億円と半分近くまで減っている．2015 年度はさらに 63 億円減少し，242 億円となっている　一方で 2014 年度の防衛局予算は 316 億円と前年度に比べ倍増し，ついに内閣府予算を超えるに至っている．

沖縄の公共事業全体に関しては，別の数字もある．西日本建設業保証株式会社の資料『沖縄県内の公共工事動向』をみると，政府の沖縄予算が減額され，内閣府や沖縄県，市町村の公共工事費が減少した 2017 年度の沖縄防衛局予算は 1,409 億円と急増し，総額で 3,826 億円と前年度比 12.8％増と高い伸びとなった．

「脱基地経済」を目指す沖縄県に対し，一般予算を大幅に削減し，防衛予算

第 11 章　基地経済論　　　277

を急増させて，基地依存度を高める政策を躊躇なく展開する．わかりやすい形で，翁長県政の足元を大きく揺さぶり，ねじ伏せる安倍政権の強権ぶりを示すデータである．

　防衛予算の急増の背景について，政府は「意図的なものではなく，前年度に未執行だった基地関係工事の発注によるもの」との説明があった．しかし，そうだとしたら，なぜ内閣府予算や県予算が大幅に減額されなければならないのかの説明も必要だが，その点についての説明はない．物議を醸す同データを提供した西日本建設業保証株式会社は「今後の調査に影響を与える」などとして，次年度以降の同データの公表を控えることになった．このため，今後の沖縄県における公共事業に占める防衛関係予算の把握が困難になる可能性がある．

◆米軍再編交付金
　基地経済の関係では，防衛省が所管する「米軍再編交付金」についてもみておく必要がある．沖縄県で 2018 年 1 月に実施された名護市長選挙で，辺野古新基地建設を否定しない候補が圧勝した．防衛省は，選挙結果を受け 3 月，これまで凍結してきた米軍再編交付金を名護市に支給する方針を示した．

　再編交付金は，「再編による住民生活の安定に及ぼす影響の増加の程度を考慮し，再編の円滑かつ確実な実施に資すると認める場合に」自治体に交付するものだが，新市長に就任した渡具知武豊新市長は辺野古新基地問題では「県と国が係争中の裁判の行方を注視する」として，選挙戦でも市長就任後も，新基地の賛否を明確にしてない．にもかかわらず，政府は再編交付金の支給を決めている．

　地元紙の『沖縄タイムス』(2018 年 3 月 25 日付) は，「今回，防衛省が再開の方針を決めたのは『前市長においては辺野古移設に反対と明確に言っていた．一方，現市長は賛成でも反対でもない』ことを理由に挙げている．渡具知氏は『法令にのっとって対応する．決して容認ということではない』と強調している．防衛省は 2017 年度の交付金約 15 億円についても 2018 年度に繰り越す手続きをとり，支給する方針だ．交付再開は防衛省が賛否を明らかにしない渡具知氏を，新基地の『円滑かつ確実な実施に資する』と認めたことを意味する．名護市の協力が得られたと判断したのである」と社説で解説している．

態度を明確にしていないにもかかわらず，再編交付金を交付するのは，税金を使って再編事業への協力を促す「利益誘導」「贈賄行為」にも映る．受け取る側はお金と引き換えに基地受け入れを決める「収賄」行為に近い．地域の政策決定が，税金の再配分額の増減によって左右されるとなれば，財政運営の基本原則を逸脱する行為ともなる．財政学の立場から川瀬（2018 年）は「財政運営の基本原則は「量出制入」，つまりどれだけ財政出が必要かを確定してから，それに必要な租税等の負担額が決まるという原則」が，「新基地受け入れを迫るための財政政策は，こうした原則からの逸脱が顕著であり，正当性を著しく欠いている」と財政分析を通して明らかにしている．

　政府の新基地建設を「容認していない」（渡具知名護市長）のに，容認と協力を前提とする再編交付金を渡具知市長が受け取るというのは，そもそも防衛省を手玉に取った「交付金詐欺」になりかねない．防衛省は，容認していないのに再編交付金を交付し，後になって「容認しない」と渡具知市長に裏切られた場合，返金要求できるのか否か．会計検査院は，このような交付金の支出の在り方を，どう受け止めるのであろうか．

　名護市の再編交付金の使途も気になる．渡具知市長は，選挙で公約した「保育料の無償化」と「給食費の無償化」の財源とするという．七月の名護市議会では，与野党議員が再編交付金の使途をめぐり論議を交わした．「市民生活をサポートする政策だけに，反対は言いにくい」という市政野党の市議団の苦悩ぶりが地元メディアに報道された．しかし，基地受け入れの対価として子どもたちの給食費や保育料を無償化することを，市民にしっかりと説明する責任，アカウンタビリティが，ここでも省略されている．渡具知市長は，再編交付金を使うまえに，まずは市民，有権者に説明するのが市長の責務である．

　そもそも，沖縄本島東海岸にあるキャンプシュワブに建設される辺野古新基地にかかる再編交付金を，新基地の被害をほとんど受けない西海岸の「名護市街地区」住民の子どもの保育料や給食費の無償化に使うというのはどうか．少数派の辺野古住民に米軍新基地と基地被害を押し付けて，市街地の多数派市民は基地受け入れを勝手に決めて「交付金」による恩恵に浴する．まさに沖縄に米軍基地の過半を押し付けて，多数の国民が「安保の恩恵」という幻想に浴する構図と重なるものがある．

◆公共事業と「ザル経済」

　政府が沖縄に落とす「沖縄振興予算」は，すべてが沖縄に落ちるわけではない．

　沖縄県建設業協会は，主要官公庁の発注工事の地元優先発注を要請してきた．2013年度の内閣府沖縄総合事務局の発注工事予算を例にとると，件数ベースでは，84％が沖縄県内企業に発注されている．しかし，金額ベースでみると，その比率は51.6％まで低下し，投下された政府予算の半分までが本土企業に還流していた．これが，沖縄振興予算の「ザル経済」問題である．湯水のごとく沖縄に流される政府の振興予算の多くが，ザルの目を抜けるように本土に還流してきたのである．（※沖縄振興開発金融公庫『沖縄経済ハンドブック』(2008年～2018年度版「主要官庁発注工事の県内外業者別発注状況」)

　2013年度の沖縄防衛局予算も件数ベースでは87.2％が地元発注だが，金額ベースでは70.7％に落ちている．逆の数字でみると，県外企業への発注は件数ベースで12.8％に過ぎないが，金額ベースでは29.3％と3割が県外に流出していた．同年度の国全体の官公庁工事における件数ベースをみると17.8％が県外に発注されたが，金額ベースでは43.9％と半分近くを本土に持っていかれていた．2015年度は若干改善され，件数ベースで14.7％，金額ベースでは23.8％と4分の1程度となっている．

　「沖縄は基地のおかげで潤っている」という見方もあるが，本当に潤っているのは県外の大手ゼネコンや県外企業である可能性が高い．辺野古新基地建設工事も，本土大手ゼネコンが入り込み，地元企業はその下請け，孫請けに甘んじることになる．工事の着工前の環境アセスに関する工事や事業の九割を防衛省の天下り企業が受注していた．

　本土住民からすれば，米軍基地関連予算や沖縄振興予算という形で年間3,000億円前後の予算が沖縄に投じられ，沖縄経済を潤しているかのような印象を持つが，実際には「歩留まり」の悪さから「ザル経済」と呼ばれる「投下資本の本土還流」問題を抱えているのである．

　内閣府沖縄総合事務局で，ノンキャリ最高ポストとなる「調整官」を務めた宮田裕氏は「沖縄県は毎年3,000億円もの特別な予算を政府から施しを受けているかのようにいわれるが，県民にとっては屈辱的な話．沖縄県からも国税

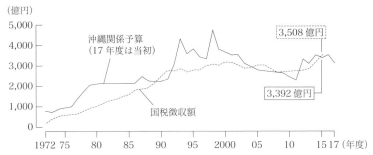

図 11-5　沖縄県の国税徴収額と沖縄関係予算の推移

として 3,500 億円超が納税されている 2015 年以降は，むしろ納税額の方が上回るようになっている」と語る．「沖縄はもらいっぱなしではない．むしろもらった以上に国家財政に貢献する地域に変化している」と強調している．国税庁のデータによると，沖縄県の納税額は好調な県経済を反映して，ここ数年は右肩上がりで増え，政府の沖縄予算を上回る国税納付額となっている．

5．政府の沖縄関係予算は何をもたらした

　本土復帰後の沖縄県には，1972 年から 2018 年までの 46 年間に総額 12 兆円を超す政府予算が投入された．しかし，復帰から 46 年を経った現在でも沖縄県民の一人当たりの都道府県民所得は全国 47 都道府県中で「最下位」のままである．また貯蓄率も低く，全国最悪の高失業率，全国最低の最低賃金，全国最低水準の持ち家比率，全国最低の進学率，全国最悪の子供の貧困率，全国最悪の離職率など，沖縄県経済は復帰後も引き続き厳しい状況が続いている．
　復帰前，基地，公共事業，観光の「3K 依存経済」と言われてきた沖縄経済も，前述したが入域観光客数は復帰後，右肩上がりで増え続け，復帰時の 44 万人から 2017 年度には 957 万 9,000 人と 21 倍に増加している．特にここ 10 年で外国人観光客が急増し，2008 年度の 23 万人から 2017 年度には 269 万人と 9.9 倍に激増している．特に 2015 年に初めて 100 万人を超えた外国

人入域観光客は，16年度には200万人を超え，17年度も前年比26％増の269万人を記録している．

◆人手不足が深刻化

急増を続ける入域観光客の受け皿となるホテル建設が沖縄県内でラッシュを迎え，激増する需要に建設業界は人手不足が深刻化している．復帰後続いてきた「全国最悪の高失業県」の汚名返上も目前となっている．

2001年に8.4％と最悪を記録した完全失業率も直近では4％を切る3.8％（2017年）と1990年（3.9％）以来27年ぶりに3％台の低水準となっている．復帰直後から0.19倍〜0.29倍（2011年）と低迷した有効求人倍率も2016年に復帰後初めて1倍（全国1.29）を超え，17年には1.13倍（同1.54）と，ここ5年連続で過去最高を更新．失業者数を上回る求人数に，人手不足感が急速に高まっている．日銀那覇支店や沖縄県内地銀三行の経済調査でも，沖縄経済は過去最長の好景気にあると喧伝されている．

一方で，沖縄経済の課題は多岐にわたる．高失業率，高離職率，高廃業率，長時間労働，低賃金，低所得，低貯蓄，低就職率，低求人率，低持ち家率，高格差社会といった問題である．比較的高賃金で雇用安定度が高い第二次産業の比率が全国最低，低年収のサービス産業比率が全国一である．働きたくても仕事がない．ようやく就職できても給料が安い．しかも全国一，二位を争う長時間労働で，昇給も薄く，将来に不安を感じて転職する人が多い．有効求人倍率は一倍を超しているが，「やりたい仕事，納得のいく仕事」が少なく，正社員になれるのは4割．44.5％（2012年，全国38.2％）にあたる30万人は非正規社員という全国一過酷な雇用環境を意味している．

◆高まる貧困率

沖縄観光や建設業の好況で，雇用の増加はあるものの，低賃金，低所得，低貯蓄，長時間労働，非正規雇用率の高さ，「こども貧困率」も全国ワーストという「見えない貧困」「劣悪な労働環境」が，深刻度を増している．（※2017年の沖縄県の就業者数は，69万1,000人で，復帰時（35万9,000人）からほぼ倍増している．しかし，雇用者うち43.1％に当たる23万3,000人が

「非正規」労働者で，全国平均（38.2％）を 4.9 ポイント上回っている．

1997 年以降の「非正規」比率をみると，沖縄は 97 年に 28.1％（全国平均 24.7％），2002 年が 35.9％（同 31.9％），07 年が 40.7％（同 35.5％），12 年は 44.5％（同 38.2％）と年々悪化し，全国平均を 3 ポイントから 6 ポイント上回ってきている．（※沖縄県企画部『経済情勢』平成 29 年版「(2) 非正規雇用の割合」53 頁）

沖縄県企画部統計課発行の『100 の指標からみた沖縄県のすがた』から主要データをピックアップすると以下のような経済状況が浮き彫りになる．

復帰後の沖縄県の「開業・創業」に挑む「新設率」（沖縄 10.22％，全国平均 8.86％）は全国 4 位だが，一方で倒産，廃業を示す「廃業率」（沖縄 9.60％，全国平均 8.77％）は全国 3 位である．開業率も高いが，廃業率も高い．雇用される側からすれば，常に失業，離職，転職，再就職の繰り返しで，賃金が上がらず，倒産による失業の不安が常につきまとう不安定な雇用環境の中であえいでいる姿が見えてくる．

県内の不安定な雇用環境から抜け出し，覚悟を決めて県外就職にチャレンジしようにも，首都圏の優良企業の就職には大卒の学歴が必要となる．全国平均では 55％と半数以上が大学に進学する中で，沖縄の大学進学率は 39％と全国最低，高校進学率も全国最低となっている．奨学金でやっと大学に進学するも，県内の大学生を抱える低所得家庭では，家族の生活費に奨学金が消え，学費未納で退学するという事例も少なくない．

就職できても，「給料も休日も少ない，残業だらけで体はボロボロ」と，就職後 1 年で 26％，3 年目には 48.5％と半分が離職し，転職先を探す厳しい労働環境にある．

せめてもとパソコンのスキルをつけようにも，1,000 世帯当たり 850 台（全国 1,339 台）と全国最低の普及率で，家にパソコンがないという家庭が少なくない状況にある．

入域観光客数は毎年急増し，2017 年についに 958 万人を記録した．三年連続の二桁増である．外国人観光客は 200 万人を超え，国際通りに中国人や韓国，台湾，香港人の姿が見えない日はない．

クルーズ船の寄港回数も急増し，年間，一度に 3000 人〜5000 人が来沖す

るクルーズ客に，タクシーもバスも足りず，対応の遅れから白タク行為が摘発されるに至っている．

観光収入は復帰時の324億円から20倍超の6,700億円（2017年）に激増し，基地収入の3倍近いう売り上げを誇る基幹産業に成長してきている．しかし，前述したように観光業界では年収100万円を切る低賃金に2万3,000人が喘ぎ，将来も年収400万円越えは夢のまた夢という現実がある．県がアピールする観光収入の経済波及効果，1兆143億円は，いったいどこに落ちているのであろうか．募集はあっても応募が少ない「人手不足」で，ホテル稼働率が伸び悩むジレンマに，業界もあえいでいる．

山積する課題に心も折れそうになる沖縄経済である．しかし，山積する課題が，逆に沖縄経済の夢と可能性になっている．沖縄県は，厳しい経済環境を逆手にとって企業誘致の売り込みに使っている．例えば，全国最悪の高失業率は，「全国一雇用しやすい場所」，全国最低の低賃金は「豊富な低賃金労働力を確保できる場所」，離職率の高さは「人材の流動性」，高開業・高廃業率は「創業精神の旺盛さ」，低進学率は「教育ビジネスと人材の潜在的需要と発掘・育成の余地」とアピールされている．皮肉な話だが，厳しい経済・雇用情勢が，企業を呼び込む「マグネット」「インセンティブ」として沖縄県に活用されている．

◆貧困招く「低賃金」の宿泊・飲食業

復帰後，「観光立県」を標ぼうする沖縄県だが，観光業の低賃金体質は深刻である．「平成24年就業構造基本調査」によると，沖縄県の賃金は「宿泊業・飲食業」で年収100万円未満の就業者が1万6,000人を超え，年収50万円未満も7,000人を数えている．全国平均の所得階級のピークが「製造業」の300万円〜400万円にあるに比べ，沖縄県の所得階級が300万円以下に偏っているのが特徴である（図11-6）．

低所得階級の多さが，沖縄の厳しい経済環境状況を示している．低所得に伴う沖縄県の「子供の貧困率」（39％）は，全国平均（19％）の倍に上り，より深刻な状況が続いている．国政選挙が近づくたびに安倍政権は10億円規模の「子供の貧困対策費」を計上するものの，抜本的な解消にはつながらず，むしろ貧困率は深刻度を増している．

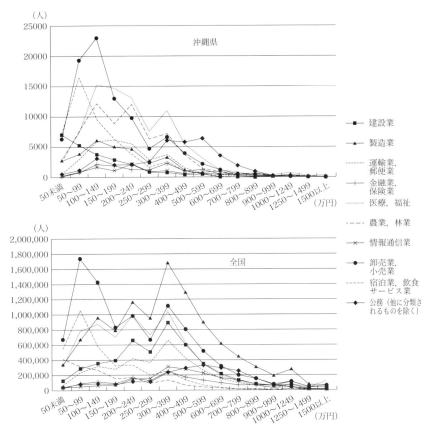

出所:「平成 24 年就業者基本構造調査」を基に作成.

図 11-6　所得階級・産業別有業者

　政府が主導した沖縄振興開発計画だが，復帰後 46 年を経てなお沖縄が全国最低の所得水準と全国最悪の失業率，最悪の貧困率となっている理由は何か．政府主導の沖縄経済振興策が，基地依存経済から脱却できないように基地依存度を維持しながらの「安保維持政策」の限界との指摘もうなずける結果である（※大城常夫ほか編『沖縄イニシアチブ』1995 年，沖縄文庫）．

6. 沖縄経済の展望

　沖縄経済はいま，「自立」経済から「自律」経済へと目標をシフトさせながら，アジア経済戦略構想を構築し，アジアのダイナミズムを県経済に引き込み，基地返還ビジネス，環境再生型公共事業，高付加価値型観光への転換に，新たな経済振興策として健康，環境，教育，研究，金融，交通，交易を加えた新10K経済が，沖縄の新たな経済振興ビジョンとして注目されている．
　健康食品の開発，赤土対策や環境保全ビジネス，大学新設や進学率アップなどの教育産業の振興，ゲノム解析やAI開発，金融特区ビジネス，LRTなど新交通システムの導入，アジア物流拠点形成による交易振興など沖縄経済の発展可能性は広がりを見せている．
　投入された政府予算（公共事業費）の本土へのUターン現象が「ザル経済」と指摘されている．「本土との格差是正」と「自立経済」を目標に掲げたはずの政府の沖縄振興開発計画は，結果として財政依存度を高め，自立経済のために不可欠な「自律」を希薄化させる弊害を生んだと指摘されるようになっている．
　「3K依存経済」といわれてきた復帰後の沖縄経済だが，基地，公共事業，観光の中身は大きく変化し，基地経済の不経済化，公共事業費の本土還流（ザル経済），観光経済による貧困化問題への対応として，脱基地経済と基地返還ビジネス，再生型公共事業や脱公共・民間主導経済への転換，従来の観光も，周遊型観光からMICE型，医療ツーリズムへ，航空機中心からクルーズ船観光へ，美ら海水族館に続く新たなテーマパーク建設構想も浮上し，薄利多売型から高付加価値観光への転換など，大きな変化が生まれつつある．富裕層向け観光や医療ツーリズム，健康テーマパークなど高付加価値型観光への転換に向けた動きが加速度を増している．旧3K経済の新展開による「新3K経済」化である．

◆新10K経済の胎動

　このほか「新3K」に加えて「新7K経済」も加わり，沖縄経済をけん引す

る新たな「新 10K 経済」の動きが加速してきている．新 7K とは，健康（健康食品産業など），環境（ウリミバエ繁殖技術など），金融（特区ビジネスなど），教育（全国最低の大学進学率など），研究（大学院大学との連携），交通（鉄道敷設，LRT，モノレール延伸など），交易（ANA 国際物流ハブなど）である．新 10K 経済は，新たな沖縄の基幹産業として発展する可能性をみせている．

今後も基地返還が実現していけば大型公共事業の潜在需要とともに，軍事的要衝の「太平洋の要石」から「太平洋のビジネス拠点」「東アジアの国際物流ハブ」へと飛躍することも展望されよう．その先鞭をつける全日空の那覇空港・アジア国際物流ハブ化が，その道筋の実現可能性を実証している．

豊かな自然と 160 の個性的な島々は，世界が注目する観光・健康・医療ツーリズムの拠点である．暖かな気候は，高齢化社会のリゾート・エンディング（終の棲家）として移住者を引き寄せ，魅了している．

健康・環境・金融・交通・研究・教育・観光・基地・交易の各分野が注目を集め，人（他所者，若者，「ばか者」），モノ，カネ，情報にあふれる沖縄．豊かな可能性を見据えて，10 年，30 年，100 年先を見据え，時代の先を読む経済発展ビジョンとマスタープランの策定が必要であろう．

参考文献・資料

南西地域産業活性化センター『本土復帰 45 年の沖縄経済のあゆみ』(2017 年 5 月)．
内閣府沖縄担当部局『沖縄ハンドブック』(平成 30 年 3 月) 部内資料．
沖縄県知事公室基地対策課『沖縄の米軍及び自衛隊基地（統計資料集）』(平成 30 年 3 月)．
沖縄県企画部市町村課編『沖縄県市町村概要』(平成 30 年 3 月) 沖縄県市町村振興協会．
沖縄振興開発金融公庫企画部調査課『沖縄経済ハンドブック』(2008 年度～2018 年度版)．
沖縄県知事公室基地対策課・辺野古新基地建設問題対策課『沖縄から伝えたい．米軍基地の話．Q&ABook』(平成 29 年 3 月)．
沖縄県知事公室基地対策課・辺野古新基地建設問題対策課『沖縄から伝えたい．米軍基地の話．』(平成 30 年 3 月)．
沖縄県企画部『経済情勢（平成 29 年版）』(平成 30 年 8 月)．
沖縄県企画部統計課『100 の指標からみた沖縄』(平成 29 年 10 月) 沖縄県統計協会．
大城常夫ほか編『沖縄イニシアチブ』1995 年，沖縄文庫．

川瀬光義『基地と財政』2018 年 7 月，自治体研究社．
前泊博盛「沖縄が問う民主主義」(岩波書店『世界』2018 年 9 月号，107〜120 頁)．
前泊博盛『沖縄と米軍基地』2011 年 8 月，角川書店．
沖縄県アジア経済戦略構想委員会『沖縄県アジア経済戦略構想』(平成 27 年 9 月)．
新聞各紙記事『琉球新報』『沖縄タイムス』『朝日新聞』『日本経済新聞』『東京新聞』．

第12章
地域に必要とされる学生の活動
―地域創生専攻の事例―

小山　茂

1．はじめに

　札幌大学は 2013（平成 25）年 4 月から，地域共創学群という 1 学群 13 専攻の制度を導入した．その中でも，地域創生専攻は経済学科と経営学科の両学科から教員を出し，地域貢献（まちづくり）に特化した専攻として，生み出されたものである．2014 年 9 月には第 2 次安倍改造内閣発足時の総理大臣記者会見で「地方創生」が発表され，地域創生という専攻名も高校生に受けいれられるものと感じていた．

　しかし，実際は，経済学科から名称変更した経済学専攻，経営学科から名称変更した経営学専攻の歴史と伝統，募集人数の多さ（両専攻 120 人）は，地域創生専攻（39 人）の学生集めに不利な状況となった．また，地域創生専攻を卒業すると「経済学」の学位となり，地域創生専攻を卒業する魅力が薄いことも要因と考えられる．

　本章では，地域創生専攻の概要と，活動内容などについて報告する．
　①地域創生専攻の概要
　②一歩踏み出す学生へのサポート
　③各種コンテストへの参加
　④鹿児島国際大学の交換国内留学生の活動
　⑤北海道胆振東部地震ボランティア
　また，本報告は，現在札幌大学の改革のために作成されたデータ（2015 年度～2018 年度）に基づいて報告する．

2. 地域創生専攻の概要

1学群制度の特徴として，2年生から専攻を決める地域共創学群の募集人数が161人を設けている．専攻を決めて入学した学生も2年次に進級するときに変更が可能である．これは本学の大きな特徴の1つであり，受験生にも理解されている．

カリキュラムについて，受講者数は，平均56名と，各学年の在籍者数約20名の2倍以上を占めており，49科目中36科目（73％），受講者の少ない科目は実習系の8科目（1単位科目が16％）である（表12-1と表12-2を参照）．

3. 一歩踏み出す学生へのサポート

(1) 札幌商工会議所観光ボランティア

地域創生専攻では，①北海道観光マスター検定（北海道商工会議所）②札幌シティガイド検定（札幌商工会議所）③ニュース時事能力検定（北海道新聞社他）などの資格取得を奨励している．

事例として札幌シティガイド検定に合格した学生の活動を紹介する．

2013年度に入学した小幡尭之氏は2015年3月に実施された第22回札幌シティガイド検定試験を受験し，4月に合格証書を得た．2学年下の三池杏佳氏は2015年9月に実施された第23回札幌シティガイド検定を受験し，10月に合格証書を得た．

一般にご当地検定は日本の各地域で行われているので，珍しくないが，札幌商工会議所では，合格者の希望者に対し，フォローアップ研修を実施し（2015年11月），札幌商工会議所観光ボランティアガイドの育成を行っている．

ガイドになるための講座などが開催され，基礎講座や実践講座などを受講することで，ボランティアガイドに登録（2015年11月162名（男121名，女40名）登録，平均年齢67歳）することが可能となる．知識の豊富な方（官

表 12-1　地域創生専攻カリキュラム（専門）

区分		1 年	2 年	3 年	4 年
専門科目	必　修 （12 単位）		ゼミナールⅠ 2 ゼミナールⅡ 2	ゼミナールⅢ 2 ゼミナールⅣ 2	ゼミナールⅤ 2 ゼミナールⅥ 2
	選択 （40 単位以上）	資料・データ分析 2 日本経済基礎論 2 国際経済基礎論 2	会計・財務分析 2 マクロ経済学 2 ミクロ経済学 2 地方自治論 4 福祉と経済 2 グローバル化と経済 2 人口減少と経済 2 流通・サービスと経済 2 札幌学A（経済・経営）2 札幌学B（自治）2 札幌学C（芸術文化）2 札幌学D（食文化）2 札幌学E（国際交流）2 札幌学F（観光）2 札幌学G（医療福祉）2 札幌学H（スポーツ）2 札幌フィールドワークA （まちづくり）1 札幌フィールドワークB （イベント）1 札幌フィールドワークC （文化施設）1 指導者論 2 野外教育論 4 特別支援教育総論 2 生涯教育論 2 子どもサポート論A （発達心理）2 子どもサポート論B （児童福祉）2 子どもサポート論C （子育て支援）2 子どもサポート論D （コミュニティ）2 子育て支援ボランティア実習A （英語読み聞かせ）1 子育て支援ボランティア実習B （子育て支援）1 NPO運営実習A 1 NPO運営実習B 1	地　域　経　済　学 4 北　海　道　経　済　論 4 社　会　保　障　論 4 公　共　政　策　論 4 国　際　協　力　論 4 国際地域経済研究A（アメリカ）4 国際地域経済研究B（アジア）4 多文化共生社会論A（自治体国際化論）2 多文化共生社会論B（コミュニケーション）2 国　際　観　光　論 2 国際観光ビジネス論 2 地域創生実習（国際交流）1 地域創生演習A（市民自治）2 地域創生演習B（イベント）2 地域創生演習C（商業）2	

表 12-2　科目ごとの受講者数とその平均

No.	コード	科目名	学年	単位	2015	2016	2017	2018	平均
1	312053	マクロ経済学	2−	2	109	137	156	145	137
2	312054	ミクロ経済学	2−	2	98	152	154	147	138
3	312062	公共政策論	3−	4		86	52		69
4	312063	地域経済学	3−	4	72	57	88	92	77
5	312069	国際協力論	3−	4	75	68	17	38	50
6	312073	国際地域経済研究A（アメリカ）	3−	4	49		25		37
7	312074	国際地域経済研究B（アジア）	3−	4	42	37	43		41
8	312075	国際地域経済研究C（ヨーロッパ）			14	10	2		9
9	313051	資料・データ分析	1−	2	51	110	151	110	106
10	313052	日本経済基礎論	1−	2	89	171	159		140
11	313053	国際経済基礎論	1−	2	26	61	45	61	48
12	313054	会計・財務分析	2−	2	103	44			74
13	313055	地方自治論	2−	4	29	55	33	41	40
14	313056	福祉と経済	2−	2	79	118			99
15	313057	グローバル化と経済	2−	2	29	10	23	19	20
16	313058	人口減少と経済	2−	2	89	117	138	137	120
17	313059	流通・サービスと経済	2−	2	17		106		62
18	313060	札幌学A（経済・経営）	2−	2	101	98	74		91
19	313061	札幌学B（自治）	2−	2		18	0	1	6
20	313062	札幌学C（芸術文化）	2−	2	26	23	104	169	81
21	313063	札幌学D（食文化）	2−	2	91	73	94	94	88
22	313064	札幌学E（国際交流）	2−	2	27	54	99		60
23	313065	札幌学F（観光）	2−	2	117	167	225	167	169
24	313066	札幌学G（医療福祉）	2−	2	31	31	54	73	47
25	313067	札幌学H（スポーツ）	2−	2	22	62	48	69	50
26	313068	札幌フィールドワークA（まちづくり）	2−	1	5	6	5	15	8
27	313069	札幌フィールドワークB（イベント）	2−	1	2	10	7	3	6
28	313070	札幌フィールドワークC（文化施設）	2−	1	2	6	14	35	14
29	313071	指導者論	2−	2	6	3	13	13	9
30	313072	野外教育論	2−	4	31	13	12	44	25
31	313073	特別支援教育総論	2−	2	83	74	64	101	81
32	313074	生涯教育論	2−	2	1				1
33	313075	子どもサポート論A（発達心理）	2−	2	94	81	89		88
34	313076	子どもサポート論B（児童福祉）	2−	2	38	90	118	79	81
35	313077	子どもサポート論C（子育て支援）	2−	2	55	84	81	148	92

表 12-2 (続)

36	313078	子どもサポート論D（コミュニティ）	2−	2	36	77	61	64	60
37	313079	子育て支援ボランティア実習A	2−	1	8	8	5		7
38	313080	子育て支援ボランティア実習B	2−	1	0	6	4	2	3
39	313081	NPO運営実習A	2−	1	1	1	2	9	3
40	313082	NPO運営実習B	2−	1	4	1	0	5	3
41	313083	社会保障論	3−	4	37	56	122		72
42	313084	多文化共生社会論A（自治体国際化論）	3−	2		128	112	92	111
43	313085	多文化共生社会論B（コミュニケーション）	3−	2	40	89	50	45	56
44	313086	国際観光論	3−	2	30	9	99	63	50
45	313087	国際観光ビジネス論	3−	2	15	17	29		20
46	313088	地域創生実習（国際交流）	3−	1	18	2	9	9	10
47	313089	地域創生実習A（市民自治）	3−	2	18	26	30	20	24
48	313090	地域創生実習B（イベント）	3−	2	8	5	12	13	10
49	313091	地域創生実習C（商業）	3−	2	34	11	12	28	21
		平均受講者数			42	56	62	63	56

	小山／専攻	4年	−	16/26	5/7	②＋17/23
		3年	16/26	5/6	18/23	③＋12/19
		2年	5/6	13/23	14/19	③＋9/@
		1年	13/21	⑭＋0/13	8/15	12/14

注：2～4年は小山ゼミ．②は経営学専攻の学生数．
③は鹿児島国際大学の国内留学生の学生数．
③は経済学専攻の学生数．
⑭は地域共創学群の学生数．
1学群制の導入により，1年次専攻を決めずに入学し，2年生から専攻を決めることが可能

庁・教員などの退職者）が多く，若い人は少ない．

その後，新規登録者研修会が行われ，①時計台活動研修会，②テレビ塔活動研修会，③狸小路民間交番活動研修会，④北海道庁旧本庁舎活動研修会に参加し，実際に4つの場所でガイドを実践することとなる．大半の方は，この研修に参加することができずにガイドをあきらめる．両人とも，①時計台でのボランティア活動に参加していた．

このガイド研修を通じて，三池氏はガイドで活躍している札幌大学OBの島田真土氏と出会うこととなり，日本新三大夜景に登録された札幌の夜景観光の

取り組みに積極的に参加している．島田氏の紹介で，札幌夜景観光ナビゲーターの廣田大氏にもお世話になり，学生の活動では手に入れることのできない情報を入手し，活動している．10月5日の「日本夜景サミット2018in 札幌」に参加する予定である．

(2) 札幌市民参加メールマガジン「さっぽろ市民参加メール」（以下，メルマガ）

札幌市は，「市政に参加する」「まちづくり活動に参加する」という2つの参加機会の情報を届けるメールマガジンを配信している．

地域創生専攻の学生には，カリキュラムでも掲載したように，札幌学を1つの軸にしており，市政に参加する学生の育成を進めている．

① 札幌市社会教育委員

メルマガ vol.083 2017/3/17 に，「札幌市社会教育委員の市民委員の募集」が掲載された．地域創生専攻3年の江口剛氏は，社会教育主事の資格の勉強をするとともに，2年生から日本社会教育学会にも入会し，学会活動に積極的に参加していた．筆者から，メルマガの話をしたところ，興味を持ち，応募することとなった．応募動機（1000字以内の小論文）を郵送し，その後面接などを経て，大学生で初めて札幌市社会教育委員に選任された（任期2017年7月1日～2019年6月30日）．2017年7月6日に北海道新聞のインタビューを受け，翌日の朝刊（地方・札幌市内18ページ）に掲載された．記事には，社会教育に関心を持ったきっかけや，社会教育委員となったこれからの目標などが語られていた．

このことがきっかけになり，その後，下記の取り組みなどに積極的に参加する学生が続いている．

② 町内会未来塾

メルマガ vol.091 2017/08/22 に，「町内会未来塾参加の募集」が掲載された．地域創生専攻4年の丹羽航大氏は，スタートアップ講座を含め，6回の講座のうち，5回に参加した．丹羽氏曰く「初め参加者の多くが，町内会の役員

をされている方ばかりで参加しにくかったけれども，グループ討議などを経て，学生の立場で皆さんが意見を求められていることに気づいてから，自分の発言が皆さんの材料になればと思うようになった」と話していた．

また，町内会未来塾の講座では，外部講師の方も多く，参加して集めた資料は，他の学生の勉強材料にさせてもらっている．

(3) 日本のてっぺん，きた北海道ルート

北海道運輸局では，広域観光周遊ルート形成促進事業「日本のてっぺん．きた北海道ルート」海外若年層旅行者受入環境整備事業として，海外観光客を含む若年層を呼び込む事を目指すモニターツアーに参加した．近畿日本ツーリストの協力も得て，礼文島と利尻島の体験型観光メニューを視察した．日程は，予備調査8月17～19日（学生2名と著者）と本調査8月27～30日（学生7人と著者）であった．北海道運輸局からは，「若者の目線（留学生を含む）で，島の観光を考えてもらいたい」との要望が出された．

視察内容は，礼文町（桃岩展望台コーストレッキング，北のカナリアパーク視察および，礼文番屋宿泊体験，メノウ浜視察，海鮮処かふかの夕食〔海鮮丼とホッケのちゃんちゃん焼き〕など）（写真1～6参照），利尻町（神居海岸パークの雲丹採り・3つの特許を持つご当地アイス〔愛す利尻山〕試食体験，利尻島の駅視察，利尻ラーメン味楽での昼食など）（写真7～10参照），利尻富士町（利尻空港施設見学，本泊小学校の宿泊およびBBQ体験，北国グランド

写真1　視察学生
（フェリーターミナル）

写真2　移動には観光バスを利用

写真3　海鮮処かふかのホッケのちゃんちゃん焼き

写真4　桃岩展望台コース案内図

写真5　北のカナリアパーク

写真6　メノウ浜

写真7　神居海岸パークの雲丹採り

写真8　ご当地アイス「愛す利尻山」

写真9　利尻島の駅　　　　　　　　　　写真10　味楽のラーメン

写真11　本泊小学校　　　　　　　　　写真12　本泊小学校BBQ

写真13　白い恋人の丘

※利尻空港施設見学は紙面に掲載できない体験をした．北国グランドホテルのスターウォッチングは，夜空の星の観賞のため写真掲載不可．

ホテルのスターウォッチングおよびサイクリング体験，白い恋人の丘視察など）（写真 11～13 参照），であった．2017 年 8 月 31 日の宗谷新聞に体験内容が掲載された．

　礼文町，利尻町，利尻富士町の職員の方々には大変お世話になった．8 月 30 日に現地報告会を実施し，再度 2018 年 1 月 19 日に関係者を交えて，札幌大学で報告会を実施した．その後，報告書がまとめられた．

（4）木古内町視察

　2018 年 8 月 27～29 日の 3 日間，学生 6 名と筆者で木古内町を視察した．視察は，本学が実施している「北海道市町村長リレー講座」に，木古内町の大森伊佐緒町長を講師としてお迎えしたことがきっかけで．その際に大森町長より，「SNS などを使って木古内町を世界に発信して欲しい」，「学生たちを木古内町に迎える機会を作りたい」とのお話をいただいた．

　そして，木古内町での視察に関心のある学生を募り，集まった 6 名の学生が視察に参加した．なお，参加した学生の内 3 名は，本学と包括的連携協定を締結している鹿児島国際大学からの特別科目等履修生（経済学専攻として）である．

　木古内町に到着した初日は，道南トロッコ鉄道の乗車体験や，町の観光拠点である「道の駅みそぎの郷きこない」での町職員の方による町のオリエンテーションと「みそぎの郷きこない」について説明を受けた．

　2 日目には，町の郷土資料館「いかりん館」や新幹線木古内駅などを視察したのち，役場にて大森町長とディスカッションを行った．

　ディスカッションでは，大森町長から木古内町長に就任するまでの自身の経歴や，木古内町の情報を SNS で世界へ発信することへのねらいについて話していただいた．学生からは LINE や Instagram を活用した情報発信について話をした．

　最終日は，視察に協力いただいた町や観光協会の方々を迎え，学生たちがこのたびの視察で体験したことを発表し，それを基に意見交換を行った．

　学生からは，「実際に大森町長とお話ししたり，職員の方々とプレゼンを通して意見交換を行ったりと，絶対経験することのできないことを経験できてと

 写真14 道南トロッコ鉄道

 写真15 町職員によるオリエンテーション

 写真16 観光コンシェルジュの施設説明

 写真17 町の郷土資料館「いかりん館」

 写真18 新幹線ビュースポットと木古内駅

 写真19 「るとう」の和牛御膳（函館和牛）

 写真20 木古内町役場前の出迎え

 写真21 町長室でのディスカッション

写真22　みそぎ浜・末廣庵・東出商店「まちあるき」

写真23　どうなん de's の昼食

ても良かったです」「木古内町で3日間すごしてとてもいい町だと感じ，鹿児島から来た僕にとって今回の視察はとても貴重な体験でした」「ディスカッションで，実際に働いている方々に木古内町のPRに関する提案をさせていただいたことがとても新鮮でした」などの感想があった．写真14～23を掲載する．

4．各種コンテストへの参加

　上記の経験を活かし，毎年，いろいろなコンテストに参加している．
　2016年度には，札幌商工会議所主催の産学連携第2回観光アイデアコンテストに参加した．このコンテストは，札幌商工会議所が行っている札幌シティガイド検定に合格し，その後，ガイドの講習を受けた小幡氏と仲間が商工会議所から参加要請を受け，「札幌の夜と朝の観光を考える」というテーマに取り組んだ．
　プレゼンテーションとして，「五感で感じる！健康的な札幌観光」と題し，朝のモエレ沼公園と夜の藻岩山登山を提案した．その結果，奨励賞を受賞した．
　2017年度には，JFMAファシリティマネジメントフォーラム2018の企画で，敢闘賞を受賞した．2017年度は札幌大学50周年記念の年であり，記念事業としてファシリティマネジメント協会の協力により講演会を実施した．そのご縁で，講演会に参加した学生が参加要請を受け，「私の考える未来のオフィス」というテーマに取り組んだ．「帰りたくなくなるオフィス」と題し，体を動かすことができ，家族と一緒に過ごすことができる環境づくりなど，ストレスのないオフィスのためのアイディアを提案した．その結果，入賞した．

2018年度には，一般社団法人はこだて地方創生研究会主催の第3回「はこだて学生政策アイデアコンテスト」《学生限定》へ，10月末までに作品を完成し，審査を受ける予定である．このコンテストに参加できたのは，木古内町を視察し，結果を木古内町の観光関係者の前でプレゼテーションした．そのことが函館新聞に掲載され，新聞を見た一般社団法人はこだて地方創生研究会副代表の藤澤氏から参加要請を受け，「未来を担う若者が新たな故郷（街）を創る！」というテーマに取り組むこととなった．

5．鹿児島国際大学の交換国内留学生の活動

　2017年10月30日，鹿児島国際大学と本学との包括的連携協定が鹿児島国際大学で行われた．当日は荒川理事長，瀧元副学長，岩本副学長補，畠山課長が参加した．
　そのご縁で，2018年度3名の鹿児島国際大学の学生がこの制度を利用して，札幌大学に国内留学をしている．1名（永山君）は半年間で鹿児島にもどった．残り2名（飯山君と園中君）は秋学期，札幌で学生生活を送る予定である．
　半年で帰った永山君は，札幌大学の「よさこいソーラン研究会 La fête」に所属し，6月に演舞した．その結果，札幌大学としては11年ぶりのセミファイナル進出を果たし，大きな貢献となった（写真24参照）．
　その他，3人ともに，好奇心旺盛な学生であり，6月23～24日の大学祭で出店したのを皮切りに，7月13～15日の「フェスタつきさっぷの夏祭り」

写真24　よさこいソーラン研究会札幌大学 La fête

写真25　にしおか夏まつりでの出店

(豊平区月寒），7月21日の「月寒川にぎわい川まつり」（白石区土木センター），7月22日の「にしおか夏まつり」（豊平区西岡：写真25参照）のボランティアや出店にも参加した．8月26日には，北海道マラソンを完走し，8月27～29日の木古内町の視察に参加し，現在，第3回「はこだて学生政策アイデアコンテスト」《学生限定》への作品を製作中である．

さらに，飯山君と園中君は9月6日早朝の北海道胆振東部震災に被災した．震災ボランティアに参加していないが，こんなに多くの体験をした学生は札幌大学の学生にはいない．

個人的にも，野球，サッカー，バスケットボール，フットサルの試合も観戦するなど，札幌のスポーツを満喫したと考えられる．

6．北海道胆振東部地震ボランティア

2018年9月には，2018年北海道胆振東部地震の学生ボランティアを実施した．特に被害の大きい厚真町（新得町も同様）は3年前から「田学連携」と称する地域連携を締結しており，夏休み・春休みを利用したインターンシップなど，大変お世話になっている．

9月中旬，学生・教育職員・事務職員に対し，9月19～21日と25～28日のボランティアを募集した．なお，学生は，秋学期の授業が始まるので，卒業単位を修得済みの4年生の平日参加を呼びかけた．

ボランティアの内容は，被災者宅の荷物運び，それに伴う廃棄物を輸送，そしてゴミ処理場での分別作業などである（図12-1・写真26～28参照）．

図12-1　厚真町災害ボランティア募集（一部削除）

写真 26　厚真町災害ボランティアセンター

写真 27　新町ゴミ処理場

写真 28　上厚真ゴミ処理場

7. おわりに

札幌大学地域創生専攻の活動内容を報告したが，その成果を以下にまとめる．

「よそ者，わか者，ばか者」という言葉を良く耳にする．事業構想大学院大学 Web では，「大切なことは，地域内に欠けている外部視点を持ち，若者のようにリスクを恐れず前向きに行動を起こし，今までの常識や前提を見なおすことはではないだろうか．そのような人材は，体系的な教育で育成することも可能なはずだ」と書かれている．地域創生専攻の学生は，地域で活動することにより，その能力を身につけさせている．

その結果で最も注目すべき点は，鹿児島国際大学の学生であり，彼らの行動を見ていると，国内留学のすばらしさを思い知らされた．当然，著者も，お客様として色々と活躍できる場を提供し，札幌大学の学生よりもおもてなし度は高かったが，そのことに一歩踏み出して行動する意欲は素晴らしいと感じている．是非とも，札幌大学の学生を鹿児島国際大学に行かせたいと考えているが，札幌好きな道産子が一歩踏み出せていないのが現状であり，鹿児島国際大学の先生に学生を送り出せたノウハウをうかがいたいと考えている．

次に，地域創生専攻の学生に考えてもらいたいのは，自分たちが地域貢献した結果を社会がどう捉え，どう活かしたのか．また自分の活動によって成長できたか，課題探求や学びの幅を広げることができたか，一歩踏み出す勇気を獲

得できたか，など人間としての魅力を引き出せる環境を自分で構築できる社会人になってもらいたい．

以上のように，学生が地域で行われる活動にこれだけ参加している専攻は少ないと考えるが，情報発信力の乏しい現状において，高校生へ届いていないのが残念である．

現在，札幌大学は50周年を経て百年大学を目指し，高等教育としてのあり方を模索中であり，2019年度中にその方向性を示す予定である．

第13章
コミュニティによる社会課題の解決方法に関する日英比較
－交通弱者と買い物弱者を中心に－

村 上 了 太

1. はじめに

　沖縄は東京とともにわが国でも人口増加がみられる「稀有」な地域である．マクロの観点からすればこの指摘に賛同するのだが，ミクロで見てみると都市と地方の格差が生じていることが理解されなければならない．具体的な地域としては，那覇市を中心とする中南部地域と，名護市以北の北部地域，さらには有人離島地域の3地域に分けるとすれば，中南部以外の地域の人口減を見ることができ，また他方では石垣島など少数の有人離島地域の人口増も見ることができる．

　本章の課題は，このような我が国全体の首都圏一極集中の現象は沖縄における縮図とも重ね合わせることを前提に，コミュニティの維持・存続と交通に関する取り組みを日英比較値いう観点からとらえることにする．なお沖縄については経営学的接近を試みるにせよ，地域のコミュニティ活動に関する科学的根拠（エビデンス）を探り出すことにも課題が残されていることをあらかじめ指摘しておきたい．また，交通というキーワードが提示されているが，本章は，交通サービスのあり方が様々な社会課題を惹起するとしてその具体的な現象を，買い物弱者や通院弱者などに求めて，その解決策を英国の事例を含めて検討することにしたい．英国に接近する理由は，16世紀の救貧法をはじめ，19世紀のニューラナーク（New Lanark）の運営やロッチデール（Rochdale）原則の決議など，協同に関する運動や助け合いの精神が数世紀以前から進められておいるからである．そうした歴史のある英国の助け合いの精神と，沖縄の「ゆい

まーる」精神との比較によって，なにがしかの相違点が見いだされるのではないかと考えられるからである．

そのような中で，コミュニティと交通を検討する場合，想起されうる状況は「少子・高齢化」そして「過疎化」である．地域の購買力が減衰するにつれ，コミュニティに関する諸般の機能が存続不可能となる．その一例が交通サービスであるし，生活物資の販売サービスでもある．これらの諸機能が存続不可能となれば，各地で交通弱者や買い物弱者の発生を見ることになる．他方で，私企業による各サービスの提供は，粗笨の論理に基づき，すなわち独立採算制に基づく行動を基本としており，当該組織で収支不均衡が発生した場合（採算性を重視して）は当該サービスの供給主体から撤退することも十二分に想定されるのである（場合によっては，企業の社会的責任（Corporate Social Responsibility）として他からの支援を得て事業を継続することもある）．様々な社会課題が山積する昨今，その課題を解決に結びつけたいと思う市民も少なくはない．志を高くして問題解決に取り組む企業家（起業家）を社会企業家（社会起業家）と称されるが，そのような中でもマネジメント（事業の継続性，そして組織の存続のための経営感覚）が問われ続けられることになるのである．

2. 課題

日本の少子高齢化そして地方の過疎化が叫ばれて久しい．就労の場を求めて働き盛りの世代は都会に流出する一方，年金受給世代では慣れ親しんだ地域での生活に満足を得る．時には働き盛りの世代でも地方で生活することもなくはないものの，地方の流出と流入を見てみれば，結果として少子・高齢化は，人口流出による結果でもある．

地方の過疎化に伴う様々な影響として，高齢化率の上昇，交通弱者の増加，買い物弱者の増加などの問題が生じることになる．もちろん，都心部における空洞化も否めない．いずれも私企業による独立採算制の観点からすると私企業が参入できない（採算がとれない）地域が生じ，その問題を解決するために公共が種々のサービスを提供するという方式で，過疎化対策がなされている．たとえば，交通弱者については，その供給主体が共→私→公へと移管されてきた

が，サービス自体は維持・存続されている．買い物弱者については基本的には共→私もしくは，その逆を見ることができるが，基本的にこの場合，公は，施設の提供に終始する傾向にある（公立学校の廃校利用や関連条例を制定した上での共同売店施設の設置であるが，後者の場合は指定管理者制度を採用する場合がある）[1]．

本章では，交通弱者の発生を買い物弱者の発生および増大として「意訳」し，時には健康格差についてもふれることによって，過疎化におけるコミュニティのあり方について，そして関連する諸課題への解消策について日本と英国の事例を通しての比較検討を行うことに目的がある．なお，沖縄の場合は集落出資の商店を共同売店や共同店，英国の場合は（Community Owned Shop）とそれぞれ称されている．ただし日本の場合は，大宮産業（高知県）や常吉村営百貨店などと称されており，共同売店や共同店とは沖縄固有の呼称といっても過言ではない[2]．日英双方の表現を紐解くと，それらは「サービスの利用者が所有し，みずからの利益のために運営する団体．農産物の加工・販売，機器や原材料の購入のほか，卸売，小売，電力，信用・銀行業務，住宅産業など，多くの分野で成功している組織形態である．組合員は任意加入・脱退が認められ，出資額に関係なく平等の議決権をもち，出資者であり利用者であるという特色をもつ．小売協同組合の収益は，一般に一定期間の購入額に基づく配当のかたちで消費者に還元される」[3]という協同組合の概念にも通底するところがある．

3．コミュニティ活動の具体的事例

（1）比較対象としての英国

既にいくつもの研究がなされているとおり，1531年の救貧法の発足以来，時代とともに貧困救済の動きを見せた英国では，いわゆる福祉国家の産声を上げて，様々な対策が講じられてきた．19世紀に至ればロバート・オウエンによる空想的社会主義の実現に向けてのニューラナークの経営（写真1）など，企業と労働に関するコミュニティ活動が展開されてきた．またオウエンの思想を継承してきた人々が，産業革命の進むマンチェスターに隣接するロッチデールで公正先駆者組合（Rochdale Society of Equitable Pioneers）[4]が設立される

出所；筆者撮影.
写真1　ニューラナーク

出所；筆者撮影.
写真2　ロッチデール公正先駆者組合

など（写真2），歴史的にも排除から包摂へと向かわせる動きがあることから，比較対象として英国を取り上げる．もちろん，比較とはいえ，英国の歴史と沖縄の歴史を重ね合わせたとしても，様々な教訓を学び取るところも少なくはないことも予め留意しておきたい．

　上記の通り，沖縄の諸特徴を考えるに当たって，国家と地方という違いはあるけれども，その構成要素であるコミュニティやソサエティの動きに着目して，それぞれの特徴を析出することも特徴的な傾向が浮かび上がると思われる．

（2）　英国の協同組合——その源泉

　なお，ロッチデール公正先駆者組合が世界の協同組合運動の原点になったことは事実であろうが，ここでは「世界初」ではないことを2点の先行研究から指摘してきたい．第1として武居良明は「協同組合といえば，だれしもロチデイル型協同組合を想起するであろうし，その俗称が『ロチデイルの先駆者たち』Rochdale Pioneers として，こんにちもなお親しまれているところから，これが協同組合史の第1ページを飾るやに思われるかもしれないが，事実は決してそうではない．1世紀余の長きにわたり連綿としてつづいてきた協同組合には，2つの類型があった．ロチデイル型協同組合は，いわば，第2類型に属し，その後，状況の変化に対応していくたびかの変貌をとげたが，基本的性格の点ではさしたる変更をも至ることなく，イギリス全土に拡散し，こんにちにいたっている．これにひきかえ，第1類型のそれは，きわめて短時日

のうちに，不首尾に終り，まことに影のうすい存在であるが，その史的意義，ないし社会思想史的意義となると第2類型のそれをはるかにしのぐ大きなものがあると考えられる．通常，ロバァアト・オウエンの名を冠して呼ばれるこの種の協同組合オウエン主義協同組合―は，オウエンの理想であった共同村建設を終局目標に掲げ，消費組合経営にたいしては，少なくとも表面的にはそのための手段としての位置しか与えなかった」[5]と指摘している．

また杉本貴志によれば「利潤目的ではなく，人々が協同して出資を寄せ合い，それをもとに自分達自身が利用する店を開き，それを自ら運営することを協同組合の運動であり店舗であるというのであれば，ロッチデール公正先駆者組合は，史上最初の協同組合店舗ではない．その前史として，オウエン派初期協同組合運動と呼ばれる，決して小規模とはいえない，むしろ大々的な協同組合運動が存在する．1820年代から30年代にかけて，オウエン派によって，イングランド全土で250を超える協同組合の店が設立されたといわれているから，これを無視することはきわめておかしなことだと言えるだろう．前史である初期協同組合の性格を検討することを抜きにしては，ロッチデール公正先駆者組合がなぜ生まれたのかを正確に理解することもできないのである」[6]と指摘されている．

上記の2点は，協同組合の源泉が初期の運動から派生した形をもってロッチデール組合に昇華したものであり，初期協同組合の試行錯誤を経たことを指摘していることに留意が必要である．

(3) コミュニティとソサエティ

さて，コミュニティとは，地域社会や共同体を意味する用語である．コミュニティを関する事業については，たとえばコミュニティセンター，コミュニティハウス，コミュニティ活動，コミュニティビジネスをはじめ，コミュニティバスなども想起できる．本章の主たるテーマは交通であるため，本章の場合はコミュニティについて地位社会を担う交通手段そしてその担い手という意味でとらえるとともに，コミュニティが維持できなくなった場合に生ずる人々を「弱者」と位置づける．そしてコミュニティと弱者を重ね合わせたところに，交通弱者とともに買い物弱者という問題に敷衍させて東西比較を試みていく．

理由は，沖縄のコミュニティビジネスならびにコミュニティバスは，人口減少社会の中で前者は衰退傾向にあるとともに，後者については行政によって維持されている．

他方，本章でいうソサエティについて若干触れておきたい．そもそもソサエティとは，社会と訳されるところであるが，英国には，友愛組合（Friendly Society）やココミュニティ利益組合（Community Benefit Society）などの経営形態が現存していることから，多義的である．そして，場合によっては，コミュニティよりも狭小な意味合いで定義づけられる場合もある．さらに先述の世界の協同組合の原点にもなったロッチデール公正先駆者組合，などにも用いられている．

上記，個別具体事例や経営形態の意味合いからしても，公式・非公式を問わず，コミュニティのプラスになるようなソサエティの活動が必要になるという解釈が可能であり，必ずしもソサエティがコミュニティより大きな概念を表すものではない．

4．交通弱者対策

（1）概要

英国の交通対策について先行研究を確認すると，英国の政権交代との関連から指摘されなければならない．いわゆる英国病に取り組んできた時の首相マーガレット・サッチャー（Margaret Thatcher）による経済改革（いわゆるサッチャリズム）では，公企業民営化と規制緩和が行われた．なお，サッチャリズムとは，「①伝統・権威・国家のアイデンティティや国家による安全保障等を強調する，ニュー・ライトの新保守主義的思考を有する概念形態，②自由市場の原理を奉じ，社会福祉を含む社会生活の全領域に市場原理を拡張しようとする，ニュー・ライトの新リベラリズム的思考を有する概念形態，③物事を善か悪かのみで判断し，イギリスにとって善であることをひたすらに推し進めようとする特性を有する概念形態，④徹底した効率的思考を有する概念形態，⑤個人がもつべき自由選択の権利を尊重する概念形態，⑥マネージング・ディレクターとして上意下達の強制的機能を有する概念形態，の総合体としての政治

概念である」[7]と簡潔に定義しておこう．

　こうした中での規制改革とは特に，先述の②に基づく政策として実施された．そもそも英国のバス事業を取り巻く環境は，「バス利用者の減少は多くの赤字路線を生み，事業者による黒字路線で生じた利潤を赤字路線の超過費用の補填に利用する内部補助は次第に困難になっていった．地方自治体はバスサービス維持のため補助金を与えたが，利用者の減少は止まらなかった．1972 年に7,100 万ポンドであった補助金は，1982 年には 8 億 9,700 万ポンドへと膨張した」[8]というほどに，当該事業は課題を内包していたのである．しかし規制緩和で英国のバス業界は，「規制緩和政策の導入の結果，採算路線の輸送サービスのみでは旅客のニーズに応えることはできず，また，自由化のみでは理想的なバス輸送サービスを実現することができないことが認識されるに至った．このため，1990 年代以降は，ロンドン以外の地域においても，自治体がバス輸送会社と共同で輸送サービス改善を進める取り組みが始められている．つまり，英国では自由化の結果を踏まえ，規制緩和地域においても，民間バス会社の経営努力を活かしながら，各自治体がより主体性を持って総合交通政策の観点から調整を行う方向に改善される状況にある」[9]．英国では規制緩和の影響を受けつつも，完全な規制緩和が機能しなかったことがうかがえる．

(2)　交通弱者から買い物弱者へ

　仮に交通サービスの担い手が公企業から私企業に転換された場合，概して独立採算制の傾向が強くなり，不採算路線の廃止が行われ，地方が（人口減少やほかの公共サービスの縮小）衰退していっても何ら不自然ではない．そのような中，コミュニティ活動はどのように知ることができるだろうか，一般的には集落の人口動態が取り上げられるところであるが，ここではコミュニティ活動の一環として共同売店の開設状況という視点から調べることにしたい．すなわち，交通弱者が増大するに連れて，コミュニティの機能がぜい弱化し，買い物弱者や健康格差を増幅させかねないのだが，英国の場合は他の先進国と同様，少子高齢化が進んでいるにもかかわらず，コミュニティの結束力（体力）が強まっていることに特徴がある．さらに英国の場合は，行政への依存を極力回避しているところにも特徴がある．図 13-1 のように，英国の共同売店は，いわ

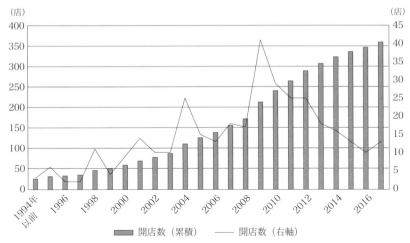

出所:Plunkett Foundation, "Community Shops -A Better Form of Business 2014", p4 および同 2017, p2.

図 13-1　英国の共同売店の開店状況

ゆるリーマンショックの時にもむしろ増加のペースを上げたことも特筆されるべきである．リーマンショックを開店ピークとみる理由は，地域に点在していた大手私企業の経営するスーパーマーケットが相次いで閉店を余儀なくされたことで買い物弱者が全国各地で生じたため，各地の住民はプランケット財団の助力を得て共同売店の開設を実現させたためであると考えられるからである．そして 2017 年末現在では，361 箇所の共同売店が運営されており，同様の手法で設立されたコミュニティ・パブ（Community Owned Pub）は 60 店舗まで増加している[10]．

(3)　行政に依存しないコミュニティの再生

コミュニティの再生には，えてして行政との協働が一義的に考えられる．しかし，英国の場合は，コミュニティ再生に向けたビッグソサエティ（Big Society）路線に伴う「共」の役割に着目されなければならない．なお，ビッグソサエティとは，「端的に言えば，人々が政府の提供する公共サービスに頼らず，お互いに助け合うことで生活の水準を向上させていく社会である．これは，保守党が従来から政策理念の 1 つとしてきた小さな政府路線とも，もちろん

労働党による大きな政府路線とも異なるものとされる」[11]と指摘されている．つまり，「彼（キャメロン：筆者注）は，労働党的な（＝フェビアン主義的な）『大きな政府（Big Government）』のもとでの官僚機構の弊害を強調する．また，人々の政府への依存体質も問題視している．社会保障分野においても，政府の過剰な供給が，民間の努力をクラウドアウトしているという．極言すれば，『大きな政府』が健全な『社会』を阻害する大きな要因となっているとの認識にたっている．したがって『社会』の再生のために，政府から各コミュニティが自立し，地元の人々が協調的・互助的に努力することが大切だとの主張になるわけである．かつて『社会なるものは存在しない．存在するのは国家と個人・家族である』と言いきって，個人・世帯レヴェルでの自助努力を促そうとしたのはマーガレット・サッチャー元首相であったが，キャメロンの主張は，『社会』が入ることにより，サッチャーの主張とは異なっているようにもみえる．しかし『小さな政府』を志向する点では，キャメロンは明確にサッチャーの後継者といえる．単位が個人・世帯からコミュニティへと変わっているが，その自助努力を促すという点では共通しているようでもある」[12]という指摘がこのビッグソサエティに対してなされている．

　上記の通り，小さな政府と大きな社会を表裏一体の概念として，ここでは取り上げておき，さらに前項に現れているような課題と解決策としての「社会」を組合活動という現実として捉えてみると，どのようなステップを歩むのだろうか．

（4）概念から現実社会へ

　前節の開業数の増大に重要な役割を果たしているのは，先述のプランケット財団の存在である．創業のための13ステップを経ることによって各地のコミュニティはまず，買い物弱者の削減（カフェやパブの設営）から始められるのである．改めて，プランケット財団が提示する創業モデルを表13-1で確認しておこう．いずれも重要なステップを踏んで開業を実現させるものであるが，中でも「6. 最適な経営形態の選択」が重要と思われる．プランケット財団の推奨する経営形態では，1人1票の原則を通して，特定人物による支配を排除すること，および営利非分配法則に特徴があるように思われる．こうした支援

の下,各地の共同売店で採用された経営形態は表2のようになっている。過半数の共同売店が2014年の法律に基づくコミュニティ利益組合を採用しているが,この形態は2014年以前には産業共済組合(Industrial and Provident Society)と呼称されていたものである。なお,コミュニティ利益組合とは,「組合員にではなく,より広いコミュニティに利益をもたらすための協同組織」[13]と簡潔に定義することができる。創業モデルに記された13のステップにおいて,地域の課題を解決しようとする作業チーム(発起人)の発足は,コミュニティの利益のために協働を惜しまないという理解が必要である。すなわち,株式会社などの起業に見られる私的利潤動機とは一線を画すことになる。

だが,地域の課題を解決するにあたって必要とされることは,組織の存続による継続的な対策である。起業のみが地域の課題を解決するのではなく,長期にわたって(例えば,発足人の世代交代を初めとする環境変化でさえ対応でき

表13-1 英国におけるコミュニティビジネスの創業モデル

段階	内容	備考
1	可及的速やかにプランケット財団へ相談	
2	作業チームの組織	いわゆる有志
3	コミュニティへの相談	
4	コミュニティへのアンケート結果のために公式会議を開催	
5	委員の選出(可能なら公式会議を利用して)	
6	最適な経営形態を選択	1) 公開されたボランティアメンバー 2) 1人1票の原則 3) コミュニティによる管理を貫き、特定人物の支配を排除する 4) 営利非分配
7	最適な敷地・建物を確認	
8	経営計画書を作成	見込まれる収支や郵便業務の受託など
9	融資資金の必要額の水準を引き上げる	
10	店舗のデザインやレイアウトの計画、在庫管理や価格設定の判断	
11	プランケット財団との契約締結	
12	正規のアルコール販売免許取得の確認	
13	開業日や取引開始日の公開	

出所:Plunkett Foundation, "A guide to the essential steps for setting up a rural community business", Jan, 2018, (https://plunkett.co.uk/wp-content/uploads/How_to_Set_up_a_Community_Business_Jan_2018.pdf: 2018年8月8日)

表13-2 経営形態別構成比

経営形態	和訳	概要	2011年	2014年	2016年
Community Benefit Society	コミュニティ利益組合	2014年までは Industrial and Provident Society	64%	61%	69%
Company Limited by Guarantee	有限責任保証社	チャリティ委員会と会社法の両規制に従う	6%	12%	14%
Co-operative Society	共済組合	資産配分可能、剰余金は基金に。一般税制適用、有限責任	9%	9%	1%
Community Interest Company	コミュニティ利益会社	税制優遇はないが、社会的企業として資金調達が容易になる	6%	7%	8%
Friendly Society	友愛組合	7名以上の受益者、投資組合員不可		1%	
Company Limited by Shares	株式有限責任会社	一般的にチャリティ資格は不可		2%	
Charitable Trust	公益信託	条件次第では「本来の事業」は非課税		1%	
Unincorporated	法人格なし		4%	5%	
Other	その他		11%	2%	8%

出所: Plunkett Foundation, "Community-owned Village Shops: A Better Form of Business", January, 2011, "Community Shops: A Better Form of Business 2014" p. 9 および同 2016, p. 6, 石塚秀雄「ヨーロッパの共済運動の特徴」『いのちとくらし研究所報』第15号，2006年5月，35ページ，吉田夏彦『『コミュニティ利益会社』の法的性質」『近畿大学豊岡短期大学論集』第8号，2011年, 『日本経済新聞』2011年11月1日，公益認定等委員会事務局編「公益法人制度の国際比較概略——英米独仏を中心にして」(https://www.koeki-info.go.jp/pictis_portal/other/pdf/20130801_kokusai_hikaku.pdf: 2016年3月10日).

るという意味において）組織を存続させるためのマネジメントが問われるのである．

5. 事例研究①——沖縄県国頭村奥集落

さて，奥集落のコミュニティ活動の原点は，共同売店である．1906年の発足後，この仕組みは沖縄全土のみならず，奄美地方にも伝播し，さらに買い物弱者で困難を極める本土各地でもその仕組みを模範としたビジネスモデルが導入された．2017年現在では，奥共同売店の周辺には，同店が運営するガソリンスタンドも併設され，さらに駐在所と郵便局が隣接している（写真3および写真4）．また，徒歩10分程度で宿泊施設や製茶工場（写真5）などが点在し，また平野部に住居が点在している．なお，年商は5,500万円ほどであり，

出所：筆者撮影.

写真3　奥集落その1

出所：筆者撮影.

写真4　奥集落その2

出所：筆者撮影.

写真5　奥茶業組合（製茶工場）

集落内外の購入比率は各50％程度である[14]．

　そもそも奥集落は陸の孤島といえる地域であり，それがために共同売店の仕組みがいち早く導入されるとともに，製茶，酒造，製材などの関連産業の育成（コミュニティ外部からの外貨獲得）も始められた[15]．2017年現在では，製茶事業のみが奥茶業組合として残存している[16]．

　奥集落は三方が数100メートルほどの山地に囲まれており，残りは奥川の河口が広がる地形であり，奥川両岸のなおかつ平坦部分に集落が点在しているという地形である．長らく集落外部との往来には「やんばる船」と呼ばれる船舶が利用されて

便名	楚洲	奥	辺戸	辺戸岬
①	-	7：40	7：49	7：54
②	13：17	13：30	13：39	13：44
③	-	16：00	16：09	16：14

便名	辺土名	宇良	伊地	与那
①	11：30	11：32	11：33	11：36
②	15：00	15：02	15：03	15：06
③A	18：10	18：12	18：13	18：16
③B	17：30	17：32	17：33	17：36

注：③Aは夏期4月1日〜9月．
出所：国頭村ウェブサイト（2018年12月10日）．

いた．この船舶も集落が購入・運営するに至り，その後，名護市との間に道路が開通後には，共同売店所有のバスが運営されることとなった[17]．民間事業者による運行，行政による補助を受けた私企業による運営，さらには私企業の撤退後には村営バスが1日3便運行されている（写真6および表13-3）．村営バスの運営は，「国頭村有償バスの徴収条例」（1986年制定）に基づいている．

こうした地形をもった集落単位において，「地理的にも社会的にも隔絶された集落の，自己完結的に自立した地域共同体の象徴として理想化されて扱われることにもなる．しかし日本全国の隅々に舗装道路と電気・ガス・水道が行き届き，豊富な商品を揃えた大型店舗での購買行動が日常化した今日，沖縄本島北部地域においても社会的な隔絶性は緩和され，小さな集落の共同売店の購買機能はごく限定的なものとなっている」[18]という指摘は県内各地の実情を網羅している．だが，単に購買機能のみで共同売店を理解するよりも，たと

出所：筆者撮影．

写真6 国頭村営バス

表13-3① 奥線上り時刻表

北国小学校	宜名真	宇嘉	辺野喜	佐手	謝敷	与那	伊地	宇良	辺土名
7：58	8：02	8：09	8：12	8：16	8：18	8：22	8：25	8：26	8：28
13：48	13：52	13：59	14：02	14：06	14：08	14：12	14：15	14：16	14：18
16：18	16：22	16：29	16：32	16：36	16：38	16：42	16：45	16：46	16：48

表13-3② 奥線下り時刻表

謝敷	佐手	辺野喜	宇嘉	宜名真	北国小学校	辺戸岬	辺戸	奥	楚洲
11：40	11：42	11：46	11：49	11：56	12：00	12：04	12：09	12：18	12：31
15：10	15：12	15：16	15：19	15：26	15：30	15：34	15：39	15：48	-
18：20	18：22	18：25	18：27	18：34	18：38	18：43	18：47	18：56	-
17：40	17：42	17：46	17：49	17：56	18：00	18：04	18：07	18：18	-

えば，見守り機能（社交場や情報拠点）をはじめとする福祉機能や地域のハブ (hub) 機能も担っていることを指摘する必要がある．

6．事例研究②──Tibberton

Tibberton という町は英国に 2 カ所ある．ここでは，Shropshire にある集落について検討を試みる．本集落の路線バスは，1 日 8 便運行されている[19]．この集落には 220 世帯，600 人の居住者がおり，その中心部に 2011 年に開業した Tibberton Village Shop がある．経営形態は，Cooperative and Community Benefits Society である，英国の共同売店で最も採用されている形態である．写真 7 のとおり，共同売店は老若男女を問うことなく，地域の人々にとってハブ機能を有しており，営業時間中は少なからず住民の出入りがあって賑わいを見せている．地域のための共同売店であるためには，無償ボランティアの多用が必要不可欠であるが，これについては写真 8 の通り，午前と午後のローテーション（いわゆる Rota）がすべて埋まっていることにも特徴がある．この無償ボランティアが人件費の抑制にも寄与しており，表 13-4 の損益計算書に示したように，年商 6 万ポンド（2018 年 8 月現在：1 ポンド＝約 144 円）にもかかわらず，最終黒字を維持することができているのである．

出所：筆者撮影．

写真 7　Tibberton Village Shop（1）

出所：筆者撮影．

写真 8　Tibberton Village Shop（2）

表 13-4　Tibberton Village Shop の損益計算書　　単位：ポンド

	2016 年 9 月末	2015 年 9 月末
売上高	58,920	61,450
売上原価	48,873	50,698
営業利益	10,047	10,812
諸経費	3,466	3,555
経常利益	6,581	7,257
雑収入	124	179
雑支出	2,979	1,072
税引き前利益	3,726	6,355
法人税	745	1,054
税引き後利益	2,981	5,301

出所：Tibberton Community Shop Limited "Report of the Management Committee and Unaudited Financial Statement 2016 for Tibberton Community Shop Limited".

7．事例研究③—— Rusper

　Rusper Village Stores は，公共交通としての路線バスは，1 日 1 往復のみとなっている地域にある[20]．この売店は，1991 年に再開し，その経営形態を Private Limited Company となっているため，厳密には集落にある商店（village store）ではあるが，共同売店形式ではない（写真 9）[21]．しかし集落にとって必要不可欠な焦点であることに相違はない．また，同店は，集落外への資金流出を避けるために，プランケット財団からの支援を受けていない[22]．再開した際の地域住民の歓喜の声として三人の，娘を持つ母親の声に現れている．すなわち，「子ども達に徒歩で村の商店で買い物をして欲しい．その意味するところは，経済感覚や買い物を学ぶ場所であるし，ポケットマネーで少しのおやつも買うことができるし，母親にとっても雑貨を買える場所でもあるから」[23]という

出所：筆者撮影．

写真 9　Rusper Village Stores

ことに集約されるであろう．一時は，近隣の大型スーパーとの競争で閉店を余儀なくされたものの，日常の買い物だけでなく，子どもに対する経済感覚の教育の場所でもあることから，近隣の大型スーパーからは学ぶことができない機能を有していることがうかがえる．

　Rusper 周辺の交通機関としては，バス以外には，タクシーの利用となる．2017 年 8 月現在，Horsham 駅から Rusper までの利用では，区間式の場合で 12 ポンド，メーター式の場合で 15 ポンドとなる[24]．このような自家用車以外の移動手段に課題があるように思われる地域と思われるが，その一方，表 13-5 に示したように Rusper Village Stores は，2015 年度の年商が 49.5 万ポンド（2017 年 11 月現在で約 7,400 万円）を計上しており，先述の Tibberton の約 10 倍の規模であり，2016 年を通しての雇用者数（有償労働）は 7 名である[25]．

8．事例研究④——Radley

　Oxford から路線バスで 20 分ほどにある Radley（写真 10）では，すでにわが国の研究機関による調査も行われており[26]，これまでの集落とは交通の利

表 13-5　Rusper Village Stores の損益計算書　　（単位：ポンド）

	2015 年 3 月末	2014 年 3 月末	2013 年 3 月末
売上高	495,645	489,187	434,792
売上原価	367,022	363,769	318,253
営業利益	128,623	125,418	116,539
諸経費	111,408	110,543	110,396
経常利益	17,215	14,875	6,143
雑収入	141	1,571	574
雑支出			
営業利益	17,356	16,446	6,717
利息および関連収入	23	15	12
税引き前利益	17,379	16,461	6,729
法人税	3,496	1,812	
税引き後利益	13,883	14,649	6,729

出所：Rusper Village Stores Limited "Total exemption small company account made up 31 March 2016".

便性からしてもアクセスの良い環境にあるといえる．Oxford と Reading の間に位置するこの集落には，Great Western Railway の Radley 駅もあり（徒歩5分程度），日中1時間に1本程度の運行がなされている．また写真 11 のようにバスもオックスフォード中心部から頻発していることがうかがえる．これまでの事例の中では最も交通至便な地域であるといえるが，その一方，共同売店の収益は Rusper には及ばないことも留意が必要である．集落の人口規模の相違も関係していると思われる．当売店では表 13-6 で示したとおり，2016年3月には 23 万ポンドであることから，3,000 万円を超過するほどの規模である．また，交通が至便であることは，集落外への移動も比較的容易になることから，集落への資金循環がこれまでの地域よりも弱い可能性がある．

出所：筆者撮影．

写真 10　Radley Village Shop

出所：筆者撮影

写真 11　Radley へのバス交通

表 13-6　Radley Village Shop の損益計算書

(単位：ポンド)

	2016 年 3 月末	2015 年 3 月末	2014 年 3 月末
売上高	232,930	240,024	250,506
売上原価	181,083	186,785	195,395
営業利益	51,847	53,239	55,111
雑収入	987	2,490	1,062
諸経費	41,298	44,129	38,191
税引き前利益	11,536	11,600	17,982
法人税			
税引き後利益	11,536	11,600	17,982

出所：The Radley Village Shop Association Limited, "Unaudited accounts for the year ended 31 December 2016", "2015".

9. 事例研究⑤――Sussex

　本章の最後に，ここでは，パブを中心とした公共交通の活性化の立案と実施に関する事例を取り上げる．Rusper 共同売店が位置するサセックス州では，Campaign for Real Ale (CAMRA) による集落外のパブの利用活性化のキャンペーンを展開しているが，その中には飲酒運転を予防するために，2009 年より Bus to the Pub (Sussex BttP) という取り組みが展開されている[27]．内容としては，地域にあるパブにてエールビールを提供しているのだが，地域住民は自動車の利用を前提にしているので，飲酒運転のリスクがあることから，地域のバス会社とパブとのタイアップによって BttP キャンペーンを展開するというものである[28]．さらには，Train to the London Pubs というキャンペーンもあるなど[29]，飲酒の習慣を維持させるために，公共交通機関とのタイアップによる利用促進策が講じられている．

　本事例では，これまでの買い物弱者の課題を解消するための対策ではなく，コミュニティにおける地場産業の活性化のために，公共交通機関の利用促進がうたわれているのである．これまでの共同売店の場合は，交通弱者を買い物弱者に意訳して，課題解決に向けた取り組みを見てきた．今回の事例は，これまでと異なり，コミュニティに点在するパブの活性化および飲酒運転の抑制のために，交通機関が支援するという意味合いがある．

10. 相違点

(1) 既存の諸制度

　社会経済の主体を，改めて「公共私」のカテゴリーで分けるとすれば，奥集落を初めとするコミュニティの強み（共同売店を残存させるだけの地域の「体力」）とは，行政に依存しないところにあった．いわば自助努力によるコミュニティの経営が，買い物弱者対策としての共同売店の開設・運営のみならず，交通弱者対策としてのバスの取得・運営までも実現させてきた．しかし，こうしたビジネスモデルは，人口が増大を伴っている時期に成り立つものであり，

そのモデルにのみ固執すれば制度疲労を引き起こすことは自明である．交通弱者も然りでコミュニティによる自助努力は独立採算制による実現可能性を示唆するものであるが，しかし人口減少時代には成立し得なくなる．奥集落の事例を鑑みれば，共→私→公によって交通弱者対策がなされてきた．交通弱者の発生は結局のところ，行政による対応が最終手段ではないかと思われる．

その一方，英国の事例を見てみれば，行政に頼らないコミュニティの頑強さを確認できた．たとえ公共交通の典型である路線バスの減便がなされても，地域の共同売店の活躍は買い物弱者や交通弱者の問題に果敢に取り組んでいるものと考えられる．そして，家族や市民が保有する自家用車の役割も小さくはないと思われる．

上記のような協働，そして市民社会の成熟度の違いにも言及されなければならないが，沖縄の事例のように有償労働を前提とした共同売店の仕組みは，集落の人口が右肩上がりであるとか，周辺の交通手段の未発達な状況，そしてインターネット社会の普及度合いなどに左右されて，次第に類似している買い物弱者対策と競合を余儀なくされてきたことも否めない．僻地ゆえのブルーオーシャン状態に支えられてきた共同売店は，様々な環境変化の中で次第にレッドオーシャンと化した環境に晒されたのである．同様に交通に関わる問題も，モータリゼーションの普及や就労機会を求めて，さらにはより便利さを追求した生活は，地方から都市部への，沖縄では離島や北部地域から中南部地域への転居も伴い，地方の過疎化はとどまることを知らず，結果として地域住民の交通需要も先細りとなって民間交通事業者の視点から，公共交通輸送の使命に終焉を遂げた結果，行政直営という最後の手段が交通弱者の解消策となったのである．

上記の解消策に加えて，コミュニティに共同売店が設立されると様々な影響が及ぼすことが指摘されている．表13-7がその事例を提示している．共同売店が存続することは，買い物弱者のみならずコミュニティにとっても利点がいくつもあることが記されている．コミュニティの中心に共同売店が位置すれば，情報交換，買い物へのコスト削減，そして地産地消など様々なメリットが享受されることになる．

表13-7　コミュニティに共同売店や商店が存在する理由

共同売店や売店が設置される利点	コミュニティへの利点
コミュニティ全体の中心部を創造する 待ち合わせ場所とカフェができる 日常の生活必需品の購入に利便性が出てくる 地元生産者から鮮度の高い産物が購入可能 郵便サービス 様々なアクセス拠点（インターネット、地域掲示板、地域ニュース、書籍交換／リサイクル／集荷サービスなど）	交通費の削減 地元産品のアクセスの簡便化 地元企業の支援 時間短縮 住宅価格の上昇 社交化への新しい機会の拡大 地域の新しい拠点

出所：「ブレットフォートン共同売店経営計画書（2013年9月）」10ページ（http://www.bretshop.org/resources/BretShopBusinessPlan.pdf: 2016年4月22日）．

(2) ロッチデール原則と沖縄

　コミュニティの存続のため，地域住民は地域協働へ動いてきたことは明らかである．これまでの指摘の通り，奥集落の場合は，共同売店を主体として交通機関の所有・運営まで実現させるまでの「体力」を擁した時期もあった．こうした動きの背景には，英国のロッチデール原則に求めることができる．と同時に，奥共同売店の店則との相違点を表 13-8 にまとめておく．1人1票の原則や利益分配に「教育」への配分が記されているなど，一部の共通点を見いだすことができる．こうした原則は，これまでの指摘の通り，人口増大期におけるビジネスモデルが前提となっている．しかし人口減の時代に有人店舗型でなおかつ有償労働を雇用するほどの体力が残されているかといえば，否定的な見解を示さざるを得ない．それゆえ英国のように無償労働を推進する，もしくは無償労働が認知されやすい社会づくりも必要であろう．

　いわゆる「地産外商」もしくは「地産外消」と称される考え方は，コミュニティにおける資金循環システムとして必要である．このような考え方がコミュニティに醸成されていれば，地域に潜む課題の解決策を模索することができる．かつての奥共同売店のようにコミュニティの利益のために様々な商品が作り出され，場合によっては船舶やバスなどの交通機関の運営まで可能とさえる事例は，一つの示唆を与えるものである．かつての英国のように，私企業による資本の論理（労働者の搾取）や行政への不信感といった中から「共同」は，産声を上げた．同様に沖縄でも共同の産声を上げながら，いわゆる100年企業と

表 13-8　ロッチデール原則と奥共同売店運営ルールの比較

	ロッチデール原則	奥共同売店店則
出資者	開かれた会員制（加入・脱退の自由）	区民は全員加入，転出転入者は任意
金融	資本の自己調達と低率利息の負担	基本的には区民・区の出資（一部に借入）
商品提供	純良な商品の提供，量目などの正しさ	
販売	市価販売および信用取引の禁止	掛け売りあり（5人1組），一定金額または回数の制限
配当	利用分量に従って利益分配	出資配当，後に購買量に応じた配当
株主の権利	一人一票，および男女平等	一人一株，区総会は戸主・有権者で構成
役員人事	定期的に選出された役員による運営	区民総会による主任などの選任
		定期的交代
配当以外の利益分配	利益の一定率の教育への配分	学資奨学金・貸付
		青年文庫などへの寄付
		地域行事への使用（こいのぼり祭り）
情報開示	報告と貸借対照表の頻繁な開示	かつては年3期決算　現在2期

注：原典を一部加筆修正している．
出所：林和孝「コミュニティに埋め込まれた協同組合」（財）地域生活研究所『まちと暮らし研究』第15号，2012年，81ページ．

称されるまで存続している．そもそも各地に内包されている共同の意識は資本の論理や行政によって代替されたのだが，再起も待たれるところである．

11．コミュニティと交通

　本章では，コミュニティと交通に関する若干の考察を加えてきた．英国と沖縄の相違点にも記したとおり，コミュニティになにがしかの課題が生じた場合には，無償ボランティアを中心とした組織の運営で解決を試みてきた英国とは異なり，沖縄をはじめとする全国では，事業として，そして就労場所としての位置づけがあることから，東西での相違点を知ることができる．
　コミュニティの「体力」とそのサービスの「頑強さ」は，英国の場合は内発的な要素を踏まえながらも外部の助力を経て実現することが理解できる．もちろん，コミュニティが強いからこそ様々な対策を実施することができるのか，様々な対策が練られるたびにコミュニティが強くなっていくのか，という点については，そもそものコミュニティの危機感と団結力の強弱に分岐点が存在するものと考えられる．

さらに加えるとすれば，コミュニティの強さとコミュニティが抱える諸課題の解決能力が比例しているとすれば，日英での相違点からして次のような対策が必要となる．すなわち，課題の解決を試みる主体として英国では13のステップを踏んで，諸般の課題に取り組んでいる．沖縄を含めて日本の場合は，実行委員会形式が多くある中で，一定程度発起人としてのカリスマ的存在のリーダーシップによって行われるケースも少なくない．このため，リーダーが引退などした後に，後継者の課題で行き詰まりを見せることもありうる．そこで，ここで課題となるのは個人から組織への責任転嫁を増しておきながら，持続可能性を探っていくことが必要になってくる．そして，コミュニティの体力の格差を見ると明らかなように，地域の課題を自らの力で解決しようとする力が英国には見受けられた．これまでの通り，買い物弱者や独居老人の孤立を防ぐ対策がなされている．地域協働の動きとして，路線バスの運行すら可能ではないかと思われる．

　その一方，地域協働の事例としてコミュニティに埋め込まれたパブの活性化では，公共交通機関が利用促進の一助となるとともに，飲酒運転というリスクの解消にも貢献している事例を見ることができた．共同売店が日常の買い物行動を通して弱者救済に貢献しているとすれば，パブと公共交通機関の関係には，見守り機能や社交機能の維持だけではなく，飲酒運転の抑制にも貢献するという点に特徴がある．

　上記の事例をまとめるに，各地の課題あるいは全国レベルでの課題を解消しようとする動きを見ることができたのだが，開業以降のマネジメントのあり方も継続した検討が必要である．株式会社やほかの私企業と私的利潤動機か，もしくはコミュニティ利益かによって組織の特徴を区別することができるが，開業以降は支出を常に上回る収益体制の確保が存続のための絶対条件となる．こうした文脈において，無償によるボランティア労働が是認されており，それが何がしか認知されている状況が共同売店の拡大にも貢献していると考えられる．

12．まとめ

　本章は，主にコミュニティと交通について，前者と後者の関係性について述

べてきた．少子・高齢化が進むにつれて地方と都市の格差が生じ，また都市においても空洞化した地域が見られるなど，様々な課題を見ることができる．その典型例として交通弱者がもたらす様々な課題を，買い物弱者や健康弱者などに求めてきた．わが国の事例で考えれば，交通弱者の発生が様々なコミュニティの維持・存続にも影響を及ぼすと考えられがちだが，しかしコミュニティの力が強ければ強いほど，課題解決能力に富んだ行動を見ることができる．交通については英国の事例を見ても，自家用車の多用によって共同売店が維持されていることも特筆されるべきである．コミュニティの力で様々な課題が解決されるためには，地域の課題を解消に向かわせる組織としてのプランケット財団の役割に着目した．しかし地域の交通の利便性と集落の人口規模からすれば，プランケット財団の支援を受けなくても地域商店が維持されるという事例も見ることができた．持続可能な組織の運営で交通弱者と買い物弱者の解消に貢献しているものの，地域の人口規模が小さくなるほど収益は下落することから，支出を抑制するために地域住民による無償ボランティアへの依存度が必然的に高まってくる．その一方，地域商店の場合は，有償労働も可能とすることが理解できる．

他方，沖縄の場合は，総じて，スーパーやコンビニの出店のみならず，道路インフラやモータリゼーション，さらにはインターネットの普及など，複合的な要因によって共同売店の役割が縮小している．英国との違いは，地方と都市の格差の大きさであることから，長期的には地方においても子育て世代による生活に不自由のない環境を整えていくことが必要である．そうすることで，過疎化と都市化という格差も少しは解消に向かうと考えられるし，中期的もしくは長期的な視点からは，英国のプランケット財団に相当するような地域協働に特化した支援機関の整備も沖縄には必要かと思われる．

　　本稿は，拙著「買い物弱者対策を目的とした地域協働の日英比較研究：共同店を基軸として」『経済論集』（沖縄国際大学）2017年，7-26ページを基礎に，加筆修正を行ったものである．

注
1) たとえば廃校利用によるマイクロスーパーの展開が指摘される．(http://www.

cao.go.jp/regional_management/doc/about/01_keiseikouka.pdf：2018 年 8 月 8 日）．
2) 日本の場合は，地域によっては共同売店や共同店という表現すら使用されない場合がある．たとえば，村上了太「地域住民が出資した共同売店の経営と課題」『比較経営研究』第 39 巻，2015 年，136 ページ．ただし，常吉村営百貨店は解散後，共同売店形式から離脱後，「つねよし百貨店」と改称されている．また，沖縄で最初に開設された奥共同店については，先行研究をいくつか見ることができる．ここでは，沖縄全域に調査を敢行した，安仁屋政昭，玉城隆雄，堂前亮平「共同店と村落共同体——沖縄本島北部農村地域の事例」『南島文化』（沖縄国際大学）創刊号，1979 年および 安仁屋政昭，玉城隆雄，堂前亮平「共同店と村落共同体（2）——沖縄本島中南部地域と離島の事例」『南島文化』（沖縄国際大学）第 5 号，1983 年を指摘しておきたい．
3)『ブリタニカ国際大百科事典小項目事典』．
4) ロッチデール公正先駆者組合については，たとえば中川雄一郎「ロッチデール公正先駆者組合と生産協同組合」『協同の發見』第 118 号，2002 年を参照されたい．
5) 武居良明「イギリス産業革命期における協同組合運動」『土地制度史学』第 12 巻第 1 号，1969 年，1 ページ．
6) 杉本貴志「『労働』をめぐる協同組合のビジネス・エシックス」『ビジネス・エシックスの新展開』（研究双書第 147 冊）（関西大学経済・政治研究所），2008 年，124-125 ページ．
7) 山口裕貴「サッチャリズム政策に存する根幹的イデオロギーの再検討」『桜美林論考・自然科学・総合科学研究』第 2 号，2011 年，62 ページ．
8) 田邊勝巳・加藤浩徳「英国における最近の域内バス政策と入札制度の実状」『運輸政策研究』第 3 巻第 3 号，2000 年，28 ページ．
9) 黒崎文雄・藤山拓「英国の旅客鉄道およびバス事業の参入自由化とネットワークの維持に関する課題」『運輸と経済』第 73 巻第 1 号，2013 年，74 ページ．
10) Plunkett Foundation, "Report of the Trustees", 2017, p2.
11) 杉浦勉「『大きな社会』と英国財政」『経済論集』（関西大学）第 62 巻第 1 号，2012 年，1-2 ページ．
12) 永島剛「イギリス『大きな社会構想』とソーシャルキャピタル論」『社会関係資本研究論集』第 2 号，2011 年，120 ページ．
13)「超・低金利時代の投資の形：オーガニック蜂蜜の生産を支える英国の社会的投資の仕組み」『ビッグイシューオンライン』（http://bigissue-online.jp/archives/1065559621.html：2017 年 11 月 17 日）．
14) 奥集落の糸満盛哉区長によると，第二次世界大戦直後の復員兵の帰還によって集落の人口が 1,000 人を超える時期には年商が 1 億円を超えていたという（2017 年 8 月 21 日）．
15) たとえば，小川護「沖縄本島北部の共同売店の立地と経営」『沖縄地理』第 8 号，2008 年を参照されたい．
16) 奥集落の糸満盛哉区長によると，三方が山地で囲まれ，寒暖の差が本島南部より大

きく，また酸性土壌（いわゆる国頭マージ）などといったいくつかの条件が重なって茶葉の栽培が行われてきたという（2017 年 8 月 21 日）．
17) たとえば，細越まみ「共同売店の現在」島村恭則・日髙水穂『沖縄フィールド・リサーチ』(秋田大学教育文化学部) 2007 年，79 ページを参照したい．
18) 清水万由子・大矢野修「現代における共同売店の展開可能性」『龍谷政策学論集』第 5 巻第 2 号，2016 年，75 ページ．
19) Tibberton Village Shop ウェブサイト（http://www.tibbertonvillageshop.co.uk/about.php：2017 年 11 月 16 日）．
20) Rusper 周辺の交通事情（http://www.carlberry.co.uk/rfnlistr.asp?L1=RUS0310&op=B：2017 年 11 月 19 日）．
21) 同店マネージャーの David 氏からの聞き取りによる（2017 年 8 月 4 日）．(https://beta.companieshouse.gov.uk/company/02600132/officers：2017 年 11 月 9 日．
22) 同上．
23) "Village store REVIVAL", Sussex Times, Sep 1999, p60.
24) なお，Horsham と Rusper を結ぶバスは，Rusper 9：30 発 Horsham 9：56 着，Horsham 12：35 発 Rusper 13：08 着となっている（https://bustimes.org）．
25) Rusper Village Stores Limited, "Unaudited Financial Statements for the year ended 31 March 2017", p.3.
26) たとえば，堀部修一・野嶋慎二「英国における住民主体のコミュニティショップ活動に関する研究」『日本建築学会計画系論文集』第 78 巻，第 691 号，1947-1955 ページを参照されたい．
27) "Sussex Drinker", 2017, Winter, p22.
28) たとえば，CAMRA（Campaign for Real Ale）ウェブサイト https://www.southeastsussex.camra.org.uk/viewnode.php?id=34513：2017 年 11 月 17 日）には，地域のパブに向かうバスの時刻表が各月で記されている．
29) Sussex Drinker, op cit., p22.

三大学院共同シンポジウムの歩み

1 三大学院共同シンポジウムの起源

　札幌大学において，2001 年 4 月に大学院経済学研究科地域経済政策専攻が設置され，2003 年度に経済学部附属研究所として「地域経済研究所」が設立された．これらの 2 つの機関には，互いに連携を図りながら，共に「地域」をテーマとする研究の振興に資することが期待された．

　「地域」は，経済的にも社会的・文化的にも，多様で複雑なため，1 つの地域を研究するのにも，他の地域の研究が大いに参考となる．特に，日本の北と南の端では，類似の問題を抱えつつも，特色に顕著な差異がみられる．したがって，地域研究関連の専攻をもつ大学院との研究協力は，新たにその仲間入りを果たした札幌大学にとっても，切に望まれるところであった．

　当時，地域経済政策専攻を設置した大学院は札幌大学と鹿児島国際大学（1999 年 4 月設置）のみであったが，沖縄国際大学には地域産業研究科地域産業専攻（1998 年 4 月設置）があった．さいわい，札幌大学大学院経済学研究科の当時の黒柳俊雄研究科長は，沖縄国際大学大学院地域産業研究科の渡久地朝明教授と北海道大学農学部の同窓で旧知の仲であり，交流があった．

　このため，札幌大学側では，黒柳研究科長の提案を受けて，沖縄国際大学および鹿児島国際大学と研究交流や共同研究を推進する構想が動き出し，そのための「研究協力に関する申し合わせ（案）」が準備された．2 大学には，石坂昭雄学部長（後に学部附属地域経済研究所初代所長に就任）が桑原真人教授（後に同副所長に就任）を伴って訪問し，研究科を代表して，交流の趣旨説明と申し込みを行うことになった．

　鹿児島国際大学では，2002 年の春休みに，石坂学部長と桑原教授の来訪を受け，衣川恵（岩野茂道研究科長が不在のため代理）と外間安益副学長が対応した．その際に札幌大学から提案された 3 大学院の「研究協力に関する申し合わせ（案）」について，鹿児島国際大学大学院経済学研究科では，4 月から

7月まで研究科会議で継続的に審議し，7月3日の研究科会議で，第4条の文言をごく僅か修正したうえで承認した．

一方，沖縄国際大学はちょうど学部改組で慌ただしい最中にあり，3大学院の交流に関する議論が停滞していた．2002年度に「研究協力に関する申し合わせ（案）」に調印するまでに至らず，3大学院の交流には当面，実質的に参加する方向を模索することになった．

そのため，まずは，札幌大学と鹿児島国際大学の2大学院間で「申し合わせ」に調印することになり，2002年10月20日付で札幌大学の黒柳研究科長と鹿児島国際大学の岩野研究科長が「鹿児島国際大学大学院経済学研究科・札幌大学大学院経済学研究科の研究協力に関する申し合わせ」に署名した．この「研究協力に関する申し合わせ」は，第1条で「学術交流を行うことを目的とする」ことを宣したうえで，第2条で「シンポジウム・共同研究等の実施」，「研究者の招聘・派遣による交流」，「研究成果及び出版物の交換」，「研究・教育を発展させるための情報交換」などの交流の実施に努めると定めている．

「三大学院共同シンポジウム」は，この「研究協力に関する申し合わせ」により主要な交流プログラムと位置づけられ，運営の細部にわたり，原則として「毎年12月上旬の土曜日に持ち回りで開催すること」，「当番校が責任をもってシンポジウムの報告集を大学の紀要等で印刷公表すること」など，一定のルールが設けられている．

2　三大学院共同シンポジウムの展開

2002年12月14日（土），札幌大学において，「地域経済の阻害要因とその展望」を共通テーマとして，沖縄国際大学も参加して，第1回三大学院共同シンポジウムが開催された．13時30分に開始され，札幌大学の山口昌男学長から「開会のあいさつ」がなされ，黒柳研究科長がコーディネーターを務めた．

翌2003年度の沖縄国際大学での3大学院が参加したシンポジウム（2004年1月24日）は，第2回三大学院共同シンポジウムに相当するが，同大学大学院地域産業研究科が上記の「申し合わせ」に署名するに至っていないため，「沖縄国際大学産業総合研究所第12回フォーラム」の名称で実施された（共

通テーマは「地域経済の活性化と関係主体」）．しかし，このシンポジウムには3大学院が参加していたので，私たちとしては，この沖縄国際大学でのシンポジウムを第2回三大学院共同シンポジウムとしてカウントしている．

　2004年4月には，三大学院共同シンポジウムに取り組んできた渡久地朝明教授が沖縄国際大学の学長に就任した．そして，沖縄国際大学でも3大学院の「研究協力に関する申し合わせ」に調印する機運が高まった．しかし，8月に米軍普天間基地所属のCH-53 D型ヘリコプターが同大学本館に墜落して炎上するという大事件が発生して，沖縄国際大学ではその対応に追われる日々が続いた．沖縄国際大学も「申し合わせ」に調印することが決まったのは同年秋のことであり，11月1日付で，「鹿児島国際大学大学院経済学研究科・札幌大学大学院経済学研究科・沖縄国際大学大学院地域産業研究科の研究協力に関する申し合わせ」に3大学院の研究科長（中村哲研究科長，石坂昭雄研究科長，伊礼〔伊禮〕武志研究科長）が署名する運びとなった．

　なお，この時の「研究交流に関する申し合わせ」は，沖縄国際大学大学院が既存の「研究交流に関する申し入れ」（2002年10月20日付）に加わるということが主な内容であり，実質的な変更はなされていない．かくして，本シンポジウムは，名実ともに，三大学院共同シンポジウムとなった．

　2004年12月17日（金）に鹿児島国際大学において開催された第3回共同シンポジウムは，三大学院の形が正式に整った最初の催しである．これ以降，毎年持ち回りで開催された共同シンポジウムは，2018年12月1日（土）の沖縄国際大学でのシンポジウムをもって第17回目となる．

　この間，シンポジウムでの報告者は大学院研究科の枠を超える広がりをみせている．特に，札幌大学や鹿児島国際大学では，学部担当の教員まで拡大するなど，全学的な取り組みへと進展している（札幌大学では女子短期大学部を含む）．

　また，2017年度には，三大学院共同シンポジウムが縁となって，札幌大学と鹿児島国際大学との間で，学部レベルの単位互換の連携協定が別に締結され，学生の交換交流へと発展している．

3　三大学院共同出版物（叢書）の刊行

　本シンポジウムが10周年を迎えるに際して，これまでの報告をまとめて出版物を刊行しようという声が高まり，2011年11月，「三大学院共同出版編集員会　松本源太郎・村上了太・菊地裕幸」編で叢書の第1冊目が発行された．希望を込めて『地域は復活する――北海道・鹿児島・沖縄からの発信』と題された同書は，「地域の歴史とグローバリゼーション」・「地域における産業振興」・「まちづくりの課題と行財政」の3部から成り，350頁を超える大部なものとなった．この出版のあと，今後も定期的な公刊を望む声が上がり，10年間隔では長すぎるので，5年間隔で刊行しようということになった．本書は，そのときの約束が実現したものである．

　この叢書は，「三大学院共同出版」という名称を冠している通り，三大学院共同シンポジウムの報告を基礎としつつも，報告者以外の研究も加えて編集したものである．初回本の発行に際しては，編者の名称に関して多少の議論があったが，日本経済評論社からの提案のおかげで適切な名称となっており，今回の2冊目の編集過程では特段の議論はなかった．

　「地域」は，経済的・社会的・文化的につねに変化を遂げているが，いざ変革しようとすると，様々な利害が絡むうえ，多額の予算が必要なため，合意形成が難しく，変革には長期の時間がかかることが多い．しかし，私たちは，より良い地域社会を実現するために，互いの絆を深め，研究と教育の一層の交流を推進し，その成果を公表していきたい．

　この小史をまとめるにあたっては，札幌大学の山田玲良副学長，同大学学生支援部研究支援課の栄田晴美氏，沖縄国際大学大学院の村上了太教授，同大学教務部研究支援課，鹿児島国際大学教務課大学院分室の助力を得た．また，山田副学長には，札幌大学の石坂昭雄名誉教授（元学部長・研究所長），桑原真人前学長・名誉教授（同副所長）への確認作業を賜った．記して謝意を表したい．

（文責　衣川　恵）

執筆者紹介 (*編者・章順)

*桑原 真人（くわばら・まさと）第1章
　札幌大学附属総合研究所顧問．札幌大学学長など歴任．主な業績：『近代北海道史研究序説』北海道大学図書刊行会，1982年，桑原真人・関秀志・大場幸生・高橋昭夫『新版　北海道の歴史　下　近代・現代編』北海道新聞社，2006年．

*衣川　恵（きぬがわ・めぐむ）第7章
　鹿児島国際大学大学院教授．副学長など歴任．主な業績：『地方都市中心市街地の再生』日本評論社，2011年，『日本のデフレ』日本経済評論社，2015年．

*前泊博盛（まえどまり・ひろもり）第11章
　沖縄国際大学大学院教授．『琉球新報』論説委員長など歴任．主な業績：『沖縄と米軍基地』角川書店，2011年，『本当は憲法よりも大切な「日米地位協定入門」』創元社，2012年．

濱口裕介（はまぐち・ゆうすけ）第2章
　札幌大学女子短期大学部助教．主な業績：濱口裕介・横島公司編著『松前藩』現代書館，2016年，「後期幕領期におけるアイヌ同化政策と在地の動向」荒野泰典編『近世日本の国際関係と言説』溪水社，2017年．

太田秀春（おおた・ひではる）第3章
　鹿児島国際大学大学院教授．主な業績：『朝鮮の役と日朝城郭史の研究―異文化の遭遇・受容・変容―』清文堂出版，2005年，「朝鮮出兵における島津氏の異国認識」日本史史料研究会監修・新名一仁編『中世島津氏研究の最前線』洋泉社，2018年．

来間泰男（くりま・やすお）第4章
　沖縄国際大学名誉教授．沖縄国際大学南島文化研究所所長など歴任．『沖縄経済の幻想と現実』日本経済評論社，1998年，『沖縄の覚悟―基地・経済・"独立"』日本経済評論社，2015年．

横島公司（よこしま・こうじ）第5章
　札幌大学女子短期大学部准教授．主な業績：「ヴェルサイユ講和条約におけるカイザー訴追問題と日本の対応」『日本史研究』（日本史研究会）604号，2012年12月，"The Shadow behind the Tokyo Trial—Why was not the Head of State Prosecuted?" *Sapporo University Women's Junior College journal* (62), 2018.

平井貴幸（ひらい・たかゆき）第6章
　札幌大学女子短期大学部助教．主な業績：『外客誘致の経済分析―日本のインバウンド観光と地域開発―』株式会社五絃舎，2012年，「北海道観光の現状と外客誘致活動の効率性」桑原真人・山田玲良・石井聡・横島公司編『北海道と道州制―歴史と現状・国際比較―』札幌大学附属総合研究所，2012年（共著）．

山田玲良（やまだ・あきら）第6章
　札幌大学大学院教授．副学長．主な業績："Mechanism design for a solution to the tragedy of commons," *Review of Economic Design*, Vol. 11, No. 4, 2008（共著），"Efficient equilibrium side contracts," *Economics Bulletin*, Vol. 3, No. 6, 2003.

大久保幸夫（おおくぼ・ゆきお）第8章
鹿児島国際大学大学院教授，副学長．主な業績：「中山間地域住民の地域に関するイメージ分析－鹿児島県いちき串木野市羽島地区を事例として－」『地域総合研究』（鹿児島国際大学附置地域総合研究所）第45巻1号2017年9月，「地域に根ざした商店街についての一考察〜鹿児島市慈眼寺商店街の活性化〜」『地域総合研究』第45巻2号，2018年3月．

中西孝平（なかにし・こうへい）第9章
鹿児島国際大学大学院講師．主な業績：「障害者の起業と庶民金融」『パーソナルファイナンス研究』第3号，2016年12月，「障害者の創業と生活福祉資金貸付制度」『パーソナルファイナンス研究』第4号，2017年12月．

菊地裕幸（きくち・ひろゆき）第10章
愛知大学教授．主な業績：水谷守男・菊池裕子・宮野俊明・菊地裕幸『地方財政を学ぶ』勁草書房，2017年，「支出税論の源流－ホッブズ・ミル・ピグー－」宮本憲一・鶴田廣巳・諸富徹編『現代租税の理論と思想』有斐閣，2014年．

小山　茂（こやま・しげる）第12章
札幌大学教授，副学長．主な業績：小山茂・大森義行・千葉博正・綱島不二雄・長尾正克・堀江育也・山田玲良編『地域の活性化に関する研究』札幌大学附属総合研究所，2013年，「地域コミュニティとイベントの未来形」『平成30年度公開講座講演集』札幌大学，2019年．

村上了太（むらかみ・りょうた）第13章
沖縄国際大学大学院教授．主な業績：『日本公企業史』ミネルヴァ書房，2001年，「日本専売公社民営化の今日的意義－タバコ事業を中心とした経営形態転換論争と経営の自主性－」『同志社商学』第69巻第5号，2018年3月．

北海道・鹿児島・沖縄の歴史と経済

2019年3月27日　第1刷発行

定価(本体4500円+税)

三大学院共同出版編集委員会

編著者　桑　原　真　人
　　　　衣　川　　　恵
　　　　前　泊　博　盛

発行者　柿　﨑　　　均

発行所　株式会社　日本経済評論社

〒101-0062　東京都千代田区神田駿河台1-7-7
電話 03-5577-7286　FAX 03-5577-2803
E-mail: info8188@nikkeihyo.co.jp
http://www.nikkeihyo.co.jp

装丁・渡辺美知子　　　　　　　太平印刷社・誠製本

落丁本・乱丁本はお取替えいたします　Printed in Japan
© Kuwabara M., Kinugawa M.
and Maedomari H. et. al. 2019
ISBN 978-4-8188-2523-9

・本書の複製権・翻訳権・上映権・譲渡権・公衆送信権(送信可能化権を含む)は，(株)日本経済評論社が保有します．
・JCOPY　〈(一社)出版者著作権管理機構　委託出版物〉
本書の無断複写は著作権法上での例外を除き禁じられています．複写される場合は，そのつど事前に，(一社)出版者著作権管理機構(電話 03-5244-5088，FAX 03-5244-5089，e-mail: info@jcopy.or.jp)の許諾を得てください．